고요함이 들려주는 것들

The Book of Awakening
by Mark Nepo
Copyright ⓒ 2006 by Red Wheel / Weiser LLC
published by arrangement with Red Wheel / Weiser LLC & Conari Press
65 Parker Street, #7, Newburyport, MA 01950, U.S.A.
All Rights Reserved.
Korean Translation Copyright ⓒ 2012 by Next Wave Publishing Co.
through Inter-Ko Literary & IP Agency

이 책의 한국어 판권은 인터코 에이전시를 통해 Red Wheel / Weiser LLC와 독점 계약한 흐름출판에 있습니다.
저작권법에 의해 한국 내에서 보호를 받는 저작물이므로 무단 전제와 무단 복제를 금합니다.

지금 나에게 필요한 것은 무엇인가
고요함이 들려주는 것들

초판 1쇄 발행 2012년 11월 13일
초판 8쇄 발행 2021년 1월 5일

지은이 마크 네포
옮긴이 박윤정
펴낸이 유정연

기획편집 장보금 신성식 조현주 김수진 김경애 백지선 디자인 안수진 김소진
마케팅 임충진 임우열 이다영 박중혁 제작 임정호 경영지원 박소영

펴낸곳 흐름출판(주) 출판등록 제313-2003-199호(2003년 5월 28일)
주소 서울시 마포구 월드컵북로5길 48-9(서교동)
전화 (02)325-4944 팩스 (02)325-4945 이메일 book@hbooks.co.kr
홈페이지 http://www.hbooks.co.kr 블로그 blog.naver.com/nextwave7
출력·인쇄·제본 (주)상지사 용지 월드페이퍼(주) 후가공 (주)이지앤비(특허 제10-1081185호)

ISBN 978-89-6596-046-1 03840

• 흐름출판은 독자 여러분의 투고를 기다리고 있습니다. 원고가 있으신 분은 book@hbooks.co.kr로 간단한 개요와 취지, 연락처 등을 보내주세요. 머뭇거리지 말고 문을 두드리세요.
• 파손된 책은 구입하신 서점에서 교환해 드리며 책값은 뒤표지에 있습니다.

고요함이 들려주는 것들
The book of awakening

마크 네포 지음 | 박윤정 옮김

흐름출판

The book of
awake
ning

지혜는 살아 있는 샘물과 같다.
결코 박물관에 보관되어 있는 상징물이 아니다.
우리 자신의 삶에서 이 지혜의 샘물을 찾아내야만
미래의 세대들에게 이것을 흘려 보낼 수 있다.

― 틱 낫 한

이 책에 대한 찬사들

● 나는 매일 아침 사람들에게 희망을 선물한다. 그 짧은 글을 읽고 누군가는 꿈을 꾸고, 누군가는 힘을 얻으며, 누군가는 돌이킬 수 없는 마음의 상처를 씻어 내린다. 사실 처음 '아침편지'를 시작한 계기는 무너져버린 내 몸과 마음을 다스리기 위함이었다. 그러나 시간이 지나면서 그 편지는 나에게 살아가는 또 다른 힘이 되고 있다. '아침편지'를 통해 나는 고된 인생길에서 잠시 멈추고 나를 돌아볼 수 있게 되었다. 이 책《고요함이 들려주는 것들》의 저자인 마크 네포의 삶을 보면서 내 모습이 떠올랐다. 두 번의 암이라는 터널을 지나오면서 마크 네포는 더 단단해졌고, 그의 짧은 글은 사람들의 마음을 어루만지며 위로해주고 있다. 무엇보다 시끄럽고 복잡한 세상에서 우리가 놓치고 있는 것이 무엇인지를 들려준다. 듣고 싶다면, 입은 닫을 것!

— 고도원, 아침편지문화재단 이사장

● 일 년 동안 매일 매일 영감을 선사하는 양식, 나 자신과 친구들을 위한 완벽한 선물!

— 오프라 윈프리

● 실천법과 사색, 시가 있는 소중한 보석상자. 인간 영혼의 아름다움과 빛, 고결함을 일깨워준다.

— 안젤레스 에리엔 Angeles Arrien 박사, 문화인류학자,《네 겹의 문 The four-Fold Way》저자

양말을 벗고 흙을 밟아본 적이 있는가. 아니면 매트리스를 깔고 누워 하늘을 본 적은 있는가. 그도 아니라면 눈을 감고 조용히 하루를 돌아본 적은 어떤가. 도시가 삭막하다고 하지만 사람의 마음이 더 삭막해진 요즘이다. 인생의 속도를 높여 달려오기만 한 터라 주위의 아무것도 보지 못하고 여기까지 왔다. 지금이야말로 힐링을 논하지 않으면 안 될 만큼 절박한 상황이다. 바쁘게 걷되 마음에 여유를 갖고, 치열하게 살되 의도적으로 휴식을 찾아야 한다. 그런데 어떻게 해야 할지 모르는 게 지금의 현대인들이다. 《고요함이 들려주는 것들》은 그런 계기를 마련해주는 책이다. 어디로 가야 할지 방향을 잃었을 때, 이 방대하고도 따뜻한 책은 우리의 눈과 가슴을 확장시켜줄 것이다.

― 이시형, 정신과 의사, 세로토닌 문화원 원장, 힐리언스 선마을 촌장

마크 네포는 이 시대에 가장 훌륭한 영혼의 스승들 가운데 한 명이고, 이 책은 그의 영혼이 탄생시킨 가장 맛있는 열매 중 하나다. 책의 갈피마다 그만의 시적인 재능이 배어 있으며, 죽음의 근처에서 되살아온 그의 용감한 여정은 한 마디 한 마디에 진정성을 불어넣는다. 이 책은 사랑의 선물과 같다. 선물을 풀어보고 마음의 문을 열면, 당신도 감사의 마음으로 충만해지고 새로이 태어나는 축복을 누릴 것이다.

― 파머 J. 파커 Parker J. Palmer, 《가르칠 수 있는 용기 The Courage to Teach》의 저자

마크 네포의 글은 밀물과 썰물처럼 부드럽고 믿을 만하다. 그는 누구보다도 용감하게 내면의 신비를 깊이 들여다볼 줄 아는 사람이다.

― 마이클 J. 마호니 Michael J. Mahoney, 노스텍사스 대학의 임상심리학과 교수, 스카이브룩 대학원 연구센터의 객원교수

읽을수록 맛이 우러나고, 읽을수록 무언가 가슴에 남겨두고, 덮고 나면 자꾸만 펼치고 싶은 글. 그런 글이 매력적인 글이다. 이 책은 비록 시는 아니지만 시처럼 하나씩 읽을 때마다 마음속에 잔잔한 파문이 일고 그 여운이 오래간다. 짧은 글 안에 오래 숙성시킨 삶의 깨달음이 진하게 우러나와 탄성을 자아내게 하는 담백한 책이다. 그러기에 한번 맛보면 다시 맛보고 싶고, 자꾸 손이 간다. 그래서 손닿는 가까운 곳에 두고 하루에 하나씩 아끼면서 두고두고 읽고 싶은 책이다. 이제 가을이다. 이 책과 함께 자신의 내면으로 들어가기 더없이 좋은 때다.

— 편기욱, 한의사, 《3분 시크릿》 저자, 네이버 '비욘드 더 시크릿' 카페 대표

마크 네포는 훌륭한 시인이자 스승이다. 그는 우리를 푸근하게 보듬어준다. 깊고 고요한 지혜의 강물이 매일의 삶에 흠뻑 스며들도록 우리를 이 강물로 인도해준다.

— 웨인 뮬러 Wayne Muller, 〈삶의 양식〉의 창설자 겸 회장,
《그럼 도대체 어떻게 살아야 할까? How, Then, Shall We Live?》 저자

고난의 시대에 진실한 삶을 살아가게 해주는 책. 머리는 높은 곳에 두고, 가슴은 열고, 발은 땅을 딛고 살아가게 해주는 책. 마크 네포는 말한다. "정말이다. 내가 구하는 것이 보이지 않으면 거기 무엇이 있는지 보라. 이것으로 족하다." 마크 네포는 죽음의 그림자 속에서 오히려 가르침을 얻고, 삶에 관한 아름다운 책을 써냈다. 그의 글은 나에게 기쁨과 겸허를 선사했다.

— 마리안느 윌리엄슨 Marianne Williamson, 《사랑의 기적》 저자

* 국내 추천의 글은 원고가 들어온 순입니다

추천의 글

두 번이나 죽음의 문턱에서 되살아온 이의 용감한 여정

마크가 시를 낭송하는 소리를 들을 때면 삶에서 가장 달콤한 기쁨을 맛보게 된다. 그의 음성에서 모험을 떠나는 것 같은 생생한 분위기가 느껴지기 때문이다. 마크가 숨겨져 있던 보물을 열어 조심스레 시를 읊조리기 시작하면, 세상에서 가장 신비로운 기적을 드러내면, 나는 언제나 놀라움에 휩싸인다. 사람들도 숨을 죽인다. 깊고 진실한 어떤 것, 이미 알지만 잊거나 놓치고 있던 어떤 것을 퍼뜩 깨닫기 때문이다. 이렇게 마크는 중요한 어떤 것을 찾아서 우리에게 일깨워주고 되돌려준다. 그러면 우리는 진정으로 소중한 것을 기억하고 그에게 고마움을 느낀다.

삶을 만들어가는 건 계속해서 이어지는 나날들이다. 이 시간 속에서 우리는 평화와 기쁨, 치유를 경험한다. 작고 소소한 기적들이 하루하루를 의미 있게 만들어준다. 마크는 이런 기적의 사도다. 일상의 연금술사처럼 보고 음미하고 느끼고 춤추면서 삶의 근원에 이르는 길을 더듬게 해준다.

하루하루의 날들이 삶을 이루듯, 매일의 일상을 만들어내는 건 순간의 시간들이다. 그래서 충만한 삶은 순간이라는 비옥한 땅에 굳건히 뿌리를 내리고 있다. 마크는 이 땅을 일구는 농부다. 그는 사랑과 관심, 집중 속에서만 자라는 축복의 씨앗을 이 땅에 심는다. 지금의 순간을 사랑해야 가장 깊은 축복을 얻을 수 있는데, 마크는 지금의 순간을 깊이 사랑하고 받아들이는 법을 가르쳐준다.

마크는 암을 앓은 적이 있다. 하지만 암을 이겨내면서 그의 영혼은 활짝 깨어났다. 병으로 고통받으면서 마음을 챙기는 놀라운 힘을 얻은 것이다. 이제는 우리가 얼마나 깨어 있는 존재가 될 수 있는지를 그의 두 눈과 심장을 통해 보고 느끼게 한다. 마크는 숨 쉬는 것만으로도 감사할 줄 아는 죽어가는 사람의 시각도 보여준다. 지혜와 분명한 통찰, 친절, 순간의 골수는 물론 시간의 뼈대까지 빨아들이는 뜨거운 열정도 가르쳐준다. 이런 삶을 갈망하는 사람에게 그는 더없이 좋은 스승이다.

마지막 항암치료를 마친 후 마크는 아침 일찍 일어나 신선한 오렌지로 주스를 만들어 탁자에 올려놓았다. 그러고는 그날의 희망을 생각하면서 창밖 나무 위로 태양이 떠오르기를 기다렸다. "잔 가득 투명한 햇살이 퍼지면" 그제야 주스를 입으로 가져갔다.

짧은 기도, 포도주 한 모금과 빵 한 조각, 들고 나는 숨 하나하나, 이마에 뿌리는 성수, 소중한 사람과 나누는 반지, 친절한 말 한 마디, 축복의 말 등 성스러운 의식은 놀랄 만큼 단순한 행위들로 이루어져 있다. 하지만 이런 단순한 행위에 주의를 집중하면 영적인 인식의 길이 열리고 영혼의 자양분과 기쁨도 얻을 수 있다.

이 책은 이런 성스러운 의식을 위한 것이다. 동시에 마크가 우리에게 주는 넉넉한 선물, 삶의 평범하고도 풍요로운 재료로 만든 기적의 향연이다. 그러니 마음을 느긋하게 먹고 한 장 한 장 음미하기 바란다. 놀랄 준비를 단단히 하고 말이다. 상상했던 것보다 훨씬 많은 기적이 삶에 숨어 있음을 깨달을 것이다.

- 웨인 뮬러, 《그럼 도대체 어떻게 살아야 할까?》의 저자

프롤로그

잠시 생각을 멈춰야 할 시간

이 책이 도움이 되었으면, 동반자나 영혼의 친구 같은 존재가 되었으면 좋겠다.

  이 책은 자각을 위한 책이다. 이 책을 쓰기 위해 나는 본문의 내용을 그대로 체험해야 했다. 그래서 이 책을 쓰는 동안 나는 평생에 걸쳐 만난 무언의 스승들을 한데 모으고 이들과 교감하는 시간을 가졌다. 스승들을 찾아내고 엮어나가면서 내 안과 밖의 삶을 더욱 긴밀하게 하나로 통합했다. 내 가슴의 소리에 귀 기울이면서 더욱 전체적인 인간으로 성장해나갔다. 이 책이 당신에게도 이런 도구가 됐으면 좋겠다.

  지혜의 글들을 모으는 일은 오솔길을 거닐다 반짝이는 돌을 발견하는 것과 같았다. 나는 잠시 멈춰 서서 돌에 대해 묵상하다가 가르침을 얻으면 그 돌을 가방에 집어넣고 다시 길을 갔다. 이렇게 2년이 지난 어느 날, 가방을 내려놓다가 깜짝 놀랐다. 길에서 반짝이던 돌들이 어느새

한 권의 책을 만들어내고 있었기 때문이다.

　본질적으로 이 돌들이 이야기하는 것은 우리의 영혼과 우정이다. 어떤 시련이 닥쳐도 현재의 삶을 사랑하고 언제나 생기를 잃지 말라고 한다. 많은 전통과 경험에서 나온 노래, 아름답고 정직한 인물들이 부른 노래는 모두 삶의 고통과 경이, 신비를 읊조린다.

　내가 이 책의 형식에 이끌린 이유는 분명하다. 시인으로서 평소 숟가락처럼 쓸모 있는 표현 형식을 갈망해왔고, 또 암을 이겨내는 동안 매일 일기처럼 읽을 수 있는 책에서 영혼의 양식을 얻었기 때문이다. 실제로 지난 25년간 이런 책들은 독자들의 요구에 부응해서 시대에 걸맞은 영혼의 소네트, 짧지만 중요한 내용을 담은 영혼의 알약과 같은 역할을 톡톡히 해왔다.

　이 책을 쓰는 동안 나의 소망은 오직 하나였다. 바닷물이 텅 빈 모래밭에 나뒹구는 조약돌들을 휩쓸고 지나가듯, 이 책이 사람들에게 자극과 새로운 힘을 주길 바랐다. 모두들 바닷물에 쓸리고 닦여 한결 윤나고 부드러우며 투명한 존재가 되기를, 살며 사랑하며 지극한 기쁨에 이르는 길을 찾기를.

— 마크 네포

차 례

이 책에 대한 찬사들 _ 6
추천의 글 두 번이나 죽음의 문턱에서 되살아온 이의 용감한 여정 _ 9
프롤로그 잠시 생각을 멈춰야 할 시간 _ 12

멈춤

인생, 얻기 힘든 소중한 기회 • 22 | 문턱 앞에서 • 23 | 신에게로 돌아가는 길 • 25 | 가슴 꽃 • 26 | 네 머리카락을 보여줘! • 27 | 바퀴살과 중심축 • 28 | 나누어 짊어지는 삶 • 30 | 저절로 알게 되는 길 • 31 | 어항 속의 삶 • 32 | 온전하게 나 자신이 되는 것 • 33 | 영혼의 목소리 • 35 | 어둠 속을 들여다보면 • 37 | 우리가 서로를 필요로 하는 이유 • 38 | 경험하는 삶 • 39 | 고통을 담는 그릇 • 41 | 자기희생과 생명력 • 42 | 진정한 나로 살아간다는 것 • 43 | 거미와 현자 • 45 | 기억과 망각 • 46 | 비범과 평범 • 47 | 사랑의 눈으로 본다는 것 • 49 | 둘이 아니다 • 50 | 진정한 대화 • 52 | 지혜의 노래 • 54 | 자기 사랑 • 55 | 친절한 사람이 된다는 것 1 • 57 | 친절한 사람이 된다는 것 2 • 58 | 세상과 만나기 • 59 | 마음의 빈터 • 60 | 순례자의 길 • 61 | 매 순간의 죽음 • 62

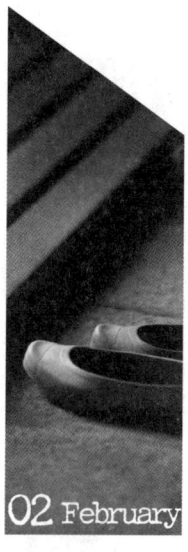

삶의 속도

느리게 느리게 • 66 | 두 개의 심장 • 67 | 갈망 • 69 | 넘어야 할 문턱 • 70 | 감정 청소 • 72 | 길을 가다가 • 73 | 슬픔의 유산 • 74 | 탐욕 • 75 | 길과 장애물 • 76 | 삶이 내게 바라는 것 • 78 | 솔직담백한 삶 • 80 | 차를 내리다가 • 81 | 억누를수록 우울은 커진다 • 82 | 첫눈 • 84 | 영혼의 전사가 되는 길 • 86 | 불행 • 88 | 엔드게임 • 89 | 정체감이 들 때 • 91 | 깨버리지는 말고 • 92 | 니코데모와 진리 • 93 | 상처 씻어내기 • 96 | 상반되는 목소리들 • 97 | 거침없는 삶 • 98 | 위기 뒤의 기회 • 99 | 결정의 책무 • 101 | 현실의 속도와 내 삶의 속도 • 102 | 밧줄과 바퀴 • 103 | 내 안의 돌 • 104 | 부정할 수 없는 진리 • 105

02 February

관계

03 March

하나의 방향 • 108 | 나눔으로 커지는 힘 • 109 | 삶의 문제는 삶으로 해결한다 • 111 | 사랑과 돈 사이 • 112 | 방황 • 114 | 귀환 • 115 | 쌀을 놓아버리면 돼! • 116 | 표현과 관계의 책임 • 117 | 깊이 열려야 깊이 보인다 • 119 | 살아내야 할 과정 • 121 | 매순간의 절정 • 122 | 내 안의 모든 것 • 123 | 믿음에 이르는 길 • 125 | 오래된 친구 • 126 | 상징의 힘 • 127 | 감정 공부 • 129 | 볼 것인가? 보지 않을 것인가? • 130 | 자기희생의 중독성 • 132 | 약함과 강함의 차이 • 133 | 불필요한 혼란 • 134 | 머묾과 흐름 • 136 | 휴식의 시간 • 137 | 날아가는 곳 어딘지 몰라도 • 139 | 어둠 속에서도 • 142 | 꽃잎 귀 • 142 | 감정에서 자유로워지는 길 • 144 | 정화의 노래 • 145 | 허물 벗기 • 146 | 벗어나지 못하는 이유 • 147 | 진정한 자기의 힘 • 149 | 진실한 존재 • 150

용기

고요한 기적 • 154 | 우리 안에서 흐르는 강물 • 156 | 말의 속도와 마음의 속도 • 157 | 참회 158 | 씨앗의 용기 159 | 아픈 사람들에게 던지는 질문 1 • 160 | 타인의 영향 161 | 눈의 중심 162 | 조각상 같은 삶 165 | 지금 그대로 기꺼이 • 166 | 빛을 양식으로 • 167 | 인간을 인간으로 만들어주는 말 • 168 | 경배 169 | 자신감 170 | 들어라, 다음 발걸음이 보인다 • 172 | 한 번에 한 방울씩 • 173 | 버리고 얻는 순간 • 175 | 완전한 집중 176 | 구름보다 오래 • 178 | 새와 조류학자 179 | 신의 선물 • 181 | 이미 충분하다 • 182 | 관계의 역설 • 184 | 사랑은 물처럼 • 185 | 하나 되는 용기 • 187 | 가장 분명한 길 • 188 | 자기 믿음 • 189 | 위 펭 • 190 | 씨앗 속의 꽃 • 191 | 영원한 여정 • 192

04 April

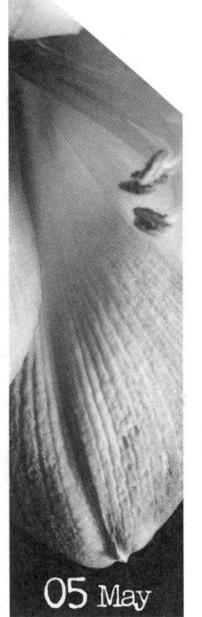

05 May

진정한 나

매장과 파종 • 196 | 손으로 살아라 • 197 | 여성적 에너지와 남성적 에너지 • 199 | 가득 텅 빈 하루 201 | 본래의 맑음 • 202 | 나뭇가지와 둥지 • 203 | 일상의 기술 • 204 | 공정성의 문제 206 | 다름에 대한 두려움 • 207 | 중심과 가장자리 • 208 | 말하고 포용하라 • 209 | 맨 얼굴 • 211 | 감정의 근원 • 212 | 시소게임 • 213 | 전환의 순간 • 214 | 확인이 필요 없는 시간 • 216 | 나비를 쫓아서 • 217 | 가장 안전한 제2의 자기 • 219 | 존재의 목적 • 220 | 새로운 나 보여주기 • 221 | 내 영혼이 두 동강 날 때 • 223 | 상처를 초월한 마음 • 224 | 목적 속에 언제나 존재가 있는 것은 아니다 • 225 | 거부할 수 없는 이유 • 227 | 불의 감옥을 통과하는 법 • 228 | 슬픔과 만나는 법 • 230 | 생각으로는 생각을 멈추지 못한다 • 231 | 가장 큰 기쁨에 이르는 길 • 232 | 본질 • 233 | 오늘의 연속 • 234 | 타인의 눈으로 보는 삶 • 236

소통

북쪽을 향해 걷다가 • 240 | 비극과 평화 • 242 | 푸른 불꽃 • 243 | 진정한 발견 • 245 | 생각을 멈춰야 할 시간 • 246 | 깊은 평화 • 247 | 투사와 개인화 • 248 | 나무처럼 쉬다 • 251 | 고통 속엔 신의 메시지가 있다 • 252 | 고요한 행복 • 254 | 나눔의 세 가지 비밀 • 255 | 손끝으로 헤아리기 • 256 | 수용 • 257 | 사랑의 역설 • 258 | 사랑하되 얽매이지 않는 • 259 | 타인에게로 들어가는 길 • 261 | 흔들림 없는 영혼과 흔들리는 마음 • 262 | 감정 비우기 • 263 | 더 넓은 지평 • 264 | 나는 고통보다 큰 존재다 • 265 | 신의 현존 • 267 | 영혼의 낚시 • 268 | 평화를 선택할 것인가? 명예를 선택할 것인가? • 269 | 아픈 사람들에게 던지는 질문 2 • 272 | 뿌리와 줄기 • 273 | 기도의 힘 • 274 | 원숭이와 강물 • 275 | 영혼의 조각 • 276 | 작은 물고기 이야기 • 277 | 무지와 외면 • 278

받아들임

진실함이 주는 기쁨 • 282 | 잘못된 견해 • 283 | 나와 나의 것 • 285 | 여기와 저기 • 286 | 거짓 희망 아래서 • 287 | 사랑의 힘 • 288 | 두려움과 기다림 사이에서 • 290 | 말보다 중요한 순간들 • 291 | 위와 아래 • 292 | 안전지대 • 293 | 달과 이슬방울 • 296 | 잘못된 거래 • 297 | 잔잔하고 투명한 호수 • 298 | 누군가를 깊이 안다는 것 • 299 | 치유의 접촉 • 300 | 의지는 한갓 꿈 • 301 | 끊임없이 되살아나는 욕구 • 302 | 사랑의 개똥벌레 • 304 | 닫힘과 열림의 지혜 • 305 | 부유하는 법 • 307 | 드러냄의 힘 • 308 | 우분투 • 309 | 받아들이기 • 310 | 그냥 빛 속으로 들어가라 • 312 | 인간과 신, 꽃과 태양 • 314 | 세상에서 가장 자유로운 집 • 315 | 가장 고귀한 수행 • 316 | 파도의 깨달음 • 317 | 나의 작은 스승 • 318 | 길이 막혔을 때 • 319 | 눈은 등불과 같다 • 320

포용

되어감의 고통 • 324 | 언어 • 326 | 의지 벗겨내기 • 328 | 어둠이 일어날 때 • 330 | 병아리의 탄생 • 331 | 가슴으로 느끼는 기쁨 • 332 | 우리가 정말로 가져야 할 것 • 334 | 오리 선생 • 335 | 길을 준비하다 • 336 | 우연 아닌 우연 • 337 | 달리기를 하다가 • 340 | 우리가 사는 한 가지 이유 • 341 | 버드락에서 • 342 | 푸예 절벽에서 • 343 | 가장 강력한 기도 • 345 | 호주머니를 비우다 • 346 | 살아 있는 플루트 • 347 | 기다림 • 349 | 필요한 특권 • 350 | 불필요한 긴장 • 351 | 모든 곳에 스승이 • 352 | 우연이 인도하는 길 • 353 | 하늘의 맛 • 356 | 열정 • 356 | 사랑은 존재 자체에 있다 • 358 | 토끼와 정원 • 359 | 느낌이 주는 선물 • 360 | 바람을 맞고 선 나무처럼 • 361 | 걱정에서 빠져나오기 • 363 | 두려움에서 벗어나기 • 364 | 나의 정맥 속에는 • 365

08 August

깨어 있음

09 September

키카코와 바쇼 • 368 | 꿈의 원동력 • 370 | 내가 만들어낸 눈 • 371 | 안과 밖을 이어주는 통로 • 373 | 첫 걸음 • 374 | 행복한 소명을 찾아서 • 375 | 일상의 실험 • 376 | 안개보다 오래 견디는 법 • 377 | 너무 많이 아는 당신 • 380 | 자연과 문화 • 381 | 새로움이 주는 불편함 • 383 | 독수리의 눈으로 • 384 | 지혜를 창조해내는 존재들 • 385 | 아가미의 신비 • 386 | 아픈 사람들에게 던지는 질문 3 • 387 | 과거의 자리 389 | 게으른 수전 390 | 보고도 모르는 • 393 | 모든 기도 너머에는 • 394 | 무조건적인 사랑 • 395 | 말 없는 스승 • 396 | 신성한 순간들과 마주하기 • 397 | 반복은 실패가 아니다 • 398 | 개성화의 길 • 399 | 양날의 광기 • 400 | 내려놓을 시간 401 | 내 삶의 수갑 • 402 | 용서에 대하여 • 403 | 생각만 할 것인가? 발을 담글 것인가? • 404 | 완벽하지는 않지만 귀한 존재 •

405

깨달음

10 October

창가의 파리 • 408 | 붉은 왕국 • 410 | 감정 무지 • 411 | 함께이면서도 혼자인 순간 • 412 | 시리도록 아픈 기쁨 • 414 | 바람을 느끼는 두 가지 방법 • 415 | 삶의 퍼즐 조각 맞추기 • 416 | 항아리 깨트리기 • 418 | 타오름 • 419 | 재능 • 421 | 자신이 작아 보일 때 • 422 | 집착 • 424 | 바람을 받아내는 깃발처럼 • 425 | 창조의 속도대로 • 426 | 빵과 머리빗 • 427 | 가슴의 길 • 429 | 방어와 감응 • 430 | 달콤한 실패 • 432 | 순록들의 질주 • 433 | 둘 사이의 길 • 434 | 가장 큰 재산 • 435 | 현재에 머물기 • 437 | 생존의 지혜 • 439 | 소유와 내면의 성숙 • 440 | 핵심 속으로 • 441 | 사랑의 첫 번째 의무 • 443 | 세계의 몸 • 444 | 부처와 앙굴리말라 • 445 | 시도할 수 있는 능력 • 446 | 직면의 기술 • 447 | 사랑하는 동안에만 오로지 • 449

성장

11 November

사랑의 다음 순간 • 452 | 진리 사냥 • 453 | 보이지 않는 무언가의 보살핌 • 455 | 타인은 우리의 오아시스 • 456 | 계획과 계획 세우기 • 457 | 굳어버린 마음, 비뚤어진 시선 • 458 | 우리 안의 바다 • 460 | 슬픔이 기워낸 옷 • 460 | 가마우지의 도전 • 463 | 주변을 맴도는 삶 • 464 | 삶의 경이를 지속하는 능력 • 465 | 여러 개의 자아 • 467 | 밧줄 꼬기 • 469 | 분리의 대가 • 470 | 샤워를 하다가 • 471 | 동이 트는 순간 • 472 | 내가 정말로 원하는 것 • 473 | 나의 조각들 • 475 | 내 안의 미로를 통과하는 법 • 476 | 기적의 조건 • 477 | 멀고도 가까운 그곳 • 478 | 슬픔 • 480 | 진리와 위험 • 481 | 시간의 선물 • 482 | 연민 • 484 | 감사의 혈연관계 • 485 | 아침의 의미 • 486 | 느낌이 있는 삶 • 488 | 관계의 천사 • 489 | 우리가 아끼는 것 • 490

되짚어봄

촛불과 고치 • 494 | 삶의 시 속으로 • 495 | 환대 • 497 | 일과 열정 • 499 | 장애물을 쫓아가라 • 500 | 진실의 색깔 • 502 | 선택 • 503 | 주전자 속의 바다 • 505 | 사랑의 작업 • 507 | 아픈 사람들에게 던지는 질문 4 • 508 | 중력 안에서 • 509 | 발밑의 보물 • 510 | 진정 말할 수 있을 때 • 511 | 자기해방 • 513 | 고야와 멜빌 • 514 | 길을 충분히 안다는 것 • 516 | 자기치유 • 517 | 길 밝히기 • 518 | 나무 속의 설탕 • 519 | 믿는다는 것 • 520 | 갈 곳은 어디에도 없다 • 521 | 열림 • 522 | 든든한 뿌리 • 524 | 내 안에서 하나 되는 순간 • 525 | 끊임없는 시작 • 527 | 바람의 품 속에서 • 528 | 그것의 아름다움 • 529 | 성실 • 530 | 그러니 노래하라 • 531 | 언제나 시작되는 여정 • 532 | 나 여기 있어! • 534

01 January

멈춤

01 January
인생, 얻기 힘든 소중한 기회
• • •

존재하는 모든 것 가운데서
우리 인간은 숨 쉬고, 깨달음을 얻고,
이것을 노래로 바꾼다.

불교의 가르침 중에는 인간의 몸을 받고 태어나기가 얼마나 어려운지를 잊지 말라는 것도 있다. 이 더없이 아름다운 시각은 의식이 충만한 영혼으로 태어나 물마시고 장작 패며 살아갈 수 있음에 한없는 감사의 마음을 갖게 한다. 개미나 영양, 벌레, 나비, 강아지, 거세된 황소, 독수리, 야생의 외로운 호랑이, 백 살 먹은 떡갈나무, 천년을 흘러온 바다를 새로운 눈으로 바라보게 한다. 우리가 특권처럼 누리는 의식이 다른 생명체들에게는 없음을 일깨워준다. 지구의 수많은 식물과 동물, 무기물 중에서 아주 적은 수의 생명체만 의식이 깨어 있음을, 이런 존재가 인간임을 일깨워준다.

내가 영혼의 어두운 골짜기에서 벗어나 이런 이야기를 할 수 있는 것도, 당신이 이 순간 나의 이야기를 받아들일 수 있는 것도 인간이라는 귀한 몸을 받고 태어났기 때문이다. 당신은 개미로 태어났을 수도 있다. 나는 개미핥기로 태어났을 수도 있다. 당신은 비가 되고, 나는 한 줌 소금이 될 수도 있었다. 하지만 다행히 이 시간 이곳에 인간으로 태어나는 축복을 받아 고귀한 삶을 살고 있다. 그런데도 이런 삶을 당연하게 여긴다.

인간으로 살아가는 소중한 삶은 다시는 주어지지 않는다. 그렇다면 오늘 무엇을 할 것인가? 자신이 지구를 거니는 가장 존귀한 생명체 가운데 하나임을 깨달은 지금 무엇을 하겠는가? 앞으로 어떻게 살아가겠는가? 두 손으로 무엇을 하겠는가? 누구에게 무엇을 구하겠는가?

내일이면 죽어 개미가 될 수도 있다. 누군가 우리를 잡기 위해 덫을 놓을 수도 있다. 하지만 오늘 우리는 깨어 있는 소중한 존재다. 이런 깨달음은 감사의 마음을 갖게 한다. 망설임이 쓸모없음을 일깨워준다. 바로 지금 자신의 느낌을 표현하고 자신이 아끼는 것을 사랑하라.

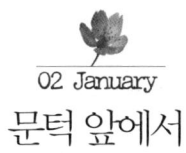

02 January
문턱 앞에서

저희를 거짓에서 진실로 인도하소서.
- 힌두교의 기도문 -

어느 눈 내리는 밤이었다. 로버트가 그의 집에 페인트칠을 하기로 마음먹었던 두 해 전 봄날을 떠올렸다. 그는 새벽같이 일어나 집을 나섰다. 그러고는 철물점에 가서 붉은색 페인트 몇 갤런과 나무로 만든 믹싱 스틱, 페인트를 칠할 때 바닥에 깔 천, 페인트라면 한 번만 묻혀도 딱딱하게 굳어버리는 일회용 귀얄을 샀다.

그는 바깥에서 페인트를 혼합한 후 양손에 페인트 1갤런씩을 들고, 겨드랑이에는 바닥에 깔 천을 끼고, 입에는 넓적한 귀얄까지 문 채 오리처럼 뒤뚱뒤뚱 문으로 향했다. 그런데 그만 사달이 나고 말았다. 로버트가 낄낄거리면서 말했다.

"비틀거리면서도 그 어떤 것도 내려놓을 생각은 안 하고 한동안 문과 씨름을 했지. 내가 고집이 아주 세잖나. 그런데 문을 거의 열었을 때 손에서 힘이 빠지면서 뒤로 비틀거리다가 바닥에 나동그라지고 말았지. 그 바람에 붉은 페인트를 온몸에 뒤집어썼어."

로버트는 어처구니없다는 듯 웃음을 터뜨리고 내리는 눈을 말없이 바라보았다. 나는 집으로 돌아오는 내내 로버트의 이야기를 곱씹었다.

놀랍게도 누구나 이런 행동을 한다. 식료품을 살 때든, 페인트를 칠할 때든, 누구에게 이야기를 할 때든 이렇게 어리석은 짓을 한다. 사랑에 대해서도, 진리에 대해서도, 고통에 대해서도 이런 짓을 한다. 아주 간단한 일인데도, 문을 열기 위해 들고 있던 것을 내려놓을 줄 모른다. 집착을 버려야 문을 열고 들어갈 수 있는데도 말이다. 이 간단한 가르침을 배울 기회는 거듭 찾아온다. 문을 열려면 들고 있던 것을 내려놔야 한다. 그리고 정말로 들고 들어가야 할 것만 다시 집어들어야 한다.

모으고, 준비하고, 내려놓고, 들어가는 것. 이것이 인간 행동의 기본 순서다. 실패해도 두 번째 기회는 언제든 찾아온다. 그러므로 넘어져도 일어나 허허 웃어넘기는 법을 배워야 한다.

03 January
신에게로 돌아가는 길

자각은 무언가 새로운 것을 발견하는 게 아니다.
늘 있었던 것으로 돌아가는 길고 험난한 과정이다.
― 헬렌 루크 Helen Luke ―

사람은 누구나 방해받지 않는 자리를 갖고 태어난다. 기대와 후회로부터 자유로운 자리, 야망과 당혹감에서 자유로운 자리, 두려움과 걱정에서 자유로운 자리. 맨 처음 신의 손길을 느낀 축복의 근원적인 자리. 평화는 이 축복의 자리에서 흘러나온다. 심리학자들은 이 자리를 정신 psyche이라 하고, 신학자들은 혼이라 한다. 융은 이 자리를 무의식의 자리 the Seat of the Unconscious라고 했고, 힌두교의 스승들은 진아 Atman, 불교도들은 법 Dharma, 릴케는 내성 Inwardness, 수피들은 마음 Qalb, 예수는 사랑의 중심 자리라고 했다.

이 내성의 자리를 아는 것이 우리가 누구인지를 깨닫는 것이다. 정체성을 밝히는 표면적인 지표들로는 이 자리를 알 수 있다. 직장이나 옷, 지위도 마찬가지다. 무한 속에서 자신의 자리를 느끼고 그 안에 머물러야 자기의 본질을 알 수 있다. 그러나 자신이 누구인지는 평생이 걸려도 알기 힘들다.

되어감 becoming은 본질적으로 자신의 근원적인 자리를 끊임없이 덮어 가리는 일인 반면, 존재 being는 본질적이지 않은 것을 끊임없이 깎아내는 것이다. 우리는 둘 사이의 지속적인 긴장 속에서 살아간다. 갈수록 더럽혀지거나 막에 뒤덮이다가도 다시 고갱이 속의 청정한 축복의 자리로 돌아간다. 막이 닳아 없어지면, 선사들이 말하는 깨달음의 순간에 이른다. 완전함의 순간, 득도의 순간, 안과 밖이 만나는 순전한 살아 있음의 순간, 존재가 온전해지는 순간, 완전한 합일의 순간을 만난다.

모든 치유와 교육의 목적은 오로지 하나다. 문화나 기억, 정신, 종교적 학습이나 과거의 상흔, 억지스러운 이론 등이 만들어낸 막을 거두어내고, 시간을 초월한 축복의 자리를 복원하는 것이다. 그러므로 가르칠 만한 가치가 있는 것은 오로지 하나뿐이다. 본래의 중심을 발견하고 회복해서 이 자리에 머무는 법을 가르치는 것이다. 막이 두터워지면 가슴은 죽은 듯 굳어버린다. 하지만 사랑을 통해서든 고통을 통해서든 본래의 자리를 회복하면, 지식이 아닌 지혜로 신에게 돌아가는 길을 되찾을 수 있다.

04 January
가슴 꽃

* * *

전혀 짐작도 못하겠지만
지금의 자리에서
우리는 이미 축복을 받고 있다.
– 제임스 테일러 James Taylor –

한 여인이 떠오른다. 잘 말려 꼭꼭 포개 접은 스펀지에서 자신이 찾던 메시지를 발견한 여인. 그녀는 말린 스펀지를 들고 바다로 갔다. 물이 허리까지 차오르자, 스펀지가 펴지면서 원래의 모양으로 돌아왔다. 스펀지에서 뽀글뽀글 피어오르는 물거품 속에서 마법처럼 삶의 비의가 모습을 드러내자, 놀랍게도 스펀지 속에 갇혀 잠자던 작은 물고기도 되살아나 바다로 헤엄쳐갔다. 그날부터 그녀는 어디를 가든 작은 물고기가 깊은 곳에서 헤엄치는 걸 느낄 수 있었다. 작은 물고기가 그토록 오래 잠들어 있다가 다시 헤엄을 치다니! 작은 물고기의 헤엄은 그녀에게 평화와 기쁨이 뒤섞인 충만감을 선사했다.

어떤 길을 가든, 하루하루가 어떤 색깔과 결로 다가오든, 살기 위해 풀어야 할 수수께끼가 무엇이든 삶의 비밀은 언제나 깨어 있음과 연관되어 있다. 잠들어 있던 것을 해방시키는 것과 연관되어 있다.

우리의 가슴도 스펀지처럼 경험의 바닷물 속에서 펼쳐지기를 기다리고, 자유롭게 헤엄치는 영혼은 우리에게 평화와 기쁨을 가져다준다. 그 작은 물고기처럼.

하지만 그 여인처럼 허리까지 차오르는 바닷물 속에 들어가 잠들어 있는 가슴을 부드럽게 삶의 바닷물 속으로 풀어놓지 않으면, 여전히 모든 것이 단단하게 쪼그라들어 있다. 모든 것이 이해되지 않는다.

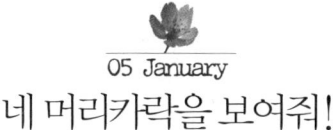

05 January
네 머리카락을 보여줘!

할머니는 이렇게 말씀하시곤 했다.
"네 초록 머리카락을 숨기려고 애쓰지 마라.
아무리 숨겨도 다 보이는데 뭘 숨겨."
– 안젤레스 에리엔 Angeles Arrien –

철모르는 시절 유치원에 들어가 처음으로 놀림을 당하거나 웃음거리가 되고 나면, 누구나 뻔히 아는 사실도 괴로움에 못 이겨 어떻게든 숨기려 애쓴다.

물론 일부러 그러는 사람은 아무도 없다. 이런 은폐는 음모도 아니다. 자신만 알던 시기에서 세상을 알아가는 시기로 넘어가면서 불가피하게 겪어야 하는 힘든 통과의례일 뿐이다. 대부분의 사람들은 이런 통과의례에 대해 결코 이야기하지 않는다. 점심을 먹으러 가는 길에 누가 뭐라고 하건 "초록 머리카락"은 아름답기 그지없으므로 굳이 숨기려 애쓰지 않아도 된다고 말해주는 사람도 없다. 여기에서 비극이 싹튼다. 세상을 알려면 자신을 숨겨야 한다고 쉽게 결론내기 때문이다.

이런 생각은 진실이 아니다. 무언가 숨길 것이 있다고 믿는 사람만 협박을 당한다. 두말 할 것도 없는 오래된 진리다. 아주 잠깐이라도 자신의 현재 모습이 훌륭하지 않다고 믿으면 무가치한 감정들이 일어난다.

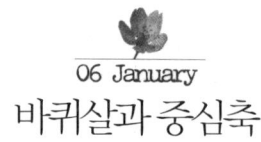

06 January
바퀴살과 중심축

...

목표는 저마다 다를지 몰라도
목표를 이루게 하는 것은 똑같다.

개개인이 무한이라는 바퀴의 바퀴살이라고 가정해보자. 각각의 바퀴살들은 바퀴를 온전하게 하는 데 꼭 필요하다. 그러나 바퀴살들 가운데 같은 것은 하나도 없다. 바퀴의 테두리는 공동체와 가족, 관계에 대한 우리의 분명한 인식을 나타낸다.

반면에 바퀴살들이 모이는 공동의 축은 모든 영혼이 만나는 중심이다. 그래서 세상으로 나갈 때는 자신의 고유성을 드러내지만, 용기를 내서 자신의 중심을 들여다볼 때는 모든 삶이 시작되는 하나의 공통 중심과 만난다. 이 중심 안에서 우리는 똑같다.

이렇게 우리는 죽을 때까지 다르면서도 같은 역설적인 존재로 살아간다. 그래서 상대의 내면을 깊이 들여다보면, 그 안에서 자신의 모습을 발견하게 된다. 가슴 한구석에서 상대의 두려움을 읽은 사람은 그것이 누구도 모르리라 생각한 자신의 비밀과도 같음을 깨닫는다. 누구나 경험하는 이 예기치 못한 일체성, 이 합일의 순간이 바로 신의 근본 요소다.

그리 놀랄 일도 아니지만, 다른 사람들처럼 나도 생의 전반기에는 나의 고유성을 이해하고 강화시키기 위해서 피나게 노력했다. 무한이라는 바퀴의 가장자리에서 내 자리를 확보하려 애쓰고, 타인들과 비교해서 나를 정의하고 내 가치를 평가했다. 그러나 인생의 후반기에 접어들어서는 겸허히 바퀴의 중심축을 향하게 됐다. 덕분에 이제는 영혼의 신비로운 일체성에 경이로움마저 느낀다.

암과 슬픔, 실의, 예기치 못한 전직을 경험하면서 나는 내가 사랑했던 것들을 잃었다가 되찾았다. 그러는 사이 물이 돌을 부드럽게 다듬고 모래를 적셔주는 것처럼, 우리가 서로에게 스며듦을 깨달았다. 나를 타인들과 다르게 만든다고 여겼던 것들이 실은 나를 그들과 묶어주는 것이었음을 깨달았다. 이런 중요한 진리를 왜 이리 늦게야 깨우친 것일까?

이 진리를 가장 분명하게 느낀 것은 뉴욕 시 콜롬비아 장로회 병원의 대기실에 앉아 있을 때였다. 어느 히스패닉계 여인의 눈을 멍하니 쳐다보다가 어느 순간 그녀와 눈이 마주쳤다. 그 순간부터 나는 언어가 달라도 모두가 똑같은 경이와 슬픔을 느낀다는 것을 받아들이기 시작했다.

그리고 이제는, 믿기 어렵겠지만, 모든 존재가 또 하나의 아담과 이브로 태어난다는 것도 안다.

07 January
나누어 짊어지는 삶

짐은 번갈아 나눠 져야 한다.
한 사람이 존재하는 모든 것 속으로 몸을 던지면
다른 사람은 시간을 재야 한다.

설거지를 번갈아 하고, 덧문도 번갈아 닫고, 상대에게 저녁거리 걱정일랑 내려놓고 신을 찾는 일에 전념할 기회를 주는 것. 이것이야말로 관계의 선물이자 의무다. 한 사람이 내면을 들여다보는 일에 열중하면, 다른 사람은 세상일을 책임져주는 것이다.

진주 잡이들이 짝을 이뤄 깊은 바다 속을 더듬는 모습은 이런 협력의 좋은 모범이다. 스쿠버 탱크나 조절기가 없어도, 여자가 배에서 남자 다이버의 몸에 연결된 선을 주시하면서 대기하고 있으면, 남자는 조심스럽게 심해의 모래밭을 걸으며 진주를 찾아 헤맨다. 이리저리 춤추는 해초이파리들을 바라보면서 요리조리 춤추듯 바닥을 더듬는다. 그러다가 여자가 줄을 잡아당기면 남자는 남아 있던 약간의 산소를 들이마시고 배 위로 올라와, 여자와 몇 시간 수다를 떨면서 캐낸 것들을 살펴보고 울퉁불퉁한 천연 진주를 문질러 닦는다. 그렇게 날이 밝아오면 이번에는 여자가 물속으로 들어가 바구니 가득 진주를 캐고, 남자는 그녀의 몸에 연결된 줄을 손에 꼭 쥔 채 시간을 잰다.

진주 잡이들은 협력이 무엇이며, 신뢰가 어떤 기적을 불러오는지를 아주 분명하게 보여준다. 이들처럼 우리도 짐을 나눠 질 줄 알아야 한다. 누가 배에 남든 남은 시간을 정확하게 재서 물속에 들어간 사람이 편안하게 유영하도록 도와야 한다.

08 January
저절로 알게 되는 길

아무리 어두워도 손은
언제나 입으로 가는 길을 알고 있다.
- 나이지리아 이도마 Idoma 족의 속담 -

앞이 보이지 않아도 먹을 줄은 안다. 길이 분명하지 않을 때도 심장은 변함없이 고동친다. 두려움에 사로잡혀 있을 때도 공기는 여전히 폐 속으로 들어왔다 나간다. 구름이 갈수록 두터워져도 태양은 변함없이 지구를 향해 햇살을 퍼부어댄다.

문제를 제대로 들여다보면 상황은 생각만큼 나쁘지 않다. 나이지리아 이도마 족의 속담은 이런 사실을 일깨운다. 우리 내부의 반사 능력은 우리를 계속 살게 하고, 뿌리 깊은 존재 욕구는 우리가 고난과 싸울 때도 밑바닥에서 꿈틀댄다.

손은 어둠을 제거하지 못한다. 하지만 입으로 가는 길은 찾아낸다. 마찬가지로 삶에 대한 믿음으로 고통을 없앨 수는 없지만 가슴을 살찌우는 길은 찾아낼 수 있다. 이 점을 잊지 말아야 한다.

09 January
어항 속의 삶

사랑하라.
그리고 그대가 원하는 일을 하라.
- 성 어거스틴Saint Augustine| -

정말 흥미로운 일이었다. 로버트는 어항을 청소하려고 욕조에 물을 채워 물고기들을 풀어놓았다. 그러고는 깊은 바다 속처럼 꾸민 좁은 어항의 물때를 싹싹 닦아낸 후 물고기들을 데리러 욕조로 향했다. 순간 그는 놀라운 광경을 목격했다. 욕조 안의 물고기들이 어항만 한 좁은 구역에 옹기종기 모여 있었다. 욕조 안을 맘껏 활개치고 다닐 수도 있었는데 말이다. 물고기들을 가두거나 가로막는 것은 아무것도 없었다. 물고기들은 왜 자유롭게 헤엄치지 못한 걸까? 어항 속에서 사는 동안 이들의 타고난 수영 능력에 무슨 일이라도 생긴 걸까?

고요하면서도 충격적이었던 그 순간을 우리는 오래도록 잊지 못했다. 물고기들은 아무 데도 가지 않고 자기 안으로만 파고들었다. 우리는 어항 속 삶이라는 렌즈로 매일 세상 사람들을 바라보면서 생각했다. 우리도 이 물고기들과 닮은 건 아닐까? 왜 우리는 아무 데도 가지 않고 자기 안으로만 파고드는 것일까? 왜 이런 구속 상태가 답답하다는 것도 못 느낄 만큼 자신의 세계를 스스로 축소시키는 걸까?

어항 속의 물고기들은 가정과 집에서 우리가 어떻게 길들여지는지를 돌아보게 했다. 우리는 어떤 직업은 인정을 못 받고 어떤 직업은 불가능하다고 배웠다. 일정한 방식에 따라 살아가도록 교육받고, 실제적인 것만 가능하다고 믿게 훈련받았다. 가치관이 다른 어항 밖의 삶은 위험하다는 경고를 듣고 또 들었다. 어린 시절부터 어항 밖의 삶을 두려워하게 하는 가르침을 너무 많이 듣고 자란 것이다. 로버트도 자식들에게 어항 속의 삶을 가르치고 있지는 않은지, 진정 자유로운 삶을 살게 도와주고 있는지 자문하게 되었다.

중년에 이르고 보니 자발성과 친절, 호기심 모두 우리의 타고난 수영 능력의 일부라는 생각이 든다. 그래서 계획에 없던 일을 실행하기가 망설여질 때, 다른 사람들에게 도움의 손길을 내밀기가 망설여질 때, 아무것도 모르면서 묻기가 망설여질 때, 빗속으로 뛰쳐나가고픈 충동을 억누를 때, 친구에게 전화를 걸어 사랑한다는 말을 남기고픈 충동을 억누를 때마다 스스로에게 묻곤 한다. 진정 나 자신을 믿고 있는가? 욕조 한가운데서 자유롭게 헤엄치고 있는가?

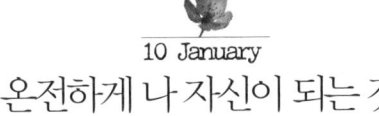

10 January
온전하게 나 자신이 되는 것

· · ·

임종을 맞이한 아키바가 자신이 실패자 같다고 랍비에게 한탄했다.
랍비가 왜 그런 느낌이 드느냐고 묻자, 아키바는 모세처럼 살지 못해서 그렇다고 했다.
이 가련한 남자는 신의 심판이 두렵다며 눈물까지 흘렸다.
그러자 랍비가 아키바의 귀에 입을 갖다 대고 부드럽게 속삭였다.
"아키바, 신은 모세처럼 살지 않았다고 그대를 심판하지는 않을 겁니다.
아키바답게 살지 못했다고 심판하신다면 모를까."
- 탈무드 -

우리의 타고난 의무는 온전하게 나 자신이 되는 것뿐이다. 하지만 우리는 너무도 많은 시간을 타인들과 비교하는 데 허비한다. 망자든 산 자든 가리지 않고 나와 비교한다. 더욱이 남보다 앞서려면 이런 비교는 불가피하다고 다그치기까지 한다.

그러나 한창 아름다운 꽃은 물고기가 되기를 바라지 않으며, 자연스런 우아함이 돋보이는 물고기는 호랑이가 되기를 갈망하지 않는다. 오로지 인간만이 또 다른 삶을 꿈꾼다. 알지도 못하는 타인의 명성과 부를 남몰래 열망한다. 자신이 마음에 들지 않을 때는 스스로를 이해하고 보살피기보다 타인의 껍질을 뒤집어쓴다.

타인들과 비교하기 시작하면, 자신은 물론이고 우리가 존경하는 사람들도 제대로 이해하지 못한다. 1온스의 존재만이 우리의 모든 허기를 채워줄 수 있는 것처럼 비교는 긴장을 불러온다. 그러나 본래의 자신으로 존재할 줄 알면 우주는 확실히 그 풍요로움을 드러낸다. 신비롭게도 잡초며 개미, 상처 입은 토끼 같은 모든 생명체는 자신만의 고유한 존재 구조를 갖추고 있다. 이를 받아들일 줄 알면, 이 존재 구조는 더 없이 충분하게 느껴진다.

그러나 인간은 텅 빈 가슴과 불안으로 인해 고통과 어려움을 겪는다. 스스로를 무가치한 존재로 느낀다. 이렇게 공허하고 고통스러울 때는 어쩔 수 없이 허세를 부리기도 한다. 자신이 대단한 사람이 되면 고통에서 멀어질 것 같기 때문이다. 실수도 잘 안 하고 더욱더 사랑받을 것 같기 때문이다. 그리 놀랄 일도 아니지만, 자신이 고통보다 더 대단한 존재라는 착각을 유지하려면 필연적으로 타인들을 하찮은 존재로 만들어야 한다.

사실 역사는 이런 잘못된 허세가 만들어낸 비천한 이야기에 지나지 않는다. 그리고 본래의 자신으로 돌아가는 방법을 담은 교훈적인 이야기가 진리다. 한편 따뜻한 연민은 모든 존재가 만들어내는 피륙 속에서 아름답고 고유한 자기 자리를 받아들이지 못한 자신을 용서하고 서로를 포용하는 방법에 대한 끝없는 이야기다.

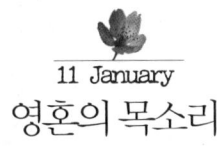

11 January
영혼의 목소리

*신처럼 되지 않고 신을 알려는 것은
물속에 들어가지 않고 수영을 하려는 것과 같다.*
— 오레스트 베드리지Orest Bedrij —

모든 가르침의 저변에는 논리를 초월하라고 일깨우는 목소리가 있다. 들릴 듯 말 듯한 이 영혼의 목소리에 귀를 기울이면 깊은 치유도 경험할 수 있다. 자신의 삶을 살라고 팝 음악처럼 외쳐대는 생생한 목소리. 이 목소리는 흔히 절체절명의 순간에 아주 잠깐 말을 건넨다. 하지만 그 속삭임이 너무나도 희미해서 나뭇잎을 스치는 바람 소리로 착각하기도 한다. 가장 고통스러운 순간에 이 목소리를 가슴 깊이 받아들이면 무기력한 삶에서 벗어날 수 있다.

한 젊은 신학생의 이야기가 떠오른다. 소아마비에 시달리던 그는 내면 깊은 어딘가에서 모두 제쳐두고 춤을 추라는 낯선 목소리를 들었다. 그는 목소리에 따라 신학교를 그만두고 춤을 추기 시작했다. 이후 기적적으로 다시 다리를 쓸 수 있게 됐다. 그는 현대무용의 아버지로 우뚝 선 테드 숀Ted Shawn이다.

놀랍게도 그를 치유한 것은 신학이 아니다. 신의 가르침을 그가 온몸

으로 살아냈기 때문이다. 그에게 춤은 살아 있는 신학이었다. 테드 숀의 이런 기적은 가슴 깊은 곳의 열망에 충실해야 한다는 점을, 알고 느끼고 믿는 것을 자신의 살과 뼈로 용감하게 표현해야 한다는 점을 거듭 일깨운다.

어떤 위기에 직면하건 우리 영혼의 목소리는 언제나 고통의 밑바닥에서 신속하게 해결책을 일러준다. 이 목소리에 귀 기울이고, 이 목소리를 믿으면 새로운 탄생의 길을 발견할 수 있다. 귀 기울여 듣고 온몸으로 실천할 용기만 있으면 놀라운 비밀을 발견할 수 있다. 더는 장애가 되지 않을 때까지 어떤 장애물이든 사랑하는 것이야말로 온전한 인간이 되는 최고의 지름길이다.

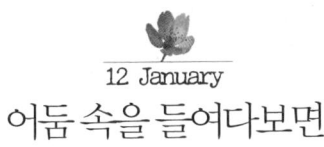

12 January
어둠 속을 들여다보면

어둠 속을 들여다보는 것이 맑음이니
이것을 일컬어 영원을 위한 수행이라 한다.
- 노자 -

두려움 그 자체든 두려워하는 대상이든, 회피할수록 두려움은 더욱 강해진다. 뒤에 무언가 무시무시한 것이 숨어 있을 것만 같던 그 공포의 다락문이나 벽장문이 기억나는가? 두려움에 외면할수록 문은 더욱 열기가 힘들었다.

소년 시절 나도 이런 두려움에 사로잡혔던 적이 있다. 그 무서운 문을 피해 다니던 어느 날, 집에 혼자 있게 되었다. 이젠 정말 그 미지의 세계와 직면해야 할 것 같았다. 나는 두방망이질치는 가슴을 붙잡고 다락문 앞에서 한참을 기다렸다. 여린 내 마음의 힘을 전부 끌어내야만 다락문을 열 수 있을 것 같았다.

나는 문턱에서 잠시 기다렸다. 아무 일도 일어나지 않았다. 안으로 살짝 발을 들이민 다음, 호흡이 차분해질 때까지 어둠 속에서 오래도록 서 있었다. 놀랍게도 어둠에 눈이 익숙해졌다. 잠시 후 곰팡내 풍기는 오래된 상자들을 탐험하다가 상자 안에서 나와 유일하게 닮은 식구, 내 아버지의 아버지, 그러니까 할아버지의 사진들을 찾아냈다. 사진을 보자 내 영혼의 단면들이 비로소 이해됐다.

어떤 문 어떤 두려움이건, 사랑이나 진실에 대한 두려움이건, 다가올 죽음에 대한 두려움이건, 누구나 몇 번이고 이런 선택 앞에 놓인다. 무서운 곳을 계속 피해 다닐 것인가? 문을 열고 어둠에 눈이 익을 때까지 기다렸다가 자신에 대해 더 많은 것을 발견할 것인가?

13 January
우리가 서로를 필요로 하는 이유

· · ·

눈 먼 아이
어머니의 인도에
벚꽃을 찬미하네
— 기카코우 ikakou —

눈 먼 아이가 꽃이나 새를 향해 서서 대체 무엇을 보겠는가? 자기만의 무지에 갇혀서 대체 무엇을 보겠는가? 저마다 시각이 독특한 만큼 우리는 확실히 특정한 면에서 무지하다.

두려움이 어떻게 무지를 불러오는지 한 번 생각해보라. 높은 곳을 두려워하면 탁 트인 시야가 선사하는 겸허함을 알 수 없다. 거미를 두려워하면 거미줄의 뛰어난 아름다움과 위험을 알 수 없다. 좁은 공간을 두려워하면 문득 느껴지는 고독의 신비로움을 알 수 없다. 열정을 두려워하면 합일의 황홀함을 알 수 없다. 변화를 두려워하면 삶의 풍요로움을 알 수 없다. 죽음을 두려워하면 미지의 신비를 알 수 없다.

두려움은 지극히 인간적인 것이므로 무지는 불가피하다. 무지는 각자가 애써 극복해야 할 대상이다. 이것을 염두에 두고 읽어보면, 키카코우의 이 짧은 시는 한 편의 우화와 같다. 누구나 만남과 헤어짐의 연속 속에서 비틀거리다가 투쟁하기를 되풀이한다. 그러면서 삶의 숨겨진 완전성이 선사하는 축복을 자각하거나 망각한다. 우리가 서로를 필요로 하는 이유도 부분적으로는 여기에 있다. 우리가 맺는 관계들이 삼라만상의 일체성을 경험하게 도와주기 때문이다.

사는 동안 우리는 눈 먼 아이가 됐다가, 사랑 넘치는 인도자가 됐다가, 의심 모르는 꽃이 되기도 한다. 본래 무엇이 되어야 할지를 몰라서, 배워야 할 모든 것을 깨우칠 때까지 이런 일을 되풀이한다.

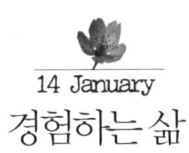

14 January
경험하는 삶

• • •

신을 얼핏 본 사람도
살면서 여전히 베이고 찔리고 데인다.

우리는 흔히 진리를 발견하면 보답을 받으리라 기대한다. 애쓴 만큼 돈을 벌고 인정받을 수 있으리라고, 희생과 친절을 베푼 만큼 인정과 사랑을 받으리라고, 정직한 만큼 정당성을 인정받으리라고 남몰래 기대한다. 하지만 누구나 알다시피 삶은 나름의 논리에 따라 펼쳐진다. 그래도 우리는 노력과 친절을 인정받고, 진실의 위험성이 관계의 토대로 받아들여지기를 바란다.

하지만 숨쉬기에 대한 보답은 갈채가 아니라 공기다. 등산에 대한 보답은 승진이 아니라 새로운 시야이며, 친절에 대한 보답은 친절한 사람으로 평가받는 것이 아니라 베풂의 기쁨이다. 이런 기쁨이 우리를 살아 있게 한다.

모든 존재의 핵심에 가까워질수록 노력과 이에 대한 보답이 같아지는 듯하다. 누가 짐작이나 하겠는가? 진리를 발견한 보답은 정직한 존재를 경험하는 것이고, 이해에 대한 보답은 앎이 주는 평화이며, 사랑에 대한 보답은 사랑을 전하는 자가 되는 것임을.

존재의 핵심에 가까워질수록 모든 것이 표현하기 어려울 만큼 단순해진다. 강의 목적은 오로지 물을 실어 나르는 것이다. 강한 물살에 강바닥이 넓고 깊게 패일수록 강은 자신의 목적을 더욱 잘 실현한다. 우리의 가슴도 마찬가지다. 세월과 함께 닳고 열릴수록 살아 있는 것들을 더욱 잘 품어 나른다.

이 모든 사실은 우리에게 말해준다. 아무리 많은 생각으로도 삶의 고통과 불안을 없애지는 못한다는 것을. 어떤 장애물이나 회피, 부정으로도, 어떤 이유나 핑계로도 삶의 거친 물살을 피해가지는 못한다는 것을. 이런 사실은 때로 절망으로 다가오지만 우리의 마음을 편안하게 다독이기도 한다.

삶의 덧없음에 초점을 맞추면 두려움과 죽음에 사로잡힌다. 그러나 삶의 덧없음이 만들어내는 무한한 구조를 인식하면, 가장 뼈저린 고통도 곧 지나가리라는 깨달음을 얻는다. 삶의 덧없음에 도리어 위안을 받는다.

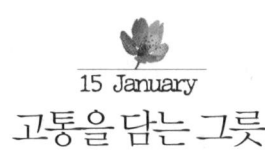

15 January
고통을 담는 그릇

근본 품성이 넉넉하고 대범할수록
삶의 고통들을 더욱 잘 견뎌낸다.
- 웨인 뮬러 -

제자의 끊임없는 불평에 신물이 난 힌두교 스승이 제자에게 소금을 가져오라고 했다. 제자가 소금을 갖고 오자, 그는 우울한 얼굴의 제자에게 소금 한 줌을 물에 타서 마시라고 했다.

"맛이 어떠냐?"

"죽을 맛입니다."

스승은 낄낄거리면서 제자에게 다시 소금 한 줌을 근처 호수에 집어넣으라고 했다. 둘은 말없이 호수가로 갔다. 제자가 소금 한 줌을 호수에 휘휘 뿌리자 스승이 말했다.

"이제 호수의 물을 마셔 보거라."

제자가 턱 밑으로 물을 뚝뚝 흘리면서 호숫물을 떠 마시자 스승이 물었다.

"맛이 어떤고?"

"시원합니다."

"소금 맛은 나느냐?"

"안 납니다."

스승은 자신의 옛 모습을 떠올리게 만드는 제자의 진지한 얼굴을 보고는 두 손을 맞잡으며 말했다.

"삶의 고통은 순수한 소금과 같다. 그 이상도 이하도 아니지. 삶에서 경험하는 고통의 양은 똑같아. 정확히 똑같지. 하지만 우리가 느끼는 고통의 정도는 고통을 담는 그릇에 따라 달라져. 고통이 느껴질 때 우리가 할 수 있는 일은 넓은 마음으로 상황을 인식하는 것뿐이야. 유리잔 말고 호수가 되어야 해."

16 January
자기희생과 생명력

마음과 달리 알았다고 답할 때
나의 주름은 늘어만 간다.
— 나오미 시햅 나이 Naomi, Shihab Nye —

속마음은 안 그러면서 알았다고 답할 때가 많다. 타인들의 기분을 상하게 만들까 봐, 깊게는 이기적인 사람으로 비춰질까 봐 두렵기 때문이다.

처음으로 결혼을 결심했던 때가 생각난다. 그때 나는 속마음과 달리 그냥 좋다고 대답했다. 어리고 미숙했던 탓에, 상대를 아프게 하거나 실망시키거나 기분 나쁘게 만드는 것이 두려워서 불편해도 버틸 수 있는 데까지 버텨보기로 한 것이다. 이렇게 한 결혼은 당연히 실패로 끝나고 말았다.

자기희생에 길들여져서 자신과 정반대의 대화를 나누는 때가 너무도 많다. 열정으로 가득한 나는 "그래, 좋아, 좋아!" 하고 외치는 반면, 실용적이고 방어적인 나는 "바보처럼 굴지 마. 현실적으로 생각하라고, 자신을 무방비 상태로 내몰면 안 돼." 하고 속삭인다. 하지만 살 만큼 살다 보면 훨씬 심오한 사실을 발견하게 된다. 우리를 진심으로 사랑하는 사람들은 우리에게 지금과는 다른 사람이 되라고 결코 요구하지 않음을 깨닫는다.

영혼의 본질에 반하는 조건이나 요청, 요구에 항복하면 소중한 생명력이 우리 존재의 핵심에서 고갈되고 만다. 이것은 분명한 사실이다. 겉으로는 이런 순종에 보상을 받는 것 같아도, 우리의 영혼은 금방 피로를 느낀다.

사람들이 북적이는 거리에서 벗어나 나무나 사슴, 뱀, 번개 같은 자연물들의 움직임을 관찰해보라. 본연의 모습으로 존재하는 것들이 뿜어내는 기운이 바로 생명력임을 분명히 깨달을 것이다.

그러므로 사랑에 헌신적인 사람들은 알아야 한다. 내면의 강물이 강둑을 넘어 흘러넘치는 것이 사랑임을. 강물의 원천이 영혼의 강에 계속해서 새로운 물을 흘려보내지 않으면 사랑도 있을 수 없음을.

17 January
진정한 나로 살아간다는 것

매 순간 자신을 거는 태도만이 우리를 살아 있게 만든다.
— 윌리엄 제임스 William James —

겪을 만큼 겪어보면 누구나 인정하기 어려운 사실을 깨닫게 된다. 어떤 길을 선택하든 갈등은 언제나 존재한다는 사실이다. 이를테면 타인들과의 모든 갈등을 피하기만 하면 우리 안에서 지독한 갈등이 일어난다. 반면에 내면의 삶에만 주의를 기울이면, 우리를 무언가 다른 존재로 만들려는 사람들과 불협화음을 일으키게 된다.

실제로 본래의 자신으로만 살면 모든 사람의 기대를 충족시키기가 어려워진다. 그래서 불가피하게 외부적인 갈등에 직면한다. 이것이 개성 강한 존재들이 감당해야 하는 불화다. 반면에 본래의 자신으로 살지 않으면, 주변 사람들을 기쁘게 하는 데만 급급해서 자기 내면의 소중한 부분을 죽이게 된다. 이때는 내적인 갈등과 맞닥뜨린다. 개성 약한 존재들이 감당해야 하는 불화다.

나로 말할 것 같으면, 본래의 나로 존재하지 않는 편이 훨씬 치명적이라는 사실을 깨닫는 데 49년의 생에서 30년을 들이고, 이 깨달음을 실천하기까지 다시 19년의 세월을 바쳤다. 매일같이 진실해야 함을 잊지 않으려 노력하면서 타협하고픈 충동을 물리치려 했다. 타인들이 불편해하거나 듣고 싶어 하지 않는다는 이유로 진정한 내 모습과 목소리를 억누르지 않았다.

넬슨 만델라 Nelson Mandela나 간디, 토머스 무어 Thomas More 경, 로자 파크스 Rosa Parks 같은 인물들은 좋은 본보기다. 하지만 처음부터 이들처럼 위대해지려고 애쓸 필요는 없다. 우리는 저녁에 먹고 싶은 것이 무엇이고, 보고 싶은 영화가 무엇인지 솔직하게 말하는 것부터 시작하면 된다.

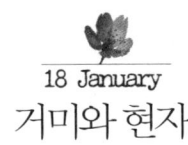
18 January
거미와 현자
• • •
믿지 않느니 차라리 웃음거리가 되겠다.

친절하고 조용한 한 남자가 아침마다 갠지스 강에서 기도를 올렸다. 어느 날 아침 기도를 마치고 나오려는데 독거미 한 마리가 강물 속에서 허우적대는 게 보였다. 그는 두 손을 오므려 독거미를 강가로 옮겨주었다. 그런데 거미를 모래바닥에 내려놓는 순간 거미가 그를 물어버렸다. 다행히 세상을 위한 그의 기도 덕에 독은 점차 사라졌다.

다음 날도 똑같은 일이 벌어졌다. 사흘째 되는 날도 친절한 남자는 강물 속에서 무릎을 꿇었다. 이번에도 어김없이 거미가 물속에서 다리를 버둥거리고 있었다. 남자가 다시 구해주려 하자 거미가 물었다.

"왜 계속 나를 구해주는 거지? 내가 매번 당신을 무는데 말이야? 무는 게 나의 본능이라는 것도 모르나?"

그러자 남자는 오므린 두 손을 거미에게 가져다 대며 대답했다.

"그게 내가 하는 일이거든."

우리가 친절을 베푸는 데는 많은 이유가 있다. 그중에서도 가장 분명한 이유는 우리가 본래 친절을 베풀도록 타고났기 때문일 것이다. 우리의 가슴은 친절을 통해 계속 새로운 힘을 얻는다. 거미는 물고 늑대는 울부짖는다. 개미는 누구도 거들떠보지 않는 작은 흙더미들을 쌓는다. 인간은 타인이 독침을 쏘아대도 결과에 상관없이 서로를 보듬어준다.

어떤 이들은 이런 점 때문에 우리가 경험을 하고도 깨닫지 못하는 안

타까운 운명에 처했다고 말한다. 하지만 내게는 해마다 봄만 되면 얼음과 눈을 뚫고 얼굴을 드러내는 딸기만큼이나 아름답게 느껴진다. 이 점이 세상을 고요하면서도 풍요롭게 만들어주기 때문이다. 딸기는 목적이나 자선에 대한 의식이 전혀 없다. 이타적이지도 자신을 희생하지도 않는다. 잘 자라서 맛있는 열매를 맺을 뿐이다. 이것이 딸기의 일이다.

하지만 인간은 무언가가 떨어지면 그것을 줍기 위해 팔을 뻗고, 무언가가 부서지면 다시 맞추려 한다. 사랑하는 이가 울면 달래주려 애쓴다. 이것이 인간의 일이기 때문이다. 나도 가끔은 도움의 손길을 내밀다가 실수임을 느끼곤 한다. 어떨 때는 거미를 구해준 말 없는 남자처럼 상처를 입기도 한다. 그래도 상관없다. 그것이 나의 일이기 때문이다. 내가 할 일이기 때문이다. 독침에 쏘일지도 모른다는 사실보다 더 중요한 것은 손을 내미는 것이다. 정말이지 나는 믿음이 없는 것보다 차라리 웃음거리가 되는 편이 더 좋다.

19 January
기억과 망각

...

어떻게 해야 내가 진정 누구인지를
항상 기억할 수 있을까요?
- 후안 라몬 헤마네즈 Juan Ramon Jiminez -

우리가 찾는 것은 대개 이미 완전한 본래의 자기다. 이런 면에서 우리는 망각을 잘하는 종족이다. 아담과 이브가 에덴동산에서 추방될 때 신성한 것을 기억하는 능력까지 잃어버렸기 때문인 듯하다.

우리는 끊임없이 산과 강에 매료되고, 먼 바다로 달려가며, 이방인들의 품속으로 뛰어든다. 기억을 흔들어 깨우기 위해서다. 망각하지 않는 법을 갈고 닦기 위해 단순한 삶을 사는 이들도 있다. 하지만 이렇게 기억하고 망각하는 것도 우리네 삶의 한 부분이다. 이 특별한 부분이 우리를 인간으로 만들어준다.

그렇다면 우리가 할 수 있는 것은 무엇일까? 글쎄, 당연한 말이지만, 느림은 기억을, 서두름은 망각을, 부드러움은 기억을, 딱딱함은 망각을, 순응은 기억을, 두려움은 망각을 낳는다.

완전한 본래의 자기를 기억하는 것은 아름답지만 힘든 일이다. 하지만 진리의 잔에 물을 채워 마시고 서로를 지지하면서 도움을 주고받을 수는 있다.

20 January
비범과 평범

기쁨을 아는 한 가지 열쇠는
즐거움을 쉽게 느끼는 것이다.

자신이 원하는 것에 까다롭게 구는 것은 취향이 고급스럽다는 증거다. 자신의 입맛에 맞아야만 만족을 느끼는 것은 세속적이면서도 세련됐다는 신호다. 우리는 대개 이렇게 생각하도록 길들여졌다.

어느 파티에서 만난 여자가 기억난다. 그녀는 특정 브랜드의 베르무트 와인에 여러 가지 약재를 첨가해 만든 혼성주로서 칵테일의 재료로도 쓰인다. - 옮긴이 로 만든 술만 마시겠다고 했다. 실제로 그녀는 이 문제로 화를 내기도 했다. 또 저녁 식사 자리를 함께한 동료가 스테이크를 아주 복잡하고 특별한 방식으로 익혀달라고 주문하는 걸 본 적도 있다. 특별한 존재가 되고픈 이 까다로운 요구가 그에게는 공증서와 같은 의미인 듯했다. 또 아주 지적인 사람들이 외로운 사람들을 위한 클럽에 등록하면서 친구 자격으로 누구도 충족시킬 수 없는 조건들을 적는 걸 본 적도 있다. 내 경우에는 인정해줄 만한 예술작품을 고르는 데 높은 평가기준을 적용하곤 했다.

사람들은 이런 분별을 흔히 기준이 높은 것으로 착각한다. 하지만 이런 분별은 까다로운 기준을 충족시켜주지 못하는 사람들보다 자신이 훨씬 특별하다고 합리화하면서 삶의 감흥을 스스로 차단하는 수단에 불과하다.

그 어떤 특출함도 밤에는 우리를 지켜주지 못한다. 이것은 거부할 수 없는 분명한 진리다. 투병 중에 내가 깨달은 것처럼 까다로운 요구나 고상함은 생존에 도움이 안 된다. 물을 못 마셔 죽어가는 사람은 물에 독성을 지닌 염소가 들어 있는지, 프랑스의 작은 언덕에서 퍼낸 물인지 문제 삼지 않는다.

하지만 주어지는 삶을 순순히 받아들인다는 것은 삶의 환멸과 고난들에 대한 도전을 그만둔다는 의미는 아니다. 그보다는 고난 속에서도 기쁨을 발견한다는 의미다. 그러려면 언제 어디에서나 특별한 사람으로 대접받기를 요구하지 않고, 주어지는 모든 것을 특별하게 여길 줄 알아야 한다. 이것이 우리를 향한 신의 바람이다.

그런데도 우리는 자신의 중요성과 지위를 드러내는 수단으로 기호를 발달시킨다. 실제로 좋고 싫음이 전혀 없는 사람, 주어지는 대로 받아들이는 사람은 흔히 숙맥이나 시골뜨기 취급을 당한다. 하지만 현자와 아이들은 매일의 삶이 선사하는 모든 것에서 쉽게 기쁨을 맛본다. 그들의 심오함과 순진무구함이 느껴지는 부분이다.

현재의 삶에 깨어 있을수록 신은 모든 곳에 존재하고, 모든 평범함의 외피 속에 비범함이 자리하고 있음을 확실히 느낄 수 있다. 빛은 깨진 병에도 다이아몬드에도 존재한다. 음악은 바이올린 소리에도 하수관에서 똑똑 떨어지는 물소리에도 존재한다. 정말이다. 신은 현관 아래에도 산꼭대기에도 존재한다. 기쁨은 맨 앞줄에도 외야석에도 존재한다. 우리가 현재의 자리를 기꺼이 받아들이기만 하면 그렇다.

21 January
사랑의 눈으로 본다는 것

모든 존재들과 친밀해지는 것이
바로 깨달음이다.
— 잭 콘필드 Jack Kornfield —

우리는 무지와 빛, 분리와 전체성 사이를 끊임없이 맴돈다. 그리고 우리에게는 살아 있는 모든 것, 길을 잃지 않도록 지켜주는 모든 것과 연결되고 싶은 욕구가 있다. 바로 친밀감에 대한 갈망이다.

자크 루세랑 Jacques Lusseyran, 1924~1971, 8세 때 사고로 시력을 잃은 맹인작가이자 프랑스 레지스탕스의 영웅 - 옮긴이 이라는 젊은 프랑스 작가가 생각난다. 그는 앞이 보이지 않는 어둠 속에서도 다양한 삶 속에서 길을 찾아내는 방법을 배워나갔다. 그러던 중 우연히 분리 없는 삶의 비결을 발견했다. 루세랑은 말했다.

"그들을 이해하는 것으로는 안 됩니다. 파장을 맞춰서 마치 전기처럼 그들의 전류와 연결되어야 합니다. 그들보다 앞장서서 살아가던 삶에 종지부를 찍고 더불어 살아가는 삶을 시작해야 해요. 좀 놀랍게 들려도 신경 쓰지 마세요. 이런 게 사랑이니까요."

모든 것의 앞이 아니라 모든 것과 더불어 살아가는 삶, 자신이 눈에 보이는 모든 것의 일부임을 그냥 지켜보지 않고 느끼며 사는 삶이 바로 사랑이다. 이런 사랑은 분열된 존재를 다시 온전하게 되돌려놓는다. 자신이 모든 존재와 연결되어 있음을 인정하면, 계속 온전한 존재로 살아갈 수 있다. 타인들의 내적인 흐름과 연결되는 것이 친밀감과 깨달음의 첫걸음이다.

22 January
둘이 아니다

합일에 이르고 싶다면 그저 말하라.
"둘이 아니다!"
- 승찬 선사 -

1,400여 년 전 중국의 한 현자가 가르침을 청하는 사람들에게 짧은 법문을 남겼다.

"둘이 아니다!"

이해하기 어려운 만큼 아주 적절한 가르침이다. 모든 나눔과 구분은 신성에서 멀어지게 하고 기쁨을 얻을 가능성을 약화시킨다. 왜 그럴까? 이것을 이해하려면 한층 심오한 진리를 먼저 깨우쳐야 한다. 우리가 불신하거나 두려워하는 것들 모두 우리가 만들어내는 혼란과 편애의 저변에서 똑같이 고동치는 삶의 맥박을 따른다는 점이다.

삶의 맥박에서 분리되고 나면, 풍요로움과 힘을 잃고 만다. 기관들이 몸에서 떨어져 나가면 죽고 마는 것과 같다. 그러므로 평화를 발견하고 평화롭게 살려면, 본래의 일체성을 끊임없이 회복해야 한다. 예로부터 이어져온 중심 맥박, 모든 존재와 공유하는 맥박을 체험해야 한다. 이 공동의 맥박을 느끼면, 모든 생명체들이 지닌 공통의 힘으로 인해 우리의 가슴도 다시 부풀어오른다.

그러나 우리는 선택의 순간에 이르면 길을 잃어버리는 경향이 있다. 길마다 좋은 길과 나쁜 길로 재빨리 분류하고 명명해버리는 탓에 결정을 둘러싸고 긴장감에 휩싸인다. 이런 긴장은 이 길은 옳고 저 길은 잘못됐다는 이분법적인 생각을 낳는다. 이렇게 자신이 좋아하는 것만 높이 평가하면, 특별한 어떤 것을 갖고 싶은 갈망이 일어난다. 이것을 얻으면 "성공"했다고 말하지만, 얻지 못하면 "실패"했다고 한다. 그리고 실패에 대한 두려움 때문에 끔찍한 실수를 저지르면 어쩌나 하는 숨 막히는 압박감을 느낀다. 이렇듯 우리는 좌절하고 혼란스러워한다. 모든 것을 선과 악, 올바른 것과 그릇된 것, 성공과 실패로 나누는 탓에 선택 속에 삶의 진실과 힘이 담겨 있음을 망각하기 때문이다.

공동의 맥박을 공유한다고 해서 모든 것이 똑같은 것은 아니다. 삼라만상은 무한히 다르다. 또 삶의 풍요로움을 느끼면, 모든 것을 똑같이 평가할 수 없다. 하지만 자신이 원하는 것만 가치 있다고 믿으면, 결핍감에 쉽사리 우울해진다. 자신이 생각하는 이곳과 저곳의 차이, 자신에게 있는 것과 없는 것의 차이로 고통스러워한다.

그래도 우리는 마주하는 수많은 것을 분별할 수밖에 없다. 이럴 때는 우리 마음의 빛에 이것들을 비추면서 "오직 하나! 둘이 아니야!" 하고 말해보자. 방향을 트는 것이 잘못은 아니다. 오히려 의외의 길을 발견할 수도 있다.

23 January
진정한 대화

*진정 이해받고 싶으면, 무엇이든 세 가지 다른 방식으로 세 번 말해보라.
두 번은 서로의 귀를 위해 한 번은 가슴을 위해.*
— 파울라 언더우드 스펜서 Paula Underwood Spencer —

한동안 나는 사람들이 내 말에 귀를 기울이지 않는다고 생각했다. 그래서 솔직하게 이야기했는데 질문이 나오면 내 말을 부정하거나 비판하는 것으로 받아들였다. 이해하기 어려운 부분만 꼬집어서 다시 설명해주면 될 것을 말이다.

진정한 대화가 이뤄지려면 말하는 사람이나 듣는 사람 모두 핵심에 도달하기 위해 여러 번 시도해야 한다. 내가 기침을 하는 순간에 상대가 진실을 말할 수 있고, 내가 혹평을 하는 사이 상대가 마음을 열었다가 닫을 수도 있기 때문이다.

이처럼 대화는 타이밍에 많은 영향을 받는다. 그래서 듣는 사람이 정직하고 성실할 경우, 나는 같은 말을 되풀이하기보다 시간을 초월한 멜로디처럼 거듭해서 핵심을 들려준다.

24 January
지혜의 노래

삶을 살아가는 데는 두 가지 방식이 있다.
하나는 어떤 것도 기적이 아닌 것처럼 살아가는 것이고
다른 하나는 모든 것을 기적처럼 살아가는 것이다.
— 앨버트 아인슈타인 Albert Einstein —

걱정에는 끝이 없다. 눈에 보이지 않거나 우리의 좁은 시야를 벗어난 문제들은 끝이 없기 때문이다. 하지만 걱정은 일어날 수도 그렇지 않을 수도 있는 일을 두고 도박을 벌이는 것에 지나지 않는다.

한 친구가 시골 길을 달리는데 자동차 타이어에 구멍이 났다. 타이어를 갈 때 쓰는 잭도 없었다. 그는 도움을 청할 농가가 근처에 있기를 바라면서 걷기 시작했다. 날이 어두워지자 귀뚜라미는 더욱 극성스럽게 울어댔다. 잡초가 무성한 시골 길을 걸으면서 그는 속으로 걱정의 주사위를 던지기 시작했다. 농부가 집에 없으면 어쩌지? 농부는 있는데 잭을 빌려주지 않으면 어쩌지? 전화도 쓰지 못하게 하면 어쩌지? 농부가 나를 두려워하면 어쩌지? 아무 짓 안 해도 나한테 겁을 먹으면 어쩌지? 왜 전화를 쓰지 못하게 할까?!

어느 농부의 집 앞에서 문을 두드릴 즈음, 그는 이런 걱정에 완전히 사로잡혀 있었다. 그래서 친절하고 나이 많은 남자가 문을 열어주는 순간, 자신도 모르게 쩌렁쩌렁한 목소리로 소리쳤다.

"아이고, 망할 놈의 당신 잭 안 가져가!"

누구나 실재의 기적과 함께하기 위해, 환상의 블랙홀 속으로 빠져들지 않기 위해 끊임없이 발버둥친다. 이것은 오래전부터 계속돼온 인간의 도전이다. 이슬람 신비주의 시인인 갈리브Ghalib도 수세기 전에 이렇게 말했다.

"창조의 모든 소립자는 나름대로 실재와 비실재의 노래를 부른다. 실재의 노래에 귀 기울이면 지혜로워지지만, 비실재의 노래에 귀 기울이면 미쳐버리고 만다."

25 January
자기 사랑

자기 자신의 근원과 목적을 탐구하면 나 이외의 존재들도 탐구하게 된다.
바로 이런 인식 속에서 나는 세계의 근원과 목적을 깨닫기 시작한다.
— 마르틴 부버 Martin Buber —

자신을 사랑하면 세계도 사랑하게 된다. 불과 돌, 물 모두 분자들로 이뤄진 것처럼 당신과 나를 포함한 모든 존재는 시초의 작은 조각으로 연결되어 있다.

어떻게 해야 자신을 사랑할 수 있을까? 이것은 자신의 뒤통수를 보는 것만큼이나 힘든 일이다. 중요한 만큼 이해하기도 어렵다. 나도 수없이 시행착오를 겪었다. 덕분에 자신을 사랑하는 것이 다른 사람의 눈에는 보이지 않는 투명한 새에게 모이를 주는 일과 같음을 깨달았다.

자신을 사랑하려면 고요한 마음으로 이 새에게 부드러운 씨앗 같은 비밀들을 한 움큼 줘야 한다. 새에게 모이로 준 비밀들은 더는 비밀이 아니다. 새의 얼굴이 밝아지면 우리도 밝아지고, 나만이 들을 수 있는 새의 노랫소리는 모든 계획에서 자유로워진 내 목소리가 된다. 그러면 새의 몸에서 뿜어나온 빛이 나를 감싸고, 나는 왜 보석들을 여태껏 움켜쥐고만 있었는지 의아해진다.

다른 사람들은 보이지 않는 존재에게 먹이를 준다면서 나를 미쳤다고 생각할 것이다. 그래도 투명한 새는 먹고 날고 노래 부르기만을 갈망한다. 새가 원하는 것은 오로지 마음의 빛이다. 이따금 우리를 깊이 사랑하는 사람들은 우리의 두려움 밑에서 이 새가 둥지를 털고 날아오르는 모습을 보기도 한다.

이렇듯 자신을 사랑하는 데는 용기가 필요하다. 자신을 사랑하려면 누구도 보지 못하는, 우리를 세상 속에서 지켜주는 자기 존중감을 믿고 충실히 따라야 한다.

모든 위대한 잉태의 순간들, 산과 나무, 물고기, 예언자, 진실하고 한결같은 관계가 만들어지고 자라나는 순간들은 누구도 보지 못하는 곳에서부터 시작된다. 이 아름답게 잉태된 것을 꺼트리지 않는 것이 우리의 의무다.

일단 빛으로 충만해지면, 모든 것은 고통을 느끼되 어떤 방해도 받지 않고 탄생을 준비한다. 그러면 새의 날개 밑을 스치는 공기와 나의 목울대를 울리는 공기가 같음을, 눈 쌓인 텅 빈 벤치나 봄날 벤치에 망연히 웅크리고 앉아 있는 사람들 모두 나의 일부임을 느낀다.

어느 누구도 볼 수 없는 것을 믿을 때 우리는 서로 같음을 깨닫는다. 그러면 아무리 힘들어도 삶의 모든 순간 속에서 세상과 하나 되는 지점으로, 빛이 쏟아져 들어옴과 동시에 나가는 지점으로 돌아갈 수 있다. 이 지점으로 돌아가면, 지금이 어떻건 살기에도 죽기에도 좋은 순간임을 깨닫는다.

26 January
친절한 사람이 된다는 것 1

사람들은 흔히 말한다. "난 받을 만한 사람들한테만 베풀 거야."
그러나 그대 집 과수원의 나무들이나 그대의 목장에 사는 양떼들은
이렇게 말하지 않는다. 그들은 살기 위해서 준다. 주지 않으면 죽을 것이므로.
— 칼릴 지브란 Kahlil Gibran —

위대하고 열정적인 영국의 신비주의적 시인 윌리엄 블레이크 William Blake 는 타인을 먼저 생각하는 것보다 위대한 행위는 없다고 했다. 사심 없는 베풂이 의미 있는 사랑의 기초라는 것이다. 그러나 타인들의 요구에 따라 나를 규정짓지 않으려고 평생 씨름해온 나로서는 생각이 좀 다르다. 가장 건강한 형태의 자기애도 없으면서 — 꼬투리가 씨앗을 품듯 '자기' 안의 생명의 진수를 존중하지도 못하면서 — 타인을 먼저 생각하면, 결국 자기희생과 끝없는 상호의존에 빠지고 만다.

나는 한동안 다양한 방식으로 나의 욕구와 통찰을 억눌러왔다. 누구도 그렇게 하라고 요구한 적이 없는데도 타인들을 실망시키지 않기 위해 그렇게 한 것이다. 하지만 나만 유별나게 이러는 것은 아니다. 좋은 사람이 되는 법을 배워가면서 누구나 자신과 타인에 대한 친절 사이에서 그릇된 딜레마에 빠진다. 사실 자신에 대한 친절은 타인에 대한 친절의 전제조건이다. 자신을 존중하는 것이야말로 진정으로 사심 없이 타인들에게 지속적으로 친절을 베푸는 길이다.

"걸림이 없어야 물은 계곡 아래로 흐른다."라는 맹자의 말처럼, 진정한 본래의 자기로 존재해야만 친절 속에서 자신을 확장할 수 있다. 그러므로 우리가 꾸준히 해야 할 실제적인 수행은 본연의 모습으로 존재하

도록 모든 방해물을 제거하고 어떤 것도 숨기지 않는 것이다. 이렇게 진정성을 향해 나아가면 진정한 친절의 물, 연민의 물은 자연스럽게 아래로 흐른다. 친절한 사람이 되기 위해 절제할 필요도 없다. 가슴을 열기만 하면 된다.

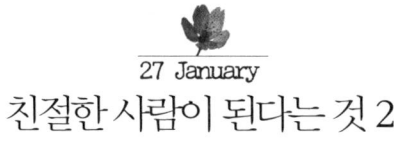

27 January
친절한 사람이 된다는 것 2

・・・

우리는 우리가 주의를 기울이는 것을 사랑한다.
- 말라무 이마라해 Mwalimu Imara -

성격이 완전히 다른 형제가 있었다. 한 명은 매복했다가 길에 나타나는 것이면 무엇이든 공격했다. 보물을 손에 쥐고 있으면서도 다른 보물을 찾아 헤맸다. 으스대듯 방패를 휘두르면서 모든 것에 저주를 퍼부었다. 다른 형제는 무기도 없이 탁 트인 곳을 걸으면서 마주치는 모든 것에 관심을 기울였다. 나뭇잎 한 장, 잔가지 하나, 부서진 돌에도 눈길을 주었다. 모든 것을 축복했다.

이 작은 이야기는 모든 은폐에서 과감히 벗어나면 더욱 깊은 법칙이 나타남을 가르쳐준다. 용감하게 자신의 내면을 충분히 드러내면, 강함은 물론 나약함까지 드러내면, 모든 살아 있는 존재 속에서 연대감이 생성된다. 그리고 이런 연대감은 친절이 우리를 관통해 흐르게 한다. 신기하게도 진실한 존재가 돼야만 뭇 생명과 연대감을 느낄 수 있다.

이렇듯 진실은 블레이크의 말과는 정반대다. 타인보다 자신을 앞에 두는 것보다 더 위대한 행동은 없다. 여기서 자신을 앞에 둔다는 것은 자신을 최우선으로 배려한다는 의미가 아니다. 타인들 앞에서 자신을 열어 보이고 자신의 본질을 드러낸다는 뜻이다. 이렇게 진실한 존재가 돼야만 진정한 연대의식을 느끼고 오롯한 친절을 베풀 수 있다.

인정하고 싶지 않겠지만, 낯선 사람들이 방어막을 걷어내고 자신을 드러낼 때 마음이 움직이는 것도 이 때문이다. 상처받은 사람과 진실한 사람을 돕기 위해 걸음을 멈추는 것도 이 때문이다. 굳었던 땅도 바닷물에 부드러워지는 것처럼 타인들 앞에 자신을 그대로 드러내면 사랑도 가능해진다.

28 January
세상과 만나기

내면세계가 바깥세상과 만나도록 해야 한다.
그렇지 않으면 삶이 우리를 파괴하고 만다.

시간이 시작된 이래로 쉼 없이 바람이 불고 있다. 바람은 이제까지 존재했던 온갖 언어로 끊임없이 속삭인다. 내면세계가 바깥세상과 만나도록 해야 한다. 그렇지 않으면 삶이 그대를 파괴할지니. 안과 밖이 만나지 못하면 삶은 와해되어 사라지고 말지니.

흔히들 내면을 숨겨야 자신을 보호하고 구할 수 있다고 생각한다. 사실은 정반대다. 우리의 가슴은 신기한 풍선과 같다. 풍선은 공기를 가득 불어넣어야 가볍게 떠 있을 수 있다. 가슴으로 하루하루를 맞이해야 무너지지 않는다.

아흔의 노파들이 봄날 앙증맞은 꽃들을 정성들여 보살피는 것도, 꼬

마들이 얼마 되지 않는 먹을거리로 길거리를 헤매는 새끼 고양이들을 보살피고 앙상한 가슴팍에 품어주는 것도, 눈 먼 화가들이 그림을 더 많이 그리고, 듣지 못하는 작곡가들이 위대한 교향곡을 작곡하는 것도 이 때문이다. 우리가 더는 어쩔 수 없다는 생각에 오래 억눌렀던 한숨을 토해내다가도 다시 숨을 들이쉬고 시도하는 것도 이 때문이다.

29 January
마음의 빈터

나는 세상에서 정말 혼자지만 충분히 혼자 있지는 못해서
모든 순간을 신성하게 만들지는 못한다.
— 라이너 마리아 릴케 Rainer Maria Rilke —

삶의 충만함을 느끼는 근본적인 길은 두 가지인데, 모두 관계의 진실함에서 비롯된다. 하나는 삶을 사랑하는 것이며, 다른 하나는 서로를 사랑하는 것이다.

삶의 기쁨이 드러날 때까지 용감하게 홀로 시간을 보내다 보면, 고독 속에서 삶의 기적을 발견하기도 한다. 모든 명상은 이런 선물을 선사한다. 마치 홀로 깊은 숲 속에 들어갔다가 훼손되지 않은 아름다운 빈터를 발견하는 것과 같다.

용기를 내서 타인들과 순연히 어울리는 시간을 가져도 이 빈터에 이를 수 있다. 이것이 사랑의 선물이다. 그러나 우리는 망설임으로 인해 온전하게 홀로 있지도, 타인들과 순연히 어울리지도 못한다. 나도 이런 문제로 숱하게 고통받았다.

망설임이야말로 삶의 충만함을 가로막는 가장 흔한 장애물이다. 중간 어디쯤에 머무는 것은 외로움의 진정한 시작이다.

30 January
순례자의 길

유목민은 여행을 하면서도 변화하지 않고,
카멜레온은 여행을 하지 않으면서도 변화하고,
순례자는 여행을 통해 변화한다.

처음에는 누구나 순례자다. 여행을 꿈꾸고, 여행을 통해 변화하기를 갈망한다. 오케스트라 연주를 들을 때는 피아노나 바이올린 소리에만 매료되는 순간을 경험해야 오래도록 교향악 전체를 감상할 수 있다. 마찬가지로 삶에 집중하지 못하면 사람이나 장소를 경험하면서도 그것의 완전함을 느끼지 못한다. 그래서 때때로 고립감과 불안을 느끼는 순간, 타인들을 기쁘게 하거나 회피하기 위해서 내면의 살아 있는 것들을 바꾸거나 숨긴다.

이런 통찰을 계기로 자신을 판단하거나 질책할 필요는 없다. 인간적인 실수들에 개의치 않고 내적인 경험들과 외적인 경험들이 서로를 보완하게 만드는 끝없는 과정이 바로 완전한 상태임을 이해하게 서로를 도우면 된다.

나는 이 점을 아주 잘 이해하고 있다. 나 자신이 너무나도 자주 이런 점을 어기기 때문이다. 하지만 당신과 마찬가지로 나도 스스로를 가장 진지한 순례자라고 생각한다. 신조나 전통을 초월해서 깨달음의 순간을 경험하고 변화할 수 있는 강력한 순환의 공간을 찾아 나선 순례자 말이다. 이해하기 어렵겠지만, 보는 자와 보는 대상, 가슴과 가슴이 느끼는 대상이 하나를 이루는 이 순간은 우리에게 실재가 신성한 것임을 알려준다.

31 January
매 순간의 죽음

• • •

인간은 자신이 지닌 것들을
마지막 숨과 함께 모두 놓아버린다.
한숨 한숨은 우리를 자유롭게 하는 작은 죽음과 같다.

호흡은 모험의 기본 단위이자, 우리를 진실한 삶으로 인도하는 내적 용기의 근본이다. 숨을 쉴 때마다 우리는 열고 받아들이고 놔버리는 훈련을 한다. 바로 코 밑에 스승이 있는 것이다. 그러므로 불안할 때는 호흡에 유념하면 된다.

우리는 툭하면 삶의 방식을 바꾸리라 다짐한다. 하지만 새로운 상황들이 닥치면 여전히 낡은 행동양식에서 헤어나지를 못한다. 두려움이나 불안에 사로잡히면 반사적으로 집착하거나 속도를 높이거나 뒤로 물러난다.

집착이 생긴다면, 내려놓을 순간이 되었다는 의미다. 급하게 속도를 높여야 할 것만 같다면, 속도를 늦춰야 한다는 의미다. 도망치고픈 충동이 인다면, 자신과 직면할 기회가 왔다는 의미다. 이럴 때 명상을 하면서 깊이 호흡하면, 점점 강해지는 불안에 제동을 걸어 마음의 균형을 잡고 다른 방향으로 걸음을 내디딜 수 있다.

내가 말하는 것은 불안의 외적인 순간들이 아니라 진리의 내적인 순간들이다. 물론 사건이 일어나면 피해야 하고, 사랑하는 사람이 넘어지면 붙잡아줘야 한다. 하지만 우리는 사랑과 진리, 신, 변화와 미지에 대한 두려움으로 인해, 자신이 알던 것들을 너무도 꽉 부여잡고 있다. 스스로에게 상처를 입히면서까지 말이다. 내가 말하려는 것은 이 점이다.

마음속의 모든 은밀한 짐들, 실패와 잘못에 대한 기억과 선입견을 내려놓으면, 모든 후회와 기대를 내려놓으면 과거의 사고방식은 죽음을 맞이한다. 불가피한 것으로 생각했던 모든 것을 내려놓으면, 걸림 없는 삶으로 인해 순수한 영혼으로 다시 태어난다.

삶의 방식을 완전히 바꾸고 싶다는 생각만 해도 기가 질려버릴 때가 있다. 어디서부터 시작해야 하지? 25년 혹은 50년간 쌓아온 벽을 어떻게 허물어뜨리지? 천천히 숨을 쉬면서 하나씩 제거해보자. 그동안 짊어지고 있던 것들을 호흡하는 순간순간에 내려놓는 것이다. 자유롭게 놔버리고 자신을 믿으면, 짐을 자처했던 바로 그 존재가 우리를 인도해줄 것이다.

02 February

삶의 속도

01 February
느리게 느리게

느리게, 충분히 느리게 살아라.
오로지 시작의 순간만 있을 뿐이니.

떨어지는 눈송이든, 녹아 흐르는 얼음물이든, 잠에서 깨어나는 연인이든 움직임을 유심히 관찰해보라. 그러면 언제나 진행 중인 시작의 순간, 한숨 한숨이 시작되는 고요의 순간 속으로 인도된다. 이런 시작의 순간, 고요의 순간은 아주 중요하다. 이런 순간이 그토록 중요한 이유는 이 속에서 끊임없이 신선한 삶이 샘솟기 때문이다. 이 순간과 이 순간의 모든 신선함을 발견하는 열쇠는 거듭 말하지만 삶의 속도를 늦추는 것이다.

 몸이 불편할 때는 삶의 속도를 늦춰야 한다. 식당에서 계산을 기다리거나 여행 중에 지체될 때는 마음을 열고 주변을 둘러본다. 아주 중요하고 야심찬 일에 빠져 아무것도 못할 때는 첫 순간을 되찾아야 한다. 그러나 불행하게도 모두들 너무 분주하게 살아간다. 자신이 원하는 지점을 향해 너무 빠르게 질주한다. 그래서 병을 얻거나 파산을 해야만 마지못해 삶의 속도를 늦춘다. 이런 면에서 인간은 참으로 우스운 존재다. 아주 먼 곳에서 인간을 보면 반복해서 무언가에 충돌하는 곤충 집단처럼 보일 것이다. 단호히 장애물을 들이받는 작은 존재들, 작은 머리와 몸뚱어리를 흔들어대면서 장애물을 향해 계속해서 돌진하는 존재들.

우리를 품고 있는 지구처럼 우리 존재의 토대도 아주 천천히 움직인다. 그래서 이것을 당연하게 받아들인다. 하지만 삶의 시련들로 기진맥진하거나 무감각해지거나 옴짝달싹 못하는 상황에 처했다면, 차츰 넓어지는 균열의 속도에 맞춰 생각의 속도를 늦춰야 한다. 대지가 빗물을 빨아들이는 속도에 맞춰 심장의 속도를 늦춰야 한다. 처음의 신선함이 반갑게 맞아주기를 기다려야 한다.

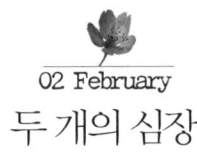

02 February
두 개의 심장
...

서로 다른 사람에게서 채취한 두 개의 살아 있는 심장세포를 배양접시에 놓으면, 얼마 후 이 세포들은 지속적으로 제3의 박동 소리를 똑같이 만들어낸다.
— 몰리 바스 Molly Vas —

이 생물학적인 사실 속에는 모든 관계의 비밀이 숨어 있다. 우리의 모든 저항 밑에, 모든 불충분한 시도 저편에, 삶 자체의 본질 속에 어울림을 지향하는 어떤 핵심적인 힘이 있다는 것이다. 공통의 박동 소리를 발견하고 유지하는 이 타고난 능력이야말로 사랑의 기적이다.

이 힘은 연민의 마음을 일으킬 뿐만 아니라 가능한 확실히 표현하게도 해준다. 두 개의 세포가 모든 것의 밑에서 공통의 박동 소리를 만들어낸다면, 모든 핑계를 물리쳤을 때 온전한 가슴은 얼마나 더 풍요로워지겠는가?

호기심과 열정의 밑바탕에 있는 힘도 공통의 박동 소리를 만들어내려는 욕구다. 낯선 사람들끼리 서로 말을 주고받는 것도 이 욕구 때문이다. 우리는 이렇게 새로운 인식을 위해 모험을 감행한다. 모든 살아 있는 존재 옆에서 충분히 오래 고요히 있다 보면, 이 소리 없는 노래를 부를 길을 발견한다.

그러나 우리는 어울림을 지향하는 심장의 갈망에 저항해 스스로를 지치게 만든다. 우리의 심장이 모든 살아 있는 존재들과 하나 되어 고동칠 때 힘과 평화가 싹틈을 모르기 때문이다. 그러나 서로를 모를 때도 모든 심장을 아우르는 하나의 공통된 심장은, 우리가 느껴주기만을 기다리는 하나의 공통된 심장은 존재한다. 이런 사실은 더 없는 희망을 선사한다.

위대한 시인 파블로 네루다 Pablo Neruda 는 말년에 여행을 하던 중에 칠레의 로타 탄광에 들렀다. 그곳에서 그는 감동적인 경험을 했다. 갱도에서 일하느라 얼굴이 거칠고 새까매진 광부가 성큼 다가와 네루다를 와락 껴안으면서 외친 것이다.

"오, 당신을 아주 오래전부터 알고 있었어요."

우리가 내면의 울림을 과감하게 표현할 때마다 다른 누군가의 심장 세포도 우리 사이에 살아 숨 쉬는 것을 찾아내 노래 부른다. 아마도 이것이 열쇠일 것이다.

03 February
갈망

눈을 깜빡이기도 전에
우리는 이미 서로를 파악한다.

우리는 말을 하기도 전에 많은 말을 주고받는다. 눈으로, 입술로, 머리를 기울이는 모양으로, 햇살을 기다리다 지친 나무들처럼 몸을 숙이는 모양으로 입을 열기도 전에 모든 이야기를 해버린다. 그러면서도 아무것도 주고받지 않은 것처럼 행동한다. 서로에 대해 전혀 모르는 듯, 말하기 전에 이미 파악한 것들을 부인한다.

누구에게나 갈망과 내면의 빛이 있으며, 벗어날 길을 찾는다. 갇히거나 단절될까 봐, 벗어났던 어둠 속으로 다시 쫓겨 들어가게 될까 봐 두려워한다.

여기에 훌륭한 출발점이 있다. 온갖 칭호와 이력이 우리의 본질을 가리기 전에 다시 끌어올려져 홀로 남고 싶어 함을 자각하는 것이다. 봄 지나 겨울 왔다가 다시 봄이 오는 것처럼 춤추듯 그렇게 살아남고 성장할 때까지 끌어올려져 홀로 남고 싶어 함을 자각하는 것이다.

04 February
넘어야 할 문턱

삶의 요소들은 바뀌지 않는다.
변하는 것은 이것들과 우리의 관계다.
- 몰리 바스 -

재능과 상처가 무엇이건, 삶의 상황이 어떻건, 결혼을 여러 번 했건 한 번도 사랑을 해본 적이 없건, 돈이 몹시 궁하건 삶의 핵심 문제들은 결코 사라지지 않는다.

지구상의 모든 생명체에게는 누구도 대신 열어줄 수 없는 내면의 문이 있다. 우리는 직업이나 애인을 바꿀 수도, 전 세계를 여행할 수도 있다. 의사나 변호사나 전문 등반가가 될 수도, 자신의 삶을 접어둔 채 병든 부모를 보살필 수도 있다. 이런 가치 있는 일에 몇 년 동안 주의를 돌리기도 한다. 하지만 이 일이 끝나도 아직 넘지 못한 내면의 문턱은 여전히 우리를 기다리고 있다. 이 진정한 모험을 대신할 만한 일은 없다.

더욱 신기한 점은 우리가 회피한 핵심 문제들이 결국에는 다시 우리를 찾아온다는 것이다. 이따금 다른 얼굴을 하고 나타나기도 하지만, 우리는 결국 빙 돌아서 다시금 이 문제들과 맞닥뜨린다. 직면해야 할 문제를 건너뛰거나 피하려고 아무리 애를 써도, 용기를 내 우리 앞에 놓인 문을 열지 않으면 어떤 문턱도 넘을 수 없음을 겸허히 깨닫게 된다.

방법은 정면 돌파뿐이다. 자기발견과 관련해서 가장 확실하고 오래된 진리는 아마 이것일 것이다. 하지만 똑같은 상황에 반복적으로 부딪히는 것이 꼭 문제를 회피하고 있다는 신호는 아니다. 어떤 문제를 둘러싼 숙제가 아직 끝나지 않았음을 의미할 뿐이다.

어른이 될 때까지 나는 지배적이고 비판적인 어머니와 갈등을 빚었다. 그런 탓인지 지배적인 사람들과 씨름하는 상황에 반복적으로 내던져졌다. 나는 그들에게 인정받기 위해서 고통스럽게 투쟁했으며 거부당할까 봐 두려워했다. 오랜 시간 이런 상황을 개선하려고 노력도 했다. 하지만 이런 노력은 문을 열지는 않고 문에 사포질을 한 다음 니스를 칠하는 것과 같았다. 이로써 문을 아주 능숙하게 다루게는 되었지만, 자기 존중감의 문을 열기까지 필연적으로 거부의 고통을 되풀이할 수밖에 없었다.

시인이 되고 싶다는 열망도 오래도록 나를 고통 속으로 몰아넣었다. 속으로 불안과 거부에 대한 두려움에 시달리면서도 나는 유명한 작가가 되기 위해 묵묵히 작업했다. 그러던 어느 날 편집자라는 비판적인 이방인의 답신을 기다리던 중에 메일함을 열어보고, 내가 수없이 인정과 거부의 문제를 되풀이하고 있음을 깨달았다. 나는 망연자실했다. 하지만 오래전에 도망쳤던 자기 사랑의 문 앞에 다시금 서 있음을 깨닫고 안도하기도 했다.

이 문들은 어디로도 사라지지 않는다. 마음의 준비와 경험을 한 뒤 우리는 다시 이 문 앞에 선다. 우리의 영혼은 자신을 충족시킬 유일한 방법을 잘 알기 때문이다. 그 방법은 바로 진실을 받아들이는 것이다.

05 February
감정 청소

모든 두통의 기저에는
마음의 고통이 있다.

어떤 문제에 직면했을 때 우리는 흔히 느낌으로 길을 더듬어나가기보다 생각으로 해결하려 든다. 그 편이 더 쉽기 때문이다. 우울한 감정에서 벗어나려면 어떻게 해야 할까? 사랑하는 사람의 화나 슬픔을 풀어주려면 무엇을 없애거나 고쳐줘야 할까?

돌이켜보면 나도 단순히 느끼고 넘어가도 될 정서적인 문제를 해결하기 위해 오랜 시간 내 감정을 분석하곤 했다. 물론 잘못된 점을 파악하려는 노력은 어느 정도 효과가 있었다. 하지만 이런 노력은 사실 치유와 발전을 위해 반드시 느끼고 넘어가야 할 슬픔과 좌절을 회피하기 위한 것에 불과했다.

이것은 모두 지극히 인간적인 일이다. 고통을 느끼고 싶어 하는 사람은 아무도 없다. 베인 자리나 상처 난 부분을 구체적으로 끄집어낼 수 없을 때는 더욱 그렇다. 우리의 가슴도 마찬가지다. 드러내거나 꿰맬 부분이 안 보여도 온갖 곳이 영향을 받는다.

우리는 분석하고 전략을 세우고 마음을 다잡는 데만 정신을 쏟는다. 그러면 물론 다시는 똑같은 식으로 상처를 입지 않을 수도 있다. 하지만 상처에 공기를 쐬어주는 것 말고는 다른 방법이 없다. 가슴에 상처를 입었을 때는 혐오감이나 자기연민에 빠지지 말고 그냥 한 마디 내뱉으면 된다.

"아야!"

06 February
길을 가다가

나는 계속 길을 감으로써 내가 가야 할 곳을 발견한다.
— 테오도르 레트커 Theodore Roethke —

우리는 일행 중 한 사람이 알고 있는 호수로 차를 몰았다. 도착해보니 호수를 둘러싼 길이 하나 있었다. 우리는 빵과 물, 바나나 같은 간단한 물건들을 챙겨서는 호숫가를 빙 돌다가 햇살이 잘 드는 자리에 멈춰 섰다. 지붕처럼 하늘을 뒤덮은 나뭇잎들 사이로 큼지막한 도토리들이 떨어지고, 호수로 몸을 기울인 나뭇가지 위에서 작은 갈까마귀들이 단장을 하고 있었다.

다시 길을 걷는데 크리스틴이 걸음을 멈췄다. 도저히 그냥 지나칠 수 없는 빈터에 마음이 끌린 것이다. 우리도 깊이 숨을 들이쉬면서 천천히 길 없는 곳으로 그녀를 따라갔다. 고목들이 보이자 걷고 싶은 마음이 싹 사라졌다. 우리와 우리의 숨소리 외에는 아무것도 없었다. 새들의 노랫소리에 뒤섞여 냇물 흐르는 소리만 들려올 뿐이었다.

우리는 아무 말도 하지 않았다. 하지만 길 없는 그곳은 우리를 신에게 인도하고 있었다. 우리의 가슴도 작은 새들처럼 기다리고 있었다.

07 February
슬픔의 유산

· · ·

아틀라스는 어쩔 수 없이 지구를 떠받친 것이 아니다.
그렇게 하지 않으면 지구가 쓰러지리라 확신했기 때문이다.

많은 사람들이 기대가 많은 부모 탓에 부모의 슬픔까지 떠안고 자란다. 흔히 형제자매보다 더 여리거나 예민한 아이가 누구도 떠안고 싶어 하지 않을 문제의 해결사로 선택된다. 참 요상한 운명이다.

나도 그런 아이였다. 나는 너무 예민하고 감성적이며 몽상적이라는 말을 자주 들었다. 삶의 불가피한 고난들이 우리 가족을 덮치면서 나는 무감각이라는 가족의 짐을 떠안게 됐다. 감성적인 능력을 인정받거나 평가받지도 못한 채 가족의 슬픔을 내 예민한 가슴으로 감당해내야만 했다.

덕분에 나는 누군가와 고통을 함께하는 것과 고통을 견뎌내는 것 사이에 엄청난 차이가 있음을 깨달았다. 고통에 빠진 사람들은 감당하고 싶지 않은 감정들을 떨쳐내는 수단으로 사랑하는 이의 관심을 이용하는 경우가 많다. 폭풍우 치는 동안 전류가 땅속으로 스며들듯 자신의 슬픔과 고통을 사랑하는 사람에게 흘려보내려 한다. 타인들에게 자신을 잡아달라고 용감하게 부탁하지도 못하고, 그들이 슬픔이나 고통을 받아주기만을 바란다.

어른으로서 나는 진정 나다운 사람이 되기 위해 노력한다. 하지만 어느 감정이 내 것이고 물려받은 것인지 혼란스럽다. 그래서 나 같은 사람들은 타인들의 정서 상태에 책임감을 느낀다.

감정을 구별해내는 것은 끝이 보이지 않는 미묘한 일이다. 자기 안에 머물 수 없을 때 우리는 의존하려 든다. 주변 사람들의 감정을 다스리거나 보살펴주기 전에는 결코 마음의 평화를 느끼지 못한다. 연민의 마음이 우러나서 그런 것은 아니다. 슬픔을 떠안은 자에게는 이것이 불안의 짐을 내려놓을 유일한 길이기 때문이다. 다른 식으로 반발하면 타인들은 물론이고 스스로에게도 무감각해지고 고립될 수 있기 때문이다.

그러므로 타인들의 감정이나 우리가 느껴야 할 중요한 감정들을 차단하지 말고 가슴에 적절한 물꼬를 터줘야 한다. 어떤 사람들은 훈련을 통해 타인들의 슬픔과 고통을 받아들이기도 한다. 그러나 우리의 심장 조직은 강하면서도 가볍다.

"내려놔. 흘려보내. 세상이 너를 인도할 거야." 하고 속삭이는 바람 소리를 들을 만큼 강하고도 가볍다.

08 February
탐욕

* * *

탐욕스러운 사람은 체리를 전부 따고
단순한 사람은 한번에 체리를 전부 먹는다.

우리는 흔히 한 번에 두 가지 일을 하거나, 한 사람이 할 수 있는 것보다 더욱 많은 경험을 하고 싶어 한다. 이로 인해 자기 자신도 모르게 고통을 당한다.

무언가 부족하고 나만 소외됐다는 느낌에 전부를 원하는 것은 일종의 탐욕이다. 하지만 인간인 이상 모든 것을 가질 수는 없다. 이 모든 긴장에서 지칠 줄 모르는 갈망과 삶의 열정이 일어나지만, 결코 충족되지 않는다. 이런 사고방식에 갇히면, 아무리 여행을 자주 하고, 넘치게 사랑을 하고, 많은 성공을 거둬도 부족하기만 하다.

그렇다고 호기심을 충족시키기 위한 탐구나 미지로의 모험을 그만두라는 말은 아니다. 나는 세상을 경험하고 새로운 사람들을 만나는 것을 더할 나위 없이 좋아한다. 내가 말하려는 것은 결핍감의 씨앗이 남아 있으면 어떻게든 보상받기 위해 한쪽 눈은 내가 가진 것에, 다른 쪽 눈은 내게 없는 것에 고정하고 삶을 질주하듯 살아가게 된다는 점이다.

탐욕은 돈에 국한된 문제만은 아니다. 탐욕은 모든 것에 허기를 드러낸다. 스스로 뒤처졌거나 부족하다고 믿으면 필요 이상으로 많은 것을 원하게 된다. 우리에게 없는 것이 고통을 치료하거나 완전한 인간으로 만들어주고, 우리가 맛보지 못한 그것이 생기를 불어넣어줄 것처럼 여겨지기 때문이다.

사실 모두에게 사랑받고픈 허기를 채워주는 것은 가슴에 새긴 한 가지 경험이다.

09 February
길과 장애물

우리는 길을 가로막는 방해물을
또 다른 길로 착각하는 경향이 있다.

몬트리올 식물원에 가기 위해 아침 일찍 눈을 떴다. 몬트리올 식물원은 아시아를 제외하고 세계에서 가장 많은 분재를 보유하고 있다. 우리는 중국 사찰식 정원을 향해 산책하듯 천천히 걸음을 옮겼다. 대로에서 떨어져 있는 멋지면서도 소박한 이 쉼터는 넓이가 몇 에이커에 달했다. 원래는 1600년대에 중국에서 쉼터로 만든 것을 1990년에 돌 한 개까지 모조리 몬트리올로 옮겨왔다.

거대한 문에 이르고 보니 굳게 잠겨 있었다. 당황한 나는 이 공원을 보려고 외국에서 400마일이나 달려왔으니 들여보내 달라고 떼를 써보려 했다. 그런데 동양의 현자 같은 로버트는 화두를 풀듯 차분히 이 상황에 대처했다.

그는 정원의 외벽을 따라 걷기 시작했다. 벽을 넘기는 어려워 보였다. 나는 낙심했지만, 그는 높은 벽을 따라 계속해서 발걸음을 옮겼다. 정원은 수 에이커에 펼쳐져 있었다. 그 둘레를 다 걸을 수나 있을까 생각하니 짜증이 몰려왔다. 여전히 로버트는 느긋하게 걸었다.

그런데 이럴 수가! 처음에 눈에 들어왔던 곳에서 더 멀리 나아가자 갑자기 벽이 사라졌다. 이 정원에는 입구가 있는 정면을 빼고는 원래 벽이 없었던 것이다. 덕분에 우리는 탁 트인 풀밭을 지나 우리를 반기는 길로 접어들 수 있었다.

장애물이나 가로막이 쳐져 있거나 열쇠로 잠겨 있는 것처럼 보였는데 알고 보니 그렇지 않은 문이 얼마나 많은가? 우리 자신과 마음에서 기존의 출구를 지워버린 덕분에 아무런 장애물도 없이 진정한 삶의 기회에 다가갈 수 있었던 적은 얼마나 많은가?

10 February
삶이 내게 바라는 것

• • •

그대의 삶에서 생겨나는 이야기에
그대는 어떻게 귀 기울이고 있는가?

― 캐롤 헤제더스 Carol Hegedus & 프란시스 본 Frances Vaughan ―

사람들처럼 나도 본래의 자기를 숨기지 말라는 요구에 끊임없이 부딪힌다. 완전한 내가 돼야만 헤치고 나갈 수 있는 상황에 거듭 놓이고 마는 것이다.

오랜 친구와의 불균형한 관계를 청산할 때나 연인의 말에 귀 기울이지 못하는 조급함을 인정할 때, 동료를 향한 질투심을 인정할 때, 주차 공간을 새치기하는 이방인의 자기중심적인 성향을 마주할 때 나는 깨닫는다. 아무 말 하지 않아도 그 순간에 존재해야 함을. 나의 완전한 본성을 억누르지 말아야 함을. 그렇지 않으면 삶이 제 모습을 드러내지 않으리라는 것을.

온전히 나 자신으로 존재하면 충만감이나 완전하다는 느낌이 찾아온다. 어떤 것도 숨기지 않고 진정한 자신으로 존재하는 것은 우리가 반드시 넘어야 하는 문턱이기도 하다. 이 문턱을 넘지 않으면 삶은 발전하지 못한다. 이것을 향해 나아가지 않으면 어떤 일도 일어나지 않는다. 삶은 그 자리에 주저앉고 만다.

자신의 이야기에 귀를 기울인다는 것은 자신의 거짓들을 드러내야만 신비 속에서 살아갈 수 있다는 의미이기도 하다. 아무리 미묘한 것이라도 모두 공개해야만 진정으로 존재할 수 있다.

11 February
솔직담백한 삶

내가 가르칠 것은 딱 세 가지. 단순함과 인내, 연민의 마음이다.
이것들이야말로 가장 귀한 보물이다.
행동과 생각이 단순하면
존재의 근원으로 돌아갈 수 있다.

— 노자 —

이것은 기원전 6세기 중국의 전설적인 현자였던 노자의 가르침이다. 여기서는 단순함에 대해서만 이야기하고, 인내와 연민의 마음은 나중에 살펴보도록 하겠다.

노자의 세 가지 가르침을 총괄해서 이야기하자면, 나는 비틀비틀 인생길을 걸어오면서 끊임없이 이것들을 배워야 했다. 한 번으로 그치지 않고 갈수록 깊이 깨우쳐야 했다. 이제 이 가르침들은 나선형 계단처럼 한 계단 한 계단 내디딜 때마다 내 영혼의 삶 속으로 더욱 깊이 나를 인도한다.

그렇다면 단순해진다는 것은 어떤 의미일까? 복잡한 세상에 사는 탓에 우리는 단순함을 흔히 멍청한 것으로 오해한다. 솔직하고 담백하게 살다 보면 그 보답으로 삼라만상을 있는 그대로 보게 되는데도 말이다.

연인이나 동료의 몸짓이 갖는 진짜 의미를 알아내기 위해서 남몰래 끙끙 앓은 적이 얼마나 많았던가? 솔직하게 물어보면 될 것을 쓸데없이 온갖 헛짓을 다 한 적이 얼마나 많았던가? 스스로 진실해지기를 거부한 적이 얼마나 많았던가? 자신의 생각과 느낌을 솔직하게 드러내지 않고, 자신을 둘러싼 삶으로부터 스스로를 차단시킨 적이 얼마나 많았던가?

놀랍게도 자연 속에서는 하나같이 솔직하다. 안간힘을 쓰며 산을 오르는 표범은 자신의 노고를 그대로 드러내고, 나무를 오르다 흠칫 놀란 다람쥐는 떨리는 몸으로 불안하게 서성이면서 두려움을 드러낸다. 해안으로 몰려가는 파도는 아무것도 아끼지 않고 고개를 숙였다가 몸을 펼친다. 파도가 그토록 아름다운 것은 이렇게 드러내놓고 스스로 부서지기 때문이다. 말과 속내가 다른 것은 인간뿐이다. 오로지 인간만이 길을 가면서도 어딘가 다른 곳에 도달하기를 바란다.

다른 많은 덕목과 마찬가지로 단순한 삶이 가져다주는 대가를 우리는 상상도 못한다. 이에 노자는 삶의 비밀스런 도구와 진리를 선뜻 받아들이지 못해서 계속 비밀로 남아 있는 도구를 보여주고 있다. 이 고대의 현자는 우리에게 아주 직설적으로 말한다. 단순한 행동, 솔직한 삶이야말로 모든 존재의 근원에 이르는 문이라고.

과연 이 말이 진실인지 곱씹어보라. 길을 잃거나 너무 멀리 벗어났다는 느낌이 들면 솔직담백한 사람이 되도록 노력해보라. 그러면 우주가 소리 없이 되살아날 것이다.

12 February
차를 내리다가

진실하면 깨달을 수 있다.
- 중용, 기원전 200년 -

잘 생각해보면 차를 만드는 과정은 하나의 기적과 같다. 먼저 눈에 보이지 않는 뿌리가 키워낸 줄기에서 작은 찻잎들을 따내 잘 말린다. 말린

찻잎에 끓는 물을 붓고 차가 우러나게 두면, 우리 안에서 치유 효과를 일으키는 불로장생의 명약이 완성된다.

차를 우리는 전 과정은 일상의 경험을 어떻게 소화해야 하는지를 잘 보여준다. 요컨대 차를 우리는 일이 삶의 사건들을 걸러내는 방식과 같지 않은가? 정성을 다해 차를 만드는 과정이 메마른 찻잎 같은 나날에 가장 깊은 곳으로부터 주의를 집중하는 것과 같지 않은가? 안팎이 어우러져 잘 우러나야만 가르침이 향기로우면서도 부드럽게 목으로 넘어간다. 그러려면 인내심이 있어야 한다. 진실한 열정이 있어야 삶에서 배움을 얻어낼 수 있고, 배움의 열정이 있어야 천천히 가르침을 홀짝이며 음미할 수 있다.

차를 만드는 과정에서 가장 흥미로운 점은 어느 한 가지 요소만으로는 차를 우려낼 수 없다는 사실이다. 마찬가지로 우리도 모든 요소를 활용해야만 매일의 삶과 진실함, 참을성을 갖고 우리만의 차를 우려낼 수 있다. 그리고 삶이라는 차를 기꺼이 마시려는 마음이 있어야만 치유의 효과도 경험할 수 있다.

13 February
억누를수록 우울은 커진다

• • •

표현하지 못한 것은 완전히 눌려버리고 만다.

내면의 것을 끄집어내고 표현할수록 더욱 생기 있는 존재가 된다.

삶의 고통을 표현하면 할수록, 우리의 영혼과 우리가 걸어가는 길 사이의 장애물은 줄어든다. 하지만 억누르고 움츠러들수록 우리는 점점 작아진다. 우리의 가슴과 일상의 경험들 사이에 무언가를 틀어막으면 막을수록, 더욱 많은 노력을 기울여야 직접적으로 삶을 느낄 수 있다. 표현하지 못하는 삶은 굳은살처럼 딱딱하게 굳어버리기 때문이다.

굳은살은 손질할 수는 있어도 완전하게 제거하기는 힘들다. 이로 인해 삶의 경험에서 따뜻함과 절절함이 사라지면, 우리는 삶에 아무런 의미가 없다고 잘못된 결론을 내린다. 눈에 안개 같은 혼탁한 막이 드리워진 사람들에게 세상은 더욱 흐릿하게 보일 뿐이다. 사실은 그들의 눈에 문제가 생긴 것인데도 말이다. 표현하지 못한 것들이 가슴을 덮어버리면 가슴은 생기를 잃고 만다. 이것도 모르고 갈수록 세상이 재미없다고 느낀 적이 얼마나 많은가?

나는 스스로 자초한 문제들을 포함한 이러저러한 이유로 가족이나 집단 속에 있을 때는 언제나 무시당하는 것 같은 기분이 들었다. 그 근원적인 이유는 자기밖에 모르는 어머니가 무서워서 어떻게든 그녀의 비위를 맞추려고 했기 때문이다. 이로써 나는 오랫동안 상처나 거부감을 표현하지 못했다. 이런 감정이 쌓이고 쌓여 굳은살처럼 가슴 가장 깊은 곳을 에워쌌다.

예나 지금이나 나는 언제나 개방적이고 정서적으로 다가가기 쉬운 사람이다. 하지만 어느 정도 가까워지면 누구도 나의 핵심을 건드리지는 못했다. 어머니 때문에 생긴 문제가 다른 사람들과 관계를 맺는 데도 영향을 미친 것이다.

그러다 드디어 이러면 안 되겠다는 생각이 들었다. 나는 세상이 퇴색되고 있는 게 아니라, 가장 깊은 감정의 색채들을 스스로 차단하고 있음을 깨달았다. 이런 사실을 한 문장으로 이토록 차분하고 분명하게 말하는 것만 봐도, 이런 자각을 매일의 의식 속으로 받아들이기가 얼마나 힘들고 고통스럽고 더뎠는지 잘 알 것이다. 하지만 내가 평생 짊어지고 살았던 느낌을, 내가 보이지 않는 존재 같다는 느낌을 인정하고 표현하기 시작하자, 내 안에서 서서히 이런 자각이 일었다.

어떤 상황에 처해 있건, 우리의 진정성은 겉으로 표현된 부분은 물론이고 억눌려진 부분과도 연관되어 있다. 화초는 뿌리가 튼튼해야 꽃을 피울 수 있다. 우리의 감정도 마찬가지다. 우리 안에 확고하게 뿌리를 내리고 있다가 어떻게든 땅을 비집고 올라와 외부 세계에 싹을 틔워야 비로소 그 아름다움이 드러난다. 표면과 심층, 꽃과 뿌리, 겉으로 드러난 것과 안으로 숨긴 것 사이의 미묘하고도 역설적인 땅. 진정 자신의 삶을 살게 될지 아닐지를 끊임없이 결정짓는 것은 이 약간의 땅이다.

14 February
첫눈

· · ·

둘 모두 생각이 많으면 사랑은 약할 수밖에 없다.
누구를 사랑하든 첫눈에 반하는 사랑은 하지 못한다.
— 크리스토퍼 말로 Christopher Marlowe —

첫눈에 반하는 사랑의 진정한 힘을 우리는 흔히 놓쳐버린다. 처음 만나는 순간 휩쓸리듯 서로에게 빨려 들어가는 측면에서만 의미를 찾기 때문이다. 첫눈에 반하는 사랑의 의미를 더욱 깊이 이해하려면, 첫눈의 중요성을 발견하고 되찾아야 한다.

첫눈은 대상을 물리적이 아니라 본질적인 차원에서 처음으로 이해하는 것과 더 관련 있다. 그러나 사람들은 보통 습관과 판에 박힌 일상 속에서 무감각하게 걸어 다니기 때문에 평범한 삶의 경이들을 당연하게 받아들인다. 이럴 때 습관이나 지루한 일상에 조금도 방해받지 않게끔 매 순간 신선한 자극을 주는 것이 첫눈이다. 그러므로 첫눈은 신과 가슴과 영혼의 눈이 열리는 순간이라고 할 수 있다. 새로운 깨달음, 즉 모든 방해물이 사라지는 순간 스치듯 우리를 압도하는 합일의 느낌이 첫눈의 경험이다.

모든 영적 전통에서는 첫눈에 반하는 사랑을 가장 깊고 실제적인 차원에서 완전한 깨어남의 보답같이 말한다. 이 새로운 눈으로 우리는 다시 살아 있음을 느낀다. 역설적으로 첫눈은 되풀이해서 경험할 수 있다. 매일 잠에서 깨어나듯 영혼이 깨어나는 리듬 속에서 정기적으로 첫눈을 경험한다. 우리와 우리를 둘러싼 삶 사이에 아무것도 없을 때, 즉 본래의 눈으로 볼 수 있을 때 눈에 보이는 모든 것을 사랑하게 된다. 이렇게 근원적인 눈으로 보면 사랑도 기쁘게 받아들이게 된다. 근원적으로 사랑하면, 우리가 속한 세계를 활기차게 진행 중인 창조물로 바라보게 된다. 그렇다. 본래의 시각은 이렇게 드러난다. 우리는 첫눈에 사랑을 발견한다. 첫눈의 진정한 인식과 함께 이미 그곳에 존재하던 사랑은 우리를 움직인다.

이런 점에서 첫눈은 존재의 위엄을 얻기 위해 반드시 그리고 끊임없이 넘어야 하는 문턱이다. 첫눈에 반하는 사랑은 확실히 그리고 아름답게 타인들과의 관계에서도 경험할 수 있다. 타인을 처음 진정으로 보게 될 때, 기적 같은 타인의 존재 속으로 감미롭게 빨려 들어갈 때 이런 사랑을 경험한다. 매일 자신과 세계를 처음처럼 보게 될 때, 신을 느낄 때도 이런 사랑은 가능하다.

어느 날 괴로움에 시달리다 보면 그 어느 때보다도 활짝 마음의 문이 열릴 때가 있다. 그러면 여러 해 무심하게 지나치던 사람의 얼굴에서도 한 가득 빛을 발견하고 그 사람을 있는 그대로 보고 사랑하게 된다. 계절마다 똑같은 모습으로 서 있던 버드나무도 어느 날 비 갠 뒤의 눈부신 모습과 부드러운 바람에 전과는 다른 눈으로 보게 된다. 우리 내면에 자리하게 된 버드나무를 사랑하게 된다. 그리하여 늦은 밤 거울에 비친 자신을 들여다보고 또 보다가 문득 피곤에 찌든 자신의 얼굴에서 버드나무와 빛, 타인의 모습을 발견하고 그것이 신의 모습임을 깨닫는다.

흔히들 첫눈을 첫 만남으로 생각하는데, 첫눈은 처음으로 안목이 열리는 것이다. 모든 것을 말려주는 산들바람이 물을 투명하게 만드는 것처럼, 우리도 결국에는 말과 과시적인 행동과 허세를 멈추고 완전히 소진된 후에 투명해진다. 그러면 모든 것 속에 존재하는 심장이 우리 앞에서 고동치기 시작한다.

15 February
영혼의 전사가 되는 길

가슴이 문처럼 열리기 전에는
자유로워질 수 없다.

세상에는 정말 슬픔이 너무 많다. 하지만 파멸이나 죽음, 헤어짐의 고통과 세상만사는 이러 저러해야 한다는 생각으로 삶의 불가피한 사건들을 판단할 때 생겨나는 뼈아픈 고통은 다르다. 고난을 이런 식으로 받아들이면 삶은 언제나 불행할 수밖에 없다. 근본적으로 견뎌내야만 하는 결핍이 있다는 증거로 고통을 받아들이지 않아도 삶은 충분히 고달프다.

티베트에는 아름다운 신화가 하나 있다. 이 신화는 삶을 변화시키는 모든 영속적인 것으로 넘어가는 문턱이 바로 슬픔임을 이해하게 도와준다. 이 신화에 따르면 영적인 전사들의 가슴에는 상처가 있다. 슬프지만 이런 상처는 불가피하다. 이 상처가 있어야만 삶의 신비와 경이가 우리 안으로 들어오기 때문이다.

영적인 전사가 된다는 것은 무엇을 의미할까? 물론 군인이 된다는 의미는 아니다. 매일 진실하게 자신의 영혼과 대면한다는 의미다. 진실할 용기가 있으면 슬픔을 극복할 만큼 강해지고, 슬픔을 통해 깨달음을 얻는다. 삶이 다가오는 방식을 존중해야만 삶의 길에서 벗어나지 않고 최고의 것들을 얻어낼 수 있다. 요컨대 목적은 우리의 손을 깨끗하게 유지하는 것이 아니라 손에 흙을 묻히는 것이다.

새 친구를 사귈 때 시간이 흐를수록 어떻게 내밀한 방식으로 서로의 속내를 털어놓는지 나는 기억한다. 나는 상대에게 말할 기회를 주기는커녕, 세상을 떠난 사랑하는 사람들과 암을 이겨낸 이야기, 가장 진지한 약속에도 지속할 수 없었던 결혼생활, 몇 년간 원고를 거부당했던 일, 교수라는 소중한 직업을 잃어버린 일, 끔찍하리만큼 소원했던 부모님과의 관계로 고통받았던 일 등을 미주알고주알 쏟아냈다. 이렇게 삶과 직면하고 진실해진 보답으로 다시 힘이 샘솟는 것을 느꼈다. 그런 내게 친구는 입을 닦으며 이렇게 말했다.

"정말 슬픈 삶을 살았구나."

그의 판단과 연민을 견뎌내는 데는 어느 정도 시간이 필요했다. 하지만 나는 어둠 속에서 그를 바라보면서 내 가슴에 난 상처 구멍으로 심호흡을 계속했다. 우리 자신만이 확인할 수 있는 축복들을 놓고도 사람들은 매일 우리를 판단하고 무시하고 불쌍히 여긴다. 하지만 삶의 여정에서 우리의 근본 자리를 내주기에는 삶이 너무 험난하고도 아름답다.

16 February
불행

전체를 보면 평화가 싹트지만
멀리 보는 눈을 잃어버리면 불행이 생긴다.

의식이 깨어나면 감사의 마음이 일어난다. 어쨌든 하늘에는 태양이 걸려 있고, 작은 새는 노래를 불러대지 않는가. 이제 막 삶의 기적이 시작됐다. 그러나 돌에 발부리를 채이면 고통이 전해오는 순간부터 온 세계가 작고 불쌍한 발로 축소된다. 하루나 이틀은 걷는 것도 힘겹다. 걸음을 옮길 때마다 작고 불쌍한 발가락이 우리의 의식을 사로잡는다. 이럴 때 한 번 생각해보자. 우리의 하루를 결정짓는 것은 무엇인가? 걸음을 옮길 때마다 돌에 부딪힌 발가락에서 느껴지는 통증인가, 아니면 지금도 일어나고 있는 기적인가?

작은 것들에 집중하면 불행도 기쁘게 받아들일 수 있다. 어떤 것도 당연한 것은 없다. 먹을 것이 충분하고, 먹는 데 문제가 없을 정도로 건강하다는 사실을 감사히 여기게 된다. 그러나 우리의 눈은 셔터를 내려 시야를 막아버린 카메라처럼 점점 좁아진다. 어느 날 갑자기 달걀에 끈기가 없다거나 다진 고기에 양념이 제대로 배지 않았다면서 저녁 식사 자리에서 불끈 화를 낸다.

이렇게 시야가 좁아지면 모든 것이 문제처럼 여겨진다. 외로움에 파트너를 그리워하던 시절도 잊고, 처음으로 배우자의 아름다움에 넋이 나갔던 순간도 잊어버린다. 상대가 처음으로 나를 봐주고 지지해주던 때의 위안도 잊어버린다. 시야가 닫히면 배우자가 이불을 끌어당긴다거나 개수대에 그릇들을 마구잡이로 쌓아둔다면서 밤늦도록 잠도 안 자고 화만 낸다.

불행은 모든 것을 고통처럼 받아들이는 순간에 찾아온다. 그러므로 불행하다는 느낌이 들 때는 상처를 주는 것들보다 더욱 시야를 넓혀 바라볼 줄 알아야 한다. 가시에 찔린 것 같을 때는 그것을 빼내려고 노력하되, 가시가 아닌 몸과 영혼과 세계를 기억해야 한다.

17 February
엔드게임

• • •

계속 춤추는 것 말고
이제 할 일이 없다.

인간의 본성이 원래 그래서인지 지상에서의 삶 때문인지는 잘 모르겠지만, 인간은 어쩔 수 없는 상황에 처하기 전에는 결코 자신의 모든 것을 발휘하지 못한다. 어떤 사람들은 내면의 무언가가 위기의 순간에 수완을 발휘하기 때문이라고 한다. 도전을 받으면 내면에서 헤밍웨이가 말한 '압력을 받을 때 발휘되는 힘'이 샘솟기 때문이라는 것이다. 또 어떤 사람들은 이런 이야기가 고난의 시기와 고통의 경험을 합리화하거나 비극을 참아내는 수단에 지나지 않는다고 말한다.

비극과 축복에 대한 이야기들과 상관없이, 나는 하루하루 살아내는 삶이 우리를 열어준다고 생각한다. 그래서 우리가 좋아하든 싫어하든, 스스로 관여하든 안 하든 시간이 흐르면서 누구나 자기 존재의 깊은 부분을 새로 돋아난 피부처럼 받아들이게 된다고 믿는다.

외부 세계에 부대껴서든 내부로부터 껍질을 벗어던져서든, 우리는 결국 더욱 진실한 삶을 살게 된다. 그리고 우리를 열어준 위기가 지나고 나면 그때는 진정한 선택의 기로에 선다. 이렇게 진실한 삶을 계속 살아갈까?

암이 격렬하게 내 몸을 관통하면서 나는 열린 삶을 살게 됐다. 이것은 이제 비밀도 아니다. 이후로 나는 열린 삶을 기쁘게 받아들이고 있다. 그런데 위기가 나를 절벽 아래로 밀어뜨리지 않았어도 이렇게 살 수 있었을까? 영혼의 도약을 경험하고 몇 년이 지난 지금 내가 고민하는 문제는 바로 이것이다. 언제나 호시탐탐 노리는 위기에 떠밀리지 않고도 욕망을 계속 초월하는 방법은 무엇일까?

내가 과거와의 단절과 탈피를 경험한 가장 위대한 순간은 갈비뼈를 제거하기 위해 수술실로 실려갈 때일 것이다. 나는 데메롤 주사로 어지럽고 감각이 없는 상태에서도 스쳐가는 병원 천장을 두려운 눈으로 바라보며 들것 위에서 되뇌었다.

"죽음이 나를 가장자리로 밀어냈어. 물러설 곳이 아무데도 없어. 난 두려움을 조롱하듯 죽음의 얼굴을 바라보면서 신나게 춤췄어. 한 번도 이토록 자유롭게 춤춰본 적이 없어. 그러자 죽음이 뒷걸음질 쳤어. 죽음이 뒷걸음질 치자 갑자기 불꽃이 일면서 어두운 길이 사라졌어. 이제는 계속 춤추는 것 말고 할 일이 없어. 세 배는 더 용감하게 태어났어도 난 똑같이 했을 거야."

이따금 원치 않는 경험 속으로 깊숙이 떠밀려 들어갈 때가 있다. 하지만 이런 생각지 못한 특별한 도약을 통해 활기찬 삶의 중심으로 되돌아가기도 한다.

18 February
정체감이 들 때

• • •

세계를 관통하는 생명의 흐름과
나의 정맥을 흐르는 생명의 흐름은 같다.
— 라빈드라나트 타고르 Rabindranath Tagore —

우리는 지나치게 성취 지향적이어서 눈앞의 것들과 맺은 관계의 가치를 무시하곤 한다. 성취야말로 우리를 완전하게 한다고 여기기 때문이다. 삶을 경험할 때 비로소 완전해질 수 있는데 말이다.

부딪히는 모든 것을 판단하려는 충동을 이겨내면 기적이 우리를 에워싼다. 이런 기적 속에서 그림이나 음악, 시, 흐르는 물, 나뭇가지 사이로 부는 바람, 탁 트인 전망 등은 우리 내면에 고요히 살아 있는 이것들의 대응물을 건드리고 끄집어낸다.

19세기의 시인 제라드 맨리 홉킨스 Gerard Manley Hopkins 는 이 내면의 영역을 '내면의 풍경 inscape'이라고 불렀다. 햇살과 물이 없으면 어떤 풍경도 살아날 수 없는 것처럼, 다양한 형태의 생명으로 내면에 물을 대고 적셔줘야 우리도 번성할 수 있다.

그러므로 많은 사람이 그렇듯 정체되거나 삶의 기적과 단절된 것 같을 때는 듣고 보고 느끼고 그저 받아들인다. 생명의 에너지를 받아들여 내면에 잠들어 있는 에너지를 깨우는 것이다.

완전한 존재가 되려면 비판은 그만두는 게 좋다. 삶은 취향이 아닌 깨어남의 문제이기 때문이다. 삶에서 중요한 문제는 즐거움이나 혼란이 아니라 완전함을 발견하는 것이다. 좋고 싫음이 아니라 영혼의 지형을 여는 것이다.

19 February
깨버리지는 말고
· · ·

유리를 부는 사람은 안다.
처음의 열기가 살아 있는 동안에는 무엇이든 만들 수 있지만,
일단 모양이 굳어버리고 나면 깨버리는 것 말고 바꿀 방법이 없다는 것을.

현대의학의 정밀한 기기들 덕분에 요즘에는 기형이나 폐색증에 걸린 태아도 자궁 속에서 수술을 받을 수 있다고 한다. 이 최첨단 기술은 성장이나 치유와 관련해 시간을 초월한 심오한 진리를 보여준다.

이런 수술이 가능하다는 사실 못지않게 놀라운 점은, 아이가 태어나면 수술 상처가 전혀 남지 않는다는 것이다. 문제를 본질적인 차원에서 다스리면 치료의 결과가 존재의 한 부분으로 체화되어 흔적이 전혀 남지 않기 때문이다. 요컨대 시간을 초월한 깊은 흐름 속에서 안으로 주의를 돌리는 편이 이미 완성된 것을 부수는 것보다 훨씬 쉽다.

물론 이미 굳어버린 나 같은 사람에게는 너무 늦은 것 아닌가 하고 묻는 사람도 있을 것이다. 하지만 그렇지 않다. 우리의 내면은 언제나 성장하고 있으며, 우리 안에서 시작되는 이 흐름을 담아낼 수 있다. 결코 불가능하지 않다. 다시 자신과 직면하고 시작할 수 있다. 이미 딱딱하게 굳어버린 방식들을 뚫고 들어가, 이것들을 낳은 연약한 충동들을 확인할 수 있다. 완고함의 뼈대를 부러뜨리지 않아도, 누구 하나 내 이야기에 귀 기울이지 않는다는 사무치는 느낌을 어루만질 수 있다. 두려움의 뼈대를 부러뜨리지 않아도, 불안해하는 기질을 정화시킬 수 있다. 세상에서 받은 상처의 흔적을 세는 대신, 믿음을 거둬들이게 만든 영혼의 상처를 찾아내 입맞춤할 수 있다.

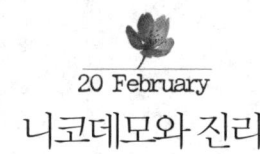

20 February
니코데모와 진리

• • •

어떻게 하면 다시 태어날 수 있습니까?
— 니코데모 Nicodemus가 예수에게 —

이따금 나는 니코데모를 생각한다. 남몰래 예수를 믿은 바리새인은 밤이면 가명으로 예수와 깊은 영혼의 대화를 나누었다. 그러다 낮이 되면 영적인 탐구나 예수와의 관계를 부인했다. 이런 행동은 예수의 본질에는 아무런 영향을 미치지 않았다. 그러나 니코데모에게는 남은 생애 내내 상처와 괴로움과 좌절을 안겨주었다.

이 이야기는 우리가 진실이라고 믿는 것을 진정으로 존중하지 않을 때 어떤 소리 없는 고통에 시달리는지를 가르쳐준다. 그러나 더욱 중요

하게 깨달아야 할 점은 우리 내면에 니코데모와 예수가 모두 살아 있다는 것이다. 우리를 진리로 인도하는 신성한 목소리와 타인들에게 이 목소리의 진실을 드러내기 주저하는 사회적인 중재의 목소리가 모두 존재한다.

영국의 유명한 아동 심리학자인 D. W. 위니코트 D. W. Winnicott 는 인격의 이 두 가지 측면을 '참된 자기'와 '거짓 자기'라고 불렀다. '참된 자기'는 진정한 것과 인위적인 것을 구분하게 해주는 반면, '거짓 자기'는 불신을 퍼뜨린다. 방어적이고 폐쇄적이며 만족을 모르는 삶의 방식을 강요한다.

일상의 차원에서 보면, 우리가 알던 현실 속에서 변화를 경험할 때마다 자신이 생각하는 진실을 숨길지 아니면 드러낼지를 선택한다. 현실의 변화에 맞춰 삶의 방식을 바꾸거나 변화에 저항하는 것이다. 이렇게 우리는 진실을 잃지 않으려는 의지에 따라 진정한 자신으로 살기도 하고 거짓된 자신으로 살기도 한다. 그러므로 언제나 진실한 존재로 살아간다는 것은 내면의 진실에 따라 세상에서의 행동들을 결정한다는 의미다. 그리하여 궁극적으로는 진정한 자기를 환희 드러낸다는 의미다.

하지만 세상의 이치가 달라졌음을 알면서도 습관이나 두려움으로 인해 예전처럼 행동하는 경우가 잦다. 나도 이런 심각한 위기에 거듭 직면한다. 본질을 더는 본질로 받아들이지 못함을 인정하고, 다시 용기를 내 삶의 행위를 본질적인 것으로 만들어야 함을 깨닫는다.

진실을 보고 들으면서도 예전과 같은 방식으로 생각하거나 관계를 맺으면, 내면의 니코데모에게 삶을 내어주게 된다. 그러면 결국 삶은 분열되기 시작한다. 밤이면 내면의 신성한 목소리에 귀 기울이다가도 낮이면 매번 이 목소리를 부정한다.

하지만 이런 혼란의 순간, 즉 분열된 자기를 발견하는 순간은 자신이 믿는 진실에 다시 경의를 표할 수 있는 기회이기도 하다. 상처나 고통이 아무리 커도 진실의 순간에는 누구나 내면의 신을 지금 여기에 드러낼 수 있다. 아무리 사소하고 짧을지라도 이런 행위를 반복하면 평범하지만 중요한 느낌, 다시 말해 살아 있다는 느낌이 되살아난다.

21 February
상처 씻어내기

*다른 일들을 경험했다면,
내가 하는 말도 달랐을 것이다.*

고통을 털어놓을 때면 나는 괴로움과 죄책감에 빠진다. 그렇다고 상황을 더욱 악화시키는 것은 아니다. 어머니가 자기중심적인 잔인한 욕구를 위해 어떤 짓을 저질렀는지, 어머니와 대면하는 것이 두려워서 아버지가 무엇을 외면했는지 아는 대로 진실을 말해버리면, 어쩐지 내가 나쁜 사람이 된 것 같기 때문이다. 어쩐지 내 고통을 꾸며대는 것만 같고, 부모님의 잘못을 들춰내는 일이 그분들에게 상처를 입히는 것만 같기 때문이다.

하지만 이 모든 일의 밑바탕에는 흔들림 없는 분명한 진실이 있다. 나는 결코 이야기를 꾸며대지 않는다는 점이다. 내가 기분 나빴던 일을 이야기한다면, 그건 정말로 그런 일을 경험했기 때문이다. 이런 일들을 이야기할 때 내가 지침으로 삼는 것은 정확성과 정직뿐이다.

나는 희생자가 아니다. 인성에 중요한 영향을 미치는 경험들을 자처하지도 않았다. 소년 시절 매를 맞거나 놀림받는 것을 원하지 않았으며, 평생을 함께한 친구에게 생의 후반기에 학대당하고 싶지도 않았다. 사실 다른 경험을 했다면 내가 하는 말도 달라졌을 것이다.

고통에 대한 나의 책임과 고통의 경험을 있는 그대로 정확하게 표현하는 일은 치유의 효과를 가져다준다. 그중에서도 가장 강력한 효과는 고통에 대한 표현이 실제와 맞아떨어질 때 일어난다. 왜곡이나 착각이 들어설 여지가 없기 때문이다. 이렇게 진실은 깨끗한 붕대처럼 상처에 먼지가 들러붙는 걸 막아주고 상처를 치유해준다.

있었던 일을 사실 그대로 표현하는 것이야말로 가장 가까이에서 얻을 수 있는 약이다.

22 February
상반되는 목소리들

• • •

머릿속의 상반되는 목소리들에게 발언권을 줘라.
이 목소리들은 내가 아직 들어보지 못한 더욱 큰 노래 속에서
그들이 맡을 역할을 찾고 있을 뿐이다.

삶은 하나의 역설이다. 말도 안 되는 것 같은 일들이 언제나 끊임없이 뒤섞여 일어난다. 이럴 때는 이런 일들을 표현하는 것도 도움이 된다. 이것은 연주를 위해서 오케스트라를 조율하는 것과 같다. 우리의 가슴과 머리, 영혼의 연주자들을 조율하지 않으면, 완전한 내면의 음악을 발견할 기회도 얻지 못한다. 내면의 연주자들이 연주할 부분을 충분히 숙

지하기도 전에 상황을 빨리 이해하려고만 하면, 긴장으로 혼란이 일어난다.

경험은 흔히 가슴과 머리, 영혼이 연주해야 하는 부분을 연습하는 하나의 방식이다. 관계의 자취도 가슴이 사랑이라는 움직임 속에서 자신의 역할을 갈고 닦는 데 걸린 시간이 아닐까? 정직한 의문의 역사도 지혜라는 움직임 속에서 머리가 자신의 역할을 연습하는 데 걸린 시간이 아닐까? 믿음이 변화한 흔적도 신이라는 움직임 속에서 영혼이 자신의 역할을 연습하는 데 걸린 시간이 아닐까? 모든 것이 하나로 결합되는 짧은 합일의 순간들을 찾아가는 여정도 사랑과 지혜, 신이 우리 내면의 공통 자리에 생기를 불어넣는 데 걸리는 시간이 아닐까?

23 February
거침없는 삶

*한숨 한숨 호흡할 때마다 어떤 것도 뒤에 남기지 않는 것.
이것이 진정한 수행이다.*

49년 동안 나의 기쁨을 앗아간 보이지 않는 장애물은 바로 망설임이었다. 어떤 일을 할지 말지 고민하고 또 고민하는 사이에도 시간은 그 모든 의미와 함께 계속 흘러갔다. 그렇다고 언제든 충동에 따르라고 말하려는 것은 아니다. 대부분의 사람들이 무엇을 해야 하는지 잘 알면서도 이것을 부정한다는 점을 말하려는 것이다. 실제 속으로 들어가지 못하게 만드는 이 작은 망설임, 이 작은 저항은 삶을 불분명하고 아득한 것으로 느끼게 만든다. 나도 이 점을 거듭 깨닫고 있다.

 호흡할 때마다 아무것도 뒤에 남기지 않는다는 것은 어떤 경험이든 받아들이라는 의미다. 내면에 무엇이 있건 이것을 밖으로 끄집어낼 수 있도록 경험에 헌신하라는 의미다. 매일 텅 빈 그릇처럼 살려는 마음을 잃지 말라는 의미다.

 단순하면서도 심오한 이야기인데, 삶은 안과 밖의 교통이 순조로워야 한다. 호흡은 이 점을 되새기게 해준다. 무언가를 받아들여 그 영향을 느낀 다음, 다시 이것을 내보내면서 자신의 느낌을 분명하게 표현해야 한다. 머리와 가슴을 정화하는 영적인 수행이란 바로 이런 것이다.

24 February

위기 뒤의 기회

급할수록 속도를 늦춰야 한다.

암으로 여러 번 위기를 넘기면서 절감한 것이 있다. 피를 흘리거나 숨도 제대로 못 쉬는 상황이 아니라면, 서둘러 움직여야 하는 구체적이고도 타당한 이유가 있는 게 아니라면, 조급증은 끔찍한 환영에 지나지 않는다는 것이다. 내면과 외부의 삶이 조화롭지 못하면 언제든 이런 조급증에 속아 넘어갈 수 있다.

 그러므로 가만히 앉아 있기가 힘들 때는 그 어느 때보다도 고요하게 앉아 있어야 한다. 인정받고 싶어서 죽을 것 같을 때는 인정받고픈 마음을 그 어느 때보다도 분명하게 내려놓아야 한다. 정말로 필요한 것은 바로 우리 앞에 있다. 가장 시급하게 해야 할 것 같은 일 속에 아름답고도 불편한 모습으로 숨어 있다. 그러나 우리는 이것을 인정하지 않는다. 이것과 맞닥뜨리는 일이 너무나도 어렵게 여겨지기 때문이다.

성장의 다음 단계로 나아가는 문은 언제나 현재의 조급증 뒤에 숨어 있다. 그러므로 모든 일이 위급하게 느껴진다면, 바로 지금, 모든 일과 연결된 끈을 잘라버려야 한다. 손목에 짐이 묶여 있는 것처럼 느껴진다면, 바로 지금, 내달리거나 두들기기를 멈춰야 한다. 각각의 결정들이 마지막처럼 여겨진다면, 바로 지금, 각각의 의문들이 시작임을 믿어야 한다.

본래의 나로 사는 게 사랑하는 사람들에게 상처를 줄지도 모른다는 두려움이 인다면, 바로 지금, 누구도 본 적 없는 내면을 더욱 강하게 벼려야 한다. 여기서 우러나는 사랑이 있어야만 사랑하는 이들의 성장을 도울 수 있기 때문이다. 내가 모든 고통의 근원이자 종착지인 것 같다면, 바로 지금, 머리를 조아려야 한다. 하늘과 가슴을 이어주는 오래된 통로가 다시 열릴 때까지, 내가 영혼의 바람 속에 흩날리는 먼지 같은 축복받은 존재임을 다시 기억할 때까지 머리를 조아려야 한다. 바로 지금, 나의 작은 숨이 하늘이 될 때까지 다시 또 다시 숨 쉬어야 한다.

이렇게 인간 가족 안에서 자신의 자리를 찾기 위해 기도해야 한다. 한 번도 몰랐던 것처럼 기도해야 한다. 이렇게 진정한 자기가 조금씩 혼란을 뚫고 나오도록 기도해야 한다. 이렇게 텅 빈 시간을 사랑하듯 자신을 사랑해야 한다. 아이와 강아지와 소중한 친구들을 사랑하듯 거침없이 자신을 사랑해야 한다. 그러면 오늘은 모든 고난을 헤치고 내일로 흘러들 것이다. 모든 결정들도 녹아 흐르는 시냇물처럼 분명해질 것이다.

25 February
결정의 책무

• • •

어디를 파든 어디를 오르든
돌보지 않고 내버려둔 불을 만나게 된다.

칼 융이 숲에서 길을 내는 꿈을 꾸었다. 길이 어디로 이어지는지는 몰랐다. 하지만 그는 개의치 않고 열심히 길을 냈다. 지쳐서 땀을 뻘뻘 흘리고 있는데, 드디어 눈앞에 오두막이 있는 공터가 나타났다. 그는 연장들을 내려놓고 오두막으로 다가갔다. 창문 너머로 누군가가 소박한 제단 앞에서 기도를 드리는 모습이 보였다. 문은 열려 있었다. 융은 안으로 들어갔다. 가까이 가보니 기도하는 사람은 바로 융 자신이었다. 융은 길을 내는 것 같은 그의 삶이 이 남자(융 자신)가 꾸는 꿈임을 깨달았다.

이 이야기를 통해 융이 일깨워주는 것은 결코 끝나지 않을 결정의 책무다. 진정한 자기와 거짓된 자기 중에서 어느 쪽에 따라 살아갈지를 결정하는 책무 말이다. 우리는 결정하고 거부하고 계획하고 희생하면서 아주 진지하게 세상을 살아간다. 그러나 이 모든 계획과 전략, 협력, 유리한 자리를 차지하려는 노력에도 불구하고, 길을 내는 동안 내면 저 깊은 곳에서 우리를 기다리고 있는 중심 존재에게 이 모든 것은 비실제적인 꿈에 불과하다.

우리는 그것도 모르고 우리를 기다리고 있는 내면의 자기를 향해 지치고 쑤시는 몸으로 숨을 몰아쉬면서 융처럼 열심히 길을 내간다. 그리고 길을 내 진정한 자기를 발견하면, 영혼과의 깊은 교감 속에서 다시 세상으로 돌아온다. 안식처의 의미를 더욱 깊고 평화롭게 깨닫는다.

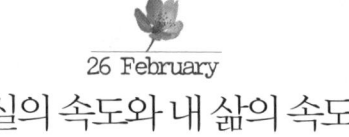

26 February
현실의 속도와 내 삶의 속도

말을, 생각을 멈춰라. 그러면 이해 못 할 것이 아무것도 없다.
- 승찬 선사 -

내가 아는 많은 사람들처럼 나도 너무 많은 일을 떠맡고, 너무 많은 일을 하고, 너무 분주하게 돌아다니고, 너무 많은 약속을 하고, 너무 많은 계획을 세우면서 힘들게 살아왔다. 현실의 속도에 맞춰 아주 단순하게 움직여야 한다고 배웠기 때문이다. 이 속도는 물론 각자 다를 수 있다. 하지만 눈 앞의 것들을 느끼지 못할 만큼 삶의 속도를 높이면, 삶은 공허하게 축소되어버린다.

우리는 마치 기차처럼 다른 사람들이 놓은 철로를 따라 빠르게 질주한다. 그래서 스쳐가는 풍경들을 흐릿하게밖에 보지 못한다. 그러면서도 그곳에 가본 적이 있다고, 그 일을 해봤다고 자랑한다. 실제로 경험하는 것과 흐릿하게 보는 것은 다른데도 말이다.

멋진 기회가 아무리 많이 찾아와도, 내가 가장 아끼는 사람들이 이 기회들을 아무리 중요하게 생각해도, 스쳐 지나가는 것들을 보고 만지고 느낄 수 있을 때까지 기차(나)의 속도를 늦출 방법을 찾아야 한다. 그렇지 않으면 모든 것은 계속 우리를 지나쳐간다. 이 모든 것을 이력서에 적어 넣을 수 있을지는 몰라도, 실제로 체험하거나 살아내지는 못한다.

27 February
빗줄과 바퀴

*아름다움이 진리이고, 진리가 아름다움이니,
우리가 아는 것,
이 세상에서 알아야 할 것은 이것뿐이다.*

— 존 키츠 John Keats —

이것은 스물네 살에 결핵으로 세상을 떠난 영국의 시인 존 키츠가 쓴 〈그리스 항아리에 부치는 노래 Ode on a Grecian Urn〉의 마지막 구절이다. 이 시에는 삶의 가혹함에 부딪힌 연약한 영혼의 한탄이 담겨 있다. 이해할 만한 한탄이다. 하지만 이 젊은 시인은 삶의 고통을 토로하던 중에 불현듯 깨닫는다. "아름다움이 진리이고, 진리가 아름다움"이라는 것이다.

그러나 이 시를 읽다 보면 문득 의구심이 생긴다. 아름다움과 진리가 같다는 뜻인가? 본질적으로 나는 다르다고 생각한다. 두 가지는 x와 y 염색체 같은 삶의 기본요소다. 이것들이 없으면 누구도 살아갈 수 없다. 존재의 음과 양처럼, 어느 하나가 상처를 닦아주면 다른 하나는 상처를 아물게 해준다.

'우리가 알아야 할 것'은 이것뿐이다. 어디에서 발견하든 아름다움은 우리에게 생기와 신선함을 선사하는 연고와 같다. 한편 아무리 가혹해도 진리는 타협을 모르는 솔직한 이야기 속에서 나름의 아름다움을 발산하고, 이런 아름다움이 우리를 정화시켜준다. 우리가 나치의 유대인 대학살 같은 잔혹한 행위를 사실 그대로 기억해야 하는 이유도 여기에 있다. 자신의 이야기를 적나라하게 있는 그대로 표현해야 하는 이유도 여기에 있다.

자신의 아픈 상처들을 드러내야만, 밧줄과 바퀴처럼 우리를 인도해 주는 더욱 깊은 진리와 아름다움에 이르는 길을 발견할 수 있다.

28 February
내 안의 돌

만 개의 별들에게 춤추지 않는 법을 가르치느니
한 마리 새에게 노래하는 법을 배우겠다.
− E. E. 커밍즈 E.E. Cummings −

뉴멕시코 주의 치마요로 가는 길에 한 여인이 두 명의 스페인 농부를 만났다. 농부들은 물길을 돌리기 위해 강바닥의 돌들을 옮기고 있었다. 여인은 도와줘야 할 것 같았다. 수세기 동안 되풀이돼 온 일처럼 보였기 때문이다. 농부들의 어머니와 아버지도, 할머니와 할아버지도 그들 시대에 나름의 방식으로 가뭄이나 폭풍우에 휩쓸린 돌들을 주어다가 강물이 다시 흐를 수 있게 제자리로 돌려놓았던 듯했다.

관계에서도 끊임없이 이런 작업을 되풀이해야 하는지 모른다. 관계에 방해가 되는 무거운 돌들을 우리의 시대에 맞게 우리만의 방식으로 들어올려서 제자리에 놓아주어야 한다. 그래야 계속 마음을 주고받을 수 있다. 삶의 풍파에 관계가 엉켜버리면 이전의 모든 세대들이 그러했듯 우리도 바지에 소매까지 걷어붙이고 막힌 물길을 터주어야 한다.

그러기 전에 스스로에게 물어볼 것이 있다. 우리 사이에 끼어든 돌은 무엇인가? 어떤 무거운 돌이 관계를 방해하고 있는가? 이런 돌은 무수히 많고 까다롭기까지 하지만, 대개 외면하는 버릇들로 이루어져 있다.

보지 않고, 듣지 않고, 느끼지 않는 버릇, 현재의 순간에 머물지 않는 버릇, 진리를 위해 위험을 무릅쓰지 않는 버릇, 가슴이 원하는 것을 용감하게 실행하지 않는 버릇들로 이뤄져 있다.

단절과 혼란, 흥분, 메마름 모두 시간의 중력 속에서 나타나는 인간적인 모습들이다. 그리고 낯선 사람이 무거운 것을 들어올리려 할 때, 가던 길을 멈추고 자신도 모르게 도움의 손길을 내미는 것은 사랑이라는 마음이다.

29 February

부정할 수 없는 진리

진실해지려는 노력이
비상의 첫걸음이 아니라고 말할 자 누구인가?

삶의 욕구가 커져갈 때 작은 새의 옆구리에서도 날개가 돋아남을 누가 부정하겠는가? 자신이 짠 촘촘한 감옥에 신물이 났을 때 나비가 고치를 뚫고 나온다는 것을 누가 부정하겠는가? 수평선에 잇대어 있는 노란 리본을 먹고 싶은 갈망에 홍학들이 남아메리카에서 아프리카로 이동한다는 것을 누가 부정하겠는가? 빡빡한 고치 안의 삶에 염증이 나는 순간 우리의 얼굴에서 열정의 기운이 사라짐을 누가 부정하겠는가? 외로움을 토로했는데 누구도 들어주지 않을 때 사랑을 향한 여정이 시작됨을 누가 부정하겠는가? 세상을 향해 자신의 감정을 표현하는 순간 작은 날개처럼 평화가 싹틈을 누가 부정하겠는가? 실제로 충분히 무르익으면 모든 노력은 모종의 탄생처럼 세상에서 파문을 일으킨다.

03 March

관계

01 March
하나의 방향

충분히 치열하게 살아라.
그러면 오로지 하나의 방향만 보일 것이다.

제자는 누구의 이야기든 충분히 오래 귀 기울여 들었다. 그러자 모든 말이 동일한 근원으로 모여들었다. 마치 하나의 거대한 존재가 말을 하는 것 같았다. 아무리 많은 눈을 마주해도, 충분히 주의 깊게 들여다보면 모두 똑같은 빛을 뿜어냈다. 하나의 거대한 눈을 보고 있는 것 같았다. 아무리 많은 고통을 달래줘도, 모든 울음은 똑같은 인간적 상처에서 비롯됐다. 하나의 거대한 존재가 느껴졌다.

제자가 스승에게 이 모든 것을 이야기하자, 스승은 말없이 그녀를 숲 속의 빈터로 데려갔다. 두 사람은 쓰러진 나무 옆에 자리를 잡고 앉았다. 햇살이 모든 것을 뒤덮었다. 스승은 제자의 한 손에 작은 돌멩이 하나를, 다른 손에는 작은 꽃송이를 쥐어주고 물었다.

"돌멩이와 꽃의 온기를 느껴보거라. 똑같은 빛을 어떻게 달리 받아들이는지 확인해보는 거야. 이제 태양까지 두 빛의 근원을 거슬러 올라가 보아라."

제자는 스승의 목소리에서 하나의 존재가 말하는 소리를 듣고, 스승의 눈 속에서 하나의 거대한 존재가 빛나는 걸 보고, 스승의 부드러운 침묵 속에서 똑같은 인간적 아픔을 느꼈다. 빛이 점점 강해지자 스승이 말했다.

"우리는 전부 태양을 좇는 작은 돌멩이, 소소한 꽃들에 지나지 않는다. 네가 모든 말의 밑에서, 많은 눈의 뒤에서, 모든 울음의 이면에서 본 것은 하나의 방향이니라."

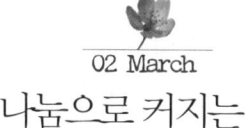

02 March
나눔으로 커지는 힘

원래 힘 power이라는 말의 의미는 '존재할 수 있는 able to be'이었다.
그런데 시간이 흐르면서 '하기 위하여 to be able'로 그 의미가 축소됐다.
우리는 이 차이로 고통받고 있다.

비행기에 탑승하려고 기다리는데 두 명의 사업가가 대화를 나누는 소리가 들려왔다. 한 사람이 승진했다는 희소식을 전하자, 다른 사람이 축하한다며 이렇게 말했다.

"더 힘을 내. More power to you"

익히 들었던 표현인데 무슨 이유에선지 다르게 들렸다. 축하의 말치고는 참 희한하다는 생각이 들었다. 행복을 빌어줄 때처럼 힘을 더 가지라는 말인 것 같았다. 물론 타인들에게 세속적인 힘이나 내면의 힘을 빌어주는 것은 아주 중요한 일이다. 하지만 둘 사이에는 커다란 차이가 있다. 세속적인 힘은 일이나 사람, 상황을 장악하는 힘, 즉 통제력을 의미하는 반면, 내면의 힘은 더욱 커다란 어떤 것의 일부가 됐을 때 생기는 소통력을 뜻하기 때문이다.

내가 틀릴 수도 있지만, 축하해준 사람이 의미한 것은 세속적인 힘이 분명하다. 구체적으로 말해 더욱 강한 통제력일 것이다. 그러나 이것은 혼란을 불러오는 흔한 힘이다. 무언가를 더 원하는 마음은 언제나 결핍감에서 비롯되기 때문이다. 마찬가지로 더욱 강한 힘을 바라는 마음은 사실 무력감에서 생겨난다.

아이러니컬하게도 우리는 자유의 땅에서 언제나 사적인 자유가 부족하다고 느끼면서 소리없이 살아간다. 하지만 더욱 강력한 통제력을 얻는다고 자유로워지는 건 아니다. 알코올에 중독된 사람이 한 잔 더 마신다고 공허감을 달래지는 못하는 것처럼 말이다.

아홉 살 때 자주 하던 골목대장 놀이가 생각난다. 예닐곱 명의 아이들이 언덕을 찾았다. 언덕은 높을수록 좋았다. 게임의 목표는 언덕의 맨 꼭대기에 홀로 서는 것이었다. 한 아이가 꼭대기를 점령하면, 다른 아이들은 그 아이를 몰아내고 왕이 되기 위해 안간힘을 썼다. 지금 생각해보면 이 게임은 세속적인 힘을 쟁취하기 위한 훈련과도 같았다.

하지만 세상에서 가장 좋지 않은 자리가 언덕 위의 왕 자리다. 철저하게 혼자라서 과대망상증에 걸릴 수도 있고, 어느 누구도 신뢰하기 힘들며, 끊임없이 사방을 두리번거리면서 경계를 늦추지 말아야 한다. 직업에서 여자, 시세 좋은 부동산에 이르기까지 이 언덕은 달라질 수 있다. 하지만 이 언덕에 오르는 사람은 자신의 위치를 지키는 데 급급해서 경치를 즐기지 못한다.

　그래서일까? 이 놀이가 나는 싫었다. 왕이 되면 속이 팽팽하게 긴장 됐고, 왕이 되지 못하면 슬펐으며, 놀이를 거부하면 왕따를 당하기 일쑤였다. 이런 양상은 평생 계속됐다. 피곤에 찌든 어른이 된 지금은 낮은 언덕이라도 힘들게 오르고 나면 외롭고 무력한 기분에 누구라도 뒤따라오기를 은근히 바란다. 함께해야만 더욱 힘이 난다는 것을 이제는 믿을 준비가 된 것이다.

03 March
삶의 문제는 삶으로 해결한다

*우리의 조건은 우리가 묻는 질문들에 대한 상형문자로 된 해결책이다.
우리는 이 해답이 진리임을 이해하기 전에 이것을 살아낸다.*
― 랄프 왈도 에머슨 Ralph Waldo Emerson ―

　개개의 삶은 누구도 모르는 하나의 언어와 같다. 비통함을 느낄 때마다, 예기치 못한 기쁨의 순간과 발견을 경험할 때마다, 강렬한 음악에 감동을 받을 때마다 이 상형문자를 하나씩 해독한다. 한 걸음 내딛고 글자 하나를 깨우친다. 느낌과 더불어 기호를 해독한다. 진리를 받아들이고 가슴속에 새겨진 신비 하나를 푼다.

　다음 일을 경험하기 전에는 알아야 할 해답이 이 일에 있는 것처럼 여겨진다. 하지만 용기를 내 이 일을 시작하면, 살아가는 행위 자체에 해답과 질문이 모두 들어 있음을 깨닫는다. 구경만 하면 삶은 풀어야 할 수수께끼로 남지만, 뛰어들면 노래가 된다.

플루트도 우리가 불어주기 전에는 구멍이 있는 단단한 물건에 지나지 않는다. 우리의 가슴도 마찬가지다. 성냥불을 긋기 전에는 성냥개비도 막대기에 불과한 것처럼, 녹기 전에는 얼음도 갈증을 풀어주지 못한다. 삶이 멀어져가는 것 같을 때는 이 점을 기억해야 한다.

실제로 살아내지 않으면 의문과 문제는 계속 장애물로 남는다. 모든 삶은 악보처럼 우리의 연주를 기다리고 있다. 연주하지 않는다면 악보가 무슨 소용이 있는가?

04 March
사랑과 돈 사이

사랑이 제대로 이뤄지지 않는다면
돈이 있다 한들 무슨 소용이 있는가.

우리에게는 외적인 것을 더욱 중요하게 생각하는 경향이 있다. 걱정과 두려움, 의무 때문에 우리를 설레게 하는 것들을 거부한다. 그러면서 훌륭한 청교도주의자라도 된 양 착각한다.

1960년대에 이름을 날린 미국의 심리학자 에이브러햄 매슬로 Abraham Maslow는 욕구의 계층에 대해 이야기했다. 그는 인간이 식食과 주住 같은 기본적인 물질적 욕구가 충족돼야만 자기 존중감이나 올바른 관계 같은 내적 욕구에 관심을 기울일 수 있다고 주장했다.

부분적으로는 맞는 말이다. 하지만 나는 먹을 것이나 잘 곳 못지않게 내적인 문제도 절실하다고 생각한다. 기본적인 내적 욕구들이 충족되지 않으면, 우리는 생기 없이 먹고 자는 몸뚱어리에 불과하다. 사랑과 진리,

연민이 없으면 현대의 삶이 제공하는 모든 안락함도 의미가 없다. 동물만큼도 현재에 충실하지 못한 살아 있는 기계로 전락하고 말 것이기 때문이다.

그러나 우리는 이런 점을 인식하지 못하고 사랑을 미루는 경우가 흔하다. 사랑에 빠지기 전에 먼저 자리를 잡고, 멋진 옷을 사고, 몸매를 가꾸고, 골칫거리들도 날려버려야 한다고 생각한다. 사랑이 앞에 있어도 미래를 지킨다는 핑계로 사랑을 미룬다. '이제 장거리 전화는 걸지 않을 거야. 은퇴자금이 필요하거든', '이번 콘서트는 안 갈 거야. 6년 후에 새 차를 뽑으려면 돈을 모아야 해', '덧창을 달아야 해. 파트너와 상담 받을 여력은 없어'. 물론 균형이 필요하고 선택도 할 수 있다. 하지만 집안에 사랑이 없는데 덧창을 단들 무슨 소용이 있겠는가?

병이 들자 정말로 죽을 수도 있겠다는 생각이 들었다. 그러자 그동안 모아둔 얼마 안 되는 돈이 갑자기 대수롭지 않게 느껴졌다. 하나도 쓸모가 없어 보였다. 돈의 유일한 목적은 확실히 사랑을 꽃피우는 데 있는 것 같았다.

그때부터 나는 미뤄오던 장거리 전화도 주저 없이 하고, 완벽하게 준비된 때를 기다리는 대신 친구들과 콘서트에도 가고 앨범도 사고 꽃도 선물했다. 가까운 친구들과 아내를 위해 비행기 표를 끊어 함께 카리브해로 날아갔다.

건강을 되찾은 후에도 저축을 핑계로 삶을 미루지 않았다. 얼마간 저금을 하긴 하지만, 여력이 되는 한 사랑을 피워내고 진리를 살아 있게 하며 관용과 연민을 키우는 데 돈을 아끼지 않으려 한다. 단순히 이타적인 사람이 되기 위해서는 아니다. 완벽하게 살아 있는 존재가 되는 데 필요한 일이기 때문이다. 이런 일이 내면의 불꽃을 계속 타오르게 만드는 장작과도 같기 때문이다.

자, 한 번 생각해보라. 임대료와 건강보험료를 내는 것 말고 돈을 모을 이유가 어디에 있는가? 사랑이 지금 여기에서 피어나지 못하고 있는데, 우리는 오지 않을 수도 있는 미래를 위해 기를 쓰고 돈을 모은다. 그러다가는 사랑할 기회를 헛되이 날려버린다. 진정한 삶을 잃어버리고 유령 같은 존재로 전락해버린다.

05 March
방황
* * *

너무 세서 돌도 느끼지 못하는,
잔물결도 일으키지 않는.

지금의 자리에서 벗어나는 순간, 지금 존재하는 곳과 존재하고 싶은 곳 사이에서 긴장감이 싹튼다. 이런 긴장감은 완전하게 살아 있다는 느낌을 가로막는다. 한 번에 여러 가지 일을 처리해서, 다시 말해 주의력을 분산시키는 데 유능해서 지적인 사람이라는 평가를 받을지는 몰라도, 여러 갈래로 흩어진 주의력으로 인해 진정한 존재가 되지는 못하기 때문이다.

눈을 깜빡이거나 숨을 쉬는 것처럼 우리는 지금의 자리에서 벗어났다가 되돌아오기를 끊임없이 되풀이한다. 매일의 삶에 완전히 집중하면 이것을 거의 알아차리지 못한다. 하지만 존재의 흐름이 방해를 받으면, 앞이 안 보이거나 숨을 못 쉴 때처럼 비틀거리고 만다.

지금의 순간에서 벗어나는 것은 있을 수 있는 일이다. 정말로 중요한 일은 다시 돌아오는 것이다.

06 March

귀환

· · ·

우리 안에는 중심이 있다.
우리는 언제나 이곳으로 되돌아간다.

누구나 특유의 방식으로 현재의 순간에서 벗어난다. 누군가를 만나 새로운 관계를 시작하면, 오래지 않아 손을 잡고 걸으며 같이 자도 될지를 고민한다. 잠자리를 같이하고 나면, 같이 살아도 될지를 고민하고, 같이 살게 되면 아이를 낳을지 말지 고민한다.

두려움과 고통도 마찬가지다. 진단을 받은 후에는 수술을 두려워한다. 수술이 끝나면 치료를 두려워하고, 치료 후에는 더욱 강력한 치료법을 두려워한다. 회복이 된 후에는 재발을 두려워한다.

어느 누구도 의식의 방황을 피할 수는 없다. 하지만 의식의 배회를 막아주는 호흡을 통해 건강하게 살아갈 수는 있다. 아무리 멀리 벗어났어도, 현재의 순간으로 돌아오는 수행은 우리를 회복시켜준다. 매 순간 온전히 존재하면 삼라만상의 일체성에서 힘을 끌어올 수 있기 때문이다.

07 March
쌀을 놓아버리면 돼!

· · ·

주먹을 쥐고 사는 것 같은 이 세상에서
자비는 두 주먹을 펴고 깨어나는 것과 같다.

주먹을 펴면 훨씬 많은 일이 일어난다. 고집스럽게 주먹을 쥐고 있으면 고착되기 쉽다. 그런데도 우리는 타인이나 다른 것, 특히 우리가 움켜쥔 것을 탓한다.

이 점을 분명히 가르쳐주는 중국의 오래된 이야기가 있다. 원숭이들을 잡기 위해 덫을 놓는 방식에 대한 이야기다. 먼저 원숭이의 손이 들어갈 만큼 코코넛에 구멍을 낸 후 속을 파낸다. 속이 빈 코코넛 안에 쌀을 넣고 원숭이들이 잘 다니는 길목에 놓는다. 곧 배고픈 원숭이가 쌀 냄새를 맡고 코코넛 구멍에 손을 집어넣는다. 하지만 원숭이는 쌀을 움켜쥔 손을 코코넛 구멍에서 빼내지 못한다.

쌀을 움켜쥔 주먹을 펴지 않는 한, 원숭이는 자신이 만든 감옥의 수인으로 살아갈 수밖에 없다. 이 덫이 효과가 있는 이유는 원숭이가 허기에 굴복해서 구멍에 손을 넣었기 때문이다. 이 이야기는 우리에게 심오한 가르침을 던져준다. 언제나 스스로에게 물어봐야 한다. 우리에게 쌀은 무엇인가? 우리는 왜 주먹을 펴지 못하는가?

이 이야기를 듣는 순간, 어머니와 나 사이에 팽팽하게 늘어난 고무줄처럼 자리하던 거부감이 드디어 이해됐다. 나도 다른 아이들처럼 어머니의 사랑과 인정을 갈구했다. 그런데 문득 이런 갈구가 나의 쌀이었음을, 내가 주먹을 꽉 쥘수록 사랑과 인정을 얻을 가능성이 줄어듦을 깨달은 것이다. 어머니의 사랑에 대한 갈망으로 어머니는 물론이고 다른 사람들과의 관계에서도 주먹을 쥔 채 살았다. 덫에 걸린 원숭이, 쌀을 놓지 않으려는 원숭이는 나의 또 다른 모습이었다. 이후 나는 마음의 주먹을 폈다. 덕분에 이제는 단순히 내려놓는 것이 아니라, 자신이 갈망하는 중요한 것을 내려놓음이 순응의 진정한 과제임을 겸허히 깨닫게 되었다.

먹을 것은 어디에나 있지만, 허기를 느낀 순간 고집스러운 원숭이에게는 다른 먹을거리가 전혀 없다고 여겨질 것이다. 그러나 계속 살아가려면 원숭이는 쌀을 놔야 한다. 사랑을 향한 우리의 여정도 다르지 않다. 한창 사랑에 목마를 때는 다른 기회가 없을 것 같아 고집스럽게 사랑에 집착한다. 하지만 우리가 미치도록 갈망하는 것을 내려놔야만 삶은 펼쳐진다. 어디에나 사랑은 있기 때문이다.

08 March
표현과 관계의 책임

친구에게 화가 났어. 이 분노를 드러냈지.
그러자 분노가 정말로 사라져버렸어.
적에게 화가 났지만 드러내지 않았어.
그러자 분노가 정말로 커져버렸어.

— 윌리엄 블레이크 William Blake —

내면의 진정한 책임에서 중요한 것은 관계에서 무슨 일이 일어나건 기꺼이 표현하려는 의지다. 이것은 우리는 물론이고 우리와 관계를 맺는 상대방 모두에게 중요하다. 이런 의지도 없이 관계에 임하면, 어떠한 반응도 하지 못한다.

사랑은 반응할 줄 아는 능력이 있어야만 실제로 세상 속에서 펼쳐진다. 자기 본연의 모습으로 관계에 임하면, 즉 관계 속에서 진정한 자기가 되면, 타인들도 그들의 사랑에 따라 행동해서 한계를 초월할 기회를 얻는다. 스스로를 드러낼 기회를 얻는 것이다.

표현하지 않으면 관계에서 불평등과 불균형을 무의식적으로 자초하게 된다. 반면에 자신의 상처나 좌절, 혼란이나 의문을 드러내면, 관계의 반복적인 양상을 끊을 기회를 얻는다. 상대에게 반응할지 안 할지를 결정하는 핵심은 흔히 사랑과 관련이 있으며, 사랑은 타성에 젖은 낡은 행위를 중단시킨다.

여름날 우리는 숨 턱턱 막히는 어떤 틀에 갇힌 채 끝없이 펼쳐진 고속도로를 계속 달릴 수도 있다. 갑자기 불어 닥친 바람에 버드나무가 몸통을 드러내는 걸 보고 마음을 움직이기 전에는, 그래서 "계속 이렇게 살 수는 없어!", "말할 기회가 없잖아!", "나도 이런 걸 바라지는 않았어!"라고 소리치기 전에는, 침묵을 깨고 "어떻게 하면 이 모든 걸 바꿀 수 있을까?" 하고 묻기 전에는 계속 그럴 것이다.

우리는 상대가 내 고통을 알아채고 이해해주기를 기다리는 데 너무 많은 시간을 허비한다. 상대가 그렇게 해주지 않는 시간이 길어질수록 더욱 좌절하고 상처받는다. 그러나 이것은 명백한 것을 보지 못한다며 상대의 한계를 규정짓는 행위에 불과하다.

두려움이나 상처를 드러내기 두려워하면 사랑에 따라 살아갈 수 없다. 서로가 진실한 어떤 것을 보여주지 않기 때문이다.

09 March
깊이 열려야 깊이 보인다

*자신의 내면을 깊이 성숙시키지 않으면,
어떤 위대한 존재의 내면도 이해하지 못한다.*
— 파커 J. 파머 Parker J. Palmer —

누구에게나 내면의 삶이 있다. 중요한 것은 이것을 여는 것뿐이다. 파커 파머의 이 지혜로운 말은 내면 깊은 곳에 가 닿으려는 의지가 있어야만 중요한 것을 느낄 수 있음을 일깨워준다. 눈을 뜨고 눈꺼풀을 들어 올려야만 무언가를 볼 수 있듯이 장애물을 걷어내야만 우리의 생각과 마음을 열 수 있다. 그러면 우리를 둘러싼 삶의 본질도 이해하고 느낄 수 있다.

내면의 삶을 성숙시킨다는 것은 가장 깊은 마음의 눈을 뜨는 것과 같다. 벽을 무너뜨리고 가장 깊은 마음에 따라 살아감으로써 마침내 우리를 둘러싼 타인들의 심연까지 경험하는 것과 밀접하게 연결되어 있다.

자신의 내면성과 단절된 사람은 자신의 것은 비천하고 지루하며 주목할 만한 가치가 없다고 불평한다. 자신의 내면과 단절되어 있기 때문인 줄도 모르고 말이다.

깊이 이해하려면 먼저 깊이 열려야 한다.

10 March
살아내야 할 과정

* * *

우리는 목숨을 부지하다 죽는다.
- 오지브웨이 Ojibway 족의 연장자 -

창조주가 만든 순환에서 벗어날 수 있는 사람은 아무도 없다. 식물도, 말도, 나무나 새도, 인간도 벗어날 수 없다. 마음과 생각과 영혼의 삶도 벗어날 수 없다. 살아 있는 모든 것은 태어나고 자라 생명력을 불태우다가 쇠잔하고 소멸된다. 그러고 나서 새로운 모습으로 다시 태어난다.

개개의 영혼은 신이 토해낸 강렬한 숨과 같다. 이 숨은 끊임없이 흐르는 냇물처럼 우리를 둘러싼 거대한 에너지 속에서 펼쳐진다. 우리 개개인의 목적은 죽음을 기만하는 것이 아니다. 겸허하면서도 활기차게 이 흐름 속에서 살아가는 것이다. 단, 겸허와 생기는 죽음을 인정해야 얻을 수 있다.

죽음을 부정하면, 마음을 사로잡는 일에 미친 듯이 매진하다가 결국 병들고 만다. 이와 정반대로 살아도 오직 죽음만을 생각하고 바라보다가 결국 병들고 만다. 이것이 두려움의 슬픈 역사를 만들어낸다.

우리는 모든 의도와 욕망을 초월해서 살아남는다. 이로써 볼 수도 멈출 수도 없는 힘에 침식당하는 돌처럼, 하늘을 향해 내면의 아름다운 속살을 드러내는 아픔과 경이를 동시에 경험한다. 정직하게 살면, 내면 깊이 담겨 있는 것은 필연적으로 외부를 향해 맨살을 드러낸다. 이런 완전한 삶의 경험은 창조주가 만든 순환에서 사라지는 것과는 아무 상관이 없다.

그런데도 우리는 너무 자주 삶의 풍파로부터 스스로를 보호하기 위해 완강히 싸운다. 이런 풍파가 우리의 영혼을 빛나는 보석처럼 다듬어 주는데도 말이다. 다행히도 우리는 의외로 영향을 잘 받고, 우리가 바라는 것보다 훨씬 꿋꿋하고 가변적이다.

얇고 향기로운 꽃잎도 바람을 피하지 않는다. 살아남았다가 시든 후에도 다시 땅을 뚫고 올라온다. 한 번의 생에서도 우리는 갈기리 찢겼다가 다시 뿌리 내릴 수 있다. 부서지고 피 흘리면서도 다다르는 법을 배워, 또 다른 아름다운 존재로 거듭날 수 있다. 이런 과정에 저항하면 고통만 두 배로 커진다. 노래 부르며 즐겁게 이 과정을 겪어내는 것이 지혜와 아름다움의 원천이다.

11 March
매 순간의 절정

...

자신의 몸에 충실하지 못하면
진정한 자기에게도 충실할 수 없다.
― B. K. S. 아헹가 Iyengar ―

어떤 전통을 따르는 스승이건 요가를 가르칠 때는 자세를 취한 후 가만히 그 자세의 효과를 느껴보라고 조언할 것이다. 이것은 삶의 모든 부분을 위한 훌륭한 수행법이다.

우리는 목적지에 다다르기 위해 온갖 방식으로 힘들게 노력한다. 그러고도 정작 자신이 도달한 곳에서 깊은 충만감을 만끽하는 일은 건너뛴다. 특히 타인들과 관계를 맺을 때 그렇다. 다음의 움직임에 너무 사로잡혀서 서로를 안아줄 때도 깊은 충만감을 느끼지 못한다.

관계의 매 순간을 절정으로 받아들여야만 영원도 느낄 수 있다.

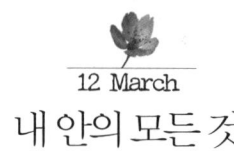

12 March
내 안의 모든 것

우주의 모든 것은 서로 연결되어 있다.
개개의 것들이 모든 것을 비추고 있다.
- 로데스 피타 Lourdes Pita -

이 통찰은 우리가 왜 특정한 것에 이끌리는지 설명해준다. 하고많은 떨어진 나뭇가지들 가운데서 왜 하필이면 나의 인생 역정과 비슷한 모양의 것에 이끌리는지, 어디로든 돌아갈 수 있는데 왜 하필이면 바람에 평범한 모양으로 닳아버린 벼랑 끝을 선택하는지 설명해준다. 그 벼랑 끝에 서보면 누구에게도 내보이지 않은 가슴 끝자락이 느껴지기 때문임을 알게 해준다.

인간은 언제나 자신과 관련된 삶 속에서 스스로를 발견하는 일에 끌리는 것 같다. 그러나 이 과정에서 흔히 우리와 비슷해질 때까지 모든 것을 잘게 부셔버린다. 일부러 그러는 경우는 드물지만 음식을 먹듯 삶을 받아들인다. 소화하기 쉽게 형체를 알아볼 수 없는 작은 조각들로 삶을 쪼개버리는 것이다.

삶이 우리에게 주는 음식은 통째로, 있는 그대로 받아들여야 한다. 그렇지 않으면 본래의 지혜와 힘, 축복을 잃어버린다. 그러므로 모든 것을 우리 방식대로 받아들여서는 안 된다. 이것은 우리의 영원한 과제이기도 하다. 실제로 겸양의 가장 심오한 기능은 우리와는 다른 삶을 통해서 자신을 풍요롭게 만들 수 있게 경험의 본질을 왜곡시키지 않고 있는 그대로 받아들이도록 돕는 데 있다. 이런 겸양을 통해 우리는 전혀 다른 삶의 씨앗들과 똑같은 것이 우리 안에도 있음을 깨닫는다. 우리를 지탱하는 축복의 공통적인 씨앗이 있음을 발견한다.

실제로 우리가 타고난 기질 속에는 우주를 형성하는 모든 것의 미세한 점들이 염색체처럼 들어 있다. 그러므로 자유를 찾아가는 과정은 어디에나 있는 비밀을 포착해서 우리 안에 존재하는 비밀의 측면을 일깨우는 모험과 같다. 물고기에게는 물 위로 떠올랐다가 잠수하는 법을 배우고, 꽃에게는 자신을 열고 받아들이는 법을 배우며, 돌에게는 자신을 깨부숴 빛을 받아들이는 법을 배우고, 새들에게는 머리보다 날개가 더 유용하다는 점을 배우는 것이다. 그래야 우리 자신이 생생하게 살아난다.

모든 것에서 자신을 찾기보다는 매일 자신의 내면에서 모든 것을 발견할 줄 알아야 한다. 자신이 발견한 경이에 따라 스스로를 만들어나가면서 모든 것의 유사성 속에서 자신의 내면을 발전시킬 때까지. 이 경이를 언제나 기억하는 새들처럼 한 줄기 빛에도 즐거워 노래 부를 수 있을 때까지.

13 March
믿음에 이르는 길

* * *

옛날에 한 남자가 바다를 건너려 했다.
그러자 한 현자가 그의 옷자락에 나뭇잎 하나를 매달아주며 말했다.
"두려워하지 말라. 믿음을 갖고 물 위를 걸어라,
하지만 조심해야 하느니. 믿음을 잃는 순간 물에 빠지고 말 것이다."
— 스리 라마크리슈나 Sri Ramakrishna —

    누구나 고통에서 도망치려 한다. 하지만 이런 태도는 아직 상처를 받지 않았을 때만 효과가 있다. 이미 고통 속에 있을 때는 온전히 겪어내야 고통에서 벗어날 수 있다.

    보트에서 떨어진 사람처럼 물 위에 뜨기 위해 버둥거리면 상황만 더욱 악화된다. 깊은 바닷물이 우리를 인도하도록 바다에 빠졌음을 인정하고 마음의 안정을 되찾아야 한다. 이렇게 우리보다 더욱 큰 흐름에 기꺼이 자신을 맡기는 것이 믿음의 시작이다. 호수에 떠 있는 낙엽들은 이런 순응이 우리를 어떻게 떠 있도록 해주는지 분명하게 보여준다.

    물에 잠겼다 떠오르기를 반복하면서 주변을 유영하는 나뭇잎들에게서 우리는 배워야 한다. 삶에서도 몸을 움츠리거나 팔다리를 버둥거리면 물속으로 가라앉고 만다는 것을. 몸을 쭉 펴고 가만히 있어야 소용돌이치는 사건들 밑에서 언제나 한결같이 흐르고 있는 거대한 축복의 바닷물이 우리를 인도해준다는 것을. 그렇지 않으면 물고기가 자신이 사는 대양을 보지 못하듯, 우리도 우리를 지지해주는 영혼을 보지 못한다는 것을.

14 March
오래된 친구

* * *

올라가면 볼 수 있지만 내려오면 더 이상 보지 못한다.
그래도 올라갔던 경험은 남는다.
높은 곳에서 본 것에 대한 기억이 낮은 곳에서의 처신술을 만들어낸다.
더 이상 못 봐도 여전히 높은 곳을 알고는 있기 때문이다.

– 르네 도말 Rene Daumal –

700년대를 살았던 중국 당나라의 시인 이백은 유명한 시 〈유배지에서 쓴 편지〉를 썼다. '오랜 친구'인 낙양의 소킨So-Kin을 위한 시였다. 이 시를 보면, 함께한 시간이 아주 적었음에도 둘이 평생 깊은 우정을 나눴음을 알 수 있다. 시의 끝부분에서 이백의 마음은 오랜 친구의 존재로 가득 차 있다.

"말이 무슨 소용이 있단 말인가? 아무리 말해도 끝이 없는데. 가슴속에 품은 이야기들이 끝이 없는데."

함께한 것보다 떨어져 있던 시간이 훨씬 긴데도, 친구의 존재가 어떻게 이리 평생토록 영향을 미칠 수 있을까? 이생에 복이 있다 한들 이런 친구를 한 명이라도 만들 수 있을까? 복이 넘친다면 두 명쯤은 만들 수 있을까?

이백과 소킨은 서로에게 별과 같은 존재였던 것 같다. 짧지만 오래도록 빛을 던져주는 존재. 하지만 어두운 밤하늘을 가로질러 상대가 있는 곳까지 빛을 비춰주는 일은 힘들다. 믿음이 있어야 가능한 일이다. 나의 빛이 밝지 않을 때도 존재를 보전할 수 있어야 한다.

이들은 그 자체로 또 다른 우정의 메타포다. 진리와 사랑, 합일, 신과 나누는 평생의 우정을 상징한다. 소킨과 떨어져 지내던 이백처럼 우리도 생의 많은 시간을 무의식과 무지 속에서 살아간다. 하지만 진리와 신의 존재는 속 깊은 오랜 친구처럼 삶 전체에 영향을 미친다.

그러므로 우리가 생각해볼 문제는 분명하다. 우리보다 더욱 큰 이 불변의 존재들과 지속적으로 우정을 나눌 방법은 무엇일까? 별 하나 보이지 않을 때도 이것들이 가슴속에서 빛나게 할 방법은 무엇일까?

15 March

상징의 힘

진심을 다해 돌을 쥐면
돌이 있던 산을 느낄 수 있다.

지금은 멸종된 한 야생동물이 딸기를 따던 선사시대 사람을 구석으로 몰았다. 그 순간 나뭇가지 하나가 갑자기 딱 소리를 내면서 부러졌다. 야생동물은 겁을 집어먹고 도망쳤다. 덕분에 목숨을 건진 선사시대 사람은 부러진 나뭇가지를 행운의 부적처럼 여기게 됐다. 이것이 상징의 기원이다.

사람들은 언제나 눈으로 볼 수 없는 생명의 힘들을 기억하기 위해 경험의 조각들을 모은다. 시간을 초월한 대양의 리듬에 가슴이 충만해지면 조개껍질을 호주머니에 넣어 수천 마일을 여행한다. 바다에서 몇 시간 떨어진 곳에 있어도 바다를 기억하기 위해서다. 특정한 노래를 아끼거나 개찰한 표와 말린꽃을 보관하는 것도 같은 이유다.

상징은 말로는 표현할 수 없는 깊은 인식의 살아 있는 거울이다. 내게는 베트남 전쟁에서 살아남은 친구 두 명이 있다. 그들은 전쟁 후 이탈리아에서 재활치료를 하고 고향으로 돌아가기 전에 1리라짜리 동전을 쪼개서 반씩 나눠 가졌다. 그리고 동전 반쪽이 마치 신이 버린 정글 속에 영원히 남겨진 가슴 한 조각이라도 되는 것처럼 소중히 간직했다.

우리는 흔히 보는 아주 작은 물건 하나에도 감당하기 힘든 의미를 부여하고, 가장 아끼는 물건들이 알라딘의 요술램프처럼 움직여주기를 바란다. 그것들을 천천히 문지르기만 해도 오래전에 사라진 느낌과 시간들이, 기억하기 어려운 근본 진리들이 되살아나기를 바란다.

어릴 적에 할아버지 집에 간 적이 있다. 할아버지 집에는 초콜릿 사탕이 그득한 우유 빛깔의 하얀 그릇이 있었다. 그 그릇은 내게 마법의 보물상자 같았다. 까치발을 하고 수없이 사탕을 꺼내 먹어도 언제나 사탕이 가득했기 때문이다. 할아버지가 돌아가시고 30년이 지난 지금도 나는 우울할 때마다 우윳빛이 도는 하얀 그릇을 무릎 위에 올려놓고 초콜릿 사탕을 몇 개씩 집어 먹는다. 그러면 한결 기분이 좋아진다.

이것은 착각이나 도피가 아니다. 초콜릿 사탕이 가득한 하얀 그릇을 하나의 살아 있는 상징물로 이용해서 언제나 그곳에 있지만 다가가기 힘든 풍요로움과 너그러움의 깊은 의미를 내 슬픔의 순간 속으로 끌어들이는 행위다.

이처럼 상징의 적절한 기능은 관념을 차갑게 대변하기보다 우리의 내면과 주변에 살아 있는 모든 것을 되살리는 것이다. 예수상이든, 눈물을 흘리는 작은 부처상이든, 오래전에 잊어버린 바다에서 가져온 조개껍질 조각이든 상징은 삶의 고통과 신비를 직시하며 하루하루 견딜 수 있게 도와준다.

16 March
감정 공부

바람이 그쳐도 나무는 여전히 움직이는 것처럼,
내 가슴은 휘어진 후에도 오래도록 삐걱거리며 갈피를 잡지 못한다.

무언가가 마음을 깊숙이 건드리고 나면 그 후유증으로 언제나 힘들었다. 그래서 상처를 받거나 실망하거나 사랑의 온기를 느끼거나 잠깐의 작별로 살짝 마음이 흔들리면, 얼른 다른 문제에 몰두했다. 이런 이유로 내 감정들을 좀처럼 완벽하게 소화해내지 못했다. 그러다가 내가 다음 문제에 너무 빨리 주의를 돌린 탓에 완벽하게 소화하지 못한 감정의 찌꺼기들로 새로운 경험을 포장한 데서 삶이 혼란스러워졌음을 깨달았다.

예전에 오랜 친구가 아파서 슬펐던 적이 있다. 나는 직접적으로 슬픔을 표현하고 그 감정과 충분히 함께했다고 생각했다. 다음 날에는 여느 때처럼 붐비는 사람들 속에서 짜증을 느끼면서도 쇼핑을 했다. 그런데 웨이트리스와 직원들의 무심한 태도에 갑자기 마음이 울적해졌다. 아니 슬픈 것 같았다. 이렇게 이야기하는 지금은 내 감정을 분명히 알고 있지만 당시에는 그렇지 않았다. 그래서 엉뚱하게도 생활방식을 바꿔야 할 때가 된 건가 하고 고민하는 데 많은 에너지를 허비했다. 사실은 친구의 병이 불러온 슬픔의 여파에서 헤어나지 못해서였는데 말이다.

깊은 배움에는 깊은 흔들림이 수반된다. 다가옴과 충격 그리고 특히 반향 속에서 우리는 흔들린다. 살아 있는 모든 것은 이런 흔들림을 경험한다. 생각과 감정의 보이지 않는 여파 속에서 살아가는 우리는 더더욱 그렇다. 활기를 되찾는 데는 시간이 필요하다.

17 March
볼 것인가? 보지 않을 것인가?

* * *

위대한 전투가 맹렬하게 계속되고 있다.
내 입은 굳어지지 않으려 하고,
내 턱은 철제금고의 무거운 문처럼 되지 않으려 싸운다.
그러므로 내 삶이 조기사망으로 끝나는 일은 없을 것이다.
— 이스라엘의 시인 예후다 아미차이 Yehuda Amichai —

그리스 신화 중에 살아 있는 존재로서 우리가 직면하는 중요한 투쟁을 병 속의 메시지처럼 들려주는 이야기가 있다. 재능 있는 음악가 오르페우스의 이야기다. 하계의 신 하데스가 연인 에우리디케를 잡아가자, 비탄에 젖은 오르페우스는 망자들의 땅으로 내려가 하데스에게 에우리디케를 돌려보내 달라고 애원한다. 그러자 하데스는 냉철하게 숙고하고 나서 이렇게 말한다.

"그녀를 데려가도 좋다. 사흘이면 산 자들의 땅으로 데려갈 수 있을 거야. 단, 한 가지 조건이 있다. 그녀를 데려가되 빛이 있는 곳에 도달하기 전에는 그녀의 얼굴을 쳐다보면 안 된다. 그렇지 않으면 그녀는 영원히 내 것이 될 거야."

그리고 나서 에우리디케에게는 불행하게도 오르페우스 모르게 정반대의 조건을 달았다.

"그가 널 산 자들의 땅으로 데려갈 거야. 넌 빛이 있는 곳에 도달하기 전에 그의 얼굴을 쳐다봐야 해. 안 그러면 너는 다시 내게로 돌아오게 될 거야."

에우리디케와 오르페우스의 가망 없는 투쟁은 결국 패배로 끝났고,

에우리디케는 영원히 하계에서 돌아오지 못했다.

우리의 내면에서도 똑같은 투쟁이 계속되고 있다. 우리의 내면에는 바라보면 죽는다고 믿는 오르페우스도 있고, 바라보지 않으면 죽는다고 믿는 에우리디케도 있다. "살 것인가 말 것인가, 그것이 문제로다." 식으로 말해서 "볼 것인가 말 것인가?"가 가장 중요한 영혼의 문제인 것이다. 각자가 도달하는 균형 상태에 따라 지옥에서 벗어날 것인가 아닌가가 결정된다.

믿음에 따라 평생 변화를 거듭하기는 하지만, 나는 사람들이 보거나 보지 않으려는 성향 가운데서 한쪽을 더욱 강하게 갖고 태어난다고 생각한다. 나는 여성적인 선견자 유형에 속한다. 보지 않으면 죽을 것만 같다. 내가 시인이 된 것도 이런 성향과 연관이 깊은 듯하다. 이렇게 나는 나의 성향을 인정한다. 시력을 보호하기 위해 바라보지 말아야 할 때도 있기는 하지만, 해를 계속 바라봐야만 활기차게 살아갈 수 있을 때가 더 많기 때문이다.

하지만 나도 다른 사람들처럼 비밀을 지키는 사람이 될 것인가 아니면 진리를 발견하는 사람이 될 것인가 하는 문제로 갈등한다. 방법을 알려주는 사람은 아무도 없다. 하지만 우리는 끊임없이 이 위대한 전투를 수행해야 한다. 하계를 떠나 다시 산 자들의 땅으로 돌아올 수 있게, 우리의 입이 굳지 않게.

18 March
자기희생의 중독성

이 선물을 받아주세요.
나 자신을 베푸는 사람으로 인식할 수 있게.

타인을 보살피는 삶도 알코올 중독자의 삶만큼이나 중독성이 강하다. 사랑하는 사람의 요구를 들어주면서 느끼는 일시적인 정서적 안도감은 우리를 취하게 만든다. 누군가의 요구를 들어줄 때는 잠시나마 사랑받는다는 느낌을 받기 때문이다.

물론 이런 감정은 긍정적인 측면도 많다. 돌봄을 받는 사람에게는 특히 그렇다. 하지만 돌보는 행위 자체는 술처럼 변질되기 쉽다. 술이 없으면, 즉 자기희생이라는 약을 끊임없이 복용하지 않으면, 자신이 무익한 존재라는 느낌을 잠시도 털어버리지 못하는 것이다.

이런 상태가 악화되면 나중에는 타인의 요구를 터무니없이 미루어 짐작하게 된다. 심지어는 타인이 아무런 요구를 하지 않았을 때도 무언가를 하거나 제공해줘야만 마음이 편안해진다. 이런 행동의 밑바탕에는 타인에게 무언가를 해줘야만 사랑받을 수 있다는 불안감이 존재한다. 그래서 타인을 보살피는 사람은 술집 카운터 뒤편의 술병처럼 손을 뻗으면 닿는 거리에 있는 타인들의 요구를 아무리 노력해도 저버리지 못한다.

나도 멀리 떨어져 지내는 연인을 찾아가는 단순한 문제를 두고 이런 경험을 한 적이 있다. 내게서 그녀의 소식을 듣고 싶어 하는 사람이 아무도 없는 상황에서도 나는 갈지 말지 고민했다. 그러다가 내 사랑의 증거를 보여주지 않는 것이 견디기 힘들 만큼 불편해져서 결국은 먼 거리를 달려가 그녀를 만나곤 했다.

타인을 보살피는 것은 굉장히 너그러운 행위처럼 보인다. 하지만 사실은 자신의 잇속을 차리기 위한 행동에 지나지 않는다. 이런 절박한 자기중심성은 진정한 연민의 삶을 방해한다. 솔직히 우리를 있는 그대로 사랑해줄 지지자나 알코올 중독자들이 참여하는 것 같은 엄격한 재활 프로그램이 있어야만 이런 자기중심성에서 벗어날 수 있다.

진정한 베풂을 가능케 하는 영혼의 치유책은 자신이 지금 그대로의 모습으로 사랑받을 만한 존재라는 믿음 어디쯤에 존재한다.

19 March
약함과 강함의 차이

*불안해하고 약해지고 쉽게 상처받을 수 있는 용기를 스스로에게 허락하는 한,
우리의 힘은 사라지지 않는다.*
– 멜로디 비티 Melody Beattie –

이것은 오랜 세월 기도처럼 되뇌어야 할 말이다. 실제로 이 말은 '약함'이라는 의미를 영적인 관점에서 정의하게 도와준다. 즉, 사물과 상황을 있는 그대로 혹은 전체적으로 또는 모든 정서적 능력을 동원해서 바라보지 못하게 만드는 마음과 정신의 습관으로 약함을 정의하게 한다. 이런 습관들은 우리를 진리와 일체감, 연민으로부터 멀어지게 만드는 무지와 같다.

인간은 누구나 약한 존재다. 누구나 실수를 하고 수많은 감정과 과장의 먹이가 되고 만다. 그러나 직시하기만 하면 이것들은 우리를 풍요롭게 만들어준다. 사실 우리를 패배로 이끄는 것은 이런 인간적인 약점들이 아니다. 우리의 모습을 한계까지 있는 그대로 받아들이는 삶을 거부하는 태도다.

이 모든 것의 저변에는 무지가 있다. 무지는 여러 가지 형태로 되풀이되는데, 가장 끔찍한 잔혹함의 원인도 무지에 있다. 대체할 수 없는 것의 소중함도 인식하지 못하고 파괴하는 짓 역시 스스로 너무나도 잘 안다고 착각하는 무지의 순간에 일어난다.

나도 살면서 가슴이며 가보, 울새 알 등 많은 것을 망가뜨려버렸다. 이제는 약함과 강함의 유일한 차이는 자신을 정직하게 직시하고 받아들이며, 약점을 포함해서 자신의 모든 것을 드러낼 수 있는 용기라는 점을 겸허히 인정하게 됐다.

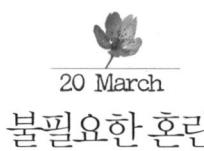

20 March
불필요한 혼란

아는 것으로 문제를 만들고,
이 문제에 대비하기 위해 아는 것을 이용하는 일은
물이 맑기를 바라면서 물을 휘젓는 것과 같다.
- 노자 -

문제를 자초하고 나서 이것에 대비하는 악순환은 그냥 두는 게 좋았을 실밥을 잡아당기는 것과 같다. 실을 잡아당기면 당길수록 천은 점점 더 풀어져서 결국 다시 꿰매야 한다. 너무 짧은 시간에 너무 많은 일을 계획하고 너무 많은 사람과 약속을 한 후, 이것을 해내기 위해 자신은 물론이고 주변 사람들까지 기진맥진하게 만드는 일도 이와 같다.

누구나 이런 실수를 저지른다. 자신을 받아들이려는 투쟁에서는 이런 실수가 더욱 미묘하게 전개된다. 스스로 무가치하고 불안정한 존재라는 느낌으로 목표를 만들어낸다. 이 목표를 성취하면 자신을 긍정적으로 바라보게 되리라 생각하면서 말이다. 그 다음에는 성공 전략을 세우고 실패에 대비한다. 물이 맑아지기를 바라면서 물을 휘젓는 것이다.

그 사이 우리의 가슴과 정신의 깊은 자원들은 오용된다. 자신에게 맞지도 않는 일에 뛰어들고, 우리를 진정으로 포용해주지도 않을 관계를 시작하고, 확고한 생각을 갖고 살아가는 데 도움이 되리라는 생각에 아이를 낳는다. 그렇지 않은가?

마음은 거미와 같다. 거미는 틈만 나면 모든 것을 얽어맨다. 그러고는 거미줄에 걸린 대상 때문에 자신이 그곳에서 벗어날 수 없다고 한탄한다. 그 대상을 거미줄로 묶은 것은 자기 자신인데도 말이다.

나도 중요한 존재가 되고 싶은 야망과 사랑에 대한 갈망으로 이런 어리석은 짓을 저질러왔다. 물에 나를 선명하게 비춰보고 싶다는 간절한 마음으로 물을 휘젓고 또 휘저었다. 내가 가장 힘들게 깨닫고 지금도 씨름하는 문제는 반드시 무언가를 이뤄야만 완전한 존재가 되는 것은 아니라는 사실일 것이다.

21 March
머묾과 흐름

• • •

흘러가게 두지 않는다면
어떻게 삶의 길을 따라갈 수 있겠는가?
- 노자 -

쌓인 꽃가루도 열매를 맺지 못하면 한바탕 쏟아진 비에 모조리 쓸려가 버린다. 그루터기며 바위에 붙어 살던 이끼도 짐승들이 한바탕 휩쓸고 지나가면 모조리 떨어져버린다. 오솔길을 가득 뒤덮었던 나뭇잎들도 시간이 지나면 산산조각 짓이겨져서 길을 잃고 헤매는 사람들에게 갈 길을 보여준다.

우리의 삶도 마찬가지다. 우리의 꿈도 꽃가루처럼 쌓이지만 가능하지 않은 꿈은 삶의 땀과 눈물에 모두 쓸려가버린다. 우리의 돌에는 기쁨과 슬픔 위에서 부드럽고 울퉁불퉁한 집착 덩어리들이 자라나지만, 결국엔 마음의 양식이 되는 것만 남고 그렇지 못한 것은 전부 떨어져나간다. 우리의 길을 가득 뒤덮었던 기억들도 마침내 추억과 함께 사라져서 우리를 자유롭게 한다.

저항이 불러오는 고통은 우리를 녹슬게 만든다. 다시 삶의 흐름을 타려면 본래의 표면이 보일 때까지 녹을 닦아내야 한다. 우리의 느낌들을 자유롭게 풀어내지 않으면 가슴에 티끌이 쌓인다.

거친 비바람에 더께가 앉은 창문처럼 우리는 다시 투명하게 닦아줄 따스한 손길을 기다린다. 이것은 필연적인 일이다. 경험은 우리를 먼지로 뒤덮어버리고, 먼지를 털어내는 여행은 우리를 다시 해맑은 얼굴로 빛의 식탁에 앉게 한다.

　모든 존재는 이 무의식적인 순환에 참여한다. 살다 보면 인간도 현실의 어려움과 마음의 고통, 좌절, 인간의 날카로움으로 마음에 때가 묻는다. 쟁여두면 마음의 때로 인해 병이 들지만, 풀어버리면 온전한 사람으로 성장할 수 있다. 거듭 말하지만, 인간에게는 다른 생명체와 달리 경험의 충격들을 가슴속에 쟁여두거나 놔버릴 수 있는 부담스럽고도 위대한 힘이 있다.

　우리는 겸허하게 흡수와 내보냄 사이의 흐름을 진실하게 유지해야 한다. 호흡하면서 살아 있는 물줄기 같은 우리의 위치를 기억하기만 하면 된다. 경험을 받아들이고 느낌을 내보내는 물줄기, 놀라움과 도전을 받아들이고 마음의 고통과 기쁨을 내보내는 물줄기. 이 물줄기의 끊임없는 흐름 속에서 삶이 밀물처럼 몰려들면 끊임없는 표출로 이 밀물을 되돌려보내야 한다. 이런 과정을 통해 바다는 대지를 단단하게 한다. 우리를 자유롭게 하는 영혼의 바다는 인류를 또다시 바르게 세워준다.

22 March
휴식의 시간

. . .

할 일이 있으면 하고 피곤하면 쉰다.
평화 속에서 하는 한 가지 일이 공포 속에서 하는 천 가지 일보다 나을 것이다.
휴식을 거부한다고 영웅이 되는 것은 아니다.
그냥 피곤한 사람이 될 뿐이다.
— 수전 맥헨리 Susan McHenry —

재충전이나 회복이 필요할 때면 나는 이미 나를 향해 열려 있는 가슴 문으로 되돌아간다. 커다란 느티나무 옆에 서서 익숙한 흔들림으로 내게 말을 걸어주기를 기다린다. 내 가슴의 아픈 주름 속으로 스며들었던 특별한 피아노곡을 다시 들으며 상황이 자연스럽게 흘러가도록 둔다. 차를 한 잔 끓여 내가 좋아하는 의자에 앉아 낡을 대로 낡은 에드워드 에슬린 커밍즈 E.E. Cummins, 순수한 본성의 회복을 주장한 20세기 초반 미국의 가장 혁신적인 모더니스트 시인 – 옮긴이 의 시집을 조심스럽게 펼쳐 읽는다.

"이 멋진 날을 허락하신 신께 누구보다도 감사드리나이다."

또 나를 감사의 마음으로 인도하는 두 가닥의 실인 부드러움과 침묵으로 하루의 시간을 열려고 노력한다. 그리고 다시 기적이 돌아오기를 기다린다.

내게는 이런 것이 새로운 힘을 얻는 안식의 기본 요소다. 이렇게 나는 동요와 상처와 소음이 밀려들고 혼란과 갈등으로 사물에 대한 인식이 굳어지기 전에, 작지만 소중한 순간들로 하루를 시작하려 노력한다.

내 심장은 눈동자처럼 수축과 확장을 되풀이한다. 심장이 수축하면 안식은 불가능하다. 세계가 더 작고 초라하며 위험천만한 곳으로 여겨진다. 안식의 시간은 모든 쪼그라든 것을 확장시키는 중요한 수행의 시간과 같다. 이 은밀한 안식의 순간은 우리를 회복시켜주고, 찌끼들로 금을 만들어낸다. 가슴을 느긋하게 어루만져 세계의 매듭까지 느슨하게 풀어버린다.

휴식을 취할 때면 언제나 눈에 보이지 않는 것이 나를 세상에 묶어두고 있음을 기억한다. 얼마 전 심장이 아주 작게 쪼그라들었던 적이 있다. 움직이기조차 힘들 정도로, 잡초 사이에서 눈을 뜬 왜가리처럼 가슴이 두방망이질 쳤다. 마음속 소음에 충격과 혼란을 느낀 나는 주저하지 않고 호수 한가운데로 도망쳤다. 인간들이 침묵이라 부르는 호수 한가운데로.

굳이 정의하자면, 깃털 속에서 심장이 부드럽게 뛰기 시작할 때 호수에서 휴식을 취하는 피곤한 날개 밑에 감도는 기운이 바로 평화가 아닌가 한다.

23 March
날아가는 곳 어딘지 몰라도
• • •
새들은 날아서 어디로 가게 될지 몰라도
나는 법을 배운다.

새들의 비행 방식에는 우리를 겸허하게 만드는 심오한 가르침이 있다. 새들은 날개가 자라서 쫙 펼쳐지면 잠깐 동안 대기를 가를 수 있게 된다. 처음에는 머뭇거리지만 곧 자신 있게 날개를 펴서 위아래로 펄럭거리다가 미끄러지듯 하늘을 날고 내려앉는다. 새들에게는 나는 행위 자체가 목적인 것 같다. 이동을 하고 먹이를 찾아다니기도 하지만, 비행을 할 때는 높이 떠 있는 것 자체가 새들의 진짜 목적인 것 같다.

새들과 달리 우리는 지상에서나마 비상할 수 있는 능력을 스스로 꺾어버리고 가둘 정도로 목적지에 대한 생각에 사로잡혀 산다. 우리의 노력이 우리를 어딘가로 인도하리라는 확신이 들 때까지, 사랑과 배움, 영혼의 진실에 대한 갈망을 길들이거나 잠재운다. 이런 태도와 망설임, 걱정으로 인해 가슴을(날개를) 제대로 펼쳐보지도 못하고 길을 거꾸로 되돌아간다.

새들은 빛만 있으면 노래하고 비상한다. 고민도 의심도 하지 않는다. 주춤 물러서지도 않고, 확실히 보상받을 것 같을 때만 투자한다는 생각도 이해를 못한다. 확실한 보상을 구하다가 발견의 불꽃을 스스로 꺼뜨리는 생물은 인간뿐인 것 같다.

온갖 위험에도 사랑을 통해 비상하는 법을 배우지 못해 스스로를 불구로 만들어버린 적이 있지 않은가? 열정의 날개를 충분히 펼치지 않아서 자신의 재능을 발견하지 못한 적이 있지 않은가? 이로 인해 자신의 심장을 멎게 만든 적은 얼마나 많은가? 내면에서만 흘러나오는 인도의 노래를 밖에서 찾은 적은 또 얼마나 많은가?

오랜 세월 나는 가야 할 곳과 소유해야 할 것, 돼야 할 모습을 가슴속에 모으고 쌓아두었다. 두려움과 기대 때문이었다. 하지만 지금은 이런 것들이 거의 없다. 사랑하는 법을 배우는 사이 이런 목적이나 바람들은 전부 퇴색되어버렸다.

내가 그런 것처럼 자신이 가는 방향을 상상하고 그리려 해도, 내가 그런 것처럼 느끼는 삶의 의미를 알고 계획하려고 해도, 우리를 영혼 속으로 들어올려주는 것은 생동하는 느낌 그 자체다. 실제로 날개는 동서남북 방향에 맞춰 자라지 않는다. 자신을 어떻게 훈련시키든 우리의 삶도 세속적인 야망이 지향하는 방향보다 훨씬 근본적이다. 새들처럼 우리도 노래 부르고 날아야 한다. 이게 전부다. 모든 계획이나 설계는 어른이 되고 나면 떠나야 할 둥지 안의 작은 나뭇가지들에 지나지 않는다.

24 March
어둠 속에서도

자신이 망가졌다고
모든 것을 망가진 것으로 봐도 되는 것은 아니다.

쉽게 보기 힘들지만, 바다 밑바닥에서 자라는 하얀 깃털 모양의 말미잘은 가히 바다의 꽃이라 할 수 있다. 말미잘은 태양에서 멀리 떨어져 있어도 마치 햇볕을 흠뻑 쬔 것처럼 무거운 어둠 속에서 하얀 레이스를 펼친다.

이것은 생존을 위한 몸부림이기도 하다. 어둠 속에서도 태양을 느끼려는, 진리가 눈에 보이지 않을 때도 진리를 잊지 않으려는, 언제나 꾸준히 성장하려는, 목이 마를 때 아직 물이 있음을 잊지 않으려는, 외로울 때 사랑이 변함없이 그곳에 있음을 잊지 않으려는, 고통스러울 때 평화가 여전히 그곳에 있음을 잊지 않으려는 몸부림이다.

이런 몸부림이 고통을 없애주지는 않지만, 빛으로 돌아가는 길만큼은 탄탄하게 만들어준다.

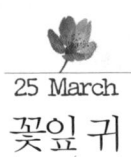

25 March
꽃잎 귀

귀는 가슴에서 자라는 꽃잎과 같다.
서로의 말에 귀 기울이면 가슴은 온통 꽃밭이 된다..

듣는다는 것은 정녕 어떤 의미일까? 우리는 누구나 무시해도 되는 것을 놀라운 분별력으로 가려낸다. 그러다가도 질문을 받으면 들은 내용을 또박또박 늘어놓는다.

듣기는 내면 깊은 곳에서 비롯된다. 우리는 진실하게 살아온 만큼만 삶의 이야기에 귀 기울이고, 삶에 가슴을 열어놓은 만큼만 고통과 기쁨을 이해할 수 있다.

귀는 가슴에서 자라는 꽃잎과 같다. 뿌리가 빗물과 햇살을 흡수해야 소담한 꽃 한 송이 피울 수 있는 것처럼, 눈물과 기쁨을 모두 받아들여야 가슴에서도 진정 들을 줄 아는 귀가 돋아난다.

길을 찾다가 발을 다치기 몇 해 전, 병원 침대에 앉아 할머니의 모습을 멀뚱히 쳐다보던 때가 생각난다. 간호사들이 욕창에 걸린 할머니의 뒤꿈치에 거즈를 대는 순간 할머니의 몸이 움츠러들었다. 내 골드리트리버를 익사의 위기에서 구해내기 몇 해 전, 죽은 강아지 때문에 목 놓아 우는 동료를 지켜보면서 어떻게 사람보다 동물을 더 사랑할 수 있을까 의아해하던 순간도 기억난다. 어쩔 수 없이 삶을 다시 시작하기 몇 해 전, 한밤중에 미친 듯 농가를 향해 달려가 30년 전에 지은 헛간이 불에 속절없이 무너져내리는 순간 오만하게 빛나던 장인의 두 눈을 지켜보던 일도 떠오른다.

이런 일을 겪은 후에야 비로소 나는 타인들의 고통과 진정한 사랑의 기쁨을 전부 이해할 수 있었다. 물론 똑같은 일을 경험해야만 서로를 이해할 수 있는 건 아니다. 그러나 겪어야 할 일들을 충분히 겪어봐야 삶이 메마른 뿌리를 드러내지 않는다.

그렇다면 진정으로 경청하는 데는 무엇이 필요할까? 두 가슴을 가로막고 서 있는 것들을 모두 무너뜨려야 한다. 용기를 내 상대의 말에 귀 기울이면 상대가 태양처럼 느껴지고, 그를 향해 자라나면 그도 나를 향해 자라난다. 이렇게 서로의 말에 귀 기울이면, 모든 것이 정원으로 변하고 모든 것을 먹을 수 있게 된다.

26 March
감정에서 자유로워지는 길

*자유에 이르는 가장 빠른 길은
자신의 감정을 느끼는 것이다.*
— 기타 벨린 Gita Bellin —

이것은 아주 간단한 일처럼 들린다. 감정이 일으키는 중압감과 불안, 돌발적인 기분은 쉽게 알 수 있다. 그러나 바람이 깃발을 때리고 지나가듯이 감정이 나를 관통하도록 내버려두는 것은 훨씬 미묘한 문제다.

자신의 감정을 느끼고 넘어가야 하는 데는 이유가 있다. 자신의 감정을 철저히 느끼지 않으면 감정이 결코 우리를 떠나지 않기 때문이다. 그러면 우리는 감정의 영향에서 벗어나기 위해 온갖 이상한 짓을 벌인다. 많은 중독증의 원인도 여기에 있다.

나도 기분을 전환하기 위해 고통이나 슬픔은 외면하고 이 감정을 둘러싼 것들에만 몰두한 적이 많다. 누군가 기분이 어떠냐고 물어도 고통스러운 상황만 반복적으로 이야기할 뿐 고통 자체를 느끼려 하지 않았다. 이따금 다음에 할 일을 계획하기만 했다. 반작용을 예상하면서도 내가 느껴야 할 것들을 거부했다. 불의에 대한 분노 속에서 허우적대면서도 곧장 상처 속으로 뛰어들지는 않았다.

가슴을 고통에서 해방시키는 분명하고도 직접적인 길은 두렵더라도 자신의 감정을 느끼는 것이다.

27 March
정화의 노래

노래는 사치가 아니다.
세상에 존재하는 데 꼭 필요한 방법이다.

무슨 이유에선지 우리는 바보처럼 노래를 오락의 하나로 치부한다. 후식처럼 없어도 되는 것으로 무시한다. 그러나 우리의 내면을 표현하는 일은 모든 것을 가능하게 만들어준다.

사실 우리는 이 세상에 태어나는 순간부터 모두 노래를 불렀다. 흔히들 울음으로 오인하지만, 이 깊은 반사작용이 없었으면 우리의 폐는 제대로 기능하지 못하고, 안과 밖의 평생에 걸친 대화도 시작하지 못했을 것이다.

한때 갈비뼈 제거 수술을 받고 혼자 집에 있던 날, 몇 달 만에 처음으로 모든 것이 고요했다. 그런데 아침 햇살이 내 갈비뼈가 있던 자리를 가득 채우는 순간 갑자기 울음이 터졌다. 두려움과 고통, 피곤의 호주머니가 터져버린 것처럼 나는 큰 소리로 울기 시작했다. 이 울음은 내게 하나의 노래였다. 이렇게 삶의 여정에서 쌓아두었던 것들을 풀어버리고 나면 훨씬 활기차고 부드러운 생기가 스며든다는 것을 예전에는 미처 몰랐다.

비밀은 아주 간단하다. 내보내면 그만큼 들어온다. 그러니 단절됐거나 고통 속에 있거나 소외됐거나 무감각하다면, 노래를 불러보라. 무엇이든 표현하는 것이다. 아름답지 않아도 좋다. 힘들어도 소박하게 용감하게 마음을 열고 내 안의 것들을 밖으로 쏟아내면, 밖에 있던 것들이 내 안으로 들어온다. 노래를 불러라. 그러면 삶이 계속될 것이다.

28 March
허물 벗기

* * *

태초부터 부활의 열쇠는
언제나 오래된 껍질을 벗어던지는 것이었다.

대도시의 분주한 삶 속에서 현대인들이 망각해버린 중요한 점들을 흥미롭게도 초기의 인류는 분명하게 믿고 있었다. 탈피가 불멸성을 가져다준다고 생각한 것이다. 한 예로 수세기 동안 북보르네오의 두순Dusun 족은 신이 세계를 창조하고 나서, "자신의 허물을 벗어던지는 자는 누구든 죽지 않으리라."고 선언했다고 믿었다.

이 말의 의미는 무엇일까? 물론 우리가 영원히 살 수 있다는 의미는 아니다. 자발적인 변화의 의지야말로 생명의 맥박에 가장 가까이 머무는 길이자, 모든 것에 생기를 불어넣는 신성한 실재 안에 머무는 길이라는 의미다.

그렇다면 우리가 바꿔야 할 것은 무엇일까? 우리 내면에서 이미 기능을 다한 것이 있다면 무엇이든 바꿔야 한다. 우리가 아끼는 것 가운데 활기를 잃은 것이 있다면 무엇이든 버려야 한다. 죽은 살갗을 벗어던져야 한다. 죽은 살갗은 느끼지 못하고, 죽은 눈은 보지 못하며, 죽은 귀는 듣지 못하기 때문이다. 그리고 느끼지 못하면 온전한 인간이 될 기회도 없다. 온전함이야말로 파멸의 고통을 이겨내는 최고의 힘인데 말이다.

인간에게 죽은 살갗은 여러 가지 형태로 나타난다. 그 가운데서도 가장 심각한 것은 드러나지 않게 우리를 질식시켜버릴 수 있다. 구태의연한 사고방식이나 시각, 낡은 관계 방식이나 믿음, 경험을 받아들이는 뒤떨어진 방식 등이 그 예다.

본질적으로 탈피는 자기변혁의 길을 열어준다. 이런 쇄신을 거부하는 이들은 역설적이게도 머지않아 세상에 의해 서서히 무너지거나 파멸되어버린다. 그래서 어떤 식으로든 불가피하게 변화를 경험한다. 많은 경우 이 두 가지 일은 동시에 일어난다. 외부로부터 서서히 와해되는 동안 내면의 허물을 벗는 것이다.

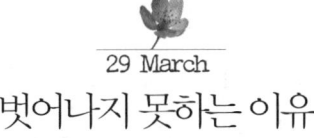

29 March
벗어나지 못하는 이유

・・・

우리는 이따금 주변 사람들의 불안을 잠재우기 위해
쇄신의 권리를 스스로 포기한다.

확실히 삶은 쉽지 않다. 삶은 경이롭지만 위험하기도 하다. 아무리 유용하고 불가피해도 사실 허물을 벗는 데는 언제나 나름의 고통이 뒤따른다. 하지만 불행히도 이 성장의 이면을 피할 수는 없다. 두려움이나 자존심, 향수, 익숙한 것이 주는 편안함, 사랑하는 이들을 즐겁게 해주고픈 욕구 같은 고유의 감정들로 인해 더는 효과가 없는 것을 벗어던지지 못하는 것도 놀라운 일은 아니다. 우리는 또 주변 사람들의 불안을 잠재우기 위해 쇄신할 수 있는 권리를 스스로 포기해버리기도 한다. 인류학자인 제임스 프레이저 James Frazer 의 이야기에 따르면, 뉴헤브리디스 제도의 멜라네시아인들도 인간이 불멸성을 잃어버린 이유가 여기에 있다고 믿었다.

처음에 인간은 결코 죽지 않았으며, 달팽이나 게처럼 껍질을 벗고 다시 젊음을 되찾았다. 그런데 얼마 후 한 여인이 나이가 들자 개울가에서 허물을 벗었다. 어떤 사람들은 그녀가 울타마라마, 즉 세상의 허물을 벗기는 여인이라고 주장한다. 아무튼 그녀는 벗어던진 허물이 물에 떠내려가는 걸 지켜보았다. 그런데 허물이 그만 나뭇가지에 걸려버리고 말았다. 그녀는 다시 아이가 있는 집으로 돌아왔다. 그런데 아이가 그녀를 알아보지 못하는 게 아닌가. 아이는 자신의 엄마가 그녀처럼 젊지 않고 나이가 많다며 울어댔다. 그녀는 아이를 달래기 위해 하는 수 없이 나뭇가지에 걸린 과거의 허물을 찾아내 다시 뒤집어썼다. 이때부터 인간은 허물을 벗어던지지 않았다. 더불어 죽음도 피할 수 없게 됐다.

타인들의 두려움을 달래기 위해 우리 안의 죽은 것을 벗어던지지 않으면, 우리도 이처럼 부분적인 존재로 남는다. 타인과의 갈등을 피하려는 단순한 생각으로 가장 민감한 살갗을 드러내지 않으면, 모든 진실한 것으로부터 멀어진다. 사랑하는 사람들의 무지를 달래기 위해 스스로 이미 폐기처분한 방식들을 고수하면, 영원에 이르는 길을 잃고 만다.

30 March

진정한 자기의 힘

• • •

어떤 숭배의 방식이나 규칙도 구하지 말라.
고통에 빠진 가슴이 시키는 대로 말하면 된다.
– 루미 Rumi –

'마나Mana'는 원래 폴리네시아와 멜라네시아 문화에서 사람이나 사물에 존재하는 특별한 힘을 말한다. 마치 건드리기만 하면 누구나 충전시켜 주는 전기 같은 영적인 힘이다. 칼 융은 마나를 "한 존재가 다른 존재에게 미치는 무의식적 영향력"이라고 정의했다. 이 말은 진정한 존재의 에너지가 직접적인 설득이나 논쟁, 의지력보다 더욱 강함을 알려준다. 본래의 진정한 자기로 존재하면 언제나 특별한 힘을 발산한다. 이 힘은 아무런 의도나 계획이 없어도 그 힘을 접한 사람에게 영향을 미친다.

이 아름답고도 명백한 진리는 태양에서도 확인할 수 있다. 태양은 의도나 의지, 계획, 원칙에 대한 의식이 없어도 한결같은 모습으로 세상을 비춘다. 그 자신으로 존재하면서 빛으로 모든 것을 덥혀준다. 지상의 특정한 존재들에게만 빛을 비추거나 거둬들이는 법이 없다. 언제 어느 방향으로든 빛을 뿜어내 생명을 키운다.

우리도 마찬가지다. 온기와 빛을 모든 방향으로 발산하면서 진정한 존재로 살아가면, 우리 주변의 모든 존재도 성장한다. 우리의 영혼이 작은 태양처럼 본연의 빛을 뿜어내면, 예수가 말한 사랑과 부처가 말한 자비를 퍼트리면, 우리가 사는 공동체의 뿌리는 더욱 깊이 뻗어나간다.

타인들을 바로잡겠다는 의도 따위 없이 본래의 자기로 살기만 해도 영적인 온기와 빛, 즉 마나가 우리의 영혼에서 뿜어져 나와 타인들을 자라게 한다. 우리를 관통하는 이 빛을 향해 타인들도 성장한다. 이렇게 진정한 자기로 존재하면, 우리 자신도 활기 있게 삶을 경험하고, 타인들도 더욱 철저하게 진정한 자기로 존재하게 도울 수도 있다. 진정한 자기가 되면, 이 진실의 에너지에 계속 헌신하면, 중요한 한 줄기 빛을 향해 뻗어나가도록 서로를 도울 수 있다.

31 March
진실한 존재

* * *

태양이 그 빛을 거둬들일 수 없는 것처럼,
우리가 진정으로 느끼는 것은 거둬들일 수 없다.

지구가 매일 빛을 향해 돌면서 움직이는 것처럼, 우리도 어떤 사회적 예절이나 교육에도 아랑곳하지 않고 우리가 느끼는 진실을 향해 나아가야 한다. 그렇지 않으면 어둠 속에서 회전하는 작고 차가운 행성처럼 되고 만다.

오랫동안 혼란이나 우울감에 빠져 있다면 그 이유는 자신이 진실이라고 느끼는 빛을 향해 나아가고 있지 않기 때문이다. 이때는 작지만 분명한 발걸음으로 어둠을 깨부수고 나와야 한다. 그동안 자기 안에서만 맴돌았기 때문에 이런 일이 크고 어렵게 느껴질 것이다. 하지만 진실한 존재가 되려면, 자신의 느낌을 지속적으로 표현하는 연습을 해야 한다.

나도 평생 이 문제와 씨름했다. 많은 사람처럼 나도 살아남기 위해서 나의 진심을 드러내지 않았다. 누군가 상처를 주는 말이나 행동을 해도 그냥 상처를 받아들이고, 아무 일도 일어나지 않은 척, 아무것도 달라지지 않은 척했다. 하지만 이러다 보면 에너지가 고갈되어, 어둠 속에서 쓸쓸히 공회전을 거듭하게 된다.

아플 때는 아프다고, 슬플 때는 슬프다고, 두려울 때는 두렵다고 말할 줄 알아야 한다. 아주 간단한 것 같지만 용기가 필요한 일이다. 하지만 매일매일 솔직하게 표현하다 보면, 이 진실의 에너지, 즉 마나로 인해 상황이 달라진다. 진실의 즉각적인 표현으로 빛과 온기가 발산되면, 더욱 생기 있는 존재가 된다. 이로써 우리의 영혼도 환히 빛을 뿜어낸다

04 April

용기

01 April
고요한 기적

• • •

벌레가 먹는 것이
뿌리를 자라게 한다.

어느 오지브웨 족 친구가 다음과 같은 이야기를 들려주었다. 창조주가 세계를 결합하는 데 애를 먹자, 작은 벌레가 나타나 도와주겠다고 했다. 창조주가 머뭇거리자, 작은 벌레는 몸에서 뽑아낸 가느다란 실로 눈에 보이지 않는 그물망을 만들어 모든 창조물을 연결시켰다. 창조주는 답례로 벌레에게 영원한 생명을 주었다. 그리고 작은 벌레가 보이지 않는 그물 속에 들어가 있으면, 얼마 후 나비가 되어 화려한 빛깔의 날개를 달고 그물에서 나오게 해줬다.

이 이야기는 세상 모든 것이 서로 연결되어 있으며, 지상에서 해온 겸허한 삶의 작업이 모든 것을 이어준다는 점을 말해준다. 삶의 보이지 않는 그물망에 자신을 내던지면 영원도 경험할 수 있으며, 존재하는 모든 것의 그물망 안에서 충분히 오랫동안 고요하게 있으면 마침내 변모의 가벼움을 알게 됨을 가르쳐준다.

　이 작은 벌레처럼 우리도 고통과 좌절, 혼란, 놀라움 같은 경험들로 우리 안에서 겸허하게 명주실을 자아올려야 한다. 그리고 우리가 선택한 영역 안에서 자유롭게 모든 경험을 연결 지어 우리만의 고치를 만들어야 한다. 마지막으로 고치 안에서 누구나 볼 수 있는 가장 심원한 색깔의 날개를 얻을 때까지 아메리카 원주민들이 통나무집 안에서 땀을 빼듯이, 요기가 제3의 눈을 얻듯이, 수도승이 침묵의 서약을 지키듯이 견뎌내야 한다.

　놀랍게도 우주를 하나로 이어주는 것은 우리의 경험으로 자아낸 보이지 않는 실들이다. 이 실로 만든 연결망을 언제나 살아 있게 하면, 우리의 영혼은 그 보상으로 개인적인 세계에서 벗어나 모든 존재의 중심으로 들어간다. 이렇게 본래의 자기가 되면, 아주 잠시나마 생기 있게 모든 창조의 그물망 속으로 들어가게 된다.

　타인들을 얼마나 중요하게 생각하든 간에 모든 것을 연결 짓는 것은 최선을 다해 소박하고 겸허하게 매일을 살아가는 개인이다. 이것이 고요한 기적, 즉 우리의 인간 됨됨이로 연결망을 자아내는 기적이다. 그 작은 벌레가 한 일도 이런 겸허한 수행이었다. 누구도 이런 수행을 멈출 수 없다.

02 April
우리 안에서 흐르는 강물

그 강물이 지금
내 안을 흐르고 있어.

남아프리카를 여행하던 중이었다. 어느 날 아침 유난히 마음이 약해졌다. 혼자 눈물을 흘리다가 친구 킴에게 들키고 말았다. 그녀가 무슨 일이냐고 물었다. 나는 삶의 강물이 내 강 기슭까지 올라와 넘쳐흐르는 것뿐이라고 대답했다. 그날 늦게 이번에는 그녀가 울먹였다. 무슨 일이냐고 묻자 그녀는 이렇게 대답했다.

"그 강물이 이젠 내 안을 흐르고 있나 봐."

우리는 서로의 눈을 들여다보다가 우리 안에서 똑같은 강물이 흐르고 있음을 깨달았다. 우리를 관통해 메마른 가슴에서 메마른 가슴으로 강물이 흐르고 있었다. 우리 안에 흐르는 강물이 지구를 살아 있게 만들어주고 있었다.

모든 생명에는 우리의 의지와 상관없이 우리의 영혼을 부드럽게 열어주고 촉촉하게 적셔주는 힘이 있다. 그 순간 우리는 우리의 눈물이, 우리 안에서 흘러넘친 강물이 실은 신비롭고도 선명한 피와 같음을 깨닫는다. 쓰는 말이 다르고 살아온 삶이 달라도 이 깊은 강물이 표면까지 차오르면 우리의 거리는 좁아진다.

우리 안에는 같은 강물이 흐른다. 이 강물에 발을 들이면 딱딱하게 굳어 있던 마음도 녹아 흐른다. 사랑의 강물 속에서 주먹이 서서히 퍼지는 것처럼.

03 April
말의 속도와 마음의 속도

속으로 크게 마음의 대화를 나누며 살면
더는 말할 필요가 없어진다.

나도 수다스러웠던 시절이 있었다. 대학 시절 폭포수처럼 말을 쏟아낸 탓에 사람들은 나와 안전거리를 유지하다가 이내 멀어져갔다. 그런데도 나는 내 안의 세계에 귀 기울일 줄 몰라서 언제나 주변을 향해 큰 소리로 끊임없이 지껄여댔다. 한참 후에야 나는 이런 점을 깨달았다. 시끄럽게 떠들어댈수록 진실이 내 안으로 들어오거나 내 안에서 일어날 가능성은 갈수록 줄어들었다. 끔찍한 악순환이었다.

흔히 듣기의 필요성을 말하고픈 욕구로 착각한다. 대학 시절 내가 했던 말들은 가슴으로 타인들에게 다가가려는 시도의 하나였다. 하지만 근본적으로 내 말은 모두 두려움에 토대를 두고 있었다. 끊임없는 말과 몸짓과 질문을 통해 내 가슴을 바깥으로 던져버리지 않으면 홀로 남겨질지도 모른다는 두려움 말이다. 내 자신을 계속 열어두기만 해도 세상이 저절로 내 안으로 흘러들었을 텐데 나는 한참 후에야 이것을 깨달았다.

사람들과 접촉하고 자신을 표현하는 것은 중요하다. 하지만 이에 앞서 외부세계를 흡수할 수 있는 진실한 사람이 되어야 한다. 바닷물이 밀려들면 해변의 가장 작은 구멍들에도 물이 스며들듯, 세계는 열린 가슴을 통해 우리 안으로 흘러든다. 가장 조용한 기적은 바로 이것이다. 본래의 자기로 존재하기만 하면 세계는 끊임없이 우리 안으로 흘러 들어와 우리를 채우고 정화시켜준다.

04 April
참회

상처가, 사랑이 있다.
상처와 사랑이 언덕을 내려가는 거북이처럼 우리를 내내 구르게 한다.
몸이 뒤집어졌을 때 우리가 할 수 있는 일은
한 번 더 굴러 다시 바다를 향해가는 것뿐이다.

폭풍우에 갈라진 돌들에 길이 뒤덮이고, 뿌리째 뽑힌 나무들에 새로 지은 둥지들이 망가진다. 이렇게 꼬리를 물고 이어지는 위기 속에서 우리는 서로를 향해 몸을 던진다. 피할 수 없다. 살아 있는 한 상처입고 상처 줄 수밖에 없다.

의도하지 않은 상처는 바람에 따닥 소리를 내며 부러지는 나뭇가지만큼이나 흔하다. 그래도 인정받지 못한 아픔은 마음의 상처로 남는다. 다시 일어서는 것이 추락의 유일한 대응책이듯, 타인들에게 상처를 입혔을 때는 우리가 한 짓을 인정하고 엉망이 된 상황을 깔끔하게 정리해야 한다. 이것이 유일한 해결책이자 보상이다. 진심에서 우러난 이 간단하면서도 호탕한 행위가 신뢰를 회복시켜준다. 신뢰는 인류의 뿌리를 지탱시켜주는 토양과 같다. 신뢰가 없으면 삶은 스스로를 갉아먹는다.

우리는 왜 서로에게 상처를 입히는 것일까? 대답하기 쉽지 않다. 어쨌든 인간인 이상 살아가면서 이런저런 사건이나 강력한 반대세력에 부딪힐 수밖에 없는 것 같다. 또 빛과 어둠, 긍정과 부정, 특히 두려움과 평화 같은 것에도 끊임없이 영향을 받는다. 두려움 때문에 자신을 격리시키거나 타인들을 통제하고픈 욕구를 느끼고, 자신을 드높이기 위한 행위로 자신은 물론 타인에게까지 상처를 입힌다. 두려움이 없는 평화로운 순간에는 전혀 다른 욕구를 느낀다. 다른 생명체들과 관계를 맺고 어울리고픈 욕구를 느끼는 것이다. 그리고 이런 진정한 포용 속에서 서로를 사랑하게 된다.

일상을 살아가면서 잠들고 깨어나는 일을 피할 수 없듯 어느 누구도 두려움과 평화로움에서 벗어날 수 없다. 상처와 사랑에서 자유로울 수 없다. 그럼에도 세상을 온전하게 유지시켜주는 것은 잠시나마 두려움을 이겨낼 줄 아는 사람들이다. 생명의 피를 활기차게 유지시켜주는 것은 단순하면서도 용감하게 분리에서 벗어날 줄 아는 사람들이다.

상처를 입히고 몇 년이 흐른 뒤에야 자신의 잘못을 깨달을 수도 있다. 그러나 아무리 작은 말이나 몸짓으로라도 자신의 잘못을 인정하면 다시 가슴이 열린다.

05 April
씨앗의 용기

• • •

땅속에 묻혀 있는 모든 씨앗은
눈에 보이지 않는 과정에 순응하는 순간,
어둠 속에서 따닥 소리를 내며 껍질을 가른다.

봄의 시작은 우리에게 더없이 강력한 가르침을 선사한다. 땅속에 묻혀 있던 온갖 작은 생명체들이 도처에서 보이지 않는 과정에 순응한다. 이 타고난 순응 덕분에 온갖 향기로운 먹거리들이 땅을 비집고 올라와 빛을 머금는다. 봄이 온 것이다.

이처럼 자연 속에는 무수히 많은 스승들이 있다. 어둡고 가망 없어

보이는 것들에 어떻게 자신을 내던져 상상을 초월한 깨어남을 이뤄내야 하는지를 보여주는 스승들이다. 어둠을 뚫고 꽃을 피워내는 이 과정은 신에게 이르는 문턱과 같다.

땅속에 묻혀 있는 씨앗은 난초나 히아신스가 된다는 것은 상상도 하지 못한다. 마찬가지로 상처로 가득한 가슴은 사랑이나 평화를 느끼지 못한다. 깨부수기 시작하면 온 힘을 다해 뚫고 나오는 것, 이것이 씨앗의 용기다.

06 April
아픈 사람들에게 던지는 질문 1

마지막으로 노래를 불렀던 때가 언제인가?
- 어느 아메리카 원주민 치유사가 아픈 사람들에게 던지는 질문 -

수술이 끝난 후 나는 환자 이송용 침대에 힘없이 누워 있었다. 곧이어 칸막이 없는 커다란 병실에 들어서자, 네 명의 환자들이 일제히 나를 쳐다보았다. 순간 깊은 침묵이 감돌았다. 들리는 소리라고는 작은 기계 소리와 똑똑 주사액 떨어지는 소리, 라디에이터 돌아가는 소리뿐이었다.

그때 갑자기 나이 든 남자가 한 마디 말도 없이 웃기 시작했다. 우리는 서로 두리번거렸다. 그러다가 웃을 때마다 콕콕 쑤셔대는 욕창과 절개 부위 때문에 가끔씩 신음을 토해내면서 너나할 것 없이 기침인지 웃음인지 모를 폭포 같은 웃음의 향연에 합류했다. 다음 비행을 꿈꾸는 한 무리의 병든 새처럼 아파도 웃고 또 웃었다.

이 웃음은 날것 그대로의 원초적인 노래, 고통을 드러내는 자연스런 방식 같은 것이었다. 이 노래에는 놀라운 치유 효과가 있었다. 이 예기치 못한 합창에서 나는 중요한 진리를 하나 깨달았다. 무력한 느낌이 들 때도 고통과 희망을, 살아 있다는 불안하면서도 변치 않는 사실을 표현할 수 있음을 배웠다.

흔히들 드러냄의 위력을 과소평가한다. 그러나 드러냄은 삶의 실제적인 힘을 북돋아준다. 이것은 모든 노래의 토대이기도 하다. 죄수들이 들어주는 사람도 없는데 갑자기 블루스를 부르는 이유도 이 때문이다. 모든 찬송과 만트라의 중심에도 이런 효력이 있다.

드러냄에는 치유 효과가 있다. 누군가 우리의 말을 들어줘서가 아니다. 소곤소곤 속삭여도 내면을 표현하면 영적인 세계가 고통을 부드럽게 어루만져주기 때문이다. 들릴 듯 말 듯한 신음소리도 그 자체로 자장가가 된다. 우리의 감정에 정직하게 목소리를 달아주면 극도로 고통스러운 울부짖음도 가장 신성한 노래가 되어 돌아온다.

07 April
타인의 영향

• • •

온 세상이 성정차를 칭찬해도 그는 우쭐대지 않을 것이다.
온 세상이 경멸해도 우울해하지 않을 것이다.
내면과 외부세계를 분명하게 구분할 줄 알기 때문이다.
- 장자 -

이것은 기원전 4세기에 장자가 한 말이다. 나는 15년 전에 이 글귀를 읽고 나서 옷장에 이것을 붙여두었다. 타인들의 의견에 휘둘리지 말아야 함을 잊지 않기 위해서였다.

그 후로 일이며 사는 곳, 성격 등 많은 것이 변했다. 많은 일이 나를 스쳐갔다. 장자의 글귀를 붙여두었던 옷장에도 지금은 다른 사람의 옷이 걸려 있다. 하지만 이 글귀는 지금도 내 가슴에 살아 있으며, 나는 여전히 타인들의 생각에 휘둘리지 않기 위해 애쓰고 있다.

타인들의 느낌에 언제나 마음을 열어놓되 그들의 생각에는 좌우되지 않는 것. 이것은 가장 분명하면서도 지키기 힘든 영적인 목적 가운데 하나다. 우리는 살아가면서 타인들의 영향을 받을 수밖에 없다. 그러나 진리와 사랑에 우리의 내면을 맡길 때만 진정한 존재가 될 수 있다. 사랑받고 싶은 욕구나 갈등을 피하고픈 욕구, 이해받고 싶은 욕구 같은 것들은 우리를 농락해서 내면의 소리를 제대로 듣지 못하게 한다.

지구는 살아 있는 모든 것에 영향을 받으면서도 그 내핵의 불길을 중심으로 끊임없이 회전한다. 우리도 마찬가지다. 이방인들의 이야기나 바람에 길을 잃은 새들의 아련한 노랫소리에 흔들리면서도, 내면 가장 깊은 곳에서 들려오는 영혼의 소리에 따라 갈 길을 찾는다. 누군가 나타나 가슴을 울리는 것이 진실임을 가르쳐줄 때까지 기다린다면, 너무 많은 것을 잃게 된다.

08 April

눈의 중심

*'나'의 중심을 계속 비워내면,
삶의 기적과 함께 치유가 시작된다.*

인간의 눈에서 가장 검게 보이는 동공은 사실 텅 비어 있다. 이 빈 구멍

으로 우리는 세상을 알아간다. 이것은 결코 우연이 아니다.

영적인 의미에서 '나'도 텅 빈 중심이다. '나'는 이 중심을 통해 모든 것을 보며, 자아가 만들어낸 모든 소음과 환상을 비워내야만 진정으로 깨달을 수 있다. 그러므로 이 인식의 시발점을 동공이라 부른다는 사실은 시사하는 바가 크다.

선불교 전통에서는 동공과 같은 것으로 깨트릴 수 없는 공 emptiness 을 이야기한다. 이 공은 모든 인식과 생명의 근원이다. 힌두교의 신성한 지혜가 담긴 〈우파니샤드〉에서는 거대한 보리수나무 씨앗의 중심에는 아무것도 없으며, 이 아무것도 없는 중심에서 보리수나무가 자란다고 말한다. 우리도 지상에 살아 있는 동안 이 나무처럼 아무것도 없는 중심에서 자라난다. 보리수의 본성이 보리수 씨앗의 텅 빈 중심에 있는 것처럼, 우리의 본성도 우리 영혼의 중심에 있는 이 뭐라 설명할 수 없는 것에 있다.

그러므로 인간으로서 우리가 중요하게 해야 할 일은 이 중심의 존재가 우리를 활기차게 만들도록 진지한 노력을 기울이는 것이다. 이렇게 모든 기도와 명상의 목적은 '나'를 비워내는 데 있다. 그러면 축복 속에서 거대한 생명의 기적이 우리 안으로 들어와 우리를 치유해준다.

09 April
조각상 같은 삶

• • •

조각상은 얼마나 많은 방식으로 삶을 꿈꿀까?
나를 향해 손을 뻗을 때마다 우리는 시작된다.
우리는 시작된다.

삶과 관망의 경계선은 아주 얇다. 하지만 숙고를 위한 한순간의 멈춤이나 휴식으로 이 선은 두꺼워진다. 망설임 때문이다. 그러면 삶이 어떻게 되는지는 누구나 알 것이다. 사람들에게 연락하거나 무언가를 말하거나 전화기를 집어 드는 것도 힘들어진다. 미리 연락을 하지 않으면 남의 집에 잠깐 들르기도 어려워진다. 갑자기 큰 벽을 넘어야만 사람들에게 다가갈 수 있을 것만 같다.

이렇게 우리는 고립을 자초한다. 마당에 구덩이를 파고 들어가듯 스스로 건전한 고독의 순간들을 즐기며 틀어박히지만, 우리가 파낸 흙은 이내 작은 둔덕을 이뤄 사랑하는 사람들을 우리와 떼어놓는다. 바쁘다는 핑계로 친구에게 전화 한 통 안 하고 지내다 보면 나중에는 전화기가 다가가기 불가능할 정도로 아주 멀리 떨어져 있는 것처럼 여겨진다. 그러나 사실 전화기는 언제나 우리의 손에서 6인치밖에 떨어지지 않은 곳에 있다. 모든 것이 너무 멀리 떨어져 있는 것 같을 때는 이 점을 기억해야 한다.

고립감은 인간 여정의 한 부분이다. 그러나 사랑보다 망설임과 분리감에 더 쉽게 굴복하면, 무감각과 우울감이 찾아온다. 그러면 지켜보는 것 말고 달리 할 수 있는 일이 없다고 여기면서 조각상처럼 살아가게 된다. 이럴 때일수록 힘들어도 다시 삶 속으로 들어가야 한다. 아무리 작고 익숙한 것이어도 이것을 향해 손을 내밀어야 한다. 가을이면 낙엽 한 잎 얼굴에 문질러보고, 겨울이면 얼음 한 조각 깨뜨려보고, 봄이면 작은 꽃 한 송이 어루만져 보는 것이다.

10 April
지금 그대로 기꺼이

* * *

영적인 삶은 자신을 있는 그대로
더욱 편안히 받아들이는 것과 관련 있다.
- 파커 파머 -

모든 영적인 행위는 우리의 가슴과 일상 사이에 끼어든 것들을 제거해 준다. 몽롱한 눈이 아침 햇살에 깨어날 때 커피를 젓는 연인의 표정을 들여다보는 것, 둥지를 짓는 개똥지빠귀를 바라보면서 내가 이 세상에 잠시 다니러 온 존재임을 깨닫는 것, 빙판에서 넘어지는 순간 나의 한계를 다시금 겸허히 인식하는 것, 이 모두가 영적인 행위다.

파커 파머의 말처럼, 기원이 어디에 있건 수행이 얼마나 엄격하건 모든 영적인 길의 목적은 주어진 삶을 더욱 충만하게 살아가도록 돕는 것이다. 그러므로 영적인 행위는 순간의 축복을 통해 우리 자신의 삶은 물론이고 타인들과도 다시 연결지어준다.

얼마 전에 카페에서 커피를 마시는데 갑자기 주변의 빗발치는 소음 속에서 진실을 전하는 한 여인의 목소리가 들려왔다. 그녀의 얼굴은 보이지 않았다. 그녀의 상황이나 사연, 그녀가 고백하는 상대도 알 수 없었다. 하지만 나는 애써 몸을 돌려 그녀의 얼굴을 보려 하지 않았다. 그 순간에는 익명의 존재로 남는 것이 더없이 아름답게 여겨졌기 때문이다. 나는 그녀를 몰라도, 그녀의 예기치 못했던 예리한 말이 나를 더욱 편안한 존재로 받아들이게 해주는 걸 깊고 분명하게 느꼈다.

영적인 삶은 어디에나 존재한다. 햇살을 기다리는 먼지 속에도, 누군가 들어주기를 기다리는 음악 속에도, 한낮의 감각들 속에도 존재한다. 영적인 삶은 우리가 이런저런 책들을 읽고 짐작하는 것보다 훨씬 유용하고 가까이에 존재한다.

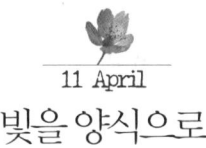

11 April
빛을 양식으로

*우리는 지금도 우리 안의 어둠에,
빛을 피해 자라나는 어둠에, 영양분을 공급하고 있는지 모른다.
우리의 의도와는 달리 불가사의하게 다른 방향에서 꽃을 피울 때까지.*

봄만 되면 모든 식물들이 빛을 향해 소리 없이 느적느적 자라나기 시작한다. 그 사이 뿌리는 땅속에서 더듬더듬 자리를 잡는다. 땅을 뚫고 새싹을 틔운 후에는 고요히 경이를 보여준다. 땅을 비집고 올라온 새싹이 영양분으로 삼은 빛을 향해 계속 뻗어나가는 것이다.

이런 현상은 누구나 배웠을 것이다. 바로 광합성 작용이다. 잎사귀는 이 작용을 통해 햇살을 당분으로 만들고, 당분은 뿌리를 자라게 한다. 영양분을 공급받은 뿌리는 줄기와 잎을 더욱 풍성하게 한다.

봄에는 아주 작은 식물도 중요한 것들을 가르쳐준다. 인간의 몸으로 영적인 존재가 되는 것이 어려운 일임을, 내면의 성장에는 말 없는 용기가 필요함을, 빛을 양식으로 바꾸는 것이 우리의 가장 중요한 소명임을.

흔히들 "공기만 마시고 살 수는 없어."라고 한다. 하지만 용기를 내 탁 트인 곳으로 나아가면 우리는 빛과 공기에 이끌린다. 나머지는 어떻게든 되어간다. 이제 막 땅을 뚫고 솟아오른 새순의 고갱이처럼 우리는 이런 일을 피할 수 없다. 우리 안의 무언가는 눈에 보이지 않을 때도 빛이 어디에 있는지 잘 안다.

나는 종양이 뇌를 압박하고 있다는 진단을 받고 최악의 절망에 빠졌을 때 이것을 뼛속 깊이 절감했다. 두려움과 공포, 슬픔이 난무하는 와중에서도, 사실은 의사들도 잘 모르면서 최악의 경우까지 이야기하는 상황에서도, 나 역시 질기고 질긴 뿌리처럼 어둠 속으로 더욱 깊이 파고들어가는 상황에서도 내 존재의 근본 잎맥은 변함없이 빛을 향해 뻗어 갔다.

그러므로 나는 말할 수 있다. 우리는 정말 공기만 마시고도 살 수 있으며, 우리의 고향은 빛이라고.

12 April
인간을 인간으로 만들어주는 말

••••

말을 하는 행위만으로도
자신이 만든 감옥에서 벗어날 수 있다.
— 준 싱어 June Singer —

사람들은 흔히 속내를 이야기하면 타인들에게 무시나 거부를 당하리라는 생각에 죽은 듯 가만히 있는다.

언젠가 본 광경이 생각난다. 한 남자가 멋진 생각이 떠올라 친구에게 이야기해주려고 전화를 걸었다. 그런데 신호음이 울리는 순간, 친구의 무심한 반응과 이로 인해 감내해야 할 고통이 느껴지는 것 같았다. 결국 그는 풀이 죽은 듯 한숨을 내쉬면서 네 번째 벨이 울리기 전에 얼른 전화기를 내려놓았다.

상대가 오해하든 부정하든 잘 들어주든, 표현은 중요하다. 이 남자처럼 통화를 포기하면 우리 안의 무언가가 죽어버린다. 물고기가 어떻게 헤엄을 치고 새들이 어떻게 하늘을 나는지 생각해보라. 그것은 그들의 본성 속에 이런 능력이 내재되어 있기 때문이다. 헤엄을 치고 하늘을 나는 것이 물고기를 물고기로, 새를 새로 만들어준다.

마찬가지로 인간을 인간으로 만들어주는 것은 자신의 속내를 표현하는 행위다. 들어주는 사람은 없어도 좋다. 우리의 영혼이 세상을 헤엄치고 날 수 있게 만들어주는 것은, 그리하여 우리를 자유롭게 만들어주는 것은 바로 말을 하는 행위다.

13 April

경배

모든 냇물은 바다로 흘러든다.
바다가 냇물보다 낮기 때문이다.
이런 겸양이 바다를 힘 있게 만든다.
― 노자 ―

요가 동작 중에 아기자세라는 것이 있다. 무릎을 꿇은 채 머리를 숙이면서 두 팔을 등 뒤로 뻗어 올려, 머리를 가슴보다 낮게 만드는 것이다. 이 겸허한 자세를 유지하다가 피곤이 느껴지면 두 팔을 내려놓는다. 그리고 머리를 가슴보다 낮게 하고 있는 동안에는 움직임을 멈춰야 한다.

이 자세를 배운 지 얼마 안 돼 한 여인을 만났다. 한때 수녀였던 그녀는 그레고리오 성가를 부를 때마다 비슷한 자세를 취했었다고 말했다. 고개를 살짝 숙였다가, 더욱 깊이 머리를 조아리고, 나중에는 절을 하듯 머리를 낮춘 것이다. 그때마다 머리는 땅과 더욱 가까워졌다.

이 자세는 우리에게 강력한 가르침을 준다. 머리를 끊임없이 가슴 아래에 두는 훈련을 하지 않으면 자아가 점점 커진다는 것이다. 스스로 자신을 굽히지 않으면 삶이 우리를 굴복시켜버린다.

머리는 가슴 아래에, 생각은 느낌 아래에, 의지는 고차원적인 질서 아래에 있음을 받아들이는 것이 겸양이다. 이런 받아들임이 결국 축복의 열쇠다.

머리를 굽히면 세계가 우리에게 그 기쁨을 열어 보여준다.

14 April
자신감

나와 아무런 상관이 없어도 친구나 연인이 슬픔이나 분노에 빠져 있으면 남몰래 이런 생각이 든다. 내가 뭐 잘못한 건가? 어떻게 하지? 왜 처음부터 잘해주지 못했을까?

이따금 내면의 불안으로 주변의 고통이나 잘못을 전부 내 탓인 양 성급하게 판단할 때가 있다. 그때마다 이런 내가 놀랍고 창피하다. 중심에서 벗어났을 때, 과거의 패턴으로 돌아갔을 때, 기진맥진하거나 우울해졌을 때면 너무나도 빨리 모든 잘못의 원인을 내 탓으로 돌린다. 물론 나만 이런 건 아닐 것이다. 이것도 마음의 기상법칙 가운데 하나다. 갑작스런 저기압으로 내면이 고립되어 폭풍우에 시달리는 것이다.

나는 한동안 이런 일을 하도 심하게 겪어서 부정적인 자기중심성의 위력을 인정하게 됐다. 사람들은 흔히 자기중심적인 사람을 자만심이 강하고 우쭐대며 이기적이라고 생각한다. 하지만 지나친 자책감과 반복적으로 씨름하면서 나는 자신이 초라하게 느껴지고 세상과의 일체감이 사라졌을 때 자기중심적으로 변하는 경우가 더 흔함을 깨달았다. 고립된 것 같을 때 더욱 부정적이고 자기중심적인 사람으로 변해서, 상황을 바로잡거나 개선하지도 못하고 나쁜 일을 방치한다며 스스로를 탓하는 것이다. 이런 자책의 바탕에는 불가항력적인 일들도 스스로 통제할 수 있다는 터무니없는 생각이 자리잡고 있다.

분명 우리는 서로에게 영향을 미친다. 하지만 타인의 기분이 자신에게 달려 있다는 생각은, 자신을 희생과 죄의식의 순환 속에 가두는 자기중심적인 태도에 지나지 않는다. 나아가 타인의 존재 방식이나 상황이 전적으로 자기 탓이라는 생각도 자기억압과 상호의존의 씨앗에 불과하다. 부정적인 자기중심성이 극에 달한 순간에는 스스로 터무니없이 많은 짐을 떠맡는다. 충분히 잘해주거나 같이 있어주지 못해서 혹은 자신이 완벽한 사람이 아니어서 연인이 아프거나 불행하다고 자책하는 것이다.

여기서 심리학자 마이클 마호니Michael Mahoney가 자신감을 어떻게 정의했는지 살펴보자. 그는 자신감의 근원을 찾다가 어원인 라틴어

confidere의 의미가 '충실, 성실'임을 발견하고, 진정한 자기에게 충실한 것이 곧 자신감이라고 여겼다. 실제로 불안정한 마음의 저변에 있는 이 신성한 바탕에 헌신해야만 가슴의 중심과 하나가 될 수 있다. 이 중심은 하나의 살아 있는 힘을 모든 존재와 공유한다. 이 중심은 힌두교 전통에서 말하는 아트만, 즉 불멸의 자기다.

이제 나는 어쩌다가 자존감이 곤두박질쳐서 안 좋은 상황들이 모두 내 탓으로 여겨지는 순간이 오면, 내 발밑에서 돌아가는 대지의 속도를, 내 머리 위를 떠도는 구름의 속도를, 평생의 고통이 지난 후에 열리는 가슴의 속도를 느끼려 한다. 이 속도들이 같아지면 나의 일상적인 의지는 약해진다. 그리고 어떤 가슴보다 위대한 힘, 어떤 생이나 하루의 기분보다 위대한 힘을 자각한다.

15 April

들어라, 다음 발걸음이 보인다

* * *

울음이 깊을수록
선택은 더욱 분명해진다.

누구를 사랑해야 할지 고민에 빠진 친구가 있었다. 그는 복잡 미묘한 싸움터에서 온갖 가능성과 신의를 놓고 끊임없이 갈등했다. 급기야 수없이 많은 고민들에 깔려 그의 영혼이 내면 깊은 곳에서부터 큰 소리로 울부짖기 시작했다. 고통스러워하던 친구는 어느새 그 울부짖음이 표면으로 올라오는 소리를 들었다. 그는 이 울부짖음이 "누구를 사랑할까?" 하는 문제보다 더욱 근본적인 것임을 깨달았다. 요컨대 그의 영혼은 느끼기를 갈구하고 있었다. 두 명의 여자 중에서 누구를 선택할까 하는 문제보다 그것이 훨씬 중요하고 절박했으며 두렵기까지 했다.

그는 힘들게 자신을 직시하기 시작했다. 그리고 사랑의 대상과 시간, 장소에 대한 고민으로 인해 영혼의 절규를 철저히 외면했음을 깨달았다. 그의 영혼은 고통을 불러오는 모든 모호함과 판단 밑에서 점점 늪으로 빠져들고 있었다. 삶을 느낄 수 없는 곳으로 가라앉고 있었다.

그러나 내면 깊은 곳의 절규를 들은 뒤, 그의 고민은 지극히 근본적이고 솔직한 것으로 변모했다. 삶의 경이를 회복할 방법은 무엇인가? 내 가슴이 가라앉지 않게 하려면 어떻게 해야 할까?

타인들의 이런 조용한 용기는 다시금 우리를 일깨운다. 내면 깊은 곳의 절규를 표면 위로 끌어올리면, 건강한 삶으로 나아가는 다음 발걸음이 더욱 분명하게 보인다는 것을 깨우쳐준다.

16 April
한 번에 한 방울씩

*가까이 있는 모든 것에 완전히 주의를 기울이는 것,
이런 주의력이 새를 신의 입에서 날아오르게 한다.*

날씨가 누그러지면 휘어진 나뭇가지를 감싸고 있던 얼음과 함께 눈이 녹아내린다. 나뭇가지는 죽음 같던 잠에서 깨어나 다시 튕겨 오르듯 몸을 편다. 이렇듯 봄을 고대하는 나무는 재탄생을 어떻게 맞이해야 하는지 가르쳐준다. 상처 난 가슴을 에워싼 얼음도 이렇게 녹아내리기 때문이다.

세상의 저편에서는 반짝반짝 빛나는 작은 물고기가 바다 속 모래밭에 흩어진 돌들을 핥으며 먹을 것만 삼키고 나머지는 뱉어낸다. 그들은 이렇게 바다을 훑으며 나아간다. 팔다리도 없는 이 작은 생명체들은 고통 속에서도 앞으로 나아가는 법을, 영양분이 되는 것만 걸러내고 나머지는 되돌려주는 법을 가르쳐준다.

사람들의 눈이 미치지 않는 높은 산 작은 동굴에서는 하나뿐인 물받이 위로 깨끗한 물이 고인다. 똑똑 물 떨어지는 소리는 산의 심장이 고동치는 소리와 같다. 대지의 심장은 이렇게 존재하는 법을 가르쳐준다. 한 번에 한 방울씩 깨끗한 물로 촉촉하게 적시면 우리의 영혼도 살아 있게 됨을.

이는 모든 존재의 근본적인 상관성을 보여주는 몇몇 예에 불과하다. 실제로 풀이나 나무, 인간의 가슴, 공空, 물고기, 시계의 닳아빠진 톱니바퀴까지 무엇이든 온 존재로 깊이 들여다보면, 가르침들의 공통된 핵심이 언어 이전의 또 다른 언어로 우리 앞에 모습을 드러낸다. 그러면 자연세계든 인공세계든 세계 전체가 구체적인 가르침들의 끊임없는 그물망처럼 보인다. 각각의 가르침은 하나의 강력한 실로 짜여 있으며, 이 실은 우리가 완벽한 주의력으로 찾아내주기를 기다리면서 너른 자리에 몸을 숨기고 있다. 이 실을 잡아당기면 모든 것에 새겨진 깊은 이치들을 다시 발견할 수 있다.

혼란이나 고통이 가능성을 좀먹는 것처럼 여겨질 때, 슬픔이나 좌절이 행복감을 앗아갈 때, 걱정이나 두려움이 마음을 뒤흔들어 평화가 멀리 떠나갈 때 가장 가까이 있는 것에 주의를 기울여본다. 훅 불어본 입김에 먼지가 어떻게 떠올랐다 내려앉는지를, 오래 들여다보면 어떻게 이웃집 리트리버의 발자국이 의외의 상징처럼 느껴지는지를, 3년 전 바닷가에서 주워온 조개껍질이 어떻게 얼굴 형상을 드러내면서 계속할 방법을 가르쳐주는지를 주의 깊게 들여다본다.

가장 가까이 있는 삶의 조각들에 온전히 주의를 기울이면, 그것들이 곧 중심으로 되돌아가는 또 다른 길을 보여줄 것이다.

17 April
버리고 얻는 순간

· · ·

살아서 건널 수 없다면 죽어서는 어떻게 건널 수 있겠는가?
- 카비르 Kabir -

영화 〈인디아나 존스-최후의 성전〉에는 과감히 발을 내딛어 우리를 움켜쥐고 있는 두려움으로부터 벗어나고픈 욕구를 생생히 표현한 장면이 나온다. 존스는 생각과 기억이 미치는 대로 성배를 찾아 곳곳을 샅샅이 뒤지고 나서 거대한 벼랑 앞에 선다. 그의 눈앞에는 깊은 틈이 버티고 있고, 성배는 건너편에서 그를 기다리고 있다. 성배가 있어야만 상처를 치유할 수 있는 그의 아버지는 성배를 찾도록 존스가 얻은 단서들을 큰 소리로 그럴 듯하게 풀이해준다.

갈수록 커지는 두려움 속에서 평생을 다 산 것 같은 시간 동안 갈등을 거듭하던 존스는 드디어 그가 알던 모든 것들을 무시하고 허공으로 발을 내디딘다. 그러자 거대한 돌다리가 그의 발아래에서 모습을 드러낸다.

이 순간은 모험과 신뢰의 순간이자, 우리의 삶에서 크고 작게 거듭

발현되는 지혜의 순간이다. 영원한 치유를 보장하는 완전한 컵, 성배는 우리가 두려워하는 깊은 틈 너머에서 우리를 기다리고 있다.

흔히 우리는 어른이나 사랑하는 사람들이 던진 단서나 절규를 믿고 벼랑 끝까지 갔다가, 어떤 것도 말이 되지 않고 어디에도 갈 곳이 없음을 발견한다. 이런 순간 벼랑 끝에 선 이들의 내면에서는 다시 모험의 원자가 꿈틀대기 시작한다. 그동안 알고 있던 모든 인식 방식이 실패로 밝혀지는 순간, 우리는 용감하게 허공으로 발을 내디딘다. 이 허공이 목적과 자존감의 틈이든, 관계의 협곡이든, 중독증의 협곡이든 모험심으로 들어올려 신뢰로 바닥을 디디는 이 미친 듯한 지혜의 발걸음은 하나의 토대를 드러낸다. 언제나 그 자리에 있었지만, 새로운 방식으로 보고 생각할 수 있는 모험심과 두려움 속으로 발을 내디딜 수 있는 믿음이 있어야만 나타나는 토대를.

18 April
완전한 집중
・・・
전체 속으로 뚫고 들어갈 무수한 길을 발견하는 것,
이것이야말로 완전한 집중의 변치 않는 목적이다.

갈비뼈를 제거하고 통증과 씨름할 때 나는 가장 심오하고도 유용한 깨달음을 얻었다. 몇 주 동안 숨을 쉴 때마다 통증이 코르셋처럼 나를 옥죄어왔다. 그러다가 겨우내 얼어 있던 냇물이 녹아 흐르는 광경을 지켜보고 또 지켜보다가 드디어 깨달았다. 이 통증을 이겨내려면 나도 얼음이 아닌 물을 닮아야 함을.

나무들이 꽁꽁 언 강물 위로 쓰러지면 강은 산산조각 금이 간다. 하지만 가지 굵은 나무도 흐르는 물속으로 쓰러지면 강물은 이 육중한 나무를 품고 돌아 흐른다. 이 나무들과 강물을 보면서 나는 깨달았다. 내가 얼음처럼 딱딱하게 굳어 있으면 통증도 더욱 날카롭고 따갑게 나를 괴롭히리라는 것을. 그러면 호흡도 매번 끊어지리라는 것을. 하지만 두려움과 긴장을 녹여버리면 통증도 더욱 잘 흡수되고, 통증을 느끼더라도 이로 인해 고통받지는 않으리라는 것을. 해빙된 시냇물처럼 계속 흐르게 되리라는 것을.

자연은 대체로 이렇게 돌아간다. 그러므로 자신의 경험을 충분히 받아들이면, 우리를 둘러싼 생명의 회복력을 느끼고 볼 수 있다. 내면의 상처를 충분히 느끼면, 움푹 파인 그루터기를 보면서 작은 식물들이 어떻게 뿌리를 내리는지 배울 수 있다. 내재된 슬픔을 충분히 느끼면, 너무 지쳐 팔랑거리지도 못하는 잎사귀들을 보면서 순응의 방법을 배울 수 있다. 자신의 나약함을 충분히 느끼면, 유충을 보면서 날개가 돋기 전의 떨림을 어떻게 견디는지 배울 수 있다. 이렇듯 드러내고 아무것도 부정하지 말아야만 다른 생명체들이 삶을 살아내는 비결이 눈에 들어온다.

"눈에는 눈"이라는 오랜 속담과는 완전히 상반되는 심오한 법칙이 있다. 우리를 전체성으로 인도하는 이 법칙은 "존재의 진실에는 존재의 진실"이다. 완전한 집중의 목적은 내밀한 내맡김을 통해 우리를 둘러싼 모든 생명체 속에 깃든 생명력이 스스로 드러나도록 만드는 것이다. 존재의 진실에는 존재의 진실이기 때문이다.

그러므로 고통스러울 때는 흐르는 물처럼 존재해본다. 밑바닥 가까이에서 고통에 신음할 때는 총명한 바닷물고기처럼 흡수할 수 있는 것만 삼키고 나머지는 뱉어낸다. 짐이 버겁게 느껴질 때는 작은 새들이 어떻게 나는지를 배운다. 절망의 순간에는 갓 태어난 동물들의 작고 촉촉한 눈망울을 바라보면서 이들의 순진무구함을 배운다. 이렇게 충분히 주의를 기울여 바라보면, 한 번에 한 방울씩 다시 삶의 흐름 속으로 흘러들 수 있다.

19 April
구름보다 오래
· · ·
반쯤 열린 꽃봉오리는
구름보다 오래 기다린다.

요 며칠 눈을 뜰 때마다 가슴에 먹구름이 잔뜩 끼어 있다. 가슴 깊은 곳이 묵직하기만 할 뿐 모든 것이 심드렁하다. 하지만 오늘 햇살이 비추지 않는다고 해서 빛이 완전히 사라진 것은 아니다. 사실 지구처럼 우리의 가슴도 끊임없이 변화하는 기압에 지속적으로 영향을 받는다. 이 기압은 우리의 본성과 일상을 살아가는 방식들 사이에서 왔다 갔다 한다.

믿음은 마음에 구름이 잔뜩 끼었을 때도 빛의 존재를 기억하려 노력하는 것이다. 다시는 햇살이 비치지 않을 것 같을 때도 태양은 끊임없이 빛을 발산한다. 실제로 어떤 구름이 우리를 뒤덮건 태양은 저편에서 한결같은 모습으로 열기와 온기를 뿜어낸다.

가슴에 먹구름이 끼었을 때는 판단을 유보하는 것이 좋다. 대부분 회의주의는 해가 보이지 않을 때 내린 결론에서 비롯되기 때문이다. 어떻게든 이해하고 넘어가면 다시는 구름이 끼지 않을 것처럼 말이다.

어떤 구름도 영원히 지속되지는 않는다. 대지와 여기에서 자라는 것들은 이 점을 안다. 가슴과 여기에서 자라는 것들도 모두 이 점을 잘 안다. 이해하고도 남을 만한 우리의 온갖 고통과는 상관없이.

20 April
새와 조류학자

새는 조류학자가 없어도 날 수 있다.

지적이거나 착하거나 잘생기거나 예쁘거나 성공하거나 인기가 많거나 누구도 기만할 수 없는 사람으로 보이고 불리기 위해, 우리는 너무도 많은 시간을 허비한다. 하지만 힘차게 흐르는 물은 자신이 냇물임을 의식하지 않듯, 진정한 영혼은 자신을 의식하지 않는다. 매가 날개를 펼치면서 자신이 매임을 의식하지 않듯, 진정한 가슴은 자신이 연민의 마음으로 확장되고 있음을 의식하지 않는다. 사랑의 마음으로 행동하는 사람도 자신의 친절을 의식하지 않는다.

그러나 우리는 어린 시절부터 제대로 살려면 인정을 받아야 하고, 인정을 받으려면 두각을 나타내야 한다고 배운다. 이로써 타인의 인정과 두각을 토대로 성공은 물론 사랑까지 판단한다. 그러다 살아가면서 힘들게 깨닫는다. 받아들일 줄 아는 사람이 되는 법을 깨닫기만 해도 살았었거나 지금도 살아 있는 모든 존재와 계속 연결될 수 있음을.

그렇다고 수동적인 사람이 되라는 말은 아니다. 내가 말하려는 것은,

타인들이 우리와 아무리 달라 보여도 그들에게서 발견한 삶의 공통적인 맥박을 이해하고 받아들이는 능력을 발휘해야 한다는 점이다. 이렇게 하면 더는 별난 사람처럼 굴지 않아도 가치를 인정받고, 타인에게 인정받지 않아도 사랑을 알 수 있다. 더는 지켜보는 사람이 없어도 하늘을 날게 되는 것이다. 우리는 그저 하루하루 진실하게 살아가기만 하면 된다. 그러면 모든 가치 있는 것과 조화를 이룬다.

꽃이 비를 기다리듯 우리의 가슴은 사랑을 기다린다. 하지만 인정받거나 알려지고 싶은 욕망만큼 관심을 베풀어야 한다. 이런 관심이 우리를 깨어 있게 만들고, 베푸는 만큼 사랑이 열리기 때문이다.

소중한 것들이 씨앗처럼 우리 사이에서 기다리고 있음을 받아들이는 것은 세상에 대한 믿음과 같다. 자신을 일깨우려면 먼저 스스로를 받아들여야 한다. 그러면 세상이 우리를 새싹처럼 돋아나게 해준다.

21 April
신의 선물
● ● ●

신의 다른 이름은 놀라움이다.
- 데이비드 스타인들-래스트David Steindl-Rast 수사 -

아무에게도 말하지 않은 중요한 일을 마무리하러 뛰어가다가 누군가와 부딪히는 통에 식료품들이 공중으로 흩어져버릴 수 있다. 케첩을 줍다가 사랑에 빠질 수도 있다. 부모님이 바라던 공부를 하다가 대학교 2학년 때 우연히 앨버트 슈바이처에 관한 책을 읽고 꼭 아프리카에 가야 할 것 같은 느낌을 받을 수도 있다. 기하학을 공부하다가 정원사가 되기로 결심하고 화초를 가꾸면서 무한한 기쁨을 맛볼 수도 있다. 할머니의 죽음을 계기로 가족의 역사에 관심을 갖게 될 수도 있다. 나는 암으로 갈비뼈를 제거하면서 내 안의 아담을 발견했다.

즐거움이나 고난, 고통의 순간 모두 불시에 우리를 더 큰 삶의 전체성 속으로 인도한다. 현재의 한계를 깨부수고 더욱 큰 가치에 따라 자신을 재정립하게 해준다. 지상에서 우리의 영혼은 이렇게 불현듯 자주 열리고 성장한다.

우리는 결코 모든 일을 미리 대비할 수 없다. 누구도 삶의 모든 것을 예견할 수 없다. 사실 지나친 준비는 삶과 우리 사이에 또 다른 장벽을 세울 뿐이다. 우리는 그저 우리의 반응능력보다 훨씬 빠르게 주어지는 선물을 받아들이는 법을 배우기만 하면 된다.

다행히도 삶은 뜻밖의 일들로 가득 차 있다. 일체성을 알 수 있는 기회와 신은 이 뜻밖의 사건들 속에 존재한다. 우리의 계획 속에 신이 존재하는 경우는 거의 없다. 신은 언제나 예기치 못한 사건들 속에 존재한다.

22 April
이미 충분하다

자신이 무엇을 구하는지 모른다면
거기 있는 것을 보아라.

온갖 꿈과 환멸에도 우리는 풍요롭게 살아가고 호흡한다. 나로서는 정말로 받아들이기 어려운 사실의 하나다. 특히 고통 속에 있을 때는 우리에게 필요한 모든 것이 우리의 앞과 주변, 안에 있다는 점이 더더욱 믿기지 않는다. 하지만 이것은 진실이다.

대지처럼 위대하고 한결같은 무언가가 아침을 기다리는 벌거숭이 나무 같은 우리를 떠받쳐주면서 아주 천천히 빛을 향하게 한다. 우리가 할 일은 뿌리를 내리고 견디는 것뿐이다. 내가 첫 항암치료의 후유증에 시달리는 내내 고통 속에서 가장 분명하게 깨달은 점도 이것이었다.

당시 홀리데이 인에 머물던 나는 새벽 5시까지 20분 간격으로 구토를 해댔다. 결국 3주 전에 제거한 갈비뼈 자리를 움켜쥐면서 바닥으로 쓰러지자, 아내가 분노와 공포, 절망이 뒤섞인 목소리로 소리쳤다.

"신은 어디에 계신 건가요?"

그 순간 내 안의 어딘가에서 창백하게 굽은 내 몸뚱어리를 뚫고 이런 말이 흘러나왔다.

"여기…… 바로 여기."

물론 신은 결코 고통을 없애주지 않는다. 하지만 고통을 더 잘 견디게는 해준다. 그래서 이제는 일이 원하는 대로 풀리지 않아도, 모든 소망 밑에서 나를 기다리는 것과 입 맞추려 한다. 차가 고장 나서 화가 날 때도, 도랑을 채운 잡초들이 하늘을 가리키면서 속삭이는 소리를 들으려 한다. 떨어져 산산조각 난 꽃병에 울음이 터져도, 꽃병에서 쏟아진 물웅덩이에 비친 내 얼굴의 이면을 들여다보려 한다. 아파도 여느 때처럼 혼란 속으로 빠져들지 않고, 모든 경험의 저변에 깃든 고요 속으로 들어가려 한다.

어떤 고통이나 혼란, 어떤 사건이나 상황에 처해 있건 우리가 바라는 모든 것은 신비롭게도 이미 이곳에 존재한다. 부족한 것은 아무것도 없다. 이 진리에 동의하거나 논박하는 것은 인간으로서 겸허히 받아들여야 할 과제가 아니다. 그것은 중력을 부정하는 것만큼이나 의미 없는 짓이다. 우리가 딛고 있는 이 대지로부터 우리를 떼어놓는 수많은 욕망과 변명을 넘어 깊숙이 뿌리를 내리는 것이 우리의 할 일이다. 거듭 말하지만 그곳에 무엇이 있는지 보려면 우리의 욕망과 소망을 넘어서야 한다. 그러면 충분하다.

23 April
관계의 역설

• • •

나약하게 굴면 결코 '우리'는 없다.
— 샤론 프레이스 Sharon Preiss —

단테의 《신곡》을 보면, 지옥에서 견디는 연인들과 역경을 뚫고 천국으로 나아가는 연인들의 차이는 한 가지뿐이다. 지옥의 연인들은 내면의 중심이 없어서 상대와 자신을 끊임없이 동일시하며 제자리를 맴돈다.

우리는 아무리 힘들어도 관계에서 벗어나지 못한다. 그냥 주도적인 파트너나 친구의 잔심부름꾼, 구경꾼으로 살아간다. 나도 줄곧 이런 문제와 씨름했다. 어떻게 될지 모른다는 두려움에 나의 관심이나 욕구를 솔직하게 드러내지 못했다. 그러다가도 분명하게 이것들을 털어놓으면, 더욱 완전하게 나 자신으로 존재할 수 있었다. 힘들고 불편할 때도 있었지만, 나는 이런 놀라운 경험을 통해 주변을 더욱 잘 느끼고 이해하게 됐다. 일도 더 열심히 하고, 매일의 경험에서 활력도 훨씬 쉽게 얻을 수 있었다.

위대한 철학자 마르틴 부버는 관계를 통해 신을 가장 깊이 알 수 있다고 했다. 이 역설의 핵심은 두 존재가 서로 독립적이어야만 진정한 관계가 이뤄질 수 있다는 것이다. 삶의 경험들도 이 점을 입증해준다. 진정한 자기가 되기 위해 노력하지 않으면, 우리가 사는 이 신비로운 세계나 타인을 제대로 알 수 없다.

24 April
사랑은 물처럼

보답을 바라지 않는 사랑만이
날카로운 고통을 누그러뜨린다.

맑고 부드러운 물은 어떤 구멍이든 가득 채워준다. 물은 회의하지도 의심하지도 않는다. 이 도랑은 너무 깊다거나 저 들판은 너무 탁 트였다고 투덜대지도 않는다.

진정한 사랑의 기적은 물처럼 자신과 접촉하는 모든 것을 감싸주고, 접촉의 흔적을 하나도 남기지 않으면서 상대를 성장으로 이끈다. 물론 드러난 강기슭이나 벼랑의 툭 튀어나온 부분은 닳고 닳아서 뼈만 남은 것처럼 보인다. 하지만 이것은 물 때문이 아니다. 생명의 한 과정일 뿐이다.

대부분의 존재들은 저항으로 변화하지 못하고 망가져버린다. 그러나 사랑은 물처럼 우리가 개입하지 않아도 자신에게 던져지거나 떨어진 것들을 받아들이고 완전하게 포용한다. 이것이 사랑의 고요한 기적이다.

충분히 사랑받지 못하거나 사랑에 응답이 없으면 인간은 쉽게 상처를 입는다. 그러면서도 사랑을 줄 만한 대상을 찾는 데 많은 에너지를 쏟아 붓는다. 하지만 비가 어디로 떨어질지 스스로 선택할 수 없는 것처럼, 이런 선택은 근본적으로 인간의 영역이 아니다.

그럼에도 우리는 선택을 할 수밖에 없다. 누구와 함께 시간을 보낼까? 누구에게 배울까? 누구와 함께 살까? 누구와 결혼을 할까? 이 모든 선택에 가장 근본적인 영향을 미치는 것은 사랑이다. 사랑은 변함없이 앞에 놓인 모든 것을 감싸게 해준다. 그리고 이 위대하고 고요한 힘을 억누른 고통은 거절당하거나 충분히 사랑받지 못한 고통보다 훨씬 치명적이다.

물론 사랑도 물처럼 가둘 수 있다. 하지만 왜 그래야만 하는가? 사랑을 흐르게 할수록 더 많이 사랑받을 수 있는데 말이다. 사람은 물론이고 새나 돌, 꽃, 공기까지 자기 앞의 모든 것을 사랑으로 감싸는 것. 이것이야말로 모든 시대의 현자와 성자들이 공유하는 내면의 빛이다.

우리의 많은 선택을 통해 사랑은 물처럼 우리를 통해 다시 세상 속으로 흘러든다. 이것은 누구나 알 수 있는 위대한 비밀 가운데 하나다. 그러나 사람들은 잘못된 인식을 품고 있다. 사랑을 억눌러야 상처받지 않는다고 오해한다. 사실은 정반대인데 말이다.

물이 상처를 씻어주듯 사랑은 아픔을 달래준다. 마음을 열면 누군가 홧김에 던진 돌도 사랑으로 받아들 수 있다. 우리의 작은 눈물방울은 광대한 눈물의 바다 속에서 그 타는 듯한 아픔을 덜고, 강바닥으로 발사된 화살은 과녁을 빗나간다.

25 April
하나 되는 용기

• • •

진정한 이야기는 사랑이라는 원천에서 흘러나온다.
머리로는 이 사랑을 이해할 수 없지만,
사람을 알아가는 것과 같은 방식으로는 알 수 있다.

— 콜만 바크 Coleman Barks —

현대의 삶은 우리를 구경꾼으로 전락시켜서 무엇이든 약간의 거리를 두고 경험하게 만든다. 이런 태도로 인해 우리의 하루하루는 무미건조해지고, 대지는 생기를 잃으며, 시간의 노래는 시시하게 들린다.

아메리카 원주민들처럼 돌멩이든 빗줄기든 담장이든 이방인이든 눈에 보이는 모든 창조물을 지구 가족의 일원으로 존중하면, 이런 문제를 치유할 수 있다. 모든 존재를 살아 있는 것으로 받아들이면, 가만히 앉아 있는 동안에도 우주와 하나가 될 수 있는 용기가 생긴다. 이런 식으로 세계를 인식하면, 은유 같은 것은 있을 수 없다. 바람은 신의 음성 같은 것이 아니다. 실제로 신의 음성으로 다가온다. 추억도 사랑하는 사람의 모습을 떠올리는 것이 아니다. 사랑하는 사람의 영혼이 우리를 찾아오는 것이다.

목걸이처럼 걸고 다니는 이 거리감을 제거하는 데는 용기가 필요하다. 하지만 거리감을 없애면, 세계를 죽은 것이 아닌 살아 있는 것으로 느끼게 된다. 이런 용기가 세계의 정수를 흐르게 한다.

26 April

가장 분명한 길

· · ·

가장 험난한 길이 분명한 길이다.

동식물연구가이자 환경보호론자인 케빈 스크리버Kevin Scribner의 말에 따르면, 연어는 상류로 거슬러 올라가는 동안 끊임없이 그들을 가로막는 물살에 부딪친다. 그러다가 물살이 가장 센 곳에 이르면 그곳으로 힘차게 뛰어든다. 물이 막힘없이 세차게 흐르는 곳에는 장애물이 없음을 알기 때문이다. 이런 길이야말로 가장 힘들지만 확실하다.

여기서 우리는 유용하면서도 불편한 교훈을 얻을 수 있다. 강력한 추진력으로 안팎의 역경들과 직면해야만 진정으로 극복할 수 있다는 점이다. 진정한 길은 확실하지만 장애물이 없다. 그러므로 진리의 급물살이 느껴질 때는 모든 것을 내던져야 한다.

타인과의 갈등을 회피하거나 위험 때문에 사랑을 거부하거나 일상을 더욱 충만하게 해줄 영혼의 부름에 손을 내저을 때처럼, 삶의 여정에서 막힌 길은 여러 가지 형태로 나타난다. 그리고 이 막힌 길에 계속 머리를 들이받는 편이 힘들지만 확실한 길로 힘차게 뛰어드는 것보다 더 편하게 여겨진다.

이런 면에서 연어는 건강한 고집의 타고난 귀감이다. 포기하지 않고 막힘없는 길을 찾아 헤매다가 그 길을 발견하면 더욱 강력한 추진력으로 통과해내기 때문이다. 연어에게는 이런 일이 어렵지 않다고 말하는 이들도 있다. 인간은 끊이지 않는 생각으로 진리에서 멀어지지만, 태어난 곳으로 돌아가 생을 마감하려는 연어의 투지는 좀처럼 줄어들지 않기 때문이다.

그러나 아무리 상처를 입어도 넘어졌다가 다시 일어나는 마음의 힘은 우리에게도 이런 투지가 살아 있음을 입증한다. 연어처럼 온몸으로 역경을 헤쳐나가는 태도가 우리의 길을 결정한다.

27 April
자기 믿음

그냥 자신을 믿어라.
그러면 살아갈 방법을 알게 될 것이다.
— 괴테 —

에디슨이 전구를 발명할 때 가장 먼저 한 일은, 눈에 보이지 않는 전류를 빛으로 바꾸는 과정을 머릿속에 그리는 것이었다. 많은 사람처럼 그도 상상을 먼저 한 것이다. 그러나 머릿속에 떠오른 과정을 이해한 후 필라멘트로 쓸 적절한 물질을 찾는 데는 시간이 걸렸다. 실망하거나 시간을 낭비했다는 생각이 들지는 않았냐는 질문에 에디슨은 그렇지 않았다고 했다. 시도를 할 때마다 쓸 수 없는 물질을 하나씩 알아냈기 때문이다.

여기서 우리는 소명이나 사랑을 찾을 때 효과적으로 적용할 수 있는 교훈을 얻을 수 있다. 자신의 바람을 마음속에 그리는 일은 아주 강력하고 실제적인 방법이다. 이 방법 못지않게 중요한 것은 이런 상상이 효과를 발하리라는 확신이다. 자신이 어디에 속하고 누구를 사랑할지 아직

모를 때도 마찬가지다. 더불어 효과적인 것을 정확히 찾아내는 과정에서 인내심을 발휘하는 것도 못지않게 중요하다.

에디슨의 인생 여정에서 가장 감동적인 점은 그가 많은 시도를 실패로 보지 않고 발견의 불가피한 과정으로 받아들였다는 것이다.

28 April
위 펑

아는 것이 있다면 생각만 하지 말고 실제로 살아내야 한다.
그래야 가장 위대한 원리인 사랑이 스스로를 드러낸다.

열기는 얼음을 녹여 땅을 촉촉이 적셔준다. 마찬가지로 아는 것을 구체화하는 능력은, 내면의 진실에 따라 하루하루를 맞이하고픈 고요한 바람은, 진실함에서 비롯된 지혜의 행위는 사랑의 가장 깊은 힘을 이끌어낸다.

조용히 살던 한 남자가 이런 용기로 삶을 변화시킨 순간은 우리에게 감동을 선사한다. 그는 1700년대에 외교관을 지낸 만주인 위 펑이다. 위 펑은 대만 외곽 지역의 원주민 부족을 담당하게 된 후 원주민 부족장과 가깝게 지냈다. 그런데 이 부족에게는 해마다 부족민 한 명을 참수해 제물로 바치는 악습이 있었다.

위 펑은 생명에 대한 경외심과 연민의 마음으로 해마다 부족장에게 이 악습을 없애달라고 간청했다. 부족장은 위 펑의 간청을 귀담아들으면서 고개까지 끄덕이다가도 이내 일말의 망설임도 없이 제물로 선택된 부족민을 참수했다.

이 부족민과 25년을 함께한 위 펭은 마지막으로 한 번 더 부족장에게 이 비인간적인 살인을 중지시켜달라고 간청했다. 그리고 제물로 바쳐질 부족민이 앞으로 불려나오는 순간, 그의 자리로 가서 이렇게 외쳤다.

"또 살인을 저지를 거면 먼저 나를 죽이시오."

족장은 오랫동안 위 펭의 눈을 들여다보았다. 위 펭을 아끼던 족장은 차마 그를 죽일 수는 없었다. 이후로 그 부족에서 사람의 목을 베어 제물로 바치는 악습은 사라졌다.

위 펭은 물론 죽을 수도 있었다. 하지만 그의 용기는 내적인 삶의 자세가 더욱 중요한 순간이 있음을 가르쳐준다. 누구에게나 말이 소용없어지는 순간이 있다. 말로는 사랑을 탁 트인 곳으로 불러낼 수 없기 때문이다. 이때는 내면에서 우러나는 영혼만이 타인들의 영혼을 이끌어낼 수 있다.

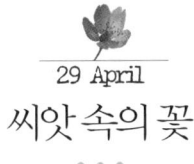

29 April

씨앗 속의 꽃

...

어린 잎사귀들 속에
싸여 있는 물소리.
– 나쓰메 소세키 夏目漱石 –

이 일본 시인의 미묘한 표현 속에는 소리 없는 희망이 가득 담겨 있다. 탄생의 순간에도 우리의 본성 속에는 이미 싹을 틔운 재능이 새겨져 있다. 씨앗 속에는 꽃이, 자궁 속에는 다 자란 아이가 담겨 있다. 보살핌의 욕구에는 이미 실현된 사랑의 평온이, 위험과 두려움의 끝자락에는 삶을 살 만하게 만드는 진정성이 숨어 있다.

어린 잎사귀들 속에도 이들에게 영양분을 공급해줄 물소리가 담겨있다. 물소리는 이미 어린 잎사귀들 속에 숨어서 이들이 몸을 펼치고 자라도록 힘을 북돋운다. 이런 일은 누구도 상상하기 힘든 거대한 흐름의 존재를 믿어야만 가능하다. 하지만 이런 믿음은 그렇게 어렵지 않다. 먼지가 바람에 길을 찾아가듯 커다란 무언가가 우리를 에워싸고 마음껏 펼치게 북돋운다는 것을 인간으로서 인정하지 않을 수 없기 때문이다.

영혼의 인력은 우리 존재의 본질을 드러내게 도와준다. 우리의 모든 형제생명체처럼 우리가 할 일은 물과 공기, 빛이 풍부함을 깨닫고, 내면에 이미 존재하는 것을 드러내는 것이다.

30 April
영원한 여정

* * *

평생 보트를 타고 표류하건, 말을 끌고 늙을 때까지 산을 오르건,
하루하루가 여행이자 안식처다.
- 바쇼 芭蕉 -

12년 전 암과의 여정이 시작될 무렵, 할머니는 죽어가고 있었다. 나는 내가 암에 걸렸다는 사실은 몰랐지만 할머니가 죽어가고 있다는 것은 알았다. 브루클린의 킹스브룩 메디컬 센터로 병문안을 가면, 할머니는 침대 끝머리에 앉아 그녀에게만 보이는 알 수 없는 먼 곳을 멍하니 응시하고 있었다. 아흔넷의 할머니는 사람들로 북적이는 증기선을 타고 힘겹게 거대한 파도를 헤치면서 대서양을 횡단하던 열 살 때처럼 바다

저편을 상상하는 것 같았다.

　할머니에게 삶은 새로운 땅을 향한 끊임없는 이주이자 도착이었다. 내가 시인이 된 것도, 방랑벽이 내 핏속을 흐르는 것도 아마 이 때문일 것이다. 내가 경험의 세계를 죽음의 순간에도 계속 건너야 하는 거대한 바다처럼 받아들이는 것도 아마 이 때문일 것이다.

　당신도 지상에서의 여정을 새로운 땅을 향한 끊임없는 이주 겸 도착으로 생각해보기 바란다. 그러면 앞에 어떤 해변이 기다리고 있건, 바다의 뒤척임과 파도는 끝이 없음을 받아들이게 된다.

　파도의 물마루 위에 떠 있을 때는 아득히 먼 곳까지 다 보인다. 덕분에 영혼은 균형감을 가진다. 반대로 물마루의 뱃속으로 떠밀리면 순간적으로 방향을 잃고 만다. 지상에서 우리의 영혼은 육체라는 뗏목을 타고 물속에 잠겼다 뜨기를 반복하면서 영원을 발견했다 놓쳤다 한다. 우리가 내면의 순례를 통해 해야 할 일은 매일같이 물마루의 뱃속에 빠져 허우적거릴 때도 마음과 정신의 눈으로 영원을 놓치지 않는 것이다.

05 May

진정한 나

01 May
매장과 파종

어느 하나의 사랑, 어느 하나의 꿈, 어느 자아의 정점은
다음을 만들어내는 이름 없는 씨앗이다.

매장과 파종 사이에는 차이가 거의 없다. 죽은 생명들을 영원히 잠재워야 새로운 생명들이 자라나기 때문이다. 연인이든 꿈이든 잘못된 인식 방식이든, 소멸된 것들은 이제 막 태동하려는 삶에 밑거름이 되어준다. 쓸모를 다한 것들이 대지와 하나 되듯 과거의 사랑은 새로운 사랑의 밑거름이 되고, 깨져버린 꿈은 아직도 잉태 중인 꿈의 밑거름이 되며, 우리를 세상에 묶어두는 고통스러운 존재방식은 이제 막 피어나려는 자유의 밑거름이 된다.

우리가 평생 뒤집어썼던 다양한 모습의 자아를 생각할 때, 이런 사실은 위안이 된다. 하나의 자아가 쓸모를 다 할 때까지 우리를 지탱하다가 소멸되면, 우리는 한때 사랑했던 이 옷을 그것의 고향인 영혼의 땅으로 영원히 돌려보낸다. 그러면 이 옷은 우리를 내일로 데려다줄 또 다른 옷의 밑거름이 된다.

사라짐은 언제나 슬픔을 낳고, 태어남은 언제나 놀라움을 동반한다. 하지만 삶의 고통은 대부분 쓸모없어진 죽은 옷에 집착해서 그것을 영원히 파묻지 않거나, 소멸이 아닌 은폐를 목적으로 묻어버리는 행위에서 비롯된다.

모든 새로운 존재방식의 뒤에는 새로운 사고방식을 창조하려는 시행착오들이 있고, 새로 돋아나는 어린 가지에는 지하에서 힘을 북돋우는 오래된 뿌리가 있고, 새로이 싹트는 모든 기쁨에는 뿌리를 내리기 위해 몸부림치는 신선한 순간들이 있다.

아무리 아끼는 것들도 끌어안고 살다가 영원히 작별할 수밖에 없다. 자신을 바라보는 시각도 마찬가지다. 이런 작별이 우리의 삶을 새롭게 소생시킨다.

02 May
손으로 살아라

• • •

손으로 살아라.
그러면 우리의 마음도 뿌리처럼 고개 숙이는 법을 배울 것이다.

몇 해 전 뉴욕 시에서 시 낭송회를 하던 중에 한 젊은이를 만났다. 그는 어떤 여자가 노상에서 강도를 당하는 것을 보고 분개했다. 그 분노가 얼마나 컸는지 즉석에서 시를 한 편 쓰기까지 했다. 그가 이 시를 읊어대자 낭송회장 저편에서 누군가가 수심에 잠긴 목소리로 소리쳤다.

"좋아요. 확실히 강도 짓을 막는 것보단 낫네요."

그 순간 나는 할 말이 없었다.

이 이야기는 생각 속에서 사는 삶이 우리를 진정한 삶의 여정에서 어떻게 멀어지게 만드는지 뼈아프게 보여준다. 마주치는 모든 것들을 언제나 관찰하고 분석하고 비판만 하다 보면, 머리는 무겁고 딱딱한 굳은 살처럼 변해버린다. 지나치게 날카로워진 지능은 우리를 삶의 신비로 인도하기는커녕 경험을 차단하는 완충제 노릇만 한다.

내가 아끼는 친구 중에 마음과 정신이 만들어내는 영혼의 춤을 이해하기 위해 관련된 것이라면 무엇이든 다 배운 이가 있다. 그녀는 공부를 하면서 나이가 지긋한 현자까지 만났다. 그런데 현자가 마지막으로 "네 손 안에서 살라."는 가르침을 주었다고 한다. 친구는 이 가르침에 따라 언덕 한편에 돌로 예배당을 지었다. 석조 건축에는 문외한이었는데 말이다. 이 과정에서 그녀는 자신의 가슴속에 자리하고 있던 예배당을 성스러운 곳으로 만들었다.

한편, 꽃을 볼 때마다 부드럽게 어루만지는 친구도 있었다. 아름다움을 느끼는 일이 무엇보다도 중요했기 때문이다. 그녀가 노란 꽃잎을 어루만지는 모습을 나는 수도 없이 보았다. 그녀가 손으로 아름다움을 느끼면 아름다움도 그녀를 어루만져주고, 그러면 그녀 안에서 무언가가 조금 더 열리는 것 같았다.

이렇듯 손으로 살다 보면 우리의 마음보다 더욱 큰 무언가를 겸허히 받아들이게 된다. 그러면 자신은 물론 타인도 치유하게 된다. 가슴의 점지點字를 통해 모두가 되살아나는 것이다.

03 May

여성적 에너지와 남성적 에너지

· · ·

먹을 수 없다면 수확물도 아무 소용이 없는 것처럼,
느끼지 못하면 행동도 아무런 의미가 없다.

요즈음 여성적 에너지와 남성적 에너지에 대한 이야기가 활발하게 이뤄지고 있다. 우리가 어떻게 한쪽의 에너지만 갖고 세상을 살도록 교육받는지에 대해서도 많이들 이야기한다.

나는 이런 이야기가 대부분 옳다고 생각한다. 남성적 에너지에 지배당해서 지나치게 이성적으로 자제하며 감정을 드러내지 않으면, 더욱 창조적이고 수용적인 여성에너지는 삐걱대다가 질식당하거나 폭발적인 양상으로 분출될 수 있다.

남자든 여자든 자신의 감정에 쉽게 흔들리는 사람들은 표현을 잘하지 않는 이들을 답답하게 여긴다. 반면에 억눌려 있고 조심성이 많은 사람들은 표현을 잘하는 직관적인 이들에게 두려움을 느낀다. 하지만 우리는 서로를 이해하며, 인내심이 많은 사람들도 신경질적으로 바뀌고, 열정적인 사람들도 많이 괴로워한다. 그래서 우리는 서로를 발견하고 끌어당긴다. 이것이 삶의 한 모습이다. 급회전에는 언제나 회전을 위한 정지점이 필요하고, 고요는 드럼 소리를 잠재운다. 격정적인 사람들은 조각상 같은 이들을 유혹해서 춤추게 만든다.

우리도 이런 내면의 에너지들과 씨름한다. 나도 경험을 통해 이런 점을 분명하게 느끼고 있다. 남자인 나는 언제나 활동적이고 단호한 반면, 시인으로서의 나는 여성적인 것들에 깊이 영향받고 느낌이 지배하는 직관적인 삶에 이끌렸다. 하지만 외적으로는 감정에 너무 오래 휘둘리지 않는 실제적인 사람이 되어야 한다고 배웠다.

나는 암을 극복하면서 지나치게 성취 지향적이던 삶을 마감했다. 이후 10년이 지난 후에는 가끔이나마 기쁨을 맛보기 시작했다. 남성에너지와 여성에너지가 하나로 융합된 더욱 통합적인 사람으로 성장했기 때문이다. 덕분에 이제는 남성적 에너지를 여성적 에너지와 더욱 조화롭게 사용하는 법도 터득했다. 예전에는 사물을 이해하고 명명했지만, 이제는 사물을 경험하고 느낀다. 예전에는 어느 정도 떨어져서 대상을 분석하고 말로 표현했지만, 이제는 내 앞의 것들을 포용하고 흡수한다.

내가 어느 정도 거리를 두고 사물을 분석하거나 명명하는 태도를 갖게 된 것은 어린 시절부터 남성적인 인식 방식 속에 갇혀 지냈기 때문이다. 그러나 균형을 잃을 경우 이런 건조한 남성적 인식방식은 삶에 대한 열정을 송두리째 앗아가버린다.

새를 그리는 것과 실제로 하늘을 나는 것, 사랑의 신비로운 상태를 이해하는 것과 두근거림을 실제로 느끼는 것은 다르다. 그러나 우리는 미래를 대비하고 어른이 돼야 한다는 명목으로 실제의 삶보다 관망을, 느낌보다 명명을, 경험보다 이해를 더욱 중시한다.

두 손이 있어야 손을 오므려 물을 떠 마실 수 있듯, 남성적인 에너지와 여성적인 에너지를 모두 발휘해야 삶을 충분히 음미할 수 있다.

04 May
가득 텅 빈 하루

늦었어! 나 늦었어. 정말 중요한 데이트인데. 인사할 시간도 없네! 안녕!
늦었어! 나 늦었어! 늦었다고!
-《이상한 나라의 앨리스》에 등장하는 모자 장수 -

　푹 쉬고 개운하게 잠자리에서 일어나자 방 안 가득 햇살이 비춘다. 한가한 하루가 끝없이 펼쳐져 있는 것 같다. 커피를 내리고 보니 아직 지불하지 않은 청구서가 3개나 눈에 띈다. 샤워를 하니 머리도 깎아야 할 것 같다. 어차피 그쪽으로 가는 길이니 셔츠도 싸게 사면 좋을 것 같다. 햇볕을 쬐며 시간을 죽이고픈 마음도 간절하다. 이 일들을 해치우고 나서 공원에 가지 뭐, 이렇게 마음먹고 어디로 갈지 생각하다가 40분 거리에 있는 공원에 가기로 결정한다. 마지막으로 이 일들을 즐겁게 해치우기 위해서 친구에게 전화를 걸어 6시에 만나기로 약속한다. 이제 모든 곳에 시간 맞춰 도착하려면 서둘러야 한다.

　그런데 차에 주유를 하는 사이 고맙게도 작은 새가 지저귀는 소리가 들린다. 고개를 드는 순간 구름이 걷히면서, 머릿속으로 빛이 한가득 들어온다. 나는 바닥에 동전을 내동댕이치듯 모든 계획을 놔버린다. 그러고는 나 자신을 비웃는다. 이렇게 쉽게 다시 계획의 노예가 되다니! 오늘 꼭 해야만 하는 일 따위는 없어!

　나는 모든 일을 던져버리고 새를 따라갔다.

05 May
본래의 맑음

물 위의 구름처럼 고민들은
내가 투명한 존재임을 잊게 만든다.

물은 만나는 모든 것을 비춰준다. 우리는 이런 모습에 너무 익숙해서 실제로는 색깔이 없는데도 물이 푸르다고 생각한다. 놀랍게도 물은 부드럽게 흐르면서도, 바다나 호수, 작디작은 빗물 웅덩이까지 모든 것을 비춰준다. 이런 맑음이 물의 본성이다. 물론 우리는 이렇게 하기 어렵다. 감정이 있는 존재인지라 우리가 경험하는 모든 것의 모습 속에서 끊임없이 자신을 잃어버린다. 그래도 물의 본성은 우리의 인간적인 투쟁을 이해하게 도와준다.

많은 사람들처럼 나도 어릴 때부터 억제된 감정이 만들어내는 식구들 간의 긴장을 피뢰침처럼 흡수했다. 그러면서 해결사에 구원자, 관리자 같은 존재가 되는 법을 터득했다. 결혼을 2번이나 하고 수많은 친구를 사귀면서도 사랑하는 사람들의 어두운 감정을 기꺼이 받아주었다.

그러나 타인들의 억압된 감정이 만들어내는 긴장 때문에 나의 내면을 깊고 분명하게 느끼지는 못했다. 극심한 혼란에 시달렸고, 불안한 현실 속에서 냉정을 잃지 않으려 발버둥 쳤다. 그러다가 어디에나 존재하는 물을 보면서 내가 사랑하거나 비추는 것보다 더욱 커다란 존재임을 깨달았다. 물처럼 나도 자신을 내세우거나 잃지 않으면서 연민의 마음으로 모든 것을 맑게 포용할 수 있음을 깨달았다.

분명 이것은 끝이 없는 지난한 일이다. 물처럼 투명해지기는 쉽지 않다. 하지만 우리가 직면하는 문제들이 반드시 해결해야 하는 실제적인 것이라 해도 삶의 본질적인 흐름은 아니다.

구름 아래서 물은 흐르기만을 바랄 뿐이다. 인간의 영혼이 바라는 것은 긴장과 문제들 속에서도 부드럽게 포용하는 것이다.

06 May
나뭇가지와 둥지

나는 동물들과 의지하며 함께 살아갈 수 있을 것 같다.
동물들은 욕을 하지도, 자신의 처지를 한탄하지도 않기 때문이다.
동물들은 결코 불만족을 모른다.
- 월트 휘트먼 Walt Whitman -

아주 작은 울새 한 마리가 둥지보다 훨씬 큰 나뭇가지를 물어 날랐다. 그러고는 그 가지를 써보려고 한두 번 시도하다가 작은 머리로도 소용이 없다는 걸 깨달았는지 다른 나뭇가지를 찾아 다시 날아올랐다.

나는 울새가 떨어뜨린 나뭇가지를 집어 들었다. 나뭇가지에 새의 흔적은 없었다. 나뭇가지를 손바닥 위에 올려놓고 굴리다 보니 너무 커다란 것들을 꿰맞추려고 버둥거렸던 순간들이 떠올랐다.

우리도 이 나뭇가지처럼 너무 커서 쓸모없는 것을 원하는 경우가 많다. 우리의 둥지에는 맞지 않는 것을 계속 붙들고 있다가 불행 속에 꼼짝도 못하고 붙잡혀 있다.

작은 새 한 마리가 흥얼거리며 집을 짓다가 쓸모없는 나뭇가지를 내려놓는 모습은 나를 부끄럽게 했다. 우리도 저 새처럼 담백하고 친절하게 서로를 대할 수 있다면 얼마나 좋을까?

07 May
일상의 기술

눈에 보이는 것에 고착되기 전에
그 너머에 무엇이 있는지 살펴야 한다.

햇살 가득한 아름다운 날이었다. 나는 300마일이나 달려 그녀를 만나러 갔다. 아흔넷의 그녀는 여덟 달 가까이 같은 병실을 쓰고 있었다. 나는 그녀의 첫째 손자다.

할머니는 나를 보고 무척 행복해했다. 우리는 안부를 주고받고 나서 침대 가장자리에 말없이 앉아 있었다. 잠시 후 드디어 할머니가 투덜거렸다. 날씨가 너무 우중충하다고.

그 순간 나는 하나뿐인 병실 창문을 일 년 가까이 한 번도 닦지 않았다는 것을 깨달았다. 이런 사실을 말씀드리자 할머니는 아흔넷의 노인이나 낼 수 있는 소리로 낄낄 웃다가 러시아인 같은 말투로 말씀하셨다.

"눈이 침침하면 세상도 그렇게 보여."

우리의 정신과 마음도 마찬가지다. 자아는 우리가 세상을 바라보는 창문과 같다. 그런데 지저분한 창문 때문에 우울한 기분에 젖어들거나 화창한 세상을 우중충한 곳으로 착각하는 경우가 흔하다.

이럴 때 정신과 마음을 깨끗하게 유지하도록 돕는 것이 진정한 관계의 역할일 것이다. 한낮의 햇살을 충분히 만끽하도록 창문을 닦는 일이 바로 마음공부일 것이다.

08 May
공정성의 문제
• • •
지난 일을 불공평한 것으로 받아들이면
일어났을지도 모르는 일들에 갇혀버리고 만다.

이것은 이야기하기 아주 힘든 문제다. 정의와 공평함이 우리가 세상을 바라보는 방식의 대부분을 결정하지만, 살아남는 것 말고는 다른 도리가 없는 자연계에서 경험의 법칙은 이런 식으로 움직이지 않기 때문이다. 인간이 작은 부분을 차지하는 커다란 우주는 끊임없는 가능성과 순환의 세계, 생명체들이 끝도 없이 생성 소멸하는 세계, 계속해서 분출과 재형성이 일어나는 세계다.

힌두교 전통에 비슈누 Vishnu 라는 신이 존재하는 것도 이 때문이다. 비슈누는 생명을 파괴했다가 다시 창조한다. 분명 공평함과 정의는 아름다운 구심력이다. 인간들은 이 구심력에 따라 살아가려고 노력한다. 하지만 폭풍우와 병원균, 집의 기둥을 갉아먹는 흰개미, 엉뚱하게 자동차의 전면 유리를 깨트리는 돌멩이, 작은 보트를 삼켜버리는 파도 같은 경험의 분자들은 무엇이 공정한지 이해하지 못한다. 생명의 영원한 우주적 춤 속에서 우리를 연타할 뿐이다.

암과 씨름하는 동안 나는 암에 걸린 것이 부당하다는 분노를 털어버리라는 말을 수도 없이 들었다. 하지만 솔직히 두려움과 고통, 불안, 좌절, 불신, 절망 같은 감정들은 느꼈지만, 암에 걸린 게 부당하다고 여기지는 않았다. 완벽한 건강을 보장받은 존재가 어디에 있는가? 먹이를 물고 몇 야드를 낑낑거리며 기어간 개미도 결국에는 먹이를 꽉 붙잡고 물어뜯는 데 지쳐 다리를 못 쓰게 될 수 있다. 이런 일이 인간에게는 일어나지 않는다고 생각할 근거가 어디에 있는가?

이제는 안다. 수년간 삶이 불공정하다며 부르짖은 나의 절규는 피할 수 없는 삶의 고통에서 나온 것이었음을. 이해는 되지만 이런 절규는 언제나 파멸의 고통을 뚫고 삶을 재정비하는 데 방해가 될 뿐임을. "불공정하다."는 절규는 나를 상처 속에 계속 묶어둘 뿐임을.

삶은 공평하지 않지만 그것이 우리를 변화시키는 능력에는 끝이 없다. 연민은 공정하고, 느낌은 정확하다. 우리에게 일어나는 일들이 전부 우리의 책임은 아니다. 그러나 이것을 받아들이는 태도, 길을 가면서 서로를 격려해주는 태도는 우리의 책임이다.

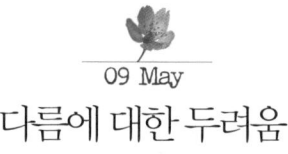

09 May

다름에 대한 두려움

. . .

모든 것의 기본적인 통일성에는 관심을 갖되,
차이에 집착하는 마음은 털어버린다.
― 테조-빈두 우파니샤드 Tejo-Bindu Upanishad ―

눈으로는 우리의 공통점을 바라볼 수도, 우리를 갈라놓는 점들에 초점을 맞출 수도 있다. 가슴으로는 우리를 모든 것과 어우러지게 하는 것을 느낄 수도, 수많은 마음의 상처를 곱씹을 수도 있다. 혀로는 바람을 찬양할 수도, 폭풍우를 조심하라고 경고할 수도 있다. 또 바다를 찬미할 수도, 홍수를 경계할 수도 있다.

우리가 삶의 축복을 느끼지 못하는 것은 차이가 없기 때문이 아니다.

세상은 무한한 다양성으로 이뤄져 있다. 차이에 대한 집착과 두려움이 축복을 느끼지 못하게 만든다. 역설적으로, 삶의 모든 것은 고유성을 통해 똑같은 중심과 연결된다. 모든 영혼이 똑같은 공기를 호흡하지만 똑같은 영혼이 없음과 같은 이치다.

어떤 창조물이 다른 창조물보다 우월하다는 착각에 빠지면, 존재의 기적에서 점점 멀어진다. 6세기의 선사 승찬이 말한 가장 나쁜 마음의 질병에 걸린다. 좋고 싫음을 끊임없이 구별하고 내 편과 네 편 사이에서 한없이 싸움을 벌이는 것이다.

10 May
중심과 가장자리

모든 태풍의 중심에는 배꼽 같은 구멍이 있다.
갈매기는 침묵 속에서 이 구멍을 통과한다.
- 14세기 일본 작자 미상 -

다다를 수만 있다면 우리는 모든 갈등의 한가운데서도 그것을 견디게 하는 평화로운 중심을 발견할 수 있다. 모든 지혜의 전통도 이 점을 확인시켜준다.

여기에는 삶의 심오한 역설이 숨어 있다. 갈매기가 평화로운 중심을 통과하지만 이곳에서 살 수는 없다는 것이다. 그러므로 우리가 할 일은 폭풍우를 부정하지 않으면서 영원의 중심 공간에서 자양분을 얻어내는 것이다.

우리는 폭풍우 속으로, 중심 속으로 거듭 내던져진다. 폭풍우 속에 있을 때는 인간으로 태어났음에 고통을 느끼지만, 중심 속에 있을 때는 모든 것의 단일성 속에서 우리의 영적인 자리를 발견하고 안도한다. 그러므로 중심을 찾아 지친 날개를 펼쳐 우리 안의 신을 느껴야 한다.

  이 역설의 양면을 살아내야 하는 우리로서는 지속적으로 투쟁할 수밖에 없다. 우리를 둘러싼 폭풍우를 통과하지 않고는 그 중심에 다다를 수 없기 때문이다. 갈매기가 터득한 것과 같은 이치를 깨달아야만 폭풍우 같은 경험을 이겨낼 수 있다. 폭풍우를 견뎌내는 힘은 우리의 중심에 있기 때문이다. 서로를 폭풍우 속에서 중심으로, 다시 폭풍우 속으로 몰아넣는 과정 속에서 사랑의 시련과 선물을 모두 발견할 수 있다.

11 May
말하고 포용하라

• • •

내가 너를 사랑한다고 생각하는 순간 꿈이 깨어나고,
내가 너를 사랑한다고 말하는 순간 삶이 시작되고,
사랑으로 누군가를 포용하는 순간 기쁨이 피처럼 움직인다.

때로 삶은 머릿속에서 시작되는 것처럼 보인다. 그러나 머리로는 완전한 기쁨을 알 수 없다. 누구나 이 차이를 경험했을 것이다. 누군가로 인해 처음으로 마음이 흔들렸던 사춘기의 한 순간을, 어떤 존재가 처음 내 우주의 중심으로 들어왔던 때를, 머릿속을 헤집고 다니는 그 이상하면서도 가슴 저미는 느낌 때문에 상대의 얼굴을 머릿속에서 지워버릴 수 없었던 때를 떠올려보라. 고백하는 순간 바람 앞의 등불처럼 얼마나 생생하면서도 고통스럽게 삶의 불꽃이 타오르기 시작했는지 생각해보라.

우리가 꿈을 꾸거나 자신을 사랑하거나 신을 향한 믿음과 씨름하는 것도 마찬가지다. 계속 머릿속에서 허우적거리기만 하면, 삶의 불꽃이 흔들려서 우리 내면의 불꽃은 결코 타오르지 못한다. 이것을 깨닫는 데 나는 평생이 걸렸다. 음악의 불꽃이 작곡가의 영혼을 깨우듯 사랑은 우리 내면에서 누구도 들을 수 없는 소리를 만들어낸다. 또 작곡가가 힘들게 노랫말을 만들어내듯 우리도 사랑을 표현해야 한다. 모두가 불꽃처럼 책에서 팔을 들어올리게 하기 위함이다.

그러나 정신을 빈틈없이 길들이는 세상에서 솔직하게 표현하고 포용하는 것은 어려운 도전이다. 그래도 용기를 내지 않으면 문제는 더욱 심화된다. 살다 보면 가끔 생각과 말, 말과 포용 사이의 아주 작은 간극이 건널 수 없는 협곡처럼 보이기도 한다. 우리가 수세기 동안 큐피드의 신화를 읽으며 날아다니는 그 존재를 떠올리는 이유도, 큐피드가 우리의 제한된 사고를 뚫고 들어가 용감히 말하고 포용해야 함을 일깨워주기 때문이다.

우리 개개인의 내면에는 활이 있다. 물론 화살은 우리를 아프게 한다. 화살이 생각의 감옥을 뚫으면 부르르 몸이 떨린다. 고백하건대, 내가 위대한 생각을 하고 훌륭한 노래를 부른 것은 존재의 장엄함을 얻기 위한 연습이었다.

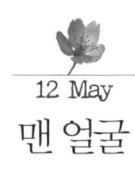

12 May
맨 얼굴

누구나 머리카락을 걷어내면 민머리가 나온다.
- 수전 맥헨리 -

우리는 자신의 본모습을 숨기는 데 너무 많은 에너지를 허비한다. 그러나 모든 태도의 밑에는 사랑받고픈 갈망이, 모든 분노의 밑에는 치유해야 할 상처가, 모든 슬픔의 밑에는 시간이 충분하지 않을지도 모른다는 두려움이 숨어 있다.

솔직해도 될지 주저하다 보면, 자신도 모르는 사이에 무언가를 뒤집어쓰게 된다. 세상을 느끼지 못하게 만드는 또 다른 보호막을 뒤집어쓰는 것이다. 이 얇은 보호막은 흔히 외로움의 원인이 된다. 이것을 벗어던지지 않으면 기쁨을 만끽할 가능성이 줄어든다. 무언가를 만질 때마다 장갑을 끼다가 급기야는 자신이 장갑을 끼고 있다는 사실조차 잊어버리고는 아무것도 생생하게 느껴지지 않는다고 투덜거리게 된다.

그러므로 우리가 매일 해야 할 일은 세상과 직면하기 위해 옷을 차려입는 것이 아니다. 문고리의 차가움을, 운전대의 축축함을 느낄 수 있도록, 작별 키스를 하면서 상대의 입술이 부드럽고 황홀함을 느낄 수 있도록 장갑을 벗는 것이 우리의 할 일이다.

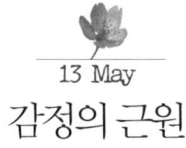

13 May
감정의 근원
바탕에는 오로지 하나의 감정밖에 없다.

슬픔을 물리치고 불안을 차버리기 위해 나 역시 무던히도 씨름하곤 했다. 하지만 누구나 잘 알듯이 우울이나 불안의 기운이 이미 가슴을 장악해버렸는데 이런 기분을 느끼지 않으려고 발버둥치는 것은 공연한 부정에 지나지 않는다. 기다란 기타 줄처럼 마음이 파르르 떨리다가 끊어지면, 줄이 스스로 잠잠해질 때까지 기다리는 수밖에 없다.

울음도 웃음으로 바뀔 수 있다는 것은 누구나 알 것이다. 웃음 속에서도 절규가 터져나오고, 분노가 바스러져서 작은 외로움으로 변한다는 것도 잘 알 것이다. 무심해 보이는 차가운 얼굴도 금이 가면 결국에는 떨쳐버리지 못한 두려움을 드러낸다는 것도 알 것이다. 놀랍게도 한 곳에서 온갖 꽃들이 피어나듯, 갖가지 미묘한 형태와 색깔을 지닌 세속적인 감정의 정원도 가슴이라는 같은 땅에서 만들어진다.

흔히 이것은 이해하기 어렵지만 중요한 사실을 말해준다. 모든 감정의 밑에는 뭐라 명명할 수 없는 하나의 감정, 즉 모든 느낌이 자신의 본원으로 알고 있는 감정밖에 없다는 것이다. 우리는 행복하되 슬픔은 느끼지 않으려 한다. 불안하지 않게 평온을 유지하려 하고, 혼란에 빠지지 않도록 마음을 맑게 유지하려 하며, 화내지 않고 이해하려 한다. 삶에 대한 자신의 반응들을 숨기면서 여기에서 저기로 도망치는 것이다. 특정한 감정들을 두려워하는 것이다. 하지만 이런 감정들을 철저히 느껴야만 우리를 살아 있게 만들어주는 그 생기 넘치는 땅에 안착할 수 있다. 그리고 그곳에 다다르면 치유가 일어난다.

그러나 원치 않는 슬픔에 자신을 맡기거나 떨리는 불안을 철저히 느껴내는 것은 쉬운 일이 아니다. 나도 두려움 때문에 불쾌한 감정에 저항한다. 내게 드리워진 슬픔이나 불안, 혼란, 고통에 굴복하면, 이런 감정들에서 헤어나지 못할까 봐 두려운 것이다. 이런 감정들이 나의 삶을 장악해버릴까 봐 두려운 것이다. 슬픔이나 불안, 혼란을 거둬내면 내 자신이 아무것도 아닌 존재가 될까 봐 두려운 것이다.

그러나 어느 한 가지 감정을 충분히 깊고 철저하게 느끼고 나면, 모든 감정의 공통적인 근원에 이른다. 이 근원에서는 어떤 감정도 홀로 지속되지 않는다. 그러므로 감정을 회피하지 않고 직접 느껴야만 모든 감정의 명명할 수 없는 근원에 이른다. 그리고 이 근원은 어느 한 가지 기분이 불러일으킨 고통으로부터 우리를 치유해준다.

14 May
시소게임

가장 확실한 방어는
본래의 자기가 되는 것이다.

서로 반대 입장에 처하는 경우가 얼마나 많은가? 확실히 갈등이 불가피한 때도 있기는 하다. 주차 공간이 하나뿐일 때, 도넛이 하나밖에 안 남았을 때, 남은 일자리가 하나뿐일 때 갈등은 피하기 어렵다.

하지만 내면의 차원에서는 대부분의 경우 간단한 일을 복잡하게 만든다. 일종의 시소게임을 벌이는 것이다. 내가 높은 곳에 머물기 위해, 즉 자의식을 높게 유지하기 위해 어떻게든 상대를 누르고 싶어 한다. 이런 욕망으로 인해 삶의 길에서 멀어지고, 중요하지도 않은 싸움에 모든 에너지를 쏟아 붓는다.

하지만 사실 세상을 아무리 열심히 재정리해도 스스로 가치 있는 존재라는 느낌은 들지 않는다. 더욱 철저하게 본래의 자기를 잃지 않고 공유하는 것만이 고난과 오해를 막는 올바른 대응책이다. 그렇지 않으면 언제나 반응하고 대응하기만 할 뿐, 진정한 자기로 존재하지 못한다.

주위에 있는 꽃과 나무들을 보라. 이들은 서로 내리누르지 않는다. 빽빽하게 모여 있을 때도 당당하게 자신을 드러내면서 햇살을 향해 사방으로 뻗어나간다.

15 May
전환의 순간

그리고 그날이 다가왔다.
무릅쓰고 꽃을 피워내는 것보다 봉오리를 단단히 닫아두고 있는 것이
훨씬 고통스러운 날이.
- 아나이스 닌 Anaïs Nin -

누구나 이런 전환점에 거듭 직면한다. 내면의 흐름에 저항하는 것이 미지의 세계를 향해 도약하는 것보다 훨씬 힘들게 느껴지는 순간 말이다. 하지만 도약할 때가 언제인지는 어느 누구도 가르쳐주지 않는다. 삶 속으로 뛰어들려는 마음에 축복을 내려줄 수 있는 존재는 우리 내면의 신뿐이다.

그러나 익숙한 것들을 고집스럽게 붙잡고 스스로를 좌절시키는 경우가 얼마나 많은가? 전혀 꽃을 피울 준비가 되지 않은 장미들을 화원에서는 흔히 총알 bullet 이라고 한다. 섬뜩하면서도 교훈적인 사실이다. 꽃을 피우지 못한 장미는 버려지고 만다. 자기 안으로만 너무 단단하게 파고들어서 본연의 향기를 발산할 줄 모르기 때문이다.

육체를 가진 영적인 존재인 우리에게는 단단하게 오므라든 봉우리를 열 기회가 한 번만 찾아오는 게 아니다. 물론 영적인 존재도 너무 깊이 자기 안에만 틀어박히면 그 상태에 익숙해질 수 있다. 장미와 달리 인간의 방은 아무리 노력해도 오랜 세월 닫혀 있을 수 있다. 그래도 진정한 중심에서 터져나오는 한 번의 숨만으로도 우리는 꽃을 피울 수 있다. 용기를 내 꽃을 피우는 일이 넘기 힘든 벽처럼 여겨져도, 일단 이 고통의 문턱을 넘고 나면 홀가분한 기분이 든다. 이런 사실을 생각하면 나는 언제나 놀랍고 부끄럽다.

병에서 회복 중인 친구에게 술을 끊은 이유를 묻자 그는 이렇게 대답했다.

"술을 마셨을 때의 고통이 술을 마시지 않을 때의 고통보다 훨씬 크거든."

꽃을 피워내지 않는 고통이, 사랑하지 않는 고통이 두려움보다 더 커지는 순간 우리도 즉각 피어날 수 있다.

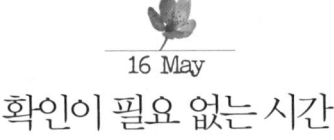

16 May
확인이 필요 없는 시간
• • •
무릎 꿇고 땅에 입 맞출 방법은 무수히 많다.
- 루미 -

한 젊은 친구가 딸에게 이야기를 들려주는 때는 확인이 필요 없는 시간이라고 말했다. '확인이 필요 없는 시간'이라는 그의 말은 우리에게 중요한 지혜를 던져준다.

우리는 누구나 삶의 근원과 거듭 접촉하고 싶어 한다. 밝은 마음으로 계속 나아가기 위함이다. 음악을 연주하거나 들을 때, 명상에 잠길 때, 그림을 그릴 때, 사랑을 나눌 때, 혼자 혹은 아이들과 함께 책을 읽을 때 우리는 피로에 눈을 감듯 생각의 문을 닫는다. 갈증에 저절로 입술이 열리듯 가슴에 자신을 내맡긴다. 그리고 어떤 것도 인정받거나 확인받을 필요가 없는 자리, 거부나 비판을 극복할 필요도 없는 자리, 즉 공통의 근원과 만난다. 이런 경험은 그 자체로 우리에게 힘이 되어준다.

흥미롭게도 이런 재생의 순간은 우리 자신을 놓아버리는 바로 그때에 열린다. 곁눈 가리개를 한 말처럼 고개를 흔들지도 못하고 쿵쿵거리면서 길을 더듬어가다가 드디어 마실 물이 있는 깊은 연못을 만난다. 그 순간 우리는 구원받는다.

사실 우리는 매일 이 위대한 역설에 물을 담아 마신다. 지금 이 순간은 살아 있는 모든 존재들이 공유하고 있다. 그러나 이 순간을 나보다 더 직접적으로 경험하는 존재는 아무도 없다. 살아 있음이 어떤 느낌인지 나 말고는 누구도 말해줄 수 없다. 깨어나는 데는, 살아 있는 데는, 다시없을 나만의 손으로 대지와 접촉하는 기쁨을 아는 데는 누구의 허락도 필요치 않다.

17 May
나비를 좇아서

내려놓는 순간 시작된다.

여섯 살 때였다. 나비를 좇아 저수지를 반쯤 들어가서는 동그랗게 오므린 손으로 나비를 확 잡아챘다. 드디어 아름다운 나비를 잡은 것이다. 그러나 나비를 볼 수는 없었다. 나비를 보려면 손을 펴서 나비를 놔줘야 했기 때문이다. 나는 코도 가렵고 다리도 당겼지만 할 수 있는 한 오래 손을 오므리고 버텼다. 그러다가 손바닥에 부딪히는 나비의 날갯짓에 오므린 손을 펼 수밖에 없었다. 그 순간 나의 의지를 배반하고 나비는 화려한 판화 같은 날개를 펴고 날아가버렸다.

이 일은 저녁을 먹으면서 이야기하기에는 너무도 미묘한 사건이었다. 읽어야 할 책과 숙제, 붙여야 할 모형 차, 말다툼, 분노도 줄줄이 대기하고 있었다. 결국 나비가 있었다는 것조차 잊어버렸다.

그런데 40년이 흐른 지금, 그 나비가 다시 내 안에서 깨어났다. 믿음을 가질 만큼 충분히 깨닫기도 전에 순례자의 손에 주어진 계시처럼. 덕분에 이제는 나비를 좇는 일이 삶의 길과 같음을 알게 됐다.

우리는 잃어버리면 어쩌나, 낙오되면 어쩌나 하는 두려움에 쫓기고 집착한다. 그러나 집착하면 잃어버린다. 그렇게 살아온 내게는 이런 진리가 너무도 절절하게 다가온다.

지금 생각해보니, 병마와 싸우는 동안 내가 믿음 대신 두려움을, 신의 현존 대신 공포를 느꼈던 것도 이 집착 때문이었다. 병원 침대에 누워 있는 동안 나는 내가 만나는 모든 심장 박동을 내 가슴속에 가둬두려고 했다. 얼굴을 파묻고 내 미숙한 손 안에 그것을 가둬두려고 했다. 덕분에 나비처럼 팔딱이는 그 아름다운 것을, 이제는 내 안에 갇혀버린 그 사랑스러운 것을 가질 수 있었다. 하지만 날것 그대로의 생명이 지니는 모든 아름다움과 힘을 내 손에, 내 가슴속에, 내 얼굴에 오므려 쥐고 있는 한, 그것을 볼 수는 없었다. 그것을 보려면 그것을 놔줘야만 했다. 그러나 소년 시절에 그랬던 것처럼 나는 할 수 있는 한 오래 그것을 오므려 쥐고 있었다. 생명의 맥박이 손을 펴게 만들고, 생명에 대한 놀라운 느낌이 나의 의지와 상관없이 내 안에서 깨어날 때까지.

그러나 이제는 안다. 내가 그렇게 단단히 오므려 쥐고 있었던 것이 사실은 신의 존재였으며, 그 존재를 계속 두려움과 고통, 공포로 착각하고 있었음을. 우리 내면에서 고동치는 가장 심오한 것, 우리의 집착으로 인해 두려움과 어둠으로 바뀐 것들은 우리가 손을 펴야만 우리에게 힘을 준다는 것을.

이 중요한 진리를 깨닫는 데 40년도 넘는 세월이 걸렸다.

18 May

가장 안전한 제2의 자기

...

인간이 가진 것들 중에서 우정만큼
열정적으로 신을 응시하게 만드는 것은 없다.
— 시몬 베유 Simone Weil —

운 좋게도 나는 친구들과 깊은 우정을 나누며 살아왔다. 삶이 사막과도 같을 때 친구들은 내게 오아시스가 되어주었고, 가슴에 불이 붙었을 때는 언제든 뛰어들 수 있는 시원한 강물이 되어주었다. 출혈 때문에 제대로 서 있지도 못할 때 한 친구는 수건으로 내 머리를 닦아주고, 다른 친구는 우리 집 문간에 모자를 벗고 서서 이렇게 말해줬다.

"원한다면, 네가 원하는 건 뭐든 다 들어줄게."

또 다른 친구들은 내가 자유를 찾을 수 있게 물심양면 도와주는가 하면, 내가 진리의 조각들을 찾아 헤매는 동안 나를 그리워하기도 했다. 이런 우정에 나는 결국 친구들에게로 돌아갔다. 신의 말씀을 기다리며 고지대의 바람 속에서 외로이 잠을 청해보기도 했고, 누구도 내 삶을 대신해줄 수 없다는 것도 사실이지만, 산꼭대기에서 홀로 노래 부르는 것과 나를 물가로 인도해준 친구들 속에서 속삭이는 것은 전혀 달랐기 때문이다.

정직한 친구는 우리의 영혼에 이르는 문과 같고, 따뜻한 친구는 세상을 부드럽게 만드는 화초와 같다. 독일어로 우정이라는 말의 어원이 '아주 안전한 자리'인 것은 우연이 아니다. 이 안전함이 우리를 신에게로 인도한다. 고대 로마의 정치가 키케로 Cicero도 "친구는 제2의 자기"라고 했고, 생 마틴Sant Martin 도 "신은 친구들을 통해 내게 사랑을 베풀어주신다."고 했다.

19 May
존재의 목적

꽃은 벌을 꿈꾸지 않는다.
꽃이 피면 나비는 저절로 날아들기 때문이다.

나도 사랑하고 싶은 욕망이 무척 컸다. 그래서 때로 더욱 매력적이고 사랑받을 만한 사람이 되기 위해 스스로를 개조하고 본성을 개혁하려 했다. 하지만 나의 영혼을 보듬어줘야만 자연스럽게 사랑이 시작된다는 것을 거듭 확인하기만 했다.

처음으로 사랑에 빠졌던 때가 생각난다. 나는 사랑 속에서 커다란 위안을 발견하고, 마치 나르시스처럼 아름다운 그녀에게 나의 고통을 뺀 모든 것이 어떻게 비춰지는지에만 관심을 기울였다. 자존심 따위는 버리고 그녀를 내 기쁨의 열쇠처럼 더욱 떠받들었다. 이 몇 년 동안 깨달은 점이 있다면, 기쁨을 발견하고 나누는 일은 타인들과 함께할 수 있지만, 기쁨의 능력은 우리의 가슴에 꿀주머니처럼 들어 있다는 것이다.

이제 나는 현재의 삶에 충분히 뿌리를 내려 경험의 빛을 향해 가슴을 열고 꽃을 피우는 것이 우리의 가장 중요한 책무라고 생각한다. 꽃을 피우는 순간 다른 존재들을 끌어당기고, 완전하게 본래의 자기로 존재하는 순간 내면의 향기가 발산되기 때문이다. 이 향기에 끌려 다른 존재들은 우리의 꿀을 따먹기 위해 모여든다. 이렇게 우리는 친구나 파트너에게 똑같이 사랑받는다.

존재의 목적도 이런 사랑을 위해 준비하는 것인 듯하다. 자신의 내적 성장에 주의를 기울이면, 놀랍게도 우리는 본연의 모습을 찾는다. 활짝 핀 튤립 꽃잎이 정확히 벌 모양을 띠듯, 자기실현을 통해 우리가 상상했던 것보다 훨씬 따스하고 진실한 사람들을 끌어당긴다. 이렇게 우주는 만개한 영혼들의 예기치 못한 결합을 통해 지속된다.

그러므로 타인의 요구에 끌려 다니지 말고 본래의 자기를 찾아야 한다. 자신을 사랑하는 순간 사랑이 우리에게 다가오기 때문이다.

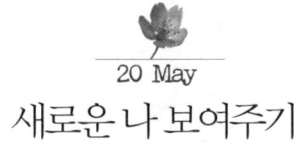

20 May
새로운 나 보여주기

자신을 배반하면, 자신을 배반하면 많은 것을 품을 수 있나니.
- 월트 휘트먼 -

누구나 타인들이 신뢰할 수 있는 일정한 양식을 창조해낸다. 하지만 그 후에는 스스로도 상상하지 못했던 일이 일어난다. 성장하고 변화하면서 활력을 유지하기 위해 자신이 창조해낸 그 양식을 깨버리는 것이다.

이런 파괴는 잘못된 일도 누구를 탓할 일도 아니다. 자연에서는 흔히 일어나는 일이다. 바다와 해변이 함께 만들어내는 저 쌓음과 무너뜨림의 춤을 보라. 이런 파괴는 매일 일어나고 있다.

누군가에게 "너 같지 않아."라거나 "그건 너답지 않은 일이야."라는 말을 듣는다면, 이런 파괴의 문턱에 가까이 다가가고 있다는 의미다. 이

때 타인들이 우리를 보는 방식에 순응하고픈 욕구나 진정한 자기의 모습을 감추고픈 욕구에 저항하는 것은 힘든 일이다. 사실 나도 아직 서툴러서 계속 노력하고 있다. 이럴 때는 사랑하는 사람들에게 이렇게 말하는 것이 좋다.

"내가 당신에게 보여준 모습이나 당신이 내게서 보고 싶어 하는 모습이 나의 전부는 아니야. 우리의 사랑을 더 키워서 서로를 완전하게 이해해보자고."

21 May
내 영혼이 두 동강 날 때
• • •
동강 난 벌레는 쟁기를 용서한다.
- 윌리엄 블레이크 -

이 벌레는 몸이 잘려도 살아남는 유일한 생물체일 것이다. 몸이 동강나도 신기하게 잘린 부분들 모두 완전한 몸이 된다. 두 마리의 벌레가 되는 것이다.

이 벌레가 고통을 이기고 살아남을 수 있는 이유는 무엇일까? 어떤 삶의 방식을 가졌기 때문일까? 이런 점을 인간에게는 어떻게 적용할 수 있을까? 깊이 생각하지 않아도 알 수 있을 것 같다. 이 벌레는 대지와 완전히 섞여서 살아간다. 실제로 흙을 먹기도 한다. 안이나 밖이나 흙 속에서 살아가는 것이다.

우리가 상처를 이기고 성장하는 비결도 흙과 가까이 살아가는 데 있지 않을까? 안으로나 밖으로나 우리의 가슴과 머리, 배를 더욱 큰 존재와 맞대고 살아가는 것이 아닐까?

　몸이 두 동강 났을 때 우리를 치유하고 완전히 새로운 존재로 변화시켜주는 것은 경험이라는 흙과 과감하게 하나를 이루는 겸허한 삶이다.

22 May
상처를 초월한 마음

'충분하다'는 느낌이 들 때까지 상반되는 것들 사이에서 긴장을 견뎌내면
두 극단 사이에서도 흔들리지 않게 된다.
- 헬렌 루크 -

내게 상처를 준 부모님이 생각날 때면 나는 잔뜩 움츠린 하늘을 바라보며 마음을 달랜다. 부모님을 가엾게 여기는 마음으로 그들의 입장을 이해하려고 노력한다. 그러나 이런 공감의 순간에 과거의 패턴이 다시 비집고 들어오면, 부모님의 감정을 받아들일 여유밖에 없다는 듯 내 상처의 진실은 잃어버리기 시작한다.

　이런 갈등은 흔한 일이다. 타인을 가엾이 여기다가 자신을 잃거나 자신을 지키기 위해 타인들과 단절하는 경우가 너무나도 많다. 사실 여러 개의 채널이 방송되고 있는데 한 번에 하나의 채널밖에 맞출 수 없는 라디오처럼 오로지 한 면만 받아들인다.

　그러나 연민은 훨씬 심오한 것이다. 선택의 갈등을 초월한 곳에 있다. 실제로 연민은 우리의 감정이나 현실의 참모습을 무시해야 얻을 수 있는 게 아니다. 우리에게 상처를 준 사람들의 인간성을 얕보는 것도 용납

하지 않는다. 자신의 가치대로 살아가지 못하는 타인들의 무능이나 진실이 우리에게 상처를 줄 때도, 이들의 진실에 언제나 마음을 열어둘 만큼 자신을 알아야만 연민에 이를 수 있다.

연민의 상태에 이르면 삶의 정서적인 진실들을 지우지 않아도 된다. 가슴 아픈 상황에 계속 머무르지 않아도 된다. 오히려 어떤 날씨든 견뎌내는 산처럼 하늘을 향해 우리를 열어둘 수 있다.

23 May
목적 속에 언제나 존재가 있는 것은 아니다

존재에는 언제나 목적이 있지만
목적 속에 언제나 존재가 있는 것은 아니다.

우리는 주변 사람들과의 관계로 자신을 규정하는 덫에 너무 쉽게 걸려든다. 초등학교 4학년 때였다. 방과 후 집으로 돌아가는데, 내가 정말로 싫어하는 같은 반 친구 로이가 길 맞은편에서 나와 같은 속도로 걸어가는 게 보였다. 로이가 눈앞에 나타나기 전만 해도 나는 집으로 간다는 즐거움에 흠뻑 빠져 있었다. 학교에서도 자유로워졌고, 집에서 기다리고 있을 분노에도 아직은 휘말려들지 않았기 때문이다.

그를 앞지르기 위해 나는 즉시 속도를 냈다. 로이도 즉시 내 행동을 알아차리고 속도를 높였다. 로이가 나보다 앞서서 성큼성큼 걸어가는 것을 본 순간, 나는 뒤질 것 같은 느낌에 더욱 속도에 박차를 가했다. 이러다 보니 어느새 우리 둘 다 모퉁이를 향해 줄달음질치고 있었다. 먼저 도착하지 않으면 끔찍한 실패자가 될 것 같았기 때문이다.

세상을 살 만큼 산 덕분인지 이제는 우리의 야망도 이와 같이 전개된다는 것을 안다. 처음에는 일이 선사하는 기쁨을 홀로 만끽한다. 그러다가 다른 사람들도 같은 길을 걷고 있음을 발견한다. 그러면 숨을 헐떡이면서도 상대와 자신을 비교하면서 정신없이 내달린다. 급기야는 실패자로 낙인찍히지 않기 위해 간단없이 달리기를 계속한다. 이때부터 가장 가까운 목표를 삶의 목적으로 받아들인다. 그것을 찾지 못하면 빈둥댄다며 자신을 질책한다.

그러나 지속적인 목적의식은 우리의 호흡 속에, 우리의 존재 속에 있다. 인도주의자 캐롤 헤제더스 Carol Hegedus 가 일깨우듯 "내면 가장 깊은 곳의 자기에게 주의를 기울여 가장 열정적인 모습으로 살아가는 것, 이것이 우리의 목적이다." 이력이나 직업, 은퇴에 대한 걱정 속에서도 충만한 삶을 살아가는 것, 우리에게 주어지거나 열망하는 온갖 이름이나 직함에 상관없이 본래의 모습으로 생기 있게 빛나는 것이 진정한 삶의 목적이다.

부처가 깨달음을 얻은 순간을, 부처의 내면에서부터 환하게 빛이 뿜어져 나오던 순간을 상상해보라. 그는 아마 자신이 빛나고 있다는 사실도 몰랐을 것이다. 실제로 부처가 보리수나무 아래서 일어서는 순간, 한 승려가 그에게서 뿜어져 나오는 광채에 놀라 부처에게 다가가서 이렇게 물었다고 한다.

"오, 성스러운 이여! 당신은 뉘신지요? 당신은 신이 분명합니다."

하지만 자신을 다른 존재로 생각해보지 않은 부처는 "아닙니다. 신이 아닙니다."라고 대답하고 계속 걸음을 옮겼다. 하지만 부처의 모습에 눈이 부신 승려는 물러서지 않았다.

"당신은 천신이 분명합니다."

그러자 부처는 걸음을 멈추고 "아뇨, 천신이 아닙니다."라고 말하고는 계속 길을 갔다.

그래도 승려는 부처를 따라가서 물었다.

"그럼 당신은 브라만이군요!"

부처는 간단히 "아닙니다."라고 대답했다. 혼란에 빠진 승려가 다시 애원하듯 물었다.

"그럼, 대체 당신은 누구란 말입니까? 제발, 말씀해주십시오. 당신은 누구신지요?"

그러자 부처는 기쁨을 누르지 못하고 이렇게 대답했다.

"나는 깨어난 자요."

우리도 부처처럼 누구를 만나든 무슨 말을 듣든 깨어 있음을 삶의 목적으로 삼을 수 있을까?

24 May
거부할 수 없는 이유
• • •

당신이 나 같은 부류의 사람을 모르고 내가 당신 같은 부류의 사람을 모르면,
다른 사람들이 만든 패턴이 세상에 만연하고,
잘못된 신을 따라 고향으로 돌아가서 결국은 우리의 별을 놓칠지도 몰라.
— 윌리엄 스태포드 William Stafford —

삶의 공간을 우리의 진정한 존재로 채우지 못하면 "물이 구멍을 채운다."는 옛말처럼 타인들의 방식이 이 공간을 장악해버린다. 나는 오랫동안 본래의 내 모습을 타인들에게 드러내지 않는 것이 말없이 있는 것과 같다고 생각했다. 그러나 둘은 달랐다.

    그렇다고 모든 것을 말로 표현하거나 소리쳐 주장해야 한다는 말은 아니다. 절벽이 파도를 받아들이듯, 클로버가 숲 속으로 스며드는 한 줄기 빛을 향해 자라나듯, 곡식이 달콤한 물기를 분비하듯, 아무도 보는 이 없을 때도 온전히 지금 여기에 존재해야 한다는 의미다.

    사실 본래의 내 모습대로 존재해야 하는 데는 두 가지 중요한 이유가 있다. 그래야만 사랑을 찾을 수 있고, 타인들의 방식에 휩쓸려 자신을 잃지 않을 수 있기 때문이다.

25 May
불의 감옥을 통과하는 법

...

불타는 보트 안에서 겁에 질린 사람에게
남은 생으로 돌아갈 길은 오직 하나뿐이다.
불의 장벽을 넘어 용감하게 거대한 바다 속으로 뛰어드는 것이다.

살다 보면 누구나 자취도 없이 불타버리는 낡은 존재방식과 사고방식, 너절한 사랑에 둘러싸일 때가 있다. 이런 예기치 못한 순간에 직면하면 두려움에 가득 차거나 우리를 집어삼키려는 낡은 삶의 방식에 갇힌 것 같은 느낌이 든다. 여기에서 벗어나 새로운 삶을 펼쳐나가려면 재탄생을 위한 통과의례를 반드시 겪어야만 한다. 순식간에 낡은 것을 내던지고 새로운 것으로 뛰어드는 고통스러운 과정을 통과해야 한다.

    주변의 모든 불타오르는 것과 직면하기 싫은 마음에 불의 장벽 앞에서 꼼짝하지 않을 수도 있다. 그러나 불꽃이 꺼지기를 기다리는 것은 그

다지 효과적인 방법이 아니다. 기다림 속에서 오랜 세월을 탕진할 수도 있다. 불타는 보트 안에서 겁에 질린 사람처럼, 우리도 거대한 바다가 불꽃을 꺼주리라 믿으면서 불의 장벽을 통과해야 한다. 믿음이란 이런 것이다.

나는 애써 용기를 내지 않고 엄청난 두려움을 그대로 안은 채 불의 장벽을 수차례 비틀비틀 뛰어넘었다. 집을 떠난 것이 그 첫 번째였던 것 같다. 당시엔 집을 떠날 수밖에 없었고, 가장자리도 이미 불타오르고 있었다. 하지만 내가 자라온 분노의 벽을 뛰어넘어 살아남을 수 있을지 두려웠다. 얼마 후에는 첫사랑의 실패라는 불의 장벽을 통과해야 했다. 이때 생긴 상처로 산 채로 불에 타 죽으려고도 했다. 갈 곳도, 나를 위로해 줄 것도 전혀 없어 보였기 때문이다. 사실 나는 이 벽을 뛰어넘기보다는 굴러서 통과했다. 나를 넘어선 삶의 바다에 뛰어든 후 치유를 경험했다. 그러자 세상도 다시 계속되었다.

내가 뛰어넘은 벽들 가운데 가장 높은 것은 암의 고통과 죽음의 가능성이다. 온 바다가 불타오르는 것 같았다. 보트에서 뛰어내려 불꽃에서 멀리멀리 떠내려갈 때도 물에 빠져 죽을 것만 같았다. 거대한 바다가 더욱 의미 있는 삶을 잉태하는 자궁임을 내가 어떻게 알 수 있었겠는가? 온갖 중독증과 병, 폭력적인 관계에서 벗어나기 위해 몸부림치는 사람들도 마찬가지일 것이다.

가장 뛰어넘기 어려운 불의 장벽은 숨 막히게 연기를 뿜어내는 자기중심적인 사고방식일 것이다. 이런 사고방식에 젖어 있으면 어디를 가든 연기처럼 자기중심적인 성향을 뿜어낸다. 이 연기는 우리의 본성에 들러붙어서 우리를 갉아먹는다. 어떻게 해야 이 불타는 보트에서 벗어날 수 있을까? 어떻게든 자아의 보트에서 영혼의 대해 속으로 뛰어내려야 한다. 그러려면 통제에 대한 환상과 고집을 용감하게 내던져야 한다. 자아의 갈비뼈가 불에 타도 그대로 내버려두고 어떻게든 뛰어넘어야 한다. 그러면 삶과 죽음을 넘어 상상도 못했던 피안으로 인도된다.

26 May
슬픔과 만나는 법

슬플 때 가장 좋은 방법은
무언가를 배우는 것이라고 메를린이 대답했다.
- T. H. 화이트 T.H. White -

이 말은 슬픔을 피해 다른 것으로 주의를 돌리라는 뜻이 아니다. 슬플 때는 다른 상황을 삶 속으로 끌어들이라는 의미다. 생강을 빵에 넣어 구우면 매운 맛이 사라지듯 슬픔도 다른 상황에 의해 옅어진다.

슬픔이나 상처로 마음이 얼얼할 때는 다른 것을 받아들이는 것도 도움이 된다. 이것은 가슴의 타오르는 불길에 생명의 물을 끼얹은 것과 같다. 상처를 토해내다가 기진맥진하면, 한 번도 들어본 적 없는 음악을 듣거나, 자신이 태어나기도 전의 옛날이야기를 들려달라고 부탁하거나, 산마루 근처로 차를 몰고 가서 언제나 보고 싶었던 풍경을 내려다본다. 이렇게 슬픈 눈으로 새로운 것들을 바라보면, 슬픔으로 할 수 있는 무언가를 발견한다. 슬픔의 물감에 어울리는 캔버스를 찾아내는 것이다.

27 May
생각으로는 생각을 멈추지 못한다

생각을 아무리 많이 해도
생각으로는 생각을 멈출 수 없다.

지나친 생각은 인간의 짜증스러운 습관 가운데 하나다.

문제를 지나치게 분석하거나 할 일이나 할 말을 곱씹다 보면, 떨어질 줄 모르는 똥파리를 쉭쉭거리며 쫓아대는 소가 된 것 같은 기분이 든다. 누구나 이런 경험이 있을 것이다. 누구도 예외일 수 없다. 마음이 불안해지면 나는 자신감을 되살려주는 일을 끊임없이 되풀이한다. 그러면 다시 자존감이 살아난다.

생각이 많아질 때는 어떻게 해야 할까? 아인슈타인의 말처럼 문제를 만들어낸 사고방식으로는 문제를 해결할 수 없다. 생각이 끊임없이 맴돌 때는 아무리 힘들어도 마음의 회전목마에서 뛰어내려야 한다.

더욱 깊은 앎이 밀려오리라 믿으면서 생각의 한가운데에서 생각을 멈추기 위해 위험 속으로 뛰어드는 일은 진정한 믿음의 영역이다. 사실 자신에 대해 아무리 많이 생각해도 자신감을 얻을 수는 없다. 태양에 대해 아무리 많이 생각해도 태양의 온기를 느끼지 못하고, 사랑에 대해 아무리 많이 생각해도 사랑을 느낄 수는 없다. 자신감과 사랑, 세상의 빛은 마음의 온갖 요동 밑에서 우리를 기다리고 있다.

28 May
가장 큰 기쁨에 이르는 길

빗방울에게는 강물로 흘러드는 것이 기쁨이다.
- 수피 예언자 갈리브 -

놀랍게도 갓난아기 때는 모든 것과 하나를 이룬다. 그러다 시간이 흐르면서 자신과 타인, 내면세계와 외부세계를 구분하는 법을 배운다. 그런데 아이러니컬하게도 모든 전통의 현자들은 경험을 마친 후에 언제나 합일의 근원상태로 돌아가려 했다.

살아 있다는 느낌을 가장 강하게 받았던 순간들을 떠올려보면, 나 자신을 망각할 만큼 내면세계와 외면세계가 하나로 합쳐져 있었다. 이런 합일의 순간에는 시간도 초월하고, 아무런 제약도 없는 것처럼 느껴졌다. 위대한 음악이나 탁 트인 넓은 공간에 몰입한 순간들이 그렇듯, 사랑을 나누는 깊고 부드러운 순간들은 우리를 넘어선 일체와 하나가 되게 한다.

나도 수영이나 달리기를 오랜 시간 한 뒤나 오랫동안 홀로 건강하게 지낸 뒤에는 이런 합일을 경험한다. 내가 써야 할 것이 무엇인지를 깨달을 때도 합일을 경험한다. 지극한 기쁨이란 이런 합일을 느끼는 것이 아닐까? 당연한 일이지만, 내면의 영원을 외면의 영원과 융합하는 것은 위험을 무릅쓴 사랑과 완전한 몰입이다. 이런 합일의 순간, 우리 영혼의 물방울은 더욱 커다란 영혼의 강물 속으로 흘러든다.

봄날의 실개천은 이웃집 텃밭을 지나 우리 집 담과 밭을 통과해 또 다른 이웃의 담과 밭 밑을 흐른다. 이 실개천처럼 세상 모든 것을 관통해 흐르는 일체로 우리를 인도하는 것은 온전한 현존이다. 강한 물살에 우리가 만들어놓은 모든 것들이 쓰러져버리는 것처럼, 삶의 전체성은 우리를 관통하면서 우리가 붙들고 있는 벽들을 무너뜨린다.

담을 세우는 사람으로 남을지, 모든 담을 무너뜨리는 물살과 하나가 될지를 선택하는 것은 언제나 우리의 몫이다.

29 May

본질

핵심에 이를 때까지 타오르는 불꽃이
모든 불꽃 가운데서 가장 외로운 불꽃이다.
아무것도 불태울 것이 없을 때 우리는 비로소 도달했음을 안다.

처음에는 좀 우울하게 들릴 수도 있다. 하지만 모세부터 부처, 예수에 이르기까지 가장 진지한 존재들은 본질만 남을 때까지 부단히 껍질을 벗는 것이 삶의 과정임을 보여주었다.

이것은 자연세계에서나 인간의 여정에서나 마찬가지다. 중심이 튼튼하게 자라나면, 한때는 보호막과 같던 것이 나무껍질이나 뱀 껍질처럼 거추장스러운 껍데기로 느껴진다. 그러면 우리처럼 성장하는 영혼들은 막대기에 걸쳐진 넝마 같은 낡은 껍데기를 불태워 길을 밝히고, 내면으로 깊이깊이 들어간다. 이곳에 이르면 신의 힘은 우리를 하나로 만들어준다.

그러나 내면으로 계속 들어가 보고픈 욕구를 느끼는 순간, 우리는 아주 어려운 삶의 선택들과 맞닥뜨린다. 할머니의 식탁을 쪼개서 사랑하는 사람들을 따뜻하게 해주면 어떨까? 안정적이고 만족스러워도 다시 활력을 얻게 직장을 그만둘까? 너무 두터워져서 빗방울도 제대로 느낄 수 없는데, 오래되고 익숙한 자의식을 이제 벗어던질까?

사실 언제나 신성에 가까이 머물기 위해 더는 의미가 없는 것들을 포기해버리는 것이야말로 희생의 진정한 내적 의미다.

30 May
오늘의 연속
...
지금이 아니면,
그럼 언제?

암을 이겨낸 후로 나는 매일 활활 타오르는 진리의 한 조각과 더불어 살고 있다. 때로는 이로 인해 잠을 설치기도 하지만, 대개는 큰 기쁨을 경험한다. 이 진리를 내게 가르쳐준 사람은 아무도 없다. 그렇다고 내가 애써 이 진리에 도달하거나 이것을 얻기 위해 열심히 공부한 것도 아니다. 부러진 뼈가 공기의 엄청난 압력을 다시 실감하게 해주듯, 자연스럽게 이 진리를 터득했다. 이 진리의 한 조각은 바로 이것이다. 지금이 아니면 언제란 말인가?

이 진리를 요약해보면, 내일은 없고 오로지 오늘의 연속만 있을 뿐이다. 나도 다른 사람들처럼 어떻게든 미래를 꿈꾸고 중요한 것들로 미래를 채워야 한다고 배웠다. 그래야 언젠가 행복해질 수 있다고. 부자가 돼야 자유로워지고, 좋은 사람을 만나야 비로소 사랑을 알게 된다고. 그래야 사랑스럽고 행복하며 믿을 만하고 진실한 사람이 된다고.

그러나 죽을지도 모르는 상황에 이르자 미래에 대한 생각들이 다 타 버렸다. 물론 오래 살고 싶은 마음이나 계획했던 일들이 이뤄지기를 바라는 마음은 여전했다. 하지만 현재를 꿈꿀 수밖에 없었다. 예전처럼 아직 오지 않은 가공의 시간 속에 나의 최대치를 쏟아 붓다가도 불현듯 내면의 목소리를 듣곤 했다. "지금이 아니면 언제?" 이 소리에 나는 다시 진실로 알 수 있는 유일한 시간, 즉 현재 속으로 나의 최대치를 되돌렸다.

이런 경험을 통해 나는 예수의 이야기도 완전히 새로이 이해하게 됐다. 예수가 산상수훈을 마치자 어느 젊고 부유한 상인이 예수에게 다가갔다. 깊은 감동에 예수와 함께하고 싶었던 그는 자신이 어떻게 해야 하고 어떤 준비를 해야 하는지 진지하게 물었다. 그러자 예수는 두 팔을 벌리고 이렇게 말했다.

"지금 나와 함께 가자. 모든 것을 내려놓고 지금 나와 함께 가자."

상인은 머뭇거리면서 여러 가지 핑계거리를 늘어놓았다.

"저도 그러고 싶어요. 하지만 지금 당장 일을 그만둘 수는 없습니다. 작별인사도 해야 하고, 깨끗한 옷가지들도 준비해야 해요. 돈은 얼마나 마련해와야 하죠?"

예수는 여전히 두 팔을 벌린 채 말했다.

"지금 나와 함께 가자."

우리도 자주 이런 일을 되풀이한다. "나도 그러고 싶어. 하지만" 하면서 온갖 핑계를 만들어낸다. 그러면서 사랑과 믿음, 기쁨, 심지어는 신까지 밀어낸다.

우리가 할 일은 어렵더라도 모든 것을 내려놓고 '지금 가는' 것뿐이다.

31 May
타인의 눈으로 보는 삶

지금, 난 너의 눈으로 볼 수밖에 없어.
그래서 난 혼자가 아니고, 너도 혼자가 아니야.
― 야니스 릿소스Yannis Ritsos ―

연민에 대한 간디의 생각이 얼마나 심오하고 담대했는지를 보여주는 일화가 있다. 그의 유명한 단식 투쟁 중에 일어났던 일이다. 딸을 잃은 한 남자가 비탄에 젖어 간디를 찾아와서는 단식을 멈추면 그도 싸움을 그만두겠다고 했다. 간디는 치유란 단순히 폭력을 멈추는 것보다 더욱 심오한 것임을 잘 알고 있었다. 그래서 고통받는 남자에게 딸을 살해한 사람을 용서하면 자신도 음식을 먹겠다고 대답했다. 그러자 남자는 눈물을 흘리며 주저앉았다. 이후 그는 간디가 말한 대로 했고, 덕분에 싸움도 끝났다.

비탄에 젖은 사람이나 폭력을 당한 사람에게 간디처럼 부탁하는 것은 쉬운 일이 아니다. 우리는 간디의 부탁 속에서 부정할 수 없는 지혜를 배울 수 있다. 무슨 일이 있었건 상처 입은 사람이 먼저 치유돼야만 모두가 치유된다는 것이다. 이 지혜는 일상 속에 사랑을 끌어들이는 데 필요한 용기보다 훨씬 중요하다.

이런 치유가 어떻게 가능한지는 쉽게 이해하기 힘들다. 그러나 용서의 진정한 신비는 불의와 응징의 장부를 버리고 가슴의 느낌을 되살려야만 일어난다. 그래서 나도 내 삶을, 내 좁은 마음을 온통 빼앗아버린 고통을 들여다보며 이렇게 묻곤 한다. 나는 누구인가? 내게 가해지는 이 불행들을 나는 왜 용서하지 못하는 것일까? 나는 왜 용서를 넘어 다시 믿음을 갖지 못하는 것일까?

06 June

소통

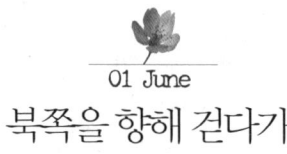

01 June
북쪽을 향해 걷다가

오래 충분히 걷다 보면
누구나 같은 장소를 공유하게 된다.

우리가 도움을 주었다가는 받고, 넘어졌다가는 다시 일어서고, 중요한 말을 하거나 들어주기를 되풀이하는 사이에도 전체적인 존재는 언제나 우리를 감싸고 실어 나른다.

이런 생각을 하다 보니 누르Nur가 떠오른다. 힘과 활력의 표본과도 같던 누르는 암으로 세상을 떠났다. 그날 나는 말할 수 없이 슬펐다. 하지만 햇살이 잔인할 정도로 아름다워서 나도 모르게 치유되는 걸 느꼈다. 그 슬프고도 화창한 날, 아름다운 햇살은 아무리 외면해도 내 슬픔의 배경처럼 언제나 나를 따라다녔다.

이런 느낌은 다른 식으로도 나가왔다. 마음이 완전히 담백해지는 순간, 나의 모든 문제와 한계가 사라져버리는 것 같았다. 하지만 그것들은 어둠 속에서 자라는 이끼처럼 거기 그대로 있었다. 아무리 기운을 내도 내 그림자는 기쁨의 배경처럼 슬금슬금 따라와 여전히 내 뒤에서 기다리고 있었다.

암에 걸렸다는 사실을 뿌리치려고 안간힘을 쓸 때는 아무리 빨리 도망쳐도 달리기를 멈춰야만 생각이 사라진 고요한 자리에 이른다는 것을 확실하게 깨달았다. 2월의 어느 고요한 오후, 갈비뼈를 제거하고 몸통을 온통 붕대로 동여맨 채 홀로 회복 중일 때는 아무리 오래 앉아 있어도 내가 다시 흘러들어야 할 강물이 거기에 있음을 받아들여야 했다.

어디를 가든 이렇게 반대의 것이 우리를 기다리고 있다. 우리 인생은 이렇게 이어져온 것 같다. 내가 주저앉으면 상대가 일어서고, 상대가 약해지면 나는 강해진다. 그렇지 않다면 머리를 제대로 들 수 없는 순간마다 누군가 나타나서 마음을 열고 무릎을 내주는 일을 어떻게 설명할 수 있겠는가? 내가 드디어 짐을 내려놓을 때마다 누군가 그의 무거운 머리를 내 팔에 기대는 걸 달리 어떻게 설명할 수 있겠는가?

이렇게 우리는 도움을 주고받으면서 다시금 성장과 치유를 경험한다. 나도 도움을 받는가 하면 버림받고, 타인에게 상처를 입히는가 하면 위안을 주기도 했다. 그러다가 문득 심장의 이성이 바람에 흩날리는 나뭇잎 같다는 사실을 깨달았다. 허리를 쭉 펴고 일어서면 모든 것이 내 안에 편히 깃들리라는 것을 깨달았다.

이것은 넋두리가 아니다. 모든 자연은 이렇게 성장하고 확장한다. 자연스럽고도 마땅한 일이다. 누구나 잃고 누구나 얻는다. 어둠은 빛을 재촉하고, 빛은 아픔을 치유해준다. 삶은 끝이 없는 대화, 스텝이 필요 없는 춤, 노랫말이 필요 없는 노래, 어떤 정신으로도 다 채울 수 없는 거대한 이성이다.

우리가 아무리 외면하고 외면당해도 장엄한 아름다움은 계속될지니.

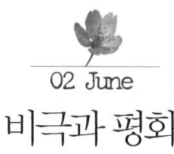

02 June

비극과 평화

• • •

똑같은 장소에 발자국들이 너무 많은 것은
우리 가슴속 길이 너무 좁고 우리의 팔이 유일한 문이기 때문이다.

이름도 잊어버린 첫사랑이 공원에서 웃던 모습이나 브루클린의 지저분한 벽돌집 근처에서 죽음을 맞이한 할머니, 다시 사람들 속으로 들어가야 함을 일깨워준 로키 산맥의 아찔함, 빗속에 서 있던 전 부인의 피곤하고 구부정한 어깨, 함께 살던 늙은 개가 자신의 꼬리를 좇아 맴돌던 모습. 가끔은 너무나도 많은 기억이 가슴을 짓밟고 지나가서 내가 무엇을 왜 느끼는지도 이해하기 어렵다.

우리를 스쳐간 모든 길은 우리 존재의 토양 속에서 다시 하나로 모아진다. 인간에게 이것은 축복이자 선물이다. 모든 전통의 현자들은 하나같이 모든 것이 하나로 모아지는 포착하기 어려운 순간을 일컬어 평화라고 했다. 그러나 한때 우리 경험의 토양을 경작하던 느낌과 기억들을 정리하지 못하는 것이 살아 있음의 본질이고, 오랜 상처를 계속 살아 있게 놔두는 것이 우리의 저주다.

하지만 틱낫한 스님이 일깨우듯 "겹겹이 쌓인 망각과 고통 밑에 사랑이 깊이 묻혀 있다." 단지 어디에 초점을 맞추는가에 따라 삶이 달라질 뿐이다. 경험의 갈퀴 살들이 내 안으로 얼마나 깊이 파고들어 왔고 얼마나 여러 번 나를 짓밟았는지에 초점을 맞추면, 고통에 짓눌리는 삶은 끝나지 않는다. 하지만 내 가슴의 토양에 그리고 토양이 어떻게 바뀌었는 지에 초점을 맞추면, 뭐라 형용할 수 없는 감정들이 끝없이 하나로 모아진다.

내가 당한 일들에 초점을 맞추면 비극은 계속 살아남고, 그 일들의 결과를 받아들이면 평화가 되살아난다.

03 June
푸른 불꽃

• • •

버펄로는 버펄로 그래스를 먹고 산다.
버펄로 그래스는 버펄로들의 배설물을 비료 삼아 땅속 깊이 뿌리를 내려
흙과 하나가 되기 때문에 가뭄에도 끄덕하지 않는다.

― 데이비드 피트 David Peat ―

아무리 노력해도 실수를 피할 수 있는 사람은 없다. 다행히도 뿌리를 튼튼하게 키우고 언제나 겸허하게 만들어주는 순환은, 우리의 배설물을 먹고 자란 것들을 먹고 우리의 인간성을 소화하고 처리하는 일에서부터 비롯된다. 버펄로처럼 우리도 자신의 부서진 흔적들에서 돋아난 것들을 자양분으로 삼는다. 우리가 짓밟고 버린 것들이 우리의 양식에 영양을 공급하는 것이다. 예외는 없다.

댄서의 다리 위로 파이프가 떨어지면 댄서는 새로운 사람으로 거듭나는 반면, 파이프를 떨어뜨린 일꾼은 자원해서 불구의 노련한 기술자들과 함께 일한다. 친한 친구가 구근 모양의 종양을 발견하면 그의 튤립들은 말을 하기 시작한다. 그리고 그가 죽으면 그의 간호사는 정원을 가꾸기 시작한다.

이렇듯 우리가 감당할 수 있는 것보다 몇 배는 더 빠르게 상황이 흩어졌다가 이어진다. 한계에도 불구하고 우리는 진화하며, 무너지고 실수해도 무너진 것 이상의 존재로 신비롭게 거듭난다. 실제로 우리는 실수가 경작해낸 토양에서 성장한다. 우리가 놓지 않으려 했던 것들도 이런 과정에서 어쩔 수 없이 우리의 손을 떠나간다.

나도 무너지거나 실패한 적이 아주 많다. 덕분에 나의 정체성은 마치 양파처럼 생겨나기가 무섭게 벗겨졌다. 하지만 이 덕분에 내게 허락된 몫보다 더욱 다양한 삶을 살고, 늙음과 젊음을 동시에 느끼며, 단지 바람을 쐬고 싶다는 이유로 눈물 흘릴 줄 아는 느닷없는 마음을 잃지 않을 수 있었다.

이제는 내가 지금까지 괴로워했던 모든 것들의 반대편에 서서, 새들의 활기찬 노랫소리부터 졸졸 흐르는 맑은 개울물 소리에 갇혀버린 평화에 이르기까지 모든 것을 소중하고 신선하게 느낀다. 이제는 어떤 바람이 불든지 맨몸으로 맞이하고 싶다. 무너질지 모른다는 두려움은 여전하지만 두려움마저도 삶의 리듬의 일부분임을 알기 때문이다.

그러나 누구도 가르쳐주지 않았다. 뱀이 허물을 벗듯, 나무껍질이 따닥 소리를 내며 떨어지듯 인간의 가슴도 허물을 벗는다는 것을. 강제로 열릴 때는 가슴이 눈물을 흘리지만, 사랑으로 열릴 때는 가슴에서 노래가 흘러나온다는 것을 그 누구도 가르쳐주지 않았다.

하지만 이제는 안다. 우리의 양식이나 다름없는 그 뜨거운 진리를 가로막는 것이 무엇이건, 우리의 마음을 속여 탁 트인 곳에서도 숨을 수 있다고 믿게 만드는 것이 무엇이건, 고갱이만 빼고 온갖 곳을 들여다보게 만드는 것이 무엇이건, 이 실체 없는 몽롱한 상태가 우리를 삶으로부터 멀어지게 만듦을 이제는 안다. 그리고 다시 돌아와 싹을 틔우게 하는 모든 것, 무無와 고통과 지푸라기로 안식처를 짓게 만드는 모든 것, 우리 마음에 불을 지펴 다시 처음의 시간을 갈구하게 만드는 모든 것이 바로 푸른 불꽃이라는 것도, 이 불꽃으로 인해 지구가 끊임없이 태양을 향해 돈다는 것도 이제는 안다.

04 June
진정한 발견

우주의 열 가지 영역을 통틀어서
근원이 존재하지 않는 곳은 없다.
- 백은 혜학 -

알래스카의 어느 길가에서 추위에 떨던 젊은이가 있었다. 이 젊은이는 마이애미로 가는 차를 얻어 타려 했다. 하지만 너무 추워서 손으로 직접 만든 표지판을 들고 있기도 힘들었다. 오랜 기다림 끝에 드디어 한 친절한 트럭 운전사가 차를 멈추고 말했다. "마이애미로 가는 건 아니지만, 포트로더데일까지는 태워줄 수 있어요." 하지만 젊은이는 맥없이 "휴" 소리만 내뱉고 그의 호의를 거절했다.

현대문화의 단면을 보여주는 이 전설과도 같은 이야기는 완벽을 바라는 우리의 마음에 경종을 울린다. 올바른 것을 지킨다는 명목으로 운명을 거부하는 일이 얼마나 빈번한가? 그동안 꿈꿔왔던 것이 아니라는 이유로 선물처럼 주어진 길을 거부하는 경우는 또 얼마나 많은가? 완벽한 파트너, 완벽한 일자리, 완벽한 집을 고집하는 경우는 또 얼마나 허다한가? 꿈꾸던 이상을 위해 자신을 희생하는 경우는 또 얼마나 많은가?

우리가 있는 곳이면 어디나 풍요가 넘치는데, 우리의 길에 도움이 될 기회가 너무나도 많은데, 전부가 아니면 아무것도 아니라는 생각을 고집하다가 진정으로 추구하던 것을 놓치는 경우가 얼마나 많은가?

05 June
생각을 멈춰야 할 시간

진리를 구할 필요는 없다.
그저 내 생각을 멈추기만 하면 될 뿐!
- 승찬 선사 -

삶은 낮과 밤으로, 노래는 음악과 침묵으로 이뤄져 있다. 우정도 이 세상의 것인 탓에 교감의 시간과 그 사이의 특별한 공간으로 이뤄져 있다. 인간인 우리는 이 공간을 걱정으로 가득 채우거나 침묵을 모종의 형벌로 받아들인다. 혹은 사랑하는 사람과 접촉이 없을 때는 티 나지 않아도 마음이 변한 것이라고 오해한다.

이렇게 마음은 아주 열심히 무에서 무언가를 만들어낸다. 침묵을 거부로 오인하고, 이 작은 가상의 벽돌 위에 차가운 성곽을 세우기도 한다. 아무것도 아닌 일로 혼자서 긴장을 만들어내지 않으려면, 언제나 가슴이 살아 있는 존재로 남아야 한다. 강물처럼 끊임없이 흐르는 감정들을 드러내면 맑게 열린 상태를 유지할 수 있다.

일상의 차원에서 살펴보면, 이런 표현은 서로를 점검하게 해준다. 오늘 기분이 어때? 우유 필요해? 달걀은? 주스는? 화장실 휴지는? 하고 쇼핑 목록을 읽듯이 표현해도 이런 외적인 친절이 서로를 살아가게 도와준다.

하지만 서로를 활짝 피어나게 해주는 것은 내적인 친절에서 우러나는 점검이다. 오늘은 어때? 어떤 식으로든 확인이 필요한 거야? 명확한 게 필요해? 아니면 지지? 이해? 이렇게 직접적으로 깊이 있는 질문들을 던지면 서로의 마음에서 오해를 지울 수 있다.

이따금 소지품에 쌓인 먼지를 털어내야 하듯, 떨어져 있을 때는 우리를 뒤덮은 것들을 깨끗이 닦아내야 한다.

06 June
깊은 평화

* * *

친절은 대상을 가리지 않는다.
모든 것에 평등하게 마음을 쓴다.
— 제인 허쉬필드 Jane Hirshfield —

센트럴파크 동물원의 한구석에서 수십 명의 관광객들이 손가락질을 하면서 유리창을 두드려댔다. 그런데도 원숭이 두 마리는 높은 바위 위에서 몸을 웅크리고만 있었다. 놀랍게도 두 마리 모두 깊이 잠들어 있었다. 작은 몸통을 늘어뜨린 채 서로를 향해 고개를 푹 수그리고 있었다.

정말로 신기한 것은 작고 섬세한 손으로 서로를 부여잡고 있었다는 점이다. 원숭이들은 손가락으로 서로 의지하고 있었다. 이 작고 지속적인 접촉 덕분에 그처럼 숙면을 취할 수 있는 게 분명했다. 서로 접촉하고 있는 한 마음을 놓을 수 있기 때문이다.

이들의 신뢰와 단순함이 부러웠다. 이들은 인간들처럼 독립적인 척 하지 않았다. 평화를 느끼기 위해 확실하게 서로를 원하고 있었다. 한 마리가 잠을 자며 몸을 뒤척여도 다른 원숭이는 손을 떼지 않았다. 저렇게 서로 의지하면서 살면 얼마나 좋을까? 원숭이들은 어떤 꿈을 꾸는지 모르지만, 두 마리 모두 꿈을 꾸면서 각자의 내면으로 표류해 들어가고 있었다.

이 원숭이들은 고대의 여행자들 같았다. 용감하게 교감을 지속한 탓에 안식의 공간에서 기도를 드리게 된 고대의 여행자들 말이다. 나는 이제까지 이토록 따뜻하고 겸허한 순간을 한 번도 본 적이 없다. 이런 접촉과 교감만이 자신을 망각으로부터 구해줄 수 있다는 듯, 두 마리의 늙은 원숭이는 손가락 끝을 서로 꼭 끼우고 있었다.

나도 그들처럼 필요한 것을 솔직하게 구할 수 있는 용기를 달라고 기도했다.

07 June
투사와 개인화

진정한 자기도 발견하지 못한 채 세상을 개혁하려는 것은,
돌과 가시밭을 걷는 고통을 피하기 위해 세상을 가죽으로 뒤덮으려는 것과 같다.
신발을 신는 편이 훨씬 간단한 방법인데 말이다.
― 힌두교 성자 라마나 마하르시 Ramana Maharshi ―

누구나 개인화 personalize 나 투사 project 에 빠진다. 개인화는 세상에서 일어나는 일들을 언제나 자신과 연관된 것으로 착각하는 것이다. 극단적인 예를 하나 들어보겠다. 숙제를 안 한 아이는 그 다음 날 댈러스에서 비행기 추락사고가 일어날 경우, 이 일을 자신의 책임으로 받아들인다. 이보다 덜 극단적이지만 어른들이 흔히 저지르는 개인화도 있다. 배우자가 우울한 얼굴로 집에 돌아오면 즉각 자기 때문이라고 믿는 것이다.

투사는 반대로 내면에서 일어나는 일들을 주변에 전가시키는 것이다. 무의식적으로 자신의 두려움이나 좌절감을 다른 사람의 것으로 돌린다. 그래서 자신의 분노를 인정하기는커녕 상대가 분노하는 것으로 착각한다. 일반적인 예를 하나 들어보자. 강아지를 두려워하는 부모는 자식들까지 강아지로부터 보호하려 든다. 자식들 생각은 물어보지도 않고 강아지로부터 멀리 떼어놓는다. 누군가 울고 있을 때 속상해할 필요가 없다고 말해주는 것도 투사의 미묘한 예다. 상대의 모든 감정이 우리를 불편하게 만들기 때문이다. 괜찮지 않은 것은 정작 자신이면서 상대에게 계속 괜찮으냐고 물어보는 것도 마찬가지다.

사실 개인화나 투사에서 자유로운 사람은 아무도 없다. 이것을 인식하는 사람과 그렇지 않은 사람, 개인화나 투사를 스스로 인정하는 사람과 그렇지 않은 사람이 있을 뿐이다. 하지만 그 차이는 아주 중요하다. 자신의 개인화나 투사를 인정하지 않으면 관계가 끝날 수도 있기 때문이다. 반면에 이것들을 인정하면 관계는 더욱 깊어진다.

인간은 언제나 수프를 엎지르고 세세생생 변명을 일삼아왔다.

"바닥이 범인이야. 바닥이 움직였다고!"

"그가 그렇게 만들었어."

세상을 구하고 싶은데 수프를 엎질렀다면 솔직하게 말하자.

"죄송해요. 제가 수프를 엎질렀어요!"

08 June
나무처럼 쉬다

칭찬과 비난, 얻음과 상실, 기쁨과 슬픔은 바람처럼 오고 간다.
행복을 느끼고 싶다면 커다란 나무처럼
이 모든 감정의 한가운데서도 쉴 줄 알아야 한다.
-《부처의 작은 가르침들 Buddha's Little Instruction Book》-

이것은 기억해두면 유용한 가르침이다. 물론 원망이나 상실감, 슬픔에 휩싸여 있을 때는 기억하기가 쉽지 않을 것이다. 하지만 이런 때야말로 이 지혜가 가장 필요하다.

다른 사람들처럼 나도 삶의 부정적이고 어두운 흐름은 경험하고 싶지 않다. 하지만 피한다고 능사는 아니다. 평생 겪고 넘어가야 할 우리 몫의 어두운 흐름이 있음을 인정해야 한다.

삶의 어려운 면들을 피하는 태도는 충만함을 느끼는 데 방해만 된다. 이렇게 회피하면 하늘을 향해 두 팔을 활짝 벌리지 못하는 나무처럼 변모하고 만다. 되씹기만 하면 어려움은 결코 우리 곁을 떠나지 않고, 잎사귀를 그물 삼아 폭풍우를 잡으려는 커다란 나무처럼 변해버린다.

폭풍우는 본성대로 계속 나아가기를 바란다. 나무의 미덕은 손이 없다는 데 있다. 손을 뻗어 잡아야 할 때와 호주머니 속에 집어넣어야 할 때가 언제인지 배우고 또 배워야 한다. 이것은 우리의 축복이자 저주다.

09 June

고통 속에 신의 메시지가 있다

• • •

고통은 흔히 무언가를 변화시켜야 한다는 신호다.

가슴과 몸은 우리에게 메시지를 보낸다. 하지만 우리는 이 메시지에 주의를 기울이지 않는다. 아이러니컬하게도 누구나 통증을 인식하고 잘 무시하지도 못하지만, 통증이 전하는 메시지에 귀를 기울이는 사람은 거의 없다. 물론 엄청난 고통, 커다란 마음의 상처, 깊은 실망감도 잘 견뎌내야 남은 생을 잘 살아갈 수 있다. 그러나 통증은 우리가 어떤 부분을 변화시켜야 하는지 정확하게 알려주기도 한다.

몸이 우리를 내면세계에서 외부세계로 나아가게 하는 다리와 같다면, 통증은 다리의 어느 부분이 스트레스에 가장 많이 시달리는지 알려준다. 어느 부분에서 금이 갈지, 내면과 외면의 삶을 통합적으로 이끌어가려면 어느 부분을 강화하고 쉬게 해야 하는지 가르쳐준다.

나는 암과 싸우는 동안 다양한 형태의 극심한 통증을 경험했다. 그러면서 통증을 멈추거나 놔버리는 법, 극복하는 법을 터득했다. 아픔을 부정하지 않으면서도 통증이 나를 관통해 지나가도록 내버려두는 법을 배웠다. 그리고 무엇보다도 통증의 메시지에 귀 기울이는 법을 익혔다.

상당히 공격적인 항암치료로 나는 점점 녹초가 되어갔다. 물론 여러 번의 항암치료를 잘 견뎌내기 위해 내가 아는 한 최선을 다했다. 다른 사람들도 치료를 끝까지 계속해야 한다고 조언했다. 나보다도 더 두려움을 느낀 사람들은 이렇게까지 말했다.

"암이 자네 몸에서 완전히 사라지게 하려면 확실히 감당할 만큼 많은 독성물질을 흡수해야 할 거야."

나는 충실하게 이런 치료법을 따랐다.

그런데 넉 달이 지나자 손가락과 발가락에서 감각이 사라졌다. 신경도 손상을 입어서 반사 능력도 둔해졌다. 항암치료를 계속 받아야 할지 갈피를 잡을 수 없었다. 암이 사라지는 게 느껴졌지만, 그것은 항암치료를 담보로 한 결과였다. 되도록이면 견뎌봐? 계속해?

그러나 치료를 받고 24시간도 채 지나지 않아 이제까지 경험해보지 못한 최악의 위경련이 찾아왔다. 나는 잠도 못 이루고 통증을 참아내려 안간힘을 썼다. 신의 계시를 구하면서 새벽 3시에 거실을 서성였다. 항암치료로 식도에 궤양까지 생겼다. 또 다른 경련이 나를 옥죄어왔다. 통증에 절로 몸이 숙여졌다. 신이시여, 제발 계시를 내려주소서. 어떻게 해야 합니까? 전 살고 싶습니다!

다시 경련이 일었다. 세 번째 경련을 겪고 나자 퍼뜩 깨달음이 왔다. 통증이 곧 계시였다. 이 계시는 바로 치료를 멈추라는 것이었다. 이제 끝이었다. 기관출혈과 수족 무감각으로 등을 구부린 채 서 있는 내게 신이 준 메시지는 이랬다.

"이게 바로 나의 계시니라. 통증을 원하느냐? 그러면 더 주겠다."

다음 날 나는 친절한 주치의에게 다시는 내 팔에 주사바늘을 꽂지 않겠다고 선언했다. 그것으로 끝이 났다.

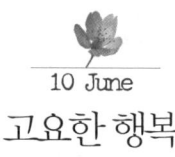

10 June
고요한 행복

내게 기적을 일으키는 힘 따위는 없다.
고요한 행복을 얻을 수 있을 뿐이다.
부드러움을 갈고 닦는 것 말고 내게는 재주도 없다.

— 스미요시 Sumiyoshi의 신탁 —

일본의 토착종교인 신도神道 스승의 이 말은 우리가 마음속으로는 다 알면서도 잘 실천하지 못하는 것을 다시금 일깨워준다.

나도 타인들이 인정해주는 자리에 오르려는 마음을 버리기 위해 열심히 수행해왔다. 이런 마음이 언제나 나를 소란과 혼란, 불만 속으로 몰아넣었기 때문이다. 하지만 슬픔이나 고통은 때로 부드러움을 갈고 닦아 고요의 세계로 들어가야 한다는 것을 잊지 않게 나를 멈추고 뒤흔들어주기도 한다.

사실 이것을 잊는 일은 거의 없다. 그보다는 내 안의 사랑받지 못한 어떤 부분이 둘 다 가질 수 있다고 집요하게 속삭인다. 그러면 난 어리석게도 미련과 자존심 때문에 이 속닥거림에 귀를 기울인다. 결국 둘 다 가질 수는 없음을 다시금 뼈아프게 깨닫지만 말이다.

강물의 표정이 빠르게 변할 때는 아름다운 돌들이 잘 보이지 않는다. 마찬가지로 아름다운 신비 속에서도 빠르고 소란스런 흐름은 모든 것의 특별한 멋을 완전히 가려버린다. 세상의 강물이, 우리 마음의 강물이 고요할 때만 모든 것이 특별하고 분명하게 보인다.

11 June
나눔의 세 가지 비밀

• • •

같은 물을 마시고 사는 사람들은
같은 별을 바라본다.

오르막길은 멀었고 날씨는 푹푹 쪘다. 톰은 이런 상황을 미리 내다보고 물을 병째 얼려왔다. 덕분에 물은 내내 시원했다. 하지만 녹는 족족 마셔버리니 작은 얼음 덩어리만 플라스틱 병 안에서 달그락거렸다. 이때 선견지명이 없었던 빌이 톰에게 얼음을 조금 나눠달라고 부탁했다. 빌에게도 물은 있었지만, 땡볕 속에서 산을 오르는 중에 미지근해졌기 때문이다.

톰은 빌의 부탁을 기꺼이 받아들이고, 얼음 조각을 빌의 병에 넣어주기 위해 열심히 얼음을 조각내려 했다. 하지만 잘되지 않았다. 그렇게 한참을 씨름하던 톰에게 퍼뜩 좋은 생각이 떠올랐다. 빌의 미지근한 물을 얼음에 부었다가 녹은 물을 마시면 된다는 것이었다.

이 작은 순간이 톰의 인생을 바꿔놓았다. 무엇이든 계속 부수지 않고 받아들여야 더욱 쉽게 빼내고 얻을 수 있음을 깨달았기 때문이다. 덕분에 산을 내려와 다시 세상 속으로 들어가면서 그는 나눔의 세 가지 신비를 발견했다. 우선 시간이 있으면 차가운 것들이 저절로 녹게 내버려둔다. 시간이 없으면 뜨거운 것을 받아들인다. 마지막으로, 건네줄 수 있기를 간절히 기도하고 남아 있는 단단한 것은 필요할 때만 부순다.

12 June
손끝으로 헤아리기

단순히 더하거나 빼지만 말고,
느낌으로 헤아릴 줄도 알아야 한다.

눈으로 헤아릴 때 우리의 심장은 꺼져버린다. 눈은 아픔을 느끼지 않고도 상처 난 부분을 분명하게 파악하고, 정신은 상처를 봉합하지 않고도 손실을 계산할 수 있기 때문이다. 이렇게 우리는 눈앞에서 부서지는 삶에 손도 대보지 않고, 부서진 꿈이 바닥으로 떨어지기 전에 얼른 달려가 다시 세운다. 덕분에 개미 같은 효율성과 회복력을 확보하지만, 우리가 지은 집 속에 들어가 살지는 못한다.

 슬프게도 우리를 정확하고 효율적인 사람으로 만들어주는 능력은 신경증적인 삶의 원인이 되기도 한다. 보지만 만지지 못하고, 알지만 느끼지 못하게 되는 것이다. 이렇게 정신이 마음의 스텝을 건너뛰면, 뉴스에 나오는 유혈극이 실제라는 것도 망각한다. 거리에서 들려오는 울부짖음이 살아 있는 무언가의 소리라는 것도 잊어버린다.

 갈비뼈 제거 수술에서 깨어났을 때가 생각난다. 가까운 친구 한 명이 내 침대 발치에 서 있었다. 나는 다른 세상에 갔다 온 것에 의기양양해하면서 그녀를 소리쳐 불렀다. 하지만 그녀는 멍하니 허공만 응시할 뿐, 내가 다시 살아난 것도 알아채지 못했다. 나의 죽음을 애도하고 있었기 때문이다. 요컨대 그녀는 이미 나 없는 삶을 준비하고 있었다. 이로써 우리를 기다리던 깊은 친밀감은 느낄 수도 간직할 수도 없게 되었다. 우리는 이렇게 자신을 보호한다는 생각으로 서둘러 재고정리를 하고 앞으로 나아간다. 하지만 그러는 사이 우리가 만드는 그물망은 더욱 빡빡해지기만 한다.

최근에 또 다른 친구가 집을 짓는 꿈을 꾸었다. 그 집에는 우리가 아끼는 물건들을 놓아두는 튼튼한 선반들이 있었다. 그녀는 선반들을 세어보려 했지만, 머릿속으로는 도저히 셀 수 없었다. 할 수 없이 선반이 있는 곳으로 가 일일이 만져보면서 셌다. 그러자 신기하게도 선반들이 더욱 늘어났다. 그녀의 접촉으로 더 많은 선반이 생긴 것이다.

손으로 직접 느끼며 헤아리는 태도는 그 어떤 셈법보다도 우리를 깊은 곳으로 인도한다. 숫자는 음표를 낳고, 총계는 노래를 낳는 곳으로.

13 June

수용

· · ·

작은 만이 그것을 만들어준 바다를 향해 자신을 닫을 수 없는 것처럼,
가슴은 자신을 열 수밖에 없다.

가슴은 삶 자체의 모습 속에서 경험을 통해 스스로를 드러낸다. 이것은 가슴과 관련해서 가장 받아들이기 힘든 축복의 하나다.

이미 지나간 일들을 아무리 지키거나 다시 체험하려 해도, 가슴은 결코 변화를 멈추지 않는다. 이것이야말로 건강한 삶의 중요한 열쇠다.

잃어버린 것들은 이미 우리의 뒤에 있음을 부인하려 해도, 상처들을 봉합하기 위해 묻어두었던 상처들을 다시 되새김질해보려 해도, 모든 소중한 것을 지키기 위해 아무리 처절하게 노력해도, 삶의 흐름을 멈추려는 온갖 몸부림에도 불구하고 가슴은 안다. 최고와 최악 모두 자신의 조직 속으로 흡수해야만 진정으로 기억하거나 온전히 존재할 수 있음을.

다시는 상처받지 않겠다는 결의에도 아랑곳 않고 가슴은 우리를 계속 나아가게 한다. 건강한 삶을 향해 계속 나아가게 한다. 우리가 가슴을 다스릴 수 있다고 생각하면서 돌아다니는 동안, 우리의 의지와는 반대로 가슴은 대지처럼 끊임없이 모습을 바꾼다.

14 June

사랑의 역설

* * *

물고기가 바다를 보지 못하듯
나는 때로 우리를 보지 못한다.
이것은 사랑 속에서 허우적대는 연인들이 치러야 할 대가다.

처음으로 사랑에 빠질 때는 가능성의 강력한 힘이 우리를 사로잡아 시간 속으로 더욱 깊이 끌어당긴다. 처음으로 사랑의 유대감이 형성될 때는 믿을 수 없을 만큼 신선하게 서로를 바라보고, 앞에 있는 연인에게 감사의 마음까지 갖는다. 삶의 비밀이 두껍게 칠해진 듯한 놀라운 그림을 바라보듯 연인의 눈을 응시한다.

사이가 가까워지면 필연적으로 서로를 제대로 보지 못한다. 연인을 더는 타인들처럼 보지 못하는 날이 다가온다. 이제는 연인의 얼굴 안쪽을 바로 코앞에서 들여다본다. 이제는 신비로운 강물을 헤엄치듯 서로의 안에서 허우적거린다. 이 강물 속에서 때로는 자신의 모습을 보기도 하고, 때로는 위안을 얻기도 하며, 때로는 물을 마시기도 한다.

그러다가 드디어 한때 설레는 가슴으로 응시했던 그림 속으로 들어간다. 그림 속으로 들어간 후에는 그림이 있었다는 것조차 잊어버린다. 이렇게 우리는 서로를 당연한 존재로 받아들인다. 마법은 끝났다고 생각하면서.

바다 속으로 들어가면 그 보답으로 파도를 탈 수 있듯, 상대의 내면 깊은 곳으로 들어가면 머리로 이해하는 것을 넘어 서로를 느낄 수 있다. 이것이 친밀함의 역설이다. 길을 가는 동안에는 우리가 꿈꾸는 느낌을 머리로만 이해하지만, 일단 목적지에 도착하고 나면 더는 쉽게 이해할 수 없는 것도 마음으로 느낀다.

15 June
사랑하되 얽매이지 않는

가슴속의 풀리지 않는 모든 것에 참을성을 가져라.
그리고 의문 자체를 사랑하라.
- 라이너 마리아 릴케 -

무더운 여름날 시내에서 조깅을 했다. 리듬 있게 움직이는 다리는 특별히 인도해주지 않아도 작은 무리의 사람들과 장미꽃, 버스 정류장들을 지나쳐 나를 실어 날랐다. 그러자 자신을 저버리지 않으려고 발버둥쳤던 기억들이 떠오르기 시작했다.

나는 어른이 되면서 타인들과 관계 맺기 전에 문간에서 코트를 매만지듯 자신을 점검했다. 때로는 사랑받기 위해서 모자란 사람인 척하기도 했다. 타인들을 보살피기 위해 내 생각은 오랜 세월 선반에 처박아두기도 했다. 그러고는 소방대원처럼 내가 하던 일을 접어두고 사람들을 구하러 뛰쳐나갔다. 나를 잃어버리더라도 언제나 마음의 문을 열어놓거나, 타인들이 접근하지 못하게 문을 닫아두는 수밖에 없다고 생각했기 때문이다.

타인들과 가까이 있으면서도 혼란에 빠지지 않고 자유로이 거리를 달릴 수 있게 된 오늘, 나는 깨달았다. 과거의 많은 시도 덕분에 이제는 타인들의 불안에 영향받거나 지하로 숨어들지 않게 됐음을. 타인들을 보살피되 마음에 담아두지 않고, 타인들을 가까이 하면서도 흘려보내는 법을 터득해가고 있음을. 적어도 시도는 하고 있음을.

나는 작은 말처럼 흠뻑 젖은 몸으로 숨을 씩씩 몰아쉬었다. 하늘엔 잔뜩 구름이 끼어 있고, 약하게 비가 내리기 시작했다. 아름다운 사람들을 비집고 들어가 겨자를 바른 핫도그와 자우어크라우트소금에 절인 양배추를 발효시킨 서양식 김치 - 옮긴이를 주문했다. 이 소박한 음식을 씹는 사이 하늘에서 떨어지는 빗방울과 내 몸에서 떨어지는 빗방울이 뒤섞였다. 땀에 젖은 몸, 입속에 퍼지는 알싸한 맛, 빗속에서도 나는 기쁨에 몸을 떨었다. 사람들은 이리저리 지나쳐가고, 오늘만큼은 내가 무가치하다는 느낌이 조금도 들지 않았다.

16 June
타인에게로 들어가는 길

원하는 것이 오로지 상대뿐일 때
우리는 요람에서부터 무덤에 이르기까지 온갖 약속을 다 한다.
— 브루스 스프링스틴 Bruce Springsteen —

흔히 이런저런 조건이 충족돼야만 사랑을 발견할 수 있다고 생각한다. 사실 보트에서 부두로 뛰어내릴 때처럼 둘 사이의 작은 간극만 뛰어넘으면 되는데 말이다. 미리 준비할 것도 갖출 것도 없이, 둘 사이의 장막을 뛰어넘어 앞에 펼쳐져 있는 땅에 발을 내딛기만 하면 되는데 말이다.

그러나 우리는 두려움에 굴복해서 둘 사이의 간극을 더욱 넓게 만들어버린다. 상대에게 다가가기 전에 충족시켜야만 하는 조건을 더 많이 만들어내는 것이다. 자격증을 따거나 생활양식을 개선하거나 은행 잔고를 더 채우는 것이 그 예다. 이런 일들은 정말로 충족시켜야만 하는 간단하고 본질적인 요구에 정신을 집중하지 못하게 만든다. 이렇게 우리는 두리번두리번 서성이면서도 사랑을 줄 대상을 향해 곧장 돌진하지 못한다.

사랑은 머리로 생각하고 이해하는 것으로는 안 된다. 직접 발을 내딛고 들어가야 한다. 발을 내딛기 전에는 타인들과의 간극이 협곡처럼 아득하게 느껴지지만, 어떻게든 발을 내딛고 나면 간극은 훨씬 좁아진다. 두렵게만 보이던 것도 건너고 나면 예상과 달리 다리였음을 깨닫게 된다. 그리고 이 다리를 통해 내가 누구이고 어떤 사람이 되어가고 있는지도 발견한다.

17 June

흔들림 없는 영혼과 흔들리는 마음

더없이 맑은 물도 아주 깊은 곳은 뿌옇게 보인다.
- 조엘 에이지 Joel Agee -

우리 개개인은 거대한 바다와 같다. 이 길들여지지 않은 바다는 눈에 잘 보이지 않는 깊은 흐름에 순종한다. 이런 사실을 이해하면 기억할 만한 세 가지 통찰을 얻을 수 있다. 첫째는 가장 깊은 바닷물도 수면의 물결만큼 맑지만, 수면 위에서 까닥거리는 인간의 눈으로는 좀처럼 심연을 볼 수 없다는 것이다. 둘째는 우리가 들여다볼 수 있는 심연의 깊이는 수면의 고요나 동요 정도에 따라 달라진다는 것이다. 마지막으로 바다의 수면과 심연을 분리할 수 없듯 인간의 영혼과 정신도 서로 연결되어 있다는 것이다.

깊이서 포효하는 거친 흐름은 우리로 하여금 일어나 몸을 부풀려 앞으로 기울였다 돌진하게 만든다. 그러나 영혼의 토대는 수면을 휘젓는 폭풍우에 영향받지 않는다. 그것은 더욱 깊은 질서를 따른다. 하지만 세속의 우리는 심연과 표면, 영혼과 마음 모두에 영향을 받는다. 바닥까지 투명하게 들여다볼 수는 없어도, 마음이 평온한 맑은 날에는 우리에게 영향을 미치는 심연을 볼 수 있다. 불안과 동요에서 벗어나면, 내면에 차오르는 신의 바다를 느낄 수 있다.

그래서 삶이 만들어내는 그 짧고 명징한 순간에 사랑 속에서, 관계 속에서 시력이 허락하는 한 깊은 곳까지 상대를 꿰뚫어보고 영원한 변화를 경험한다. 그러다가 다시 동풍이 불어오면 상대는 갑자기 극심하게 흔들리고, 우리는 상대의 심연을 들여다볼 수 없게 된다. 상대가 어떤 존재인지 알 수 없게 된다. 이런 일은 우리의 자아를 알아가는 과정에서도 똑같이 일어난다. 피할 수 없는 과정인 것이다.

어디든 바다를 한번 보라. 완전하게 고요한 곳은 없다. 잠잠할 때도 바다는 모든 것을 비추면서 결코 사라지지 않는다. 마찬가지로 우리의 감정도 빛 속에서 끊임없이 변화한다.

우리가 얼마나 맑고 투명한 상태인가에 따라 우리의 마음과 하루도 평온해진다. 그러나 수면의 파도가 해저의 흐름과 연결되어 있듯, 우리는 결코 우리의 영혼과 떨어져 있지 않다. 삶에 대한 두려움은 흔히 순간의 파도에, 순간적으로 요동치는 마음에 모든 에너지를 쏟아 부을 때 일어난다.

수면을 뚫고 들어가 자신과 타인을 통찰하는 찰나의 경험이 계시라면, 지혜는 물이 흐려졌을 때 이 통찰의 순간을 다시 기억하는 것이다.

18 June
감정 비우기

이 밤이 지나면 해야 할 일이 있나니.
모든 것은 사랑하거나 사랑하지 않는 것과 연관되어 있다.
- 루미 -

마음이 아프거나 우울하거나 불안할 때, 우리는 강력한 감정들에 부딪힌다. 이런 감정들은 몸뚱어리 없는 유령처럼 안으로 밀고 들어와 우리의 삶을 지배하려 든다. 고통의 동굴 속에 모여 부싯돌처럼 우리의 상처에 불을 지피고 계속 타오르게 한다.

나는 이 고통스러운 감정들을 밖으로 쫓아내기 위해 오랜 세월 씨름했다. 덕분에 이제는 상처나 우울, 불안이 내 안에 똬리를 틀지 못하게 만드는 것도 이것들을 몰아내는 것만큼이나 행복에 중요하다는 것을 안다.

이 강력한 감정들을 수면으로 끌어올려야 하는 이유는 마음과 정신에서 감정의 찌꺼기를 지속적으로 제거해야 하기 때문이다. 그래야 새로운 삶이 우리 안으로 흘러든다. 고백컨대 내가 그 모든 고통을 겪은 이유도 이것을 깨닫기 위해서였다.

이런 감정들을 밖으로 비워버리지 않는 것은 위험한 일이다. 이런 감정들이 느껴지면, 끝까지 느끼고 흘려보내야 한다. 폐가 깨끗해야만 다시 공기를 들이마실 수 있듯, 다음에 다가올 감정들을 받아들이려면 가슴속의 장애물을 제거해야 한다.

우리 안에 있는 상처의 방에서 튀어나온 유령들을 계속 춤추게 놔두면, 우리가 만든 채석장 입구에 상처들을 돌처럼 계속 쌓아두면, 결코 자유를 만끽할 수 없다.

19 June
더 넓은 지평

더욱 넓은 지평을 바라볼 때
눈은 스트레스를 덜 받는다.
- R. D. 친 R.D. Chin -

물리학이나 건축학, 동양의 명상법이나 서양의 기도법 모두 시야가 넓을수록 고립감을 덜 느낀다는 점을 확인시켜준다. 더욱 큰 모든 것과 연결되어 있을수록 지상의 삶은 덜 혼란스러워진다.

우리의 여정을 타인들과 공유하는 것이 좋은 이유도 이런 나눔 속에서 다양한 목소리의 합창에 동참할 수 있기 때문이다. 그러면 혼자가 아니라는 사실을 발견하고, 홀로 노래 부를 때의 압박감도 덜 느낀다.

빛을 가둬두면 열기로 변질되듯, 삶의 요소들도 가둬두면 고립감으로 작은 불꽃을 일으킨다. 나는 암과 씨름하면서 건강 관련 모임에 참여할 때 이 차이를 분명하게 느꼈다. 혼자일 때는 죽을 것 같은 열기가 느껴졌다. 그런데 나와 같은 길을 가는 사람들의 모임에 들어가서 고통을 토로하고 나자, 다시 마음이 편안해지면서 삶에도 빛이 가득 들어찼다.

그러니 가슴에 돌을 부여안고 힘겹게 앞으로 걸어가는 사람이 있다면, 가까이 다가가 이야기를 들어줘라. 삶의 고통이 매섭게 느껴지면, 마음을 활짝 열고 편안하게 마음을 나눠라. 이 교감이 혹독한 고통을 누그러뜨릴 것이다. 삶이 무겁게 느껴질 때는 가까운 사람과 이 짐을 나눠라.

20 June
나는 고통보다 큰 존재다

고통 후에 들이마시는 공기를 생각하며 살면
도망칠 이유가 전혀 없다.

히포크라테스는 고통의 부재가 즐거움이라고 했다. 고통을 경험해본 사람이라면 누구나 이 말이 사실임을 알 것이다.

암 선고를 받고 나서 줄줄이 기다리고 있는 끔찍한 검사들을 받기 시작했을 때, 나는 고통이 무척이나 싫었다. 그래서 의사와 간호사들에게 나를 '마크-죽여줘-네포 Mark put me out Nepo'라고 소개했다. 하지만 검사를 받을 때마다 무슨 의학적 이유 때문인지는 몰라도 언제나 깨어 있어야 했다. 결국 나는 어디로도 도망칠 수 없었다.

시간이 걸리기는 했지만 나는 이런 상황을 받아들였다. 그러자 이 고통이 결코 끝나지 않을 것이며, 고통에 맞닥뜨리는 순간마다 삶이 얼어붙어버릴 것이라는 생각이 들었다. 고통 너머의 삶을 꿈꾸지 못하는 마음이 공포를 더욱 강하게 만들고 있었다. 가장 끔찍한 일은 바로 이것이었다.

그러던 내게 돌파의 순간이 찾아왔다. 또다시 골수를 채취하는 날이었다. 무슨 이유에선지 이 일은 유난히 더 끔찍했다. 하지만 깊이 축복받은 날인 듯 갑자기 다르게 느껴졌다. 나는 성가시기 짝이 없지만 40~50초만 지나면 이 일도 끝나리라 생각했다. 나의 삶 전체를 정리하면서 기대감과 회피하고 싶은 마음을 동시에 안고 25초를 견뎌냈다.

나는 이때 선택권이 있음을 처음으로 깨달았다. 25초의 고통은 변함없었다. 그러나 50초만 지나면 다시 삶이 시작되리라는 엄연한 사실 속에서 두려움은 물론이고 나 자신까지 내려놓을 수 있었다. 고통이 지나면 대기 중에는 다시 햇살이 비칠 테니까. 나는 처음으로 내가 고통보다 더 큰 존재임을 느꼈다. 이런 느낌은 나를 강하게 만들었다.

절망에 빠지면 고통이 결코 끝나지 않을 것처럼 여겨진다. 이런 때가 얼마나 잦은가. 사실 절망의 순간들은 고통이 우리의 다른 부분들보다 크다고 생각할 때 찾아온다. 삶이 우리의 고통보다 크다고 믿으면 평화가 찾아온다.

21 June
신의 현존

수백 번을 봐도 보이는 것은 먼지뿐이었다.
그런데 햇살이 비추는 순간, 금빛 조각들이 대기를 가득 채웠다.

태양은 낮의 세계를 끊임없이 비춘다. 그러나 우리는 햇살이 머무는 곳에서만 빛을 본다. 끊임없이 이글거리는 태양이 자신의 영향력 안에 있는 모든 것을 지지해도, 수백만 마일을 가로질러 자신의 힘을 보내도, 우리는 태양을 보지 못한다. 햇살이 풀잎에 닿기 전에는, 햇살에 거미줄이 황금빛 레이스로 변하기 전에는, 태양을 보지 못한다.

신도 마찬가지다. 신은 우리들 속에서 활발하게 움직인다. 하지만 우리는 자신이 밝아진 순간이나 사랑으로 생기 넘치는 순간에만 신의 존재를 본다.

햇살이 갑자기 얼굴을 드러내기 전에는 거미줄을 보고도 그 아름다움을 느끼지 못하듯, 우리는 가장 가까운 사람의 얼굴을 보고 또 보면서도 서로의 얼굴에서 아름다움을 보지 못한다. 어느 한쪽이나 둘이 불현듯 본래의 얼굴을 드러내야만 상대의 아름다움을 확인한다. 우리의 영혼도 이렇게 스스로를 드러낸다. 아니, 가슴속 사랑으로 서로의 아름다움을 알아본다.

사랑은 겸허한 작업이다. 스스로를 성장시키며 기다리는 것 말고는 할 일이 없다.

22 June

영혼의 낚시

• • •

정직은 내 안의 보물을 낚아 올리는 그물이다.

우리는 계획을 세우고 이것을 꼭 지켜야 한다고 배웠다. 그래서 자격증과 학위를 따기 위해 이미 정해진 학습과정을 밟는다. 그러나 이렇게 살면 진정한 삶을 위한 시도는 할 수 없다.

세상에서 내게 꼭 맞는 자리를 찾는 일은 영혼의 낚시처럼 느껴졌다. 경험의 광대하고 신비로운 바다가 끊임없이 나를 불렀고, 나는 한 양동이의 의문이나 정직의 그물로 매일같이 양식을 낚아 올렸다. 누구도 보지 못하는 공동의 심해에서 조개나 진주, 해초를 낚아 올려 깨끗이 닦은 후에 이것들이 전하는 말에 귀를 기울였다.

살아 있는 사람은 누구나 이렇게 낚시를 해야 한다. 그리고 고요와 인내, 표류를 거부하지 말아야 한다. 어디에 심오한 것들이 살아 있는지 알 수 없기 때문이다. 자신을 알아가는 노력도 이런 과정을 닮았다. 존재의 많은 부분은 수면 아래에 남아 있다. 살아남으려면 심연에 존재하는 것들로부터 자양분을 얻어야 한다.

역설적으로 우리의 본질적인 감정과 사적인 진실들은 수면 아래에 산다. 물고기처럼 잡히기를 거부한다. 하지만 영혼의 낚시로 이 양식들을 잡아 올려야 하며, 껍질 안에 있는 것을 먹으려면 껍질을 열어야 한다. 이것이 내면에 살아 있는 것에서 자양분을 얻는 비결이다. 수면 아래서 헤엄치는 것들을 먹으면 심연도 조망할 수 있다.

실제로 내가 사랑했던 사람들과 나를 사로잡았던 길들은 내가 영혼의 바다에서 물고기를 잡아 올린 후에야 비로소 스스로를 드러냈다. 충분히 깊이 들어가보면, 개개인의 영혼의 바다는 모든 영혼의 바다이기도 하기 때문이다.

이 공동의 바다에서는 모두가 연결되어 있다. 그러므로 이 바다와의 교감이 있어야만, 즉 우리 안에 살아 있는 것을 받아들이고 먹고 성장해야만 존재의 공통적인 목적을 발견할 수 있다. 이 정직한 수행에 전념하면 사려 깊은 마음이라는 훌륭한 그물, 즉 지혜도 얻을 수 있다. 이 지혜로 가장 작은 조개, 양식과 진주를 모두 머금은 숨겨진 보물까지 우리의 것으로 만들 수 있다.

23 June
평화를 선택할 것인가? 명예를 선택할 것인가?

> 발자국을 남기고 가는 맹수보다
> 흔적도 안 남기고 날아가는 새.
> - 페르난두 페소아 Fernando Pessoa -

우리의 불안과 내면의 혼란은 대부분 현대의 문화에 그 원인이 있다. 현대 문화의 중심가치가 정말로 중요한 것으로부터 우리를 멀어지게 만들기 때문이다. 이런 문제의 핵심에는 성공에 대한 외적인 정의와 평화에 대한 내적인 가치 사이의 갈등이 있다. 불행히도 지금의 문화는 우리에게 주목받기를 권장하고, 심지어는 주목받도록 훈련까지 시킨다. 삶을 새롭게 만드는 비결은 관심을 주는 데 있는데도 말이다.

시험에서 좋은 성적을 거두는 일에서부터 승진을 위해 입지를 다지는 일에 이르기까지 우리는 특별한 사람으로 인정받고 주목받아야 성공할 수 있다는 믿음을 주입받는다. 관심을 받기보다 주는 데 헌신해야 삶의 경이를 향한 문이 열리는데도 말이다. 모든 일을 특별한 것으로 인정하고 받아들여야만, 모든 것에서 생기를 얻는데도 말이다.

관심을 주기보다 받는 데 집중하면 불행은 깊어만 간다. 언제나 유명해지기를 꿈꾸면서 세상을 살아가고 인정받거나 사랑받기만을 갈망하기 때문이다. 그러나 주변의 삶을 인정해야만 합일의 느낌이 축복처럼 다가온다. 우리가 해야 할 유일한 일은 사랑을 베푸는 것이다.

많은 사람이 성공을 꿈꾸면서도 외로움을 느끼는 이유는 분명하고 진실한 것을 찾기보다 크고 강력한 것을 갈망하기 때문이다. 평화와 동떨어져서 살아가는 이유는 뭐라 설명할 수 없는 영혼의 기쁨을 즐겁게 찾아가기보다 명성이 우리를 달래줄 것이라고 믿기 때문이다. 그러나 명성을 꿈꾸면서 분주하게 움직이는 사이, 깨달음과 베풂, 사랑에 대한 욕구는 질식하고 만다. 우리를 진실하고 건강한 명성으로 인도하는 것은 이 세 가지인데 말이다.

결국 선택은 우리의 몫이다. 평화를 좇을 것인가, 명성을 좇을 것인가? 타인들에게 주목받기 위해 노력할 것인가? 아니면 진정한 깨달음을 위해 헌신할 것인가? 타인들의 주목을 토대로 자신의 정체성을 확립할 것인가? 아니면 관심을 베푸는 행위를 통해 삼라만상의 아름다움 속에서 자신의 자리를 찾을 것인가?

24 June

아픈 사람들에게 던지는 질문 2

• • •

마지막으로 춤을 췄던 때가 언제인가?
- 어느 아메리카 원주민 치유사가 아픈 사람들에게 던지는 질문 -

느낌을 몸짓으로 표현하면 춤이 시작된다. 대부분의 아이들에게 이것은 아주 기본적이고도 분명한 사실이다. 하지만 머리로 살도록 교육받은 어른들에게는 대단히 어려운 일이다.

자신의 느낌과 경험을 몸짓으로 표현하려는 지속적인 노력은 궁극적으로 치유를 가져다준다. 강바닥의 모양이 강물에 의해 끊임없이 달라지듯, 살아 있는 존재도 그들을 관통하는 감정과 경험에 의해 끊임없이 변모한다. 강물이 없으면 강바닥은 메말라 갈라져버린다. 마찬가지로 감정이 몸을 흐르지 못하면, 몸의 중심에 있는 존재도 바스러지고 만다. 그러나 몸짓으로 표현해야 할 감정이 아주 많을 때도 우리는 이것들이 우리의 몸을 흐르게 하지 못한다. 실제로 마음의 병은 대부분 안에 쌓아둔 감정들이 우리를 압박할 때 일어난다.

내면의 축적물을 끊임없이 풀어내는 훈련을 체현이라 한다. 몸으로 충만한 삶을 살게 도와주는 수행법은 예로부터 많이 있었다. 두 가지만 예를 들면 중국의 태극권이나 불교의 자비명상을 들 수 있다. 장애물을 제거하고 우리의 내면을 드러내고 나면, 내면의 축적물이 주는 압박감이 사라진다. 그러면 스스로 삶 속으로 더욱 깊이 춤추듯 들어가는 방법도 터득하게 된다.

그래도 사람들은 자신의 감정들을 마음속에 가둬둔다. 이 감정들이 사라지지 않으면 생각으로 잠재우려 한다. 그래도 잦아들지 않으면, 관자놀이가 뛰거나 속이 타는 것을 경험한다. 이렇게 몸과 마음, 정신이 고통스럽게 층을 이루도록 내버려두지 않고 손과 마음과 정신으로 상처를 어루만지고 느끼는 것이 체현이다. 놀랍게도 체현은 마음과 정신, 몸을 하나의 살갗처럼 만들어준다.

25 June
뿌리와 줄기

● ● ●

햇살을 받고 있는 잔가지가 보이지 않는 뿌리에게
자양분을 공급하는 것처럼,
우리가 드러내는 사랑은 숨겨진 사랑을 구원한다.

나는 숨김없이 드러내고 사는 것을 좋아한다. 물론 몇몇 부분은 숨어 있다. 나도 어쩔 수 없는 일이다. 그러나 드러난 부분과 숨겨진 부분 중에서 어느 편에 따라 삶을 영위할지는 스스로 선택할 수 있다. 자신을 숨김없이 드러낼 때, 삶은 꽁꽁 숨겨진 부분에도 자양분을 공급한다. 이 설명할 수 없는 진실을 나는 믿는다.

봄에 초록의 줄기들이 보이지 않는 뿌리와 연결되어 있듯, 줄기가 자랄 때 뿌리도 자라듯, 연민은 보이지 않는 두려움을 달래준다. 나도 모르는 사이에 사랑은 내 혼란의 이면에 자양분을 공급한다. 내가 받아들이는 빛은 내 영혼의 뿌리를 계속 살아 있게 한다.

우리는 자신이 설명할 수 없는 것에, 고칠 수 없는 것에, 영원히 떠나보낼 수 없는 것에 너무 사로잡혀서 그만 잊어버리고 만다. 한낮의 햇살

속에 어느 부위를 내놓든, 이것이 나머지 부분을 서서히 그러나 확실하게 치유해준다는 것을.

26 June

기도의 힘

• • •

기도는 구하는 것이 아니다. 기도는 영혼의 갈구다.
자신의 약함을 매일 인정하는 것.
그러므로 기도할 때는 마음 없는 말보다 말 없는 마음이 더 좋다.
- 간디 -

가장 심오한 형태의 기도는 아직 경험해보지 못한 무언가를 달라고 요구하거나 간청하는 것이 아니다. 이미 받은 무언가에 대한 감사의 서약이다. 이런 기도는 우리의 영혼을 새롭게 만들어준다.

간디의 가르침 속에는 지상에서의 삶에 순응할 필요가 있다는 뜻도 들어 있다. 자신의 약함을 인정하고 세상을 향한 가면들을 모두 내려놓으면, 신성한 것이 우리 안으로 흘러든다.

앞을 보지 못하는 사람이 햇살 아래서 계속 춤추는 모습을 본 적이 있다. 그의 얼굴에서는 미소가 떠나지 않았다. 말은 한 마디도 없었다. 내게 그는 사제이자 샤먼처럼 보였다. 그는 앞 못 보는 신세에도 아랑곳없이 충분히 행복한 날이라고 침묵 속에서 온몸으로 외치며 기도하고 있었다.

듣는 방법을 터득하면 가슴은 모든 말을 넘어 깨닫는다. 삼라만상에 대한 편협한 인식 너머에서 장엄한 빛이 우리가 바라는 것보다 훨씬 많이 우리를 감싸고 있음을. 감사의 기도가 일깨워주는 점도 바로 이것이다.

27 June
원숭이와 강물
...

어느 위대한 선승이 제자에게 물의 가르침이 모두 들릴 때까지 물가에 앉아 있으라고 했다. 제자가 며칠 동안 물가에서 정신을 집중하고 있는데, 지나가던 작은 원숭이 한 마리가 기쁨에 겨운 듯 물속으로 뛰어들어 물장구를 쳐댔다. 제자가 눈물을 흘리며 스승에게 돌아가자, 스승이 부드럽게 제자를 나무랐.
"원숭이는 들리는 대로 들었지만, 나는 그저 이해하기 위해서 들었다."

선의를 갖고도 거짓된 경력을 쌓는 경우가 흔하다. 물 한 방울 묻히지 않고 강물을 연구하는 것이다. 이렇게 우리는 위대한 철학을 곱씹으면서도 진리를 말하지 않고, 자신의 고통을 분석만 할 뿐 느낄 줄 모르며, 신성한 장소들을 연구하면서도 자신이 사는 자리는 신성하게 만들지 못한다. 물가에 성당을 세우고 깨끗이 유지하는 데만 모든 시간을 쏟아 붓는 것이다. 혹은 돈만 세면서 한 푼도 쓰지 않고, 기도하면서도 정작 신의 현존은 느끼지 못한다. 노련하게 연주하면서도 음악을 느끼지 못하고, 사랑을 하면서도 열정을 못 느낀다.

제자가 눈물을 터뜨린 이유는 간단하다. 시끄럽게 찍찍대면서 물장구를 치던 원숭이는 기쁨의 순간을 맞이한 반면, 그는 온갖 숭배와 명상, 헌신에도 불구하고 원숭이가 느낀 기쁨의 순간에 이르지 못했기 때문이다.

강물은 이어지는 삶의 순간들을 나타낸다. 우리를 삶 속에 깃들게 하는 것은 강물의 흐름이다. 그러나 강물에 아무리 가까이 다가가도, 강물에 가까이 머무른 덕에 민감한 가슴으로 아무리 많은 것을 얻어도, 강물 속으로 들어가야만 기쁨을 느낄 수 있다.

20년 동안 여름마다 찾아가던 호수에서 있었던 일이다. 친구와 나는 칸막이가 있는 현관에서 지난 수년간 무수히 그랬던 것처럼 비가 내리는 풍경을 구경했다. 그런데 갑자기 단순하고 아름다운 원숭이처럼 친구가 벌떡 일어나 스크린 도어를 열어젖히더니 발자국을 남기듯 옷을 벗어놓고 빗물 가득한 호수 속으로 뛰어들었다. 나도 그 제자처럼 언제나 건조하게 살아가는 자의 고통을 느끼면서 구경하다가 옷을 벗고 호수 속으로 뛰어들었다.

우리는 호수 한가운데에 있었다. 빗물이 우리의 입과 눈, 호수 속으로 세차게 들이치면서 우리는 삶과 하나가 됐다. 그 순간 나는 들었다. 머리 위로, 호수 속으로 빗방울이 떨어질 때마다 들려오는 소리. 기쁨, 기쁨, 기쁨의 소리를!

28 June

영혼의 조각

*식별은 우리의 본래 모습이 아닌 것을
버리는 과정이다.*
– 토머스 키팅 Thomas Keating 신부 –

나는 감정과 역할과 느낌을 나와 동일시했다. 그것도 아주 쉽게. 화를 내고 이혼하고 우울해하고 낙오자가 되면서, 혼란과 슬픔이 곧 나라고 착각했다.

그러나 어떤 순간 어떻게 느끼든 우리의 감정이나 역할, 상처, 가치, 규범, 의무나 야망은 우리가 아니다. 그런데도 우리는 자신이 맞닥뜨린 갈등의 순간으로 쉽사리 자신을 규정한다. 이것은 지극히 인간적인 일이다.

나는 이따금 미켈란젤로가 어떻게 조각을 했는지, 깎지 않은 돌 속에서 이미 완전한 상태로 기다리는 조각품을 어떻게 인식했는지 생각한다. 그는 지나친 부분들을 깎아내 그 안에 기다리고 있는 아름다움을 자유롭게 드러내는 것이 자신의 일이라고 했다.

영적인 식별도 이와 같다. 의식의 작업을 통해 자신이 직면한 아픈 경험들 속에서 숨어 있는 의미를 발견해내고, 본래의 모습이 아닌 불필요한 것을 깎아내는 것이다. 우리 안에서 이미 완전한 상태로 기다리는 영혼의 몸짓을 발견하고 자유롭게 드러내는 것이다. 자기실현은 이 과정을 현실의 삶에 적용하는 것을 말한다.

우리의 많은 고통은 태어날 때부터 이미 우리 안에 있는 아름다움을 자유롭게 드러내려는 신의 조각칼이 남긴 흔적이다.

29 June
작은 물고기 이야기

결코 팔을 갖지 못하리라는 것을 받아들이는 순간
물고기의 몸에서 지느러미가 돋아나기 시작한다.

어느 날 이 사실을 깨달은 순간, 잠이 확 깨는 것 같았다. 수수께끼나 화두를 푼 느낌이라고나 할까. 얼마 후 나는 이 안에 또 다른 믿음의 열쇠가 숨겨져 있음을 깨달았다. 자신이 되고 싶은 존재가 되려면 먼저 자신에게 없는 것을 인정해야 한다는 점이었다.

우리를 본래의 모습에서 벗어나게 만드는 터무니없는 환상, 사랑 대신 명성을 좇게 만들고 자비 대신 완벽을 추구하게 만드는 환상은 버려야 한다. 스스로 될 수 있거나 돼야 한다고 생각하는 것들에 현혹되지 않고 자신에게 본래부터 없는 것을 인정하는 순간, 내면의 모든 자원이 우리가 그토록 되고 싶어 하던 특별한 존재로 우리를 자연스럽게 변화시킨다.

이런 인정은 자유를 위한 하나의 모험과도 같다. 본래의 자기에 위배되는 것을 포기해야만 우리를 기다리는 성숙에 이를 수 있기 때문이다.

다음 순간의 일을 걱정하지 않고 순응하는 자만이 진정한 삶을 펼쳐나갈 수 있다.

30 June

무지와 외면

• • •

대부분의 사람들이 안정을 보장받는 대가로
자신과 의식의 탐험 사이에 장벽을 쌓는다.
이런 탐험이 자신의 내밀한 삶을 완전히 새롭게 조명하도록 만들어주는데도 말이다.

삼라만상의 진상에 대한 우리의 끌림은 대단히 강렬하다. 그럼에도 우리는 종종 이런 끌림에 저항한다. 자신이 본 것을 부정하거나 삶에 성장이나 변화가 필요 없는 척 가장하는 것이다. 하지만 이럴 때도 기만을 모르는 우리의 영혼은 계속 움직인다. 《이사 우파니샤드 Isa Upanishad》에 나와 있는 것처럼 "영혼은 정신보다 더 민첩"하기 때문이다.

이런 끌림에 저항하면, 가죽 끈에 묶인 개처럼 더 나은 방법을 모르겠다는 듯 매여 있으면서도 계속 고통스럽게 내달린다. 흥미롭게도 우리는 이런 무지를 순수로 착각하는 경향이 있다. 하지만 불교 스승인 초캄 트룽파 Chögyam Trungpa 는 이미 아는 것을 부정하는 고의적인 외면이 무지라고 지적했다. 이런 외면은 삼라만상의 본질을 거스르는 죄악이며 엄청난 대가를 동반한다고 했다.

자신의 영혼이 움직이고 있는데 사실은 그렇지 않은 척 가장하다 보면, 어느 순간 문제가 터져버린다. 이럴 때는 순진한 무지와 고의적인 외면을 식별하는 법을 터득해야 한다. 이런 자각이 있어야만 가죽 끈에 묶인 강아지처럼 살아갈지, 아니면 인생이라는 풀밭을 마음껏 뛰어다닐지 결정할 수 있다.

07 July

받아들임

01 July
진실함이 주는 기쁨

용기는 가슴에서 피는 꽃이다.

모든 용기는 문턱과 같다. 그리고 문턱 앞에서 우리는 흔히 선택에 직면한다. 불타는 건물 안으로 들어갈지 말지, 진리를 말할지 말지, 환상 없이 자신을 직면할지 말지 결단을 내려야 한다. 하지만 지금 이야기하는 용기는 이런 것이 아니다. 내가 말하는 용기를 지닌 사람들은 용감한 사람으로 뽑히면 당황해하면서 이렇게 말할 것이다.

"선택의 여지가 없었어요. 그 아이를 구하려면 불타는 건물 안으로 들어가야 했습니다."

"죽지 않으려면 일을 그만둘 수밖에 없었어요."

용기가 있는 사람은 결과에 상관없이 필연적으로 진실을 존중한다. 깊은 내면의 목소리를 들을 때는 의지를 발휘하는 대신 진정한 앎에 따른다. 내 삶도 이런 받아들임의 연속이었다. 나는 피할 수 없는 내면의 소리를 여러 차례 들었다. 이 목소리를 무시할 수도 있었지만 그러면 본질적인 무언가를 잃어버릴 것 같았다.

내가 암을 잘 이겨낼 수 있었던 이유도 내면의 목소리를 존중했기 때문이다. 이 목소리에 따라 뇌수술을 거부하고 갈비뼈 제거 수술을 받아들였으며, 항암치료를 받다가 중단했다. 의사들은 나의 결정을 언제나 용감하지만 비이성적인 행동이라고 여겼다. 이후에는 나를 암을 이겨낸 영웅이라고 추켜세웠지만, 이는 둥지를 찾아냈다며 독수리를 칭찬하는 것과 같다. 한편 나는 진리를 추구한 까닭에 이기적인 사람으로 비난받기도 했는데, 이는 심해를 그리워한다며 거북이를 비난하는 것과 같다.

용기 있는 사람이 되려면 먼저 진실해야 한다. 누구나 용기를 가질 수 있다. 그리고 용기 있는 사람이 되면 그 보답으로 존경보다 더 중요한 기쁨을 얻는다.

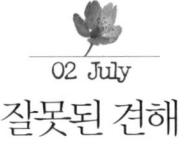

02 July
잘못된 견해

*무지나 잘못된 견해로 이뤄진 마음은 영혼의 병에 시달린다. 그릇되게 보기 때문이다.
그릇된 인식은 잘못된 생각과 행동을 낳는다.
예외 없이 누구나 이 영혼의 병을 앓고 있음을 곧 깨달을 것이다.*
— 아잔 붓다다사 Ajahn buddhadasa —

불교와 힌두교의 고대 근본 언어인 팔리어에서 마음의 병을 가리키는 단어의 의미는 '잘못된 견해'다. 그러나 사물을 보는 시각이 나와 다르다고 해서 상대의 시각을 틀렸다고 볼 때처럼, 잘못된 견해의 의미를 독단적으로 해석해서는 안 된다. 여기서 우리가 깨달아야 할 지혜는 삶의 맥박에 얼마나 진실하고 투명한가에 따라 마음의 평온이 결정된다는 것이다. 본질적으로 마음의 건강은 진정한 자기와 삶의 원천 사이의 신성한 관계에서 비롯된다. 왜곡이나 제한, 합리화로 본래의 자기에서 멀어지는 순간, 아잔 붓다다사가 말한 영혼의 병이 시작된다.

태국의 이 불교 스승은 불균형과 흐릿한 생각에서 반드시 빠져나와야 한다는 점을 일깨운다. 웅덩이를 피해 차를 몰 때처럼 이것들을 우회하려고 들면 안 된다. 왜곡을 해결하는 방법은 최소화하거나 수정하는 것뿐이다. 인간으로 태어난 이상 삶이라는 선물을 왜곡하게 마련임을 인정하고, 신성한 것과 자신의 관계를 새롭게 하는 데 전념해야 한다.

하지만 우리는 '잘못된 견해'를 지키기 위해 '잘못된 방식'을 만들고 고집하는 경우가 흔하다. 지금보다 젊었던 시절 인정과 사랑을 갈구하던 나도 내면의 상처가 너무 커서 지금 여기가 아닌 '저기 어디'에 진정한 삶이 있을 것이라고 생각했다. 이런 믿음을 갖게 된 후에는 거기에 도달하는 데 모든 에너지를 쏟아 부었다. 하지만 힘든 여정이 끝난 후 나는 또 다른 장애물에 부딪혔다. 그곳에 있는 사람들이 나를 들여보내주지 않은 것이다. 나는 다시 문지기가 누구이고 그의 규칙이 무엇인지를 알아내서 안으로 들어가기 위해 온갖 일을 다 했다. 그러다 몇 년 후 아무리 고통스러워도 삶은 언제나 지금 이 자리에 있음을 깨달았다. 멀리 있는 것은 아무것도 없었다.

이 모든 잘못된 노력은 잘못된 견해에서 비롯된 것이었다. 붓다다사의 말처럼 "예외 없이, 누구나 이 영혼의 병을 앓고 있다." 하지만 영혼의 병을 앓는 동안에도 왜곡 없는 삶은 온화하게 우리를 기다리고 있다.

그러므로 우리에게 필요한 일은 바르게 보는 것이 아니라 전체적으로 보는 훈련이다.

03 July
나와 나의 것

*해변은 목이 말라도 자신을 부드럽게 해주는 바다를 소유하지 않는다.
가슴과 가슴이 사랑하는 모든 것도 마찬가지다.*

고대 인도어인 팔리어에서 아함까라 ahamkara 는 '나'에 대한 느낌을 가지거나 만드는 자의식을 의미한다. 한편 마맘까라 mamamkara 는 '나의 것'에 대한 느낌을 가지거나 만든다는 의미다. 불교에서는 나와 내 것에 집착하는 마음을 위험한 독으로 여긴다. 영혼의 병을 일으키는 또 다른 원인으로 보는 것이다.

이것은 나눌 수 없는 것을 나누는 순간에 마음의 건강이 깨진다는 점을 가르쳐준다. 삶에서 가장 소중한 것은 소유할 수 없음을, 오로지 나눌 수 있을 뿐임을 가르쳐준다. 실제로 우리는 바다 생물들이 바다를 공유하듯이 삶이라는 신비를 공유하고 있다. 물고기들은 저마다 몸을 누일 수 있는 좁은 땅덩어리와 집을 가지고 있다. 그러나 그들 사이로 흐르는 바닷물이 없으면 한 마리도 살아갈 수 없다. 우리도 다르지 않다. 시계나 차는 소유할 수 있지만, 사랑이나 평화, 삶의 에너지는 소유할 수 없다. 이것들이 우리의 가슴을 관통하고 흘러야만 우리는 살아남을 수 있다.

'나'와 '내 것'에 집착하면 진정으로 중요한 것에서 벗어난 삶 속으로 휩쓸려 들어가고 만다. 일단 무언가를 '내 것'으로 만드는 일에 매달리기 시작하면, 모으고 축적하는 삶이 펼쳐진다. 그러면 칸막이를 치고 보존하고픈 욕구가 생기고, 세상의 모든 것 가운데서 내 것으로 만들 수 있는 것을 끊임없이 찾아낸다. 성취와 안전을 중시하게 된다. 집착과 질투, 시기심, 내 것을 지키려는 욕구가 일어나, 무기 소지 권리를 주장하게 된다. 타인들의 것을 탐하는 은밀한 욕망이 일어나, 고발할 수 있는 권한을 주장하게 된다. 이처럼 나와 내 것에 집착하는 마음은 가장 건강한 영혼도 병들게 한다.

이런 마음은 사랑의 방식도 오염시킨다. 사랑하는 사람에게 "당신, 내 사람 맞지?"하며 확인을 요구한 적이 얼마나 많은가? 이 글을 쓰는 지금, 나도 당신처럼 싸운다. 사물을 소유하지 않고 최대한 활용하기 위해, 내 사랑을 지키고 구분하는 대신 흐르게 하기 위해 싸운다.

나는 존재한다. 이것은 분명한 사실이다. 그러나 진정 내 것이라 할 수 있는 것이 어디에 있단 말인가? 살아 있다는 이 떨리는 느낌 말고, 내가 언제든 만끽할 수 있는 이 느낌 말고, 진정 내 것이라 할 수 있는 것이 어디에 있단 말인가?

04 July
여기와 저기

_{여기는 언제나 저기의 밑에 있다.}

어느 여름날 호숫가에 앉아서 하염없이 호수 저편을 바라보며 오래도록 앉아 있었던 일이 기억난다. 아침 햇살이 수면 위로 가득 퍼지자 호수

저편이 이국적으로 보였다. 나는 매일 아침 어떤 신비가 나를 기다린다고 상상하면서 호수 저편을 바라보았다. 이런 상상은 나날이 커져만 갔다. 일주일째 되는 날, 나는 드디어 그곳에 가보기로 했다. 여느 때보다 일찍 일어나 노를 저어 호수를 건넜다. 작은 보트를 호숫가에 대고 그동안 멀찌감치 바라보던 바로 그 자리에 앉았다.

그러나 아무리 둘러봐도 내가 매일 편안하게 앉아 구경했던 그 아우라는 사라지고 없었다. 나는 당혹스러웠다. 멀리서 바라보던 호숫가는 분명 아름답고 평화롭기 그지없었지만, 손으로 더듬어본 축축한 호숫가는 내가 떠나온 곳과 다르지 않았다.

순간 자조 섞인 웃음이 터져 나왔다. 나는 내가 매일 앉아 있던 자리를 바라보았다. 아침 햇살이 수면에 가득 퍼지자 이제는 그 자리가 더 이국적으로 보였다. 이제는 그곳의 신비가 나를 유혹했다.

흔히 우리는 여기보다 저기에 더 많은 금이 있을 것이라고 상상한다. 사랑과 꿈, 우리 삶의 일도 마찬가지다. 모든 곳에서 빛을 보지만, 정작 자신이 있는 자리에서는 그 빛을 보지 못한다. 그래서 자신에게 없다고 여기는 것을 좇다가, 그것이 우리 안에 이미 있음을 겸허히 깨닫는다.

05 July

거짓 희망 아래서

• • •

우리는 언제나 서로 소통할 수 있어야 한다.
― 안젤레스 아리엔 Angeles Arrien ―

상황이 변하기를 바라면서도 정작 속으로는 진정한 변화를 가로막고 있는 경우가 많다. 이것을 깨닫는 데 나는 평생이 걸렸다.

  오랫동안 사랑하던 친구가 있었는데, 그는 상대의 이야기를 들을 줄 몰랐고 친절하지도 않았으며 참을성도 없었다. 나는 마음이 많이 아프다는 걸 느끼지도 못하고 그냥 '버텼다.' 친구도 변하고 성숙해져서 언젠가는 기대하던 모습으로 내 앞에 나타나리라 믿으면서 말이다. 하지만 그런 일은 일어나지 않았다.

  물론 변화가 불가능하다는 말을 하려는 게 아니다. 그보다 관계의 문제를 숨기지 않을 때 스스로 시작하는 지속적이고도 진정한 변화가 더 쉽게 일어난다는 말을 하려는 것이다. 내가 바라는 친구의 모습만 계속 꿈꾸면 물론 삶의 실제 모습을 직시하는 고통은 줄어든다. 하지만 진실을 모르면, 그도 나도 성장할 수 없다.

  그가 성장할 수 없었던 이유도 자기중심성이 빚어낸 결과를 직면하지 않았기 때문이다. 그리고 나는 용기를 내 필요한 말을 하지 않아서 성장을 경험하지 못했다.

06 July
사랑의 힘

여름날의 열기가 귀뚜라미를 노래하게 하는 것처럼,
진정한 사랑은 가슴에 생기를 불어넣어준다.

요즘 시대는 우리를 괴롭혀서 강박적인 문제 해결사처럼 만들어버린다. 그러나 본질적인 것만 남기고 허물을 벗어버리면, 마음과 정신의 가장 큰 고통은 해결할 수 없다는 것을 분명하게 깨닫는다. 직시하고 견디는 수밖에 없는 것이다.

　나도 이 문제와 끊임없이 씨름하고 있다. 최근 2주간 멀리 여행을 떠났다가 돌아왔더니 마음 여린 파트너가 사랑스러운 목소리로 이렇게 말했다.

　"정말 보고 싶었어요."

　순간 나는 반사적으로 문제를 해결할 방법들을 궁리했다. 여행을 줄이든가 전화를 더 자주 해야겠는걸? 그리움의 대상이 될 만큼 사랑받는 존재의 비애를 음미하는 대신, 관계에서 도망치곤 하는 나의 습관을 변화시키려고만 한 것이다.

　이처럼 찾고 구하고 해결하려는 반사적인 반응은 우리를 눈앞의 사랑에서 멀어지게 만든다. 친밀감은 고통을 물리치려는 노력이 아니라 언제나 함께하는 데서, 무엇이 되는 것이 아니라 그냥 같이 있어주는 데서 생겨나기 때문이다. 정서적으로나 신체적으로 서로를 지지하고 지지받는 과정에서 신뢰와 친밀감이 깊어진다.

　온갖 고통과 갈등을 겪으면서 나는 어떤 전략도 쓸모가 없음을 깨달았다. 사랑의 힘은 타협이 아니라 수용하는 데, 문제를 해결하는 것이 아니라 서로를 받아들이는 데, 변화시키거나 교정하기보다 상대의 이야기를 들어주고 지지해주는 데 있음을 발견했다.

07 July
두려움과 기다림 사이에서

내가 가르칠 것은 세 가지. 단순함과 참을성, 연민뿐이다.
이것이야말로 가장 중요한 보물이기 때문이다.
친구와 적 모두를 참아내면 모든 것과 조화를 이룬다.
- 노자 -

참을성은 노자의 두 번째 핵심 가르침이다. 기다림은 언제나 괴롭고 견디기 힘들다. 그래서 참을성의 지혜를 실천하는 일은 쉽지 않다.

솔직히 내 삶을 구원한 것은 기다림이었다. 기다림은 확실히 가장 힘들고도 보람 있는 수행이었다. 끝도 없이 힘든 진찰을 받으면서 최악의 상황을 상상할 때의 고통과 공포, 모호함과 우유부단함, 혼란을 견뎌내지 못했다면, 나는 치료도 제대로 못 받고 암도 이겨내지 못했을 것이다. 회피와는 사뭇 다른 이 기다림이 없었다면, 이 글을 쓰지도 못했을 것이다. 기다림이 없었다면, 불필요한 치료로 기억은 물론 말하는 능력까지 잃어버렸을 것이다.

두려움은 성급한 행동을 부추긴다. 인내는 힘들지만 선입견을 극복하게 도와준다. 피로에 찌든 군인이 온갖 탄약을 갖고 있으면서도 피할 수 없는 기다림을 통해 드디어 서로 상처 줄 이유가 없음을 깨닫게 되는 것도 그래서다.

피곤한 연인들도, 마음을 아프게 하는 짜증스러운 친구들도 마찬가지다. 시간을 충분히 주면, 적들은 대부분 적이기를 그만둔다. 기다림이 상대에게서 자신의 모습을 발견하게 도와주기 때문이다. 이렇게 인내는 놀라운 진실을 가르쳐준다.

타인을 두려워하는 것은 본질적으로 자신이 두렵기 때문이고, 타인을 신뢰하지 못하는 것은 자신을 믿지 못하기 때문이다. 타인에게 상처를 주는 것은 결국 자신을 아프게 하는 짓이고, 타인을 죽이는 것은 결국 자신을 죽이는 일이다.

　　마음이 아프거나 두렵거나 혼란스러울 때는, 사회에서 빨리 내 자리를 찾아야 할 것 같은 조급증이 일 때는, 힘들더라도 기다려보자. 내가 두려워하던 것들은 대체할 수 없는 분명한 아름다움 속으로 사라지고, 나는 자연스럽게 그 아름다움의 일부가 될 것이다.

08 July
말보다 중요한 순간들

*달처럼
구름 뒤에서 나와라!
환히 빛을 밝혀라!*
― 부처 ―

　　내게 사랑의 방법을 가르쳐준 사람들을 생각할 때면 말이 아닌 어떤 순간들이 떠오른다. 초등학교 시절 휴식시간이 끝났는데도 로리는 돌기를 멈추지 않았다. 더 깊고 높은 부름에 응답하듯 작은 머리를 뒤로 젖힌 채 온 세상을 끌어안을 것처럼 두 팔을 활짝 벌리고 깔깔거리며 계속 돌았다. 케네디 대통령이 총상을 당한 날, 합창단 지도 선생님이던 P는 개인적으로 알지도 못하는 남자의 죽음을 눈물로 애도하면서 우리를 집으로 돌려보냈다. 내가 다시 학교로 돌아갔을 때, 그는 텅 빈 교실에서 슬픈 피아노곡을 연주하고 있었다.

또 할머니가 지하실 계단 위에서 내 작은 손을 펼쳐 쥐고 "이것들이 네가 가진 것 중에서 가장 오래된 거야." 하고 말하던 순간도, 수술에서 회복되는 동안 눈을 뜰 때마다 침대 발치에서 다른 얼굴들을 발견하던 순간도, 150년이 지나도 별로 크지 않을 6인치짜리 검은 호두나무에 장인이 물을 주던 순간도, 가장 오래된 친구가 호수처럼 언제나 내 이야기에 귀 기울여주던 순간도 생각난다.

사랑을 전하는 것은 말이지만, 사랑의 증거가 되는 것은 이런 순간들이다. 떨어뜨린 무언가를 집어주는 것, 인간이 된다는 것의 의미를 스스로 발견하도록 누군가에게 공간을 내주는 것, 실수를 알고도 용서해주는 것, 사랑은 이런 것이다.

09 July
위와 아래

밑에 있을 때는 위를 기억하고,
위에 있을 때는 밑을 기억하라.

하루하루가 혼란스럽고 힘들 때는 파도가 바다는 아님을 기억한다. 파도가 아무리 두드려대도 이 두드림은 곧 지나간다. 파도가 아무리 우리를 뒤흔들어도, 저항하지 않으면 이 또한 지나간다.

우리는 두려움 때문에 해변 가까이에 머무르려 한다. 도달할 수만 있다면 심해야말로 가장 안전한 장소인데 말이다. 수영하는 사람은 누구나 알 듯, 해변에 너무 가까이 있으면 밀려오거나 물러가는 파도에 난타당하기 쉽다. 심해의 침상을 알고 싶으면, 부서지는 파도를 넘어 앞으로 헤엄쳐 나가야 한다.

육지에 머물거나 아니면 바다 깊은 곳으로 들어가야 한다. 정말로 위험한 곳은 이 중간지대다.

10 July
안전지대
• • •

진정한 자기 안에서 모든 존재의 모습을 보고,
모든 존재 안에서 진정한 자기의 모습을 보는 이는
모든 두려움을 벗어버린다.
- 이사 우파니샤드 Isa Upanishad -

햇볕을 쬐며 벤치에 앉아 로버트를 기다리는데, 내 발에서 4피트 떨어진 자리에 말벌 한 마리가 내려앉았다. 벌의 줄무늬 진 배 부분이 고동치면서 앞으로 튀어나왔다. 검은 줄은 햇살에 더욱 검게 두드러지고, 노란 줄은 오렌지 빛처럼 보였다.

그 모습을 보니 어머니가 생각났다. 말벌이 몇 야드도 안 되는 곳에 있었다면, 어머니는 아마 두려움에 떨면서 말벌을 때려잡을 때까지 가까이 있는 잡지를 둘둘 말아 휘둘러댔을 것이다. 이렇게 어머니는 쏘일지도 모른다는 두려움에 작은 생물까지 죽여버리곤 했다. 살아 있는 무언가에 상처를 입을지도 모른다는 불안을 이겨낼 수 없었던 것이다. 그래서 두려움에 자신을 가두고 모든 것을 쫓아냈다.

거의 40년이 지난 지금, 나는 누구나 주변의 생명에 상처를 입을지도 모른다는 불안에 시달리고 있음을 깨달았다. 그래서 자기방어라는 명목

으로 안전지대를 정해두고 그곳을 넘어서는 생명이 있으면 쉽게 상처를 입혔다.

말벌이 점점 가까이 다가왔다. 나는 암으로 죽을 고비를 넘기면서 살아 있음을 축복으로 여기게 되었다. 그래서 예전과 달리 그 작은 곤충이 더 가까이 다가와도 그대로 두었다. 말벌은 사실 내게 아무런 관심도 없었다. 나는 그런 모습을 한결 부드럽고 진실한 눈으로 바라보았다.

내 어머니처럼 타인들의 예측할 수 없는 접근을 감당할 수 없어서 그들에게 상처를 준 적이 참으로 많다는 생각이 들자 부끄러웠다. 다른 생물들은 자신에게 주어진 일을 자연스럽게 할 뿐인데 이것을 위험한 행동으로 착각하는 경우가 얼마나 많은가?

말벌은 더 가까이 다가왔다. 이제는 내 팔에 닿을락 말락 했다. 말벌을 부드럽게 휘익 쫓아낼 시간은 충분했다. 말벌은 가까이 다가오다가도 내가 쫓아내면 멀리 달아나 윙윙거렸다. 그러다가는 이내 다시 다가왔다. 이렇게 우리는 얼마간 장난을 쳤다.

우리가 이방인이나 사랑하는 사람들과 추는 관계의 춤도 이와 같다. 타인들의 접근을 차단해서 결국은 자기 내면의 일부분까지 죽여버리는 경우가 얼마나 흔한가? 두려움과 거부에 우리의 정서적 삶을 맡겨버리는 경우가 얼마나 흔한가? 모든 살아 움직이는 것을 죽이거나 쫓아내는 경우가 얼마나 흔한가?

아시시의 성 프란체스코는 새들이 그의 나뭇가지 같은 팔에 내려앉도록 움직임 없이 고요하게 있곤 했다. 그러나 우리는 생기로 충만한 것이면 무엇이든 다가오지 못하게 차단한다. 그러면서도 왜 이토록 외로울까 의아해한다. 벌이든 새든 적이든 우리처럼 잠시 머무르다 가는 생명체로 받아들여야 한다. 그러면 애써 대적하지 않고, 그들의 길을 가게 내버려둘 수 있다.

11 July
달과 이슬방울

깨달음은 풀잎 위 이슬방울에 비친 달과 같다.
달은 젖지 않고, 이슬방울도 일그러지지 않는다.
한 방울의 이슬 속에도 달과 하늘의 모습이 전부 담겨 있다.
— 도겐 —

사랑에서든 일에서든 모든 합일의 순간에 이르면, 이슬방울과 달처럼 신비롭게도 우리 자신인 동시에 모든 것이 된다. 우리의 본래 성품은 달라지지 않고 향상된다.

내가 사랑하는 사람들과 친구들은 도겐 선사가 말한 달처럼 내 삶으로 들어와, 나를 더욱 완전히 살아 있게 해준다. 이들의 하늘만큼 큰 사랑은 내 가슴을 가득 채운다. 그러나 나는 이들이 되지 않고 더욱 나답게 존재한다.

우리에게 다른 존재가 되기를 요구하는 사람은 진실한 존재가 아니다. 이런 사람이 원하는 것은 자신의 욕구를 채우는 것뿐이다.

한 줄기 풀잎이 그러하듯 손상된 가슴의 가장 작은 줄기 속에도 살아 있는 모든 것의 본성이 담겨 있다. 깨달음은 달이나 폭풍우, 친절 같은 모든 것과의 입맞춤이며, 이 입맞춤은 이들의 본성에 눈뜨게 해준다.

12 July

잘못된 거래

• • •

널 위해서 무엇이든 할게.
네 모습 그대로 있어줄래?

한스 크리스티안 안데르센의 고전적인 작품 《인어공주》에서 아리엘은 아름다운 목소리를 포기하는 대가로 다리를 얻는다. 이 이야기는 얼핏 현대인들과 악마와의 거래를 다룬 순수한 동화처럼 보인다. 요컨대 우리도 이 동네 저 동네 옮겨 다니든, 결혼과 이혼을 되풀이하든, 모험을 반복하든 가변성이 곧 자유라고 배우지 않았는가? 이직을 통해 위로 올라가는 것이 성공이라고 배우지 않았는가?

새로움이나 변화, 다양성, 상황을 개선하는 것에는 본질적으로 아무런 문제가 없다. 문제는 마음대로 움직이기 위해 목소리를 포기하는 것이다. 성공을 위해 우리의 고유성을 드러내지 않는 것이다. 파문을 일으키지 않기 위해 심해로 들어갈 기회를 포기해야 한다고 생각하면, 신에게 다가갈 기회를 더 나은 성공의 길과 맞바꾸게 된다.

이 동화를 관계에 대한 이야기로 해석하면, 아리엘이 주는 교훈은 아주 중요하다. 표면적으로 볼 때 다리를 갖고 싶어 하는 아리엘의 욕망은 이해가 가고도 남는다. 어딘가에 소속되고 싶은 바람과 사랑이 이런 욕구를 불러일으킨 것 같다. 그러나 여기서도 사람들을 병들게 만드는 잘못된 거래를 발견할 수 있다. 사랑하고 사랑받고 싶은 마음이 아무리 간절해도, 우리의 근본적인 본성을 바꾸면 안 된다. 그렇지 않으면 이 본성이 중요한 역할을 하는 내면도 살아남지 못한다.

13 July
잔잔하고 투명한 호수

* * *

신은 고요한 바다로 나를 인도하나니,
그 바다는 나의 영혼을 회복시켜주나이다.
- 시편 23 -

길지 않은 시간 속에서도 누구나 감정의 역사를 쌓아간다. 난로에 손을 덴 아이는 불을 두려워하게 되고, 상처입기 쉬운 시기에 매를 맞은 사람은 사랑을 두려워하게 된다. 이렇듯 마음의 연상 작용과 반사적인 반응은 우리에게 깊은 영향을 미친다. 우리의 가슴은 물 밑에서 기다리는 부드러운 모래바닥처럼 모든 연상 밑에서 호흡한다.

그러므로 자신을 분명히 보려면, 잔잔한 호수처럼 투명해질 때까지 마음의 연상들을 잠재워야 한다. 충분히 고요해지고 맑아지면, 타인들도 우리의 밑바닥을 들여다볼 수 있게 된다. 그러면 사랑도 다시 가능해진다. 역설적이게도 누군가 다가와 손을 뻗으면, 그들의 손가락에 잔잔했던 수면이 흔들리면서 사방으로 잔물결이 퍼져간다. 그러면 우리나 그들 모두 정말로 중요한 것을 보지 못하게 된다.

이 모든 사실은 마음의 연상, 즉 잔물결이 잔잔해질 때까지 오래도록 우리의 감정과 함께하는 것이 필요함을 확인시켜준다. 누구도 이것을 피해갈 수는 없다. 나이가 많건 적건 순수하건 경험이 많건, 깨어 있는 사람이라면 어떤 식으로든 관계를 맺을 때마다 마음이 흔들리는 것을, 물 위에 파문이 이는 것을 경험할 것이다. 이때 내면의 밑바닥을 제대로 들여다볼 수 있는 길은 연상과 반사적인 반응들이 잦아들 때까지 기다리는 것이다. 마음이 호수처럼 맑아질 때까지 기다리는 것이다. 파문이 인 마음이 잠잠해져야 비로소 자신과 타인을 분명하게 볼 수 있기 때문이다.

14 July
누군가를 깊이 안다는 것

누군가를 깊이 알아가는 일은 바닷물을 뚫고 달의 소리를 듣는 것과 같다.
한 마리 매가 반짝이는 나뭇잎들을 내 발치에 물어다 놓게 하는 것과 같다.
누군가를 깊이 알고 있을 때도, 누군가를 깊이 아는 것은 불가능한 일처럼 여겨진다.

본래의 자기를 발견하는 일은 산기슭에 오솔길을 내는 것과 같다. 그리고 가장 깊은 우정은 서로의 눈을 들여다보면서 상대도 그 오솔길에 다녀왔음을 느낄 때 시작된다. 내가 본 것을 다른 누군가도 보고 있음을 발견하는 것은 언제나 놀라운 일이다. 그때마다 나는 언제나 나의 길, 나의 산이라고 생각한 것이 사실은 모두의 것임을 겸허히 깨닫는다.

슈퍼마켓에서 서로를 가볍게 스치고 지나가 마요네즈 병을 살펴볼 때, 우리 안에는 온 세상이 들어 있다. 기차를 잡기 위해 지하에서 내달릴 때, 우리의 핏속에서는 삶의 드라마가 요동친다. 이렇게 우리는 언제나 서로를 너무 잘 알면서 너무 잘 모른다.

누군가를 깊이 아는 것이 아주 소중한 보물인 이유도 여기에 있다. 이 보물은 모든 시간의 하늘을 열어주고 바다를 노래하게 한다. 타인과 접촉하는 순간, 가슴을 사진처럼 드러내게 한다.

길을 가다 보면, 우리가 가는 곳을 다녀온 사람이나 우리가 다녀온 곳을 가는 사람을 만날 수도 있다. 그래도 멈추지 않고 산에 우리만의 오솔길을 내야 한다. 용감하게 본래의 자기로 존재해야만 타인들도 깊이 알 수 있기 때문이다.

15 July
치유의 접촉

접촉은 가슴에서 압박감을 풀어준다.

우리가 접촉을 원하는 데는 많은 이유가 있다. 가장 분명하고도 심오한 이유는 접촉이 우리를 치유해주기 때문이다. 손을 대면 한 방울의 물도 퍼져나가듯, 지지받고 위로받으면 우리가 안고 있던 고통도 가벼워진다. 홀로 감당하다가 얻은 응어리도 진실한 사랑의 접촉에 풀어진다.

접촉은 모든 언어의 밑에 있는 공통의 몸짓이자 에너지다. 이 에너지는 우리 내면의 모든 것을 바깥의 모든 것과 연결해준다. 우리는 물론 저마다 생각이 다를 수도 있다. 가톨릭교도나 회교도나 유대교도일 수도 있다. 보수주의자나 자유주의자일 수도 있다. 회사에 다닐 수도 농사를 지을 수도 있다. 하지만 우리의 생각이 만들어낸 단단한 벽들도 연민의 부드러운 손길에 무너져내린다.

누구나 타인들이 들어오는 것을 겁낸다. 상처받을까 봐 두려운 것이다. 그러나 접촉이 주는 위안을 경험하고 나면, 혼자서 치유할 수밖에 없는 고통을 이겨내기 위해 이 위안을 구하기도 한다. 나도 둘 사이에서 끊임없이 갈등한다. 하지만 정말로 고민해야 할 문제는 언제 어떻게 접촉을 받아들이느냐 하는 것이다. 숨을 쉬려는 욕구에 아무런 문제가 없듯 접촉의 욕구에는 정말로 문제가 없다.

아흔넷의 할머니가 죽음을 맞이하고 있을 때, 나는 가슴이 먹먹했다. 할머니가 다시 어린 시절에 쓰던 러시아어로 말을 해서 서로를 이해하지 못하면 어쩌나 두려웠기 때문이다. 그런데 한 친구가 나를 옆으로 잡아끌더니 이렇게 말했다.

"접촉은 둘 다 이해할 수 있어."

이 말에 할머니의 얼굴과 팔을 말없이 어루만지자 할머니는 나의 팔목을 쓰다듬어주었다. 할머니가 더는 눈도 못 뜨고 말도 못하게 된 후에도 이 위로의 언어는 계속되었다. 할머니가 돌아가시는 순간까지 우리는 이렇게 위로를 주고받았다.

때로는 무언의 몸짓이 마음을 가장 잘 전달한다. 상처받거나 거부당하거나 이용당할지도 모른다는 두려움과 걱정 밑에, 무수한 핑계와 변명 밑에 깊고도 단순한 맥박이 우리를 기다리고 있다. 서로 이 맥박을 확인해야만 온전해질 수 있다.

16 July
의지는 한갓 꿈

*우리가 잠을 잘 때도 폐는 호흡해야 한다는 것을 기억한다.
마찬가지로 영혼은 의지라는 꿈을 통해
우리를 계속 살아 있게 한다.*

멀린은 카멜롯 숲에서 젊은 아서를 훈련시킬 때 이런 말을 해주었다고 한다. 마법사는 우리의 의지가 꿈에 지나지 않음을 인정하며, 이것이 마법사와 보통 사람들 간의 유일한 차이라고 말이다.

물론 우리는 어떤 옷을 사고, 어떤 차를 몰며, 어떻게 하루를 보낼지 결정한다. 그러나 이런 것들은 강물이 작은 생명들을 휩쓸고 지나갈 때 배고픈 물고기가 핥고 지나가는 강바닥의 돌과 같다. 그런데도 우리는 이 사소한 것들에 자신을 바친다. 원래 이렇게 하도록 되어 있고, 신은 모든 것 속에 존재하기 때문이다. 하지만 우리가 살아남아 번성할 수도 있는 이유는 끊임없이 계획을 세워서가 아니다. 이런 계획에 아랑곳하지 않을 수 있기 때문이다.

내가 정말로 하고 싶은 말은 이것이다. 꿈에서 멀린을 보고 삶에 대해 묻자, 그가 아서를 아느냐고 묻더니 잠시 후 이렇게 속삭였다.

"욕망의 많은 언어를 뚫고 그 밑으로 내려가라……. 흐름에 맞서느냐 아니면 흐름을 타느냐에 평화가 달려 있느니."

17 July
끊임없이 되살아나는 욕구

• • •

> 누군가 나를
> 천 개의 조각으로 잘라버려도
> 나의 모든 조각은 말할지니, 사랑해…….
> – 크리스 루베는 Chris Lubbe –

남아프리카공화국의 어느 영적인 원주민에게서 들은 이야기다. 다른 많은 사람처럼 그도 인종차별을 받으며 자랐다. 그러나 그의 조상들은 그에게 가르침을 주었다. 증오는 가슴을 갉아먹고 손상된 가슴으로는 살아갈 수 없으니 증오나 원한을 품지 말라고.

어떤 면에서는 우리도 크리스와 똑같은 딜레마에 처해 있다. 크리스처럼 우리도 삶의 고통을 느끼되, 그것을 부정하거나 그것이 우리를 규정하게 내버려두지 않는 법을 찾아야 한다. 우리에게 부과된 짐이 인종차별 정책이든 암이든 학대든 우울이든 중독증이든, 이 짐 때문에 뼛속까지 지쳐버리면 선택을 해야 한다. 상처와 하나가 되든가 아니면 스스로 상처를 치유하든가. 이런 선택은 결코 끝나지 않는다.

끔찍한 일은 너무 버거워서 처음에는 견디기가 매우 힘들다. 더욱이 두 번, 세 번, 네 번 상처를 경험하고 나면 끔찍한 사람으로 전락하기가 쉽다. 사랑의 욕구를 계속 살아 있게 만들지 않으면 정말로 그렇게 되기 쉽다. 그러므로 상처받은 사람에게 가장 어려운 과제는 깊은 사랑의 본성을 상처의 방식과 후유증 때문에 포기하지 않는 것이다.

남아프리카공화국 원주민의 감동적인 이 말은 인간 영혼의 본질은 억누를 수 없음을 다시 한 번 확인시켜준다. 아무리 자주 잘라내도 덩굴이나 관목들이 계속 빛을 향해 자라듯 아무리 상처를 입어도 인간의 가슴에서는 사랑의 욕구가 끊임없이 되살아난다.

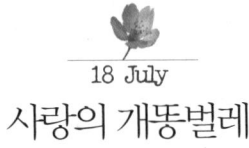

18 July
사랑의 개똥벌레

* * *

누가 알겠는가,
깊은 산 협곡 같은 내 숨겨진 마음속에서
사랑의 개똥벌레가 불을 밝히고 있음을.

— 아부츠니 Abutsu-Ni —

1천여 년 전에 이 고요한 일본 여인이 읊조린 독백에서 우리는 중요한 가르침을 길어올릴 수 있다. 가장 중요한 일들은 내면 깊은 곳에서 시작되기 때문에 처음에는 그 소리를 듣지 못할 수도 있음을. 가장 중요한 일들은 너무 깊이 쟁여져 있어서 자랄 기회를 얻지 못할 수도 있음을. 이 여인의 절절한 탄식 밑에 숨은 말은 아마 이 두 가지일 것이다. 그러니 부디 이 여인의 시를 다시 읽어보길. 지금 당장.

이것은 단순히 시가 아니다. 살아 있는 존재가 만들어낸 하트 모양의 구름과 같다. 그녀는 사랑을 알았거나 알고 싶어 하는 사람들의 내면에서 되풀이되는 순간 속에 자신이 살아 있음을 느낀다.

이유는 잘 모르겠지만, 우리는 조심스러운 순간의 닫힘과 예기치 못한 상처의 움츠림 속에서 자신의 느낌을 숨긴다. 하지만 이런 분리를 인정하고 난 후에는 일체성을 회복하는 힘든 순례를 시작한다. 그러다 순례길 어디쯤에서 우리의 느낌을 탁 트인 곳에, 평범한 공기가 드나드는 비바람 속에 드러내기를 두려워한다. 충분히 그럴 수 있다. 공기에 노출되면 우리의 작은 사랑이 사라지거나, 진실한 느낌이 타인들의 시선을 이겨내지 못할 것 같기 때문이다. 하지만 누구나 알 듯 공기가 없으면 그 무엇도 자라지 못한다. 그렇다면 우리의 작은 개똥벌레를 어떻게 해야 할까?

　아부츠니는 그녀의 숨겨진 마음을 고백함으로써 그 길을 보여준다. 아름다운 아이러니가 아닐 수 없다. 요컨대 그녀의 개똥벌레는 숨겨진 마음이 만들어낸 산의 협곡에서 올라오기 위해 끊임없이 날개를 파닥인다. 그녀의 눈을 촉촉하게 적셔주고 망설이는 혀를 움직이기 위해 끊임없이 날갯짓을 한다. 이렇게 그녀의 작은 사랑의 개똥벌레는 900년도 넘게 꼬리에 불을 밝히고 있다.

　예쁘거나 똑똑하지 않아도 좋다. 정직하고 진실하면 된다. 많은 사람에게 춤은 여행과 더불어 시작되고, 노래는 기침과 더불어 시작되기 때문이다.

19 July
닫힘과 열림의 지혜

너무 오래 잠들어 있다면 깨어나야 한다.
너무 오래 깨어 있다면 잠이 필요하다.

우리는 하루에도 수없이 눈을 깜빡인다. 하루에도 수없이 세상은 어두워지고, 하루에도 수없이 우리는 깨어난다. 이 열림과 닫힘을 피할 길은 없다. 우리도 통제할 수 없는 반사행동이기 때문이다. 이 책을 읽는 동안에도 당신의 눈은 머리 그리고 가슴과 함께 열리고 닫히기를 되풀이한다. 이 깜빡임은 인간조건의 한 부분이다.

　하지만 이 닫힘과 열림 중에서 어느 쪽을 본원으로 받아들이느냐에 따라 많은 것이 결정된다. 당신은 삶을 어두운 밤이 드문드문 끼어 있는 빛의 연속으로 생각하는가? 밝은 낮이 드문드문 끼어 있는 어둠의 연속으로 보는가? 정답은 없겠지만, 삶의 본질에 대한 믿음은 중요하다. 이 믿음이 우리의 나날을 더 가볍게도 무겁게도 만들기 때문이다.

한 번 이상 스스로에게 물어보라. 삶은 파멸의 순간들이 드문드문 끼어 있는 하나의 긴 기적 같은 것일까? 영원히 계속될 것 같은 빛 속에 있다가 인간적인 속성들 때문에 추락을 거듭하는 것일까? 삶은 경이의 순간들이 드문드문 끼어 있는 길고 고통스러운 파멸의 과정일까? 끝을 모르는 어둠 속에서 빠져나오려 씨름하다가 잠깐씩 희미하게 빛을 보는 것이 삶일까?

분명히 이렇게도 저렇게도 느낄 수 있다. 둘 다 맞다는 느낌이 드는 순간도 있다. 하지만 이 둘을 어떻게 받아들이느냐에 따라, 다시 말해 빛을 얼마나 많이 우리의 본원으로 받아들이고 어둠 속으로 빠져드느냐에 따라, 희망과 절망, 낙천주의와 염세주의, 믿음과 회의의 개인적인 연금술이 결정된다.

나의 인생 여정 속에는 이 모두가 섞여 있었다. 수술을 받으러 들어갈 때는 눈을 못 뜰 정도로 삶이 어둡게 느껴졌다. 수술 후 의식을 차렸을 때는 모든 것이 바뀐 것 같았다. 모든 것이 붕붕 떠다니는 듯해서 눈을 감고 휴식을 취하기도 힘들었다.

사랑을 잃어버렸을 때도 똑같은 일이 벌어졌다. 어둠 속에 갇힌 것 같았고, 마음을 열 수도 없었다. 그러다가 다시 사랑에 빠지면, 삶은 언제나 밝게 노래 부를 수 있는 휴식의 시간처럼 여겨졌다. 이럴 때는 잠도 잘 오지 않았다.

눈의 깜빡임이 가르쳐주는 지혜는 중도를 유지하라는 것이다. 어둠에 빠지지도, 빛에 타 없어지지도 않게 중도를 지키는 것. 중도는 인간이란 어떤 존재여야 하는지를 일깨워준다.

20 July
부유하는 법

허우적대기를 멈추는 순간
우리는 떠오른다.

처음으로 수영을 배울 때는 깊은 물에 내 몸을 맡기지 못했다. 해변에서 용기를 주는 목소리가 아무리 많이 들려와도, 바짝 긴장한 채 턱을 물 위로 내놓으려 버둥거렸다. 그러다가 힘이 빠지면, 그때서야 비로소 힘을 풀고 물에 온전히 몸을 맡겼다. 그러면 물은 요람처럼 편안히 나를 떠받쳐주었다.

우리가 의심과 믿음을 오가며 되풀이하는 싸움도 이와 같다. 이해하기 힘든 혼란스러운 상황에 부딪히면, 가라앉는 것 같은 끔찍한 느낌을 떨쳐버리기 위해서 온힘을 다해 싸운다. 그러나 저항하면 할수록 자신의 존재가 더욱 무겁게 느껴져서 결국 녹초가 되고 만다.

이럴 때면 나는 예전에 배운 방법을 떠올린다. 신기하게도 몸의 대부분을 물속에서 편히 쉬게 내버려두면, 깊은 물이 나를 떠받쳐준다. 40년 가까이 흐른 지금, 믿음을 발견하는 수행도 이와 아주 비슷한 것 같다. 무엇인가 우리를 지지하고 있음을 깨달을 때까지 자신을 수면 아래로 충분히 내맡길 줄 알아야 한다.

물론 어려운 일이다. 하지만 나를 내맡겨도 무언가가 지지해준다는 믿음이야말로 신뢰의 핵심이다. 이런 믿음을 얻기 위해 훈련을 할 수는 있지만, 그냥 놔버리는 것 말고 실질적인 방법은 없다. 일단 물에 몸을 맡기면 모든 것이 느긋하고 분명해진다. 체중도 전혀 느껴지지 않는다. 믿음은 이처럼 용기를 내서 물속에 편안히 몸을 내맡기는 것일지도 모른다.

하지만 계속 이런 상태로 있을 수는 없다. 다시 또 다시 물에 몸을 맡겨야 한다. 그래야 충만한 삶을 살아갈 수 있다. 가라앉을 것 같은 느낌을 이겨내야 떠 있을 수 있다. 우주에 대한 신뢰가 의미하는 것은 이것이 전부다.

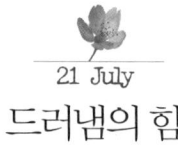

21 July
드러냄의 힘
· · ·
어떤 새도 날개를 펴지 않고는 날 수 없다.
인간도 마음을 드러내지 않고는 사랑할 수 없다.

가장 오래된 내면의 법칙, 중력처럼 피할 수 없는 내면의 법칙은 아마 이것일 것이다. 가슴속에 꽁꽁 숨겨놓은 것을 드러내지 않으면, 나보다 더 넓은 공간 속으로 비상할 수 없다. 본래의 모습을 드러내기가 망설여질 때는 날개를 옆구리에 접어 넣고 밧줄 위에 앉아 있는 한 마리 새를 떠올려본다. 마음도 열지 않고 누군가와 관계를 맺는 것은 날개도 펴지 않고 밧줄에서 뛰어내리는 것과 같다.

물론 어린 새는 처음으로 둥지를 벗어날 때 머뭇거린다. 하지만 바깥 공기를 맛보고 나면, 본능적으로 날개를 펴고 날아올랐다가 다시 내려앉는다. 이런 것이 새들의 삶이다. 우리의 삶도 마찬가지다.

우리도 숨겨두었던 것들을 드러내야만 날아올랐다 내려앉을 수 있는 힘을 얻는다. 역설적이게도, 일단 드러내고 나면 그동안 숨겨왔던 여린 것들이 우리의 날개가 되어준다.

22 July
우분투

우분투 – 네가 있으므로 내가 있고 내가 있으므로 네가 있다.
– 아프리카인들의 심오한 존재 방식 –

어느 겨울 남아프리카공화국에서 한 남자를 만났다. 며칠간 함께 지낸 후 우분투가 뭐냐고 묻자 그는 이렇게 대답했다.

"아프리카인들의 심오한 존재방식입니다."

그러고는 설명을 해주는 대신, 깊은 존중의 마음으로 천천히 우분투의 의미를 되풀이해서 말해주었다.

"네가 있으므로 내가 있고, 내가 있으므로 네가 있다는 의미지요."

가장 깊은 고통이 작렬하는 공간 속에 있을 때, 가장 깊은 두려움에서 벗어날 때, 지극한 기쁨이 만들어내는 익숙한 평화 안에 있을 때 우리는 타인과 하나가 된다. 나는 언제나 이렇게 믿어왔다. 암 병동에 있을 때도 괴로움에 짓눌린 모습으로 맞은편에 앉아 있던 어머니들의 눈 속에서 이것을 느꼈다. 누구도 내면에서 어둠이 자라는 것을 원하지 않는다는 것을. 우분투.

지금도 나는 모든 길과 모든 모습에서 이것을 발견한다. 우리 사이에 놓인 것들이 진실할 때 비로소 신이 나타난다는, 마틴 부버가 말한 너와 나의 의미 속에서도 이것을 깨닫는다. 둘 이상의 사람이 함께하면 그곳에 내가 있으리라는 예수의 말 속에서도 이것을 발견한다. 부처의 자비 속에서도, 고요히 머리를 조아릴 때 아주 오래된 돌들이 뿜어내는 신비한 사랑의 기운 속에서도 이것을 깨닫는다. 우분투…… 우리가 식물들의 숨결을 먹고 사는 것도 네가 있으므로 내가 있기 때문이다. 식물들이 우리의 숨결을 먹고 사는 것도 내가 있으므로 네가 있기 때문이다.

로버트의 도움으로 내가 암을 이겨낸 몇 년 후, 로버트가 나의 도움으로 알코올 중독증을 극복한 후, 둘이 작은 공원에 앉아 상처 입은 어린 새들처럼 곱은 손으로 샌드위치를 뜯어먹던 기억이 난다. 로버트가 갑자기 고개를 쳐들고 말했다.

"나 암에 걸렸었어."

나는 그의 손을 부여잡고 이렇게 말했다.

"난 알코올 중독증에 걸렸었어."

우분투…… 서로가 있어야만 우리는 온전해질 수 있다.

23 July
받아들이기

우리는 모두 무대이자 배우다.

우리에게 상처를 주거나 영향을 미치지도 않은 사람들을 상대로 우리는 상처와 애정을 재현한다. 심리학은 이것을 이해하는 데 큰 도움이 됐다.

이런 현상을 가리키는 용어는 많다.

그 가운데서 비교적 잘 알려진 용어가 '투사'와 '전이'다. 본질적으로 우리는 상처를 준 말이나 행동, 얻지 못한 칭찬이나 대우와 화해할 때까지 이것들을 되풀이한다. 이런 화해를 달리 표현하면 치유나 내려놓음, 비움, 용서라고도 할 수 있다.

호되게 혼난 후에 강아지를 발로 차는 것이 이런 되풀이의 전형적인 예다. 우리가 자주 되풀이하는 것은 서툰 사랑의 경험이다. 나의 경우에는 자라면서 나의 진심이 냉담하게 무시당하는 것을 견뎌야만 했다. 내 상처를 드러내려고 하면, 부모님은 당신들의 결심을 약화시키려는 잔꾀로 받아들이고 내게서 등을 돌렸다.

이런 경험 때문에 나는 가까운 사람들의 고통에 유난히 민감하다. 반면에 그들이 다가올 수 없도록 냉정하게 굴 때도 있다. 나와 내 부모님이 했던 역할을 재현하는 것이다. 아무리 좋게 말하려고 해도, 부끄럽고 속상한 일이 아닐 수 없다.

병원균이 갈 데까지 가야 소멸하는 것처럼, 삶의 드라마에 등장하는 배우들도 자신을 표현하면 우리 곁을 떠난다. 하지만 우리는 얻지 못한 것을 우리의 게임을 모르는 다른 누군가에게서 얻어내려 애쓴다. 다른 가까운 사람들에게 상처를 입히는 식으로 죄를 계속 살아 있게 만드는 것이다. 그러다가 상처를 준다는 것이 어떤 것인지 겸허히 깨닫는다. 이런 깨달음이 용서를 향한 첫걸음이다.

그렇게 잔인하고 가혹하게 굴지는 않았지만, 내가 받았던 상처들을 나도 타인들에게 그대로 되풀이하곤 했다. 하지만 이제는 두려울 때 얼마나 쉽게 잔인해질 수 있는지를, 누구나 끔찍한 일을 저지를 수 있다는 사실을 인정하는 것이 얼마나 어려운지를, 이런 인정 속에서 진정한 친절이 되살아날 때 얼마나 큰 정화작용이 일어나는지를 몸서리쳐지도록 분명하게 깨닫고 있다.

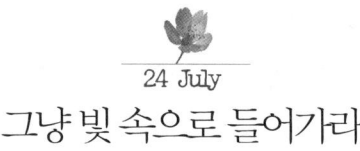

24 July
그냥 빛 속으로 들어가라

온통 어둠이야!
나는 이제 빛 속으로 걸어 들어갈 거야!
— 욥 Job —

생각해야 할 것이 너무 많아서, 이해하고 분석해야 할 것이 너무 많아서, 머릿속으로 미리 그려볼 것이 너무 많아서, 청소하고 보수해야 할 것이 너무 많아서 나가 놀기도 힘든 때가 간혹 있다.

때로는 의지를 그냥 내려놓는 것이 그것을 최대한으로 발휘하는 가장 간단한 방법이다. 한 시간만이라도 우리를 휘덮고 있는 온갖 것 속에서, 우리가 짜놓은 그물망 속에서, 우리가 떠맡은 온갖 일 속에서, 해결해야 할 문제들 속에서 그냥 걸어나와 보라. 다시 돌아왔을 때도 그것들은 고스란히 그곳에 있을 것이다. 일부는 저절로 떨어져나가 우리의 걱정을 덜어줄지도 모른다.

정말로 좋을 것 같지 않은가?

25 July
인간과 신, 꽃과 태양

인간의 영혼과 신과의 관계는 꽃과 태양의 관계와 같다.
꽃은 태양을 향해 다가갈 때 열리고, 태양에서 멀어질 때 닫힌다.

- 벤자민 위치코트Benjamin Whichcote -

태양처럼 신은 사방으로 빛을 발산한다. 허공에 몸을 드러낸 언덕에도, 실내에서 자라는 화초에도, 현관 밑으로 새어드는 햇살 조각을 먹고 사는 잡초들에도 빛을 뿜어낸다. 마찬가지로 우리가 처한 환경에 상관없이 영혼의 똑같은 근원은 우리의 서로 다른 삶을 비춰준다. 그러므로 신에 대한 우리의 경험과 인식이 다르고 제한적이며 변한다고 해서 신을 제한하거나 규정해서는 안 된다.

태양이 매일 모습을 감추는 것처럼 보여도, 몸을 돌려 밤을 불러오는 것은 지구다. 마찬가지로 어디에도 신이 없는 것 같아도, 삶의 격랑 속에서 신을 외면하거나 외면당했다가 제자리로 돌아오는 것은 우리 자신이다.

현관 밑에서 자라는 잡초들과 달리 우리는 다시 빛 속으로 들어갈 수 있다.

26 July
세상에서 가장 자유로운 집

••••

정신과 마음을 타인들에게 열면 우리 안에 혼란이 생긴다.
그리고 우리는 스스로 이런 혼란을 다스릴 만큼
용감하지도 이성적이지도 않다고 생각한다.
이것이 타인들에게 정신과 마음을 열지 않는 유일한 이유다.

— 페마 초드론Pema Chödrön —

남아프리카공화국 콰콰 지방의 푸아디자바 근처에는 흙집이 한 채 있다. 평평한 지붕은 엉성한 골함석으로 덮여 있는데, 팽팽한 철삿줄이 지붕 전체를 가로지르면서 이 골함석을 고정시켜주고 있다. 남은 철삿줄 끝에는 커다란 모래주머니가 하나씩 묶여 있다. 모래주머니들은 지붕이 날아가는 것을 막는 무거운 안장처럼 지붕 양쪽으로 무겁게 늘어뜨려져 있다.

못도 나사도 쓰지 않은 이 지붕이 처음에는 무척 위험해 보였다. 무슨 이유에선지 그 모습이 머릿속에서 떠날 줄을 몰랐다. 그러다 문득 이 집에 사는 사람들은 상황이 좋아지면 하늘을 향해 지붕을 열 수도 있겠다는 생각이 들었다. 이제는 이 소박한 집이 폭풍우를 이겨내고 하늘을 받아들이는 순응과 균형의 이미지처럼 느껴진다. 무거운 모래주머니들도 이동할 수 있는 정직한 토대 같다.

문득 이런 의문이 들었다. 성급하게 못으로 고정시켜버린 적이 얼마나 많은가? 하늘을 쳐다봐야 하는 날, 내가 단단히 동여맨 것들을 푸느라 고생한 적이 얼마나 많은가?

27 July
가장 고귀한 수행

나는 물이 되어간다.
모든 것들의 슬픔을 내 안에서 씻어주고
가능한 많은 빛을 비춰준다.

타인과 나를 동일시하지 않으면서도 타인을 받아들이는 것. 나는 지금도 이 역설과 끊임없이 씨름하고 있다. 가여운 마음이 드는 사람이나 상황에 압도당하지 않으면서도 연민의 문을 여는 방법은 무엇일까?

멀리 예수나 부처까지 거슬러 올라가보면, 이들은 우리 내면에 물처럼 투명한 근본 요소가 있음을 보여주었다. 이름 없이 빛을 발하는 요소, 타인들의 고통과 슬픔에 젖어들지 않으면서도 이것들을 고스란히 받아들이게 해주는 요소가 있음을 알려주었다. 이것이야말로 이들이 보여준 기적이다.

많은 전통에서 이 요소를 이야기한다. 타인들에게 기적을 행할 때는 사랑이라 하고, 살아 있는 존재들에게 마음을 품을 때는 연민이라 한다. 티베트 불교에는 통렌tong-len이라는 명상법이 있다. 세상의 고통을 들이마신 뒤 깨트릴 수 없는 연민의 자리에 이 고통을 담아두고, 날숨에는 빛을 발산하는 것이다. 이런 수행법이 아름다운 이유는 자신을 넘어 세상까지 치유하는 어떤 것, 파괴할 수 없는 영원한 어떤 것이 우리 안에 있음을 인정하고 확인시켜주기 때문이다.

28 July
파도의 깨달음

파도와 바닷물이 같음을 인식하는 순간, 파도는 깨달음을 얻는다.
그리고 이 순간 죽음의 모든 두려움은 사라진다.
- 틱낫한 -

평범한 파도의 삶이 그러하듯 우리 인간도 광대한 안식처, 즉 무한한 영혼의 바다에서 비롯된 열정과 깊이를 헤아릴 수 없는 심연에서 얻은 속도로 굽이치며 나아가다가, 절정에 올라서 물보라를 일으키고는 다시 우리가 왔던 곳으로 잦아든다.

심오하게도 자신이 무엇으로 이뤄졌는지를 깨닫는 순간, 파도는 축복을 경험한다. 파도를 일으킨 물은 파도가 요란한 소리를 내며 부서지는 물과 같으므로, 소멸에 대한 두려움이 줄어든다. 파도는 이미 파도가 돌아갈 곳의 일부이기 때문이다. 당신과 나도 단순한 파도처럼 모두가 똑같은 물로 이뤄졌음을 인식하는 순간 깨달음을 경험할 수 있을까? 파도가 바람을 알듯 우리도 이것을 진정으로 깨달아 죽음에 대한 두려움을 줄일 수 있을까?

갈비뼈 제거 수술에서 회복되는 동안 내가 경험한 느낌도 이 비슷한 것이었다. 당시 나는 모든 차이를, 나를 타인들과 구분하던 모든 방식을 깨부수고 자유로워졌다. 그 지치고 어지러운 상태에서 모두가 같은 물질로 이뤄졌음을, 내 앞과 뒤의 삶이 지금 내 세포들 밖에서 흔들리는 빛이나 그림자들과 다르지 않음을 깨달았다. 자신과 물이 둘이 아님을 아는 파도처럼, 나의 살갗이 아주 얇은 경계에 지나지 않으며, 내가 갈 곳도 지금 여기와 다르지 않음을 깨달았다. 이렇게 광대한 영혼의 바다를 인식하자, 죽음에 대한 두려움이 줄어들었다. 이 글을 쓰는 지금도 죽고 싶지 않기는 마찬가지지만 말이다.

달리 요약하면, 우리가 사랑으로 이뤄졌음을 자각하는 그때가 깨달음의 순간이라 할 수 있다. 그 순간 삶의 모든 두려움은 사라진다. 자신이 무엇으로 이뤄졌고 어디에서 비롯됐는지를 깨닫는 순간, 우리의 가슴에 축복이 찾아들기 때문이다. 길을 가는 동안 어떤 고통과 기쁨을 경험하든, 이미 우리가 가는 곳의 일부임을 깨닫는 순간 축복이 다가오기 때문이다.

다시 또 다시 파도를 일으키는 것이 곧 사랑임을 받아들이는 순간, 지상의 용기 있는 자들은 깨달음을 경험한다.

29 July
나의 작은 스승

강아지처럼 겸허하게 살아라.
그러면 우리의 입 안에서 온 세계가 살아날 것이다.

골드리트리버 새끼를 집으로 데려온 날, 이 강아지가 내 스승이 될 줄은 꿈에도 몰랐다.

이제 7주밖에 안 된 강아지는 집으로 오는 내내 내 셔츠 속에서 쿨쿨 잠을 잤다. 강아지가 규칙적으로 내뿜는 공기로 가슴이 따뜻해졌다. 그날 이후 나는 강아지가 완벽하게 순수하며 한결같은 존재임을 서서히 깨달아갔다. 순간에 그토록 철저히 몰입하고, 앞에 무엇이 있든 그토록 순수하게 헌신하는 존재를 나는 한 번도 본 적이 없었다. 잔디밭에서 뒹굴 때는 그 느낌이 세상의 전부인 것 같았다. 눕기 위해 깔개 위에서 맴돌 때는 몸을 웅크리고 한숨을 내쉬고픈 욕구가 삶의 전부였다. 어디에 있든 온전히 그곳에 존재할 수 있는 강아지의 능력이 나는 부러웠다.

나는 강아지가 주로 촉각, 즉 입을 통해 세상을 알아간다는 것도 이해하게 됐다. 강아지는 인간과 달리 망설임 때문에 괴로워하는 일도 없이 온갖 곳에 주둥이를 갖다 댔다. 이를 통해 즉각적인 앎에서 기쁨을 얻었다.

말 못하는 작은 강아지를 통해 나는 대지와의 직접적인 관계가 말로 표현할 수 없는 토대를 선사하고, 모든 것과의 직접적인 접촉이 우리를 겸허하게 만듦을 배웠다. 이 직접적인 관계가 모든 것을 살아 있게 만들고 새롭게 한다는 것을, 용기를 내 완전하게 몰입하는 순간 세계의 에너지가 우리 안으로 흘러든다는 것을 배웠다.

30 July
길이 막혔을 때

길이 막히면 뒤로 물러나
길을 더욱 전체적으로 조망한다.

서로에게 우리는 올라야 할 산과 같은 존재다. 그런데 불운이나 문제, 주의를 요하는 예기치 못한 무언가가 사랑으로 가는 길을 가로막곤 한다. 이런 예기치 못한 상황들을 우리는 '장애물'로 여긴다.

장애물은 종종 타인에게서 비롯되기도 한다. 완고함이 나무처럼 쓰러져 길을 가로막거나, 슬픔이 갑자기 홍수처럼 몰려와 길을 진흙탕으로 만들거나, 미리 봐 둔 빈터에 휴식을 취하러 가는데 무언가 덤불 속에 숨어 있다가 우리를 물어버린다.

우리는 매일 끊임없이 선택해야 한다. 상대를 우리의 길을 방해하는 완고한 존재, 흙탕물 같은 존재, 우리를 물어뜯는 존재로 볼 것인지, 아니면 어지러워도 산의 장엄한 모습을 올려다보며 전체를 조망하듯 잠시 뒤로 물러나 상대를 받아들일지 선택해야 한다.

친밀한 관계에서 장애물에 부딪힐 때 우리에게는 끊임없이 기회가 주어진다. 두 눈을 치켜뜨고 상대를 충분히 바라본 다음, 무릎을 꿇고 쓰러진 나무를 들어 올리거나 물에 잠긴 길을 건너가거나 무는 것을 잡아서 던질 기회가 주어진다. 계속 산을 올라 상대에게서 흘러나오는 물을 손으로 떠 마실 수 있는 기회, 그리하여 산 속 샘물로 갈증을 달래듯 우리의 갈증을 해소할 수 있는 기회, 물처럼 사랑도 가장 단단한 자리를 뚫고 부드럽게 흘러나온다는 것을 깨달을 기회가 주어진다.

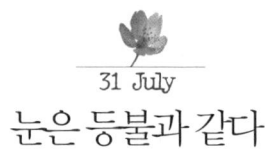

31 July
눈은 등불과 같다

*눈은 몸의 등불과 같다.
눈이 건강하면 온몸이 빛으로 충만해진다.*
― 예수 ―

맑은 눈은 빛을 받아들인다고 예수가 말했다. 눈을 단순히 바깥의 빛을 관찰하는 것이 아니라 빛을 받아들이는 존재로 생각하면, 핵심에 닿을 수 있다. 매일 이렇게 하려면 가슴을 단순히 타인들의 욕망과 두려움을 뚫고 길을 더듬어가는 것으로 보지 않고, 그들의 실제를 받아들이는 어떤 것으로 여겨야 한다. 자신을 표현하는 것은 물론이고 타인들을 받아들이는 것도 진정성을 유지하는 데 중요하기 때문이다.

여기에는 우리를 자유롭게 하는 역설이 숨어 있다. 그러나 이분법적으로 생각하면 이 역설은 가슴을 병들게 한다. 또 이 역설은 모험과 안전에 대한 갈등과 관련이 있다. 흔히 위험을 무릅쓴 개방은 모든 안전을 잃을 수도 있는 위험한 태도로 생각하고, 폐쇄적인 상태를 유지하는 것은 안전을 지키는 길로 본다. 이것은 벽 안과 밖의 삶에 대한 생각을 반영한다. 벽 안쪽은 안전한 반면, 벽 바깥쪽은 그렇지 않다고 믿는 것이다. 이런 믿음은 벽 자체의 숨 막히는 위험성은 인정하지 않는다. 얼굴이 커지면, 쓰고 있던 가면도 얼굴을 누르고 생채기 내는 벽이 되는데도 말이다.

역설적이게도 진정한 안전, 즉 내적인 평화의 바다에 이르는 유일한 길은 모험의 가변적인 모래밭을 통과하는 것이다. 모험이 안전을 열어주는 것이다. 모험은 결코 안전을 닫지 않는다. 모험을 통해 자신을 열어야만, 전체의 충만함과 힘을 받아들이고 그 안에 깃들 수 있다.

이런 사실은 자기보호의 문제와 관련해서 아주 심오한 질문을 던지게 한다. 본래의 자기를 숨기는 것이 자기보호인가? 본래의 자기로 존재하는 것이 자기보호인가? 보이는 모든 것으로 자신을 지키는 것이 자기보호인가? 자신을 정화해서 빛을 받아들이는 것이 자기보호인가? 상처가 될지도 모르는 모든 것에 대비하는 것이 자기보호인가? 아니면 나를 치유해줄 모든 것에 자신을 여는 것이 자기보호인가?

08 August

포옹

01 August
되어감의 고통
· · ·
꽃은 피어나는 단계마다
이미 활짝 열려 있다.

흔히들 최종 목적지와 비교해서 현재의 자리를 판단하곤 한다. 이는 엄청난 해악을 끼친다. 무언가 중요한 존재가 되기를 갈망할 때 경험하는 고통은 이런 해악의 하나다. 자신이 갈구하는 가상의 모습과 비교해서 현재의 성취 단계를 판단하다 보면 고통스러울 수밖에 없다. 언제나 목적지에 더욱 가까워지고 있는데도 현재의 위치에 만족하지 못하기 때문이다.

소박한 장미는 천천히 꽃을 피워내면서 매순간 자신을 최대한 연다. 우리의 삶도 마찬가지다. 자신을 꽃피우는 단계마다 최대한 자신을 펼친다. 그러나 인간의 가슴은 꽃을 피워내는 데 아주 느리다. 그래서 자신이 되고 싶어 하는 가상의 연인이나 아버지, 어머니와 비교해보면, 현재의 자신이 언제나 부족하게 느껴진다.

이럴 때는 자신을 꽃이라고 생각해본다. 그럴 수도 없겠지만, 꽃이 더 빨리 피어나기 위해 자신을 다그치면 꽃잎은 찢어지고 만다. 하지만 인간은 자신을 다그칠 수 있다. 실제로 그렇게 하기도 한다. 그래서 아무에게도 보이지 않는 곳이 찢어지기도 한다. 이렇듯 억지로 더욱 빨리 깊게 펼쳐 보이기 위해서 자신을 다그치는 것은 스스로를 무너뜨리는 짓이다. 자연은 시간을 필요로 한다. 우리의 의지가 일으키는 문제는 대부분 조급함에서 비롯된다.

암에 걸리기 전에는 나도 작가로서 열심히 일했다. 스스로를 엄청나게 몰아쳤다. 내 안의 창작욕이 억제할 수 없을 만큼 아주 깊고 건강하다고 여겼기 때문이다. 그래서 위대한 무언가를 성취하겠다는 은밀한 욕망으로 내 안의 중요한 것이 찢겨나갈 때까지 스스로를 압박했다. 안절부절못하면서 끊임없이 나 자신을 밀어붙이고, 내가 꿈꾸는 모습에 비춰 신속하게 나를 판단했다. 이러다 보니 결국 내 마음의 꽃은 꺾여버리고 말았다.

나는 물론 사람들이 스스로 암에 걸린다고는 생각하지 않는다. 하지만 스스로가 약하게 만드는 부분이 병에 가장 먼저 굴복한다. 내 두뇌에서 창조적인 일을 담당하는 부분에 종양이 생긴 것은 우연이 아니다.

되어감의 고통을 이겨내려면, 삶의 어느 지점에 있건, 얼마나 불완전하고 결함 있는 존재건, 자신이 이미 피어나고 있음을 받아들여야 한다. 날이 저물 무렵 우리가 이룬 일이 얼마나 되건 이미 충분하고도 남는다.

삶은 실현되고 있는 꿈이다.

02 August
인어

인어 한 마리 헤엄치는 소년을 발견하고,
내 것이라 생각하고 물어서
그녀의 몸을 그의 몸에 바싹 대고 웃었다.
그러고는 물속으로 뛰어들었다.
잔인한 행복 속에 연인은 물에 빠졌음을 잊어버리고.

— 윌리엄 버틀러 예이츠 William Butler Yeats —

우리에게는 사랑하는 사람과 가장 내밀한 경험을 공유하고픈 열망이 아주 크다. 그래서 모든 사람이 우리와 함께 갈 수는 없다는 점을 인어처럼 망각하곤 한다. 그러나 사실 누구도 우리 내면의 가장 깊은 곳으로 데리고 들어갈 수 없다. 그곳은 혼자서 탐험해야 한다. 그곳에서 홀로 신과 소통해야 한다.

시 속의 소년은 인어가 사는 심해로 들어갈 수 있을지 몰라도 그곳에서 영원히 살아갈 수는 없다. 익사하고 말 것이다. 인어도 소년이 사는 육지를 방문할 수는 있지만 그곳에서 결코 살 수는 없다. 질식해 죽고 말 것이다.

우리도 살아남으려면 우리의 가장 깊은 영역으로 돌아가야 한다. 하지만 우리는 함께 따라 들어가지 않는다며 서로 비난한다. 타고난 영역에서 너무 오래 벗어나면 질식하거나 익사하기 때문인데도 이런 무능력을 거부로 받아들이기도 한다.

관계의 생존 영역은 실제로 가장 깊은 본성들 가운데 서로 겹치는 부분에 존재한다. 인어와 소년은 바다와 공기가 만나는 지점에서 서로 포옹할 수 있다. 인어가 감당해야 할 사랑의 책임은 둘이 함께할 수 있는 수면으로 그녀의 보물들을 가져오는 것이고, 소년이 감당해야 할 사랑의 의무는 그들이 공유하는 파도 속에서 그의 보물을 씻는 것이다. 이렇게 모든 진정한 관계는 우리의 안식처가 되고, 우리는 신과의 고독한 교감이 끝나면 그 안식처로 돌아간다.

내가 이것을 가장 분명하게 깨달은 것은 20년을 함께한 파트너 앤을 수술실로 싣고 데려갈 때였다. 나는 따라갈 수 있는 데까지 따라가서 점점 작아지는 그녀의 모습을 수술실 유리문으로 지켜보았다. 그때 나는 깨달았다. 신과 싸울 때든, 돌아가신 부모님과 싸울 때든, 인간의 한계들과 싸울 때든 이 경험의 유리문은 누구나 홀로 넘어야 한다는 것을. 사랑하는 사람을 최대한 멀리까지 배웅하고, 그들이 돌아올 때 그 자리에 있어주는 것이 연민임을. 그러나 누구도 우리를 대신해서 혹은 함께 이 유리문을 넘을 수는 없다는 것을.

육지에서든 바다에서든, 지역사회와 얽혀 있을 때든, 고립 속에서 독립적으로 존재할 때든 혼자라는 본질적인 조건은 누구도 피할 수 없다. 그러나 우리의 영혼을 풍요롭게 하는 심연과 고지대를 오가는 여정 속에서, 우리의 정신을 온전하게 유지시켜주는 타인들의 손길 속에서 우리는 겸허히 사랑의 기적을 받아들이게 된다.

03 August
의지 벗겨내기

* * *

이 몸은 죽어도
이 몸속에 깃든 자는 영원하다.
— 바가바드기타 Bhagavad Gita —

채소와 과일은 대부분 껍질이 있다. 달콤하게 농익은 속살을 음미하려면 이 껍질을 벗겨내야 한다. 이런 사실은 인간의 여정과 관련해서 많은 것을 말해준다. 그 가운데서도 가장 중요한 것은 의지의 덮개 아래서 우리의 본모습이 자라는 방식일 것이다.

우리는 노력과 욕망, 열정, 호기심의 작은 씨앗들을 보호하기 위해 웅대한 목적과 모호한 계획으로 이것들을 똘똘 감싼다. 궁극적으로 이런 목적과 계획들은 우리 내면에서 자라는 달콤함이나 농익음과는 거의 관련이 없다. 그래도 여러 달 껍질에 싸여 있어야 옥수수가 자란다는 점은 마음에 새겨둬야 한다. 우리도 여전히 성장 중인 다층적인 모습 속에서 본래의 자기를 키워나가야 하기 때문이다.

이것은 전혀 잘못된 일이 아니다. 삶의 모든 것은 보호해주는 그릇이 있어야 성장할 수 있다. 하지만 열매, 즉 우리 자신을 너무 오래 껍질로 감싸두는 것은 상처를 자초하는 짓이다. 껍질 속에서 충분히 성장한 후에도 과거의 계획 속에 갇혀 있으면, 내면에서부터 망가지거나 썩기 시작한다. 한때 우리의 성장에 도움이 됐던 직업이나 관계에 변화를 주고 싶다면, 우리를 덮고 있는 온갖 것으로부터 자유로워지고 싶어서일 것이다. 하지만 우리가 벗겨내야 할 것은 사랑하는 일이나 사람이 아니라 사랑의 방식이다.

　여기서 우리를 가장 겸허하게 만드는 점은 따로 있다. 우리는 계획을 세우고, 목표를 향해 노력하며, 가능한 미래를 상상한다. 그러나 이 모든 행위에도 불구하고 성숙의 순간을 위해 대비할 수는 없다.

　영혼이 농익은 과일처럼 차오르고 나면, 모든 환상과 야망, 뿌리 깊은 불만들은 전부 쓸모없는 껍데기로 변해버린다. 영혼이 무르익고 나면, 연민과 기쁨을 느낄 줄 알게 되면, 미래를 위한 희생이나 유예 등은 내면을 썩게 만든다. 심장이 알맹이처럼 톡 튀어나오는 순간, 내일에 대한 모든 섬세한 꿈은 옥수수를 빛나게 해주던 수염처럼 이미 목적을 다한 것이기 때문이다.

　인생의 달콤함이 무르익는 때를 스스로 정하거나 통제할 수 있는 사람은 아무도 없다. 우리가 할 수 있는 일은, 성장에 도움이 되었다 해도, 우리를 뒤덮은 온갖 것으로 자신을 규정하지 않으려 노력하는 것뿐이다. 그러면 스스로 태양이 되기를 갈망하면서 오랜 세월 열심히 분투한 끝에 우리가 존재하는 바로 그 자리에서 우리만의 작은 태양과 더불어 빛나게 될 것이다.

　그러니 당신이 원하는 대로 당신만의 피라미드를 세우기 위해 꿈꾸고 계획하라. 많은 행운을 만들고 누릴 방법을 생각하라. 우리의 꿈과 고통 속에서 자라나 마침내 대기 중으로 자신을 드러내는 달콤함 말고는 어떤 것도 중요하지 않으니.

04 August
어둠이 일어날 때

• • •

어둠이 휴식에 들어가면
빛이 움직이기 시작한다.
-《황금꽃의 비밀 The Secret of The Golden Flower》-

어둠이 일으키는 동요를 우리는 어떻게 다루는가? 혼란이나 슬픔, 장애물에 뒤엉킨 상태에서 벗어나 어떻게 내일로 가는 길을 찾아가는가? 마구 자란 풀들을 베고 길을 헤쳐나가듯 자잘한 상처들을 주고받으며 문제를 해결해나가는 것은 지극히 자연스러워 보인다. 하지만 중국의 고전에 나오는 이 통찰은 더욱 분명하고도 간단한 방법을 말해준다. 동요 자체가 어둠이므로 이것에 신경 쓰지 않을 때 비로소 빛이 들어올 여지가 생긴다는 것이다.

타인들의 말을 속으로 되새김질한 때가 얼마나 많았던가? 타인들의 말을 곱씹어서 어둠의 덩굴을 스스로 키운 적이 얼마나 많았던가? 그 말이 무슨 의미였을까? 무슨 속내로 그런 말을 한 것일까? 이제 나는 어떻게 반응해야 할까? 아예 반응을 하지 말아야 하나? 이렇게 잡초 같은 생각들이 자라고 자라 빛을 가린다.

생각들이 잡초처럼 가슴을 뒤덮어버릴 때까지 결코 실현되지 않을 이야기들을 짜내는 데 얼마나 많은 시간을 허비했는지 생각하면 헛웃음이 난다. 한없는 인내 속에서도 빛은 우리의 가슴속으로 들어오지 않는 것 같다. 사실은 그게 아니다. 빛은 우리가 마음을 열 때까지 기다리고 기다리다가 아무리 작아도 우리 마음 안에 빈터가 생기면 기쁘게 그곳을 채운다.

어둠이 일으키는 동요는 언제나 우리를 뒤덮는 것 같다. 나도 심하게 상처받은 존중감을 여러 해 동안 성취에 대한 조바심으로 덮었다. 결국 성취의 잡목이 내 가슴을 완전히 덮어버리고 말았다. 내가 성취를 옆으로 제쳐두자 비로소 빛이 움직이기 시작했다. 비로소 우주적인 온기가 내 아픈 마음에 스며들기 시작했다. 어둠의 에너지를 잠재우자 치유가 시작됐다.

05 August
병아리의 탄생

모든 틈새는 출구이기도 하다.

거대한 변화의 한가운데에 있을 때는 병아리의 탄생 과정을 떠올린다. 병아리의 시각에서 보면 탄생은 끔찍한 투쟁이다. 병아리는 반쯤 자란 몸으로 어두운 껍질 속에 웅크린 채 모든 영양분을 흡수한다. 껍질이 닿는 곳까지 기지개도 켠다. 그런데 허기와 답답함이 느껴지기 시작한다. 결국 병아리는 굶주리기 시작하고, 점점 줄어드는 것 같은 공간에 질식할 것 같다.

드디어 몸이 자라 껍질에 금이 가기 시작하면, 병아리가 알던 세계는 종말을 고한다. 하늘이 무너진다. 병아리는 꿈틀거리면서 갈라진 틈을 비집고 나와 껍질을 먹기 시작한다. 다 자랐지만 연약하기 그지없는 병아리가 허기진 채로 경련을 일으키는 순간, 기존의 세계가 부서지는 순간, 병아리는 죽을 것만 같다. 하지만 의지하던 모든 것이 떨어져 나가 버리면서 드디어 태어난다. 죽지 않고 또 다른 세계로 나아가는 것이다.

이것은 심오한 교훈을 던져준다. 변화에는 우리가 의지하던 것들과의 이별이 따른다. 그동안 알던 세계가 소멸되는 느낌이 든다. 실제로 세계는 소멸된다.

병아리는 우리에게 지혜도 선사한다. 변함없이 살아서 다시 태어나려면 자신의 껍질을 먹어야 한다는 것이다. 자기 속에서든 관계 속에서든 소명 의식에서든 거대한 변화에 직면할 때는 우리를 가둬두고 살찌우고 길러준 것들을 어떻게든 흡수해야 한다. 그래야만 새로운 삶이 주어질 때 과거의 것도 우리 안에 품을 수 있다.

06 August
가슴으로 느끼는 기쁨

• • •

태어날 때부터 우리에게는
서로 안에서 꾸밈없이 울고 싶은 욕구가 있다.

우리는 자신의 성sexuality을 너무 두려워한다. 그래서 진정한 친밀감의 순간에 우리를 압도하는 그 말 없는 가르침을 자주 놓친다. 오르가슴을 느끼는 순간의 깊고 강렬한 감성은 하나의 달콤한 역설이다. 누구나 오르가슴의 순간을 소중히 여겨 거듭 느끼고 싶어 하지만, 오래도록 황홀경 상태에 머물 수 있는 사람은 아무도 없기 때문이다.

이 황홀한 순간은 인간의 한계와 인간이 가장 강렬하게 살아 있는 순간들에 대해 많은 것을 알려준다. 우리가 타인 앞에서 솔직하게 여린 모습을 드러내고 싶어 하는 것은, 온갖 두려움과 방어적인 모습을 지녔음에도 감당할 수 없을 만큼 민감한 그 순간에 타인이 완벽하게 우리를 잡아주고 어루만져주기를 바라는 것은 우연이 아니다.

이것이 가슴이 느끼는 기쁨이다. 이런 드러냄과 해방의 순간이 있어야만 완전하다는 느낌을 받을 수 있다. 하지만 이 느낌을 오래도록 감당할 수 없다는 것도 인정해야 한다. 무아경일 때 내는 소리와 고통의 울음소리가 같은 것도 이 때문이다. 타인과 합일된 상태에서도 그렇게 민감함과 약함을 느낀다는 것은, 누구도 혼자서는 살아갈 수 없다는 증거다. 그러므로 신뢰 없이는 진정한 친밀감도 불가능하다. 가슴은 억누른 채 몸만 민감하면, 무아경에는 이르지 못하고 무아경의 작은 메아리 같은 절정만 경험할 뿐이다.

무아경의 순간에는 실제로 아무것도 억제되지 않는다. 이 무아경은 성행위 속에서만 경험할 수 있는 것은 아니다. 존재 속에서, 행위 속에서, 진실을 말하는 모든 관계 속에서, 자신을 완전히 드러내면서 완전히 지지받는 황홀한 순간에서도 무아경에 들 수 있다. 이 용감하고도 불안한 순간, 가슴은 자신의 모든 재능을 드러낸다. 진정한 본래의 자기로 존재하고 어떤 것도 숨기지 않는다. 서로 믿고 완전한 존재가 된다. 서로의 완전함을 확인한다.

07 August
우리가 정말로 가져가야 할 것

● ● ●

*강은 자신을 통과하는 물을
결코 붙들지 않는다.*

시간을 통과하는 여정 속에서 우리는 무엇을 가져가고 무엇을 두고 가야 할지 끊임없이 고민한다. 내던지는 것이 힘들게 느껴지겠지만, 버리지 않으면 우리가 자초한 무게에 익사하고 만다.

강은 좋은 모범이다. 강은 결코 물을 소유하지 않지만, 강물과 더없이 친밀한 관계를 유지한다. 물의 힘이 강의 모양을 만들어주기 때문이다. 우리가 사랑하는 모든 것도 마찬가지다. 사실 아무리 중요하고 심원한 것이라 해도 그것에 집착하는 것은 아무 의미가 없다. 그것이 이미 우리를 형성하고 있기 때문이다.

정서sentiment의 목적은 우리 안에 잠든 강렬한 느낌들을 해방시키는 것이다. 책이나 카드, 조개껍질, 말린 꽃들이 때로는 이런 역할을 해준다. 그러나 우리는 필요 이상으로 많이 간직하기 때문에 이 작은 보물들이 나타내는 것이 이미 우리 안에 살아 있음을 믿지 못한다.

자신에게 줄 수 있는 가장 유용한 선물은 강처럼 자신의 삶을 열어놓는 것이다.

08 August
오리 선생

• • •

내가 보려는 것 밑에
내게 필요한 모든 것이 있다.

몇 해 전 일이지만 지금도 생생하게 기억난다. 한낮에 호숫가를 걷는데 10야드쯤 떨어진 곳에서 오리 한 마리가 햇볕을 받으며 잠들어 있는 게 보였다. 반지르르한 털북숭이 머리를 몸 안으로 밀어넣은 채 찰랑대는 호수에서 평화롭게 졸고 있었다.

이 광경에 나의 빗장이 열렸다. 신뢰에 대한 궁극의 가르침이 이 광경 속에 있었기 때문이다. 세계의 자궁 속에서 잠든 작은 오리는 지식이나 의도 없이도 말없이 심오한 스승의 역할을 다 하고 있었다. 삶의 신비에 완전히 순응하면 우리도 새로워질 수 있음을 가르쳐주고 있었다.

이 오리도 분명히 자기만의 방식에 따라 눈을 뜨고 헤엄쳤다. 하지만 완전히 순응할 줄 아는 능력 덕분에 이 지상에서 깊은 평화로 충만한 시간을 만끽하고 있었다. 이런 평화는 순응이 있어야 가능하다.

나는 완전히 내려놓은 순간이 거의 없었다. 하지만 완전한 순응의 순간들은 나의 삶을 모조리 바꿔놓았다. 암에 걸렸을 때 나는 두려움의 절벽에서 뛰어내렸다. 덕분에 작은 오리 같은 마음으로 수술실에 들어갈 수 있었다. 그것은 다른 세계로 들어가는 문턱 같았다. 손을 뻗기조차 두렵고 외로울 때도 어떻게든 타인의 사랑이라는 바다 속으로 거듭 뛰어들었다. 그럴 때마다 지친 가슴이 정화됐다.

지금은 삶의 지혜를 탐구하는 과정에서 돌부리에 걸려 넘어질 때면,

내가 안다고 생각하는 것들을 완전히 내려놓는다. 그리고 지혜롭지도 어리석지도 않게 삶을 긍정하면서 표류한다.

09 August
길을 준비하다
...
*죽음을 통한 성장을 체험하지 못하는 한
당신은 음울한 지구에서 불안해하는 손님에 불과하다.*
- 괴테 -

죽음은 나쁜 일이 아니다. 세포들은 매일 죽는다. 역설적이지만 이런 식으로 우리의 몸은 살아간다. 외피도 벗겨지고 덮개도 떨어져나간다. 새로운 성장이 시작되는 것이다. 이렇게 우리는 생기를 유지한다. 사고방식도 세포처럼 죽음을 맞이한다. 그러므로 밑에서 자라는 것들을 삶의 새 피부로 받아들이지 않으면 커다란 고통이 뒤따른다.

밑에서 자라던 것이 뚫고 나오지 못하게 가로막는 것은 우리의 고집이다. 고집은 우리를 고통스럽게 만든다. 밑에서 자라는 것이 아무것도 없을지 모른다는 두려움은 절망감을 부채질한다. 정말로 치명적인 것은 어떤 방향으로도 자라기를 멈추는 순간이다.

생성과 소멸의 과정을 거부하면, 불안한 손님으로 전락해서 인간 까마귀처럼 탄식하게 된다. 모든 생명이 경험하는 새로운 출현을 멈추려 애쓰면 삶의 고통은 배가된다. 나무가 나뭇잎을 떨어뜨리지 않는다면, 파도가 뒤척이지 않는다면, 구름이 비를 쏟아내고 사라지지 않는다면 도대체 어떻게 되겠는가?

이런 말을 하는 이유는 당신과 나 자신을 일깨우기 위해서다. 작은 죽음은 큰 죽음을 막는다. 정말로 중요한 것은 우리를 확장시켜주는 모든 것 아래서 자신의 차례를 기다리며 길을 준비하는 것이다.

10 August
우연 아닌 우연
· · ·
랜덤은 최대 속력으로 달리는 말의 발이
전부 공중에 떠 있는 순간을 의미한다.

이것이 랜덤random의 본래 의미다. 랜덤은 거침없는 열정의 신비, 완전한 몰입과 순응이 가져다주는 정신의 고양을 가리킨다. 요즘에는 계획도 방법도 목적도 없다는, 즉 완벽한 우연의 의미로 쓰인다. 그래서 랜덤은 의지로 통제할 수 없을 것 같은 것들을 떨치게 도와준다. 말할 필요도 없이 비본질적인 것이기 때문이다.

우리의 삶은 난데없이 불쑥 찾아오는 예기치 못한 친절들로 가득하다. 갈증을 느끼는 순간 누군가 컵을 찾아 건네주고, 외로움이 뼛속 깊이 사무치는 순간 누군가 차를 태워주고, 하마터면 놓칠 뻔한 쇼핑백을 누군가 들어준다. 쓸쓸한 길 위로 떨어진 내 슬픈 얼굴을 그 무엇도 들어 올려주지 못할 것 같은 순간, 헨델의 음악과 똑같은 리듬으로 사슴이 길을 건넌다.

랜덤 상태의 말에게서 우리가 배울 점은 무엇일까? 온전히 자신 속에 존재하는 그 짧은 순간을 위해 말이 에너지와 욕망을 어떻게 높여가는지 그리고 그 짧은 순간 말이 어떻게 날아오르는지 생각해보라. 결국 땅

으로 떨어져도 말은 또다시 날아오르고, 또다시 땅으로 떨어진다.

이 랜덤의 순간 우리는 어떤 것도 뒤로 감추지 않는다. 우리 앞에 어떤 상황이 놓여 있건 모든 것을 쏟아 붓는다. 팽팽한 긴장의 순간, 우리는 인간으로서 할 수 있는 만큼 날아오른다. 삶에 대한 열정으로 솟구쳐 오른다. 이 열정으로 우리 안의 모든 것은 다시 일상의 세계와 만난다.

나는 암으로 병원 침대에 힘없이 누워 있는 동안 이것을 거듭 경험했다. 눈물도 고통도 좌절감도 분노도 그 무엇도 뒤로 숨길 수 없게 되자, 침대에서 몸을 일으키지 못해도 랜덤 상태에서 발이 떠 있는 상태에 이르렀다. 놀랍게도 그때부터 나를 둘러싼 삶의 흐름 속으로 다시 들어갈 수 있게 됐다.

몸의 통증은 신호를 보내 다른 세포들을 상처 입은 부위로 불러들인다. 마찬가지로 랜덤 상태에서 겪은 정직한 경험은 다른 생명을 불러들여 우리를 돕게 한다. 서로 만나리라는 것을 알지 못해도 피가 몸의 건강한 부위에서 상처 난 부위로 흐르는 것처럼, 우주적인 몸에서도 같은 움직임이 일어난다.

자신이 어디로 향하는지 몰라도 우리는 서로 돕기 위해 흐른다. 신비롭게도 생명의 힘은 이런 식으로 스스로를 치유한다. 우리가 '우연'이나 '행운', '우연의 일치'라 부르는 것은 생명이 순환하면서 우리를 통해 우리 안에서 스스로를 치유하는 것에 다름 아니다.

11 August
달리기를 하다가

보는 데는 시간이 필요하다.
– 조지아 오키프 Georgia O'Keeffe –

5월의 어느 날 달리기를 하다가 잘 다듬어진 울타리를 보았다. 푸른 꽃들이 균형 잡힌 울타리를 비집고 나와 어떤 형태에도 굴복하지 않고 거칠게 삐쭉삐쭉 솟아올라 있었다. 그 모습에 절로 미소가 번졌다. 나도 여러 해 이 꽃들처럼 형태에 맞춰 변형되기를 거부했기 때문이다. 그래서인지 이 울타리에 매달려 있는 거칠고 푸른 꽃들이 사랑스러웠다.

6월의 어느 날 달리기를 하다가 나이 지긋한 한 남자가 울타리를 다듬는 걸 보았다. 그는 그 일에 푹 빠져 있었다. 조심스럽게 가지치기를 하고는, 땀방울이 눈으로 들어가는데도 그의 부지런함에 세상이 달라지기라도 할 것처럼, 뒤로 물러나 울타리를 살펴보았다. 나는 그의 정성에 감복했다. 우리는 말없이 목례를 나누었다. 그에게 중요한 것은 울타리가 아니었다. 돌볼 수 있는 무언가가 있다는 점이었다. 나는 암을 이겨낸 후 나도 그와 같이 살았음을 깨달았다.

8월의 어느 날 달리기를 하다가 물길이 가느다란 분수를 발견했다. 눈에는 잘 보이지 않지만 분수 한가운데서 물이 샘솟고 있었다. 손이 닿을 수 없는 곳까지 한껏 치솟아 하늘 가까이 올랐다가 다시 원래의 자리로 잦아들었다. 이렇게 물이 잦아들라치면 솟구치는 물길이 언제나 그것을 대체했다. 헉헉 거친 숨을 몰아쉬고 땀을 흘리면서도 나는 이런 것이 자유임을 깨달았다.

12 August
우리가 사는 한 가지 이유

• • •

우리가 여기에 존재하는 이유는
분명하게 표현하며 살기 위해서다.
– 발자크 Balzac –

우리 인간은 아주 어릴 때부터 울음과 소리를 통해 세상으로 나아가는 길을 찾아낸다. 이것이 자신을 표현하는 근본 목적이다. 우리가 내뱉는 소리는 무엇이든 생명줄이 되고 표현의 정맥이 된다. 우리는 이것을 통해 자신이 삶의 모든 다양성과 위엄을 활성화하는 중요한 일부임을 거듭 확인한다.

하지만 얼마 안 가서 학교나 가정에 의해 혹은 어쩐 일인지 우리 내면에는 없는 것 같은 사랑의 감정을 좇아 처음 모험을 감행한 후, 너무 일찍 오해를 한다. 누군가 우리의 소리에 귀 기울이도록 울거나 소리를 내는 것이라고 말이다. 이 오해로 모든 것이 달라진다. 받아들여지고 인정받고 칭찬받기를 갈망하는 것이다. 하지만 상상해보라. 새들이 누군가 들어줄 때만 노래를 부른다면, 음악가들이 누군가 인정해줄 때만 연주를 한다면, 시인이 누군가 이해해줄 때만 시를 읊조린다면 어떻게 되겠는가?

나도 타인들의 기대나 비난을 이겨내고 내 목소리를 되찾기 위해, 한 생명체로서 다시 기쁨을 맛보기 위해 수없이 씨름했다. 물론 타인들이 내 말을 귀담아 들어주면 특별한 기쁨과 힘을 얻는다. 그러나 나의 소리를 세상에 낼 때 언제나 우선시해야 할 것은 내가 누구인지를 표현하는 일이다. 나는 타인들에게 좋은 평가를 받고 싶은 욕망을 버리지 못해서 언제나 그들의 반응을 충분히 오래 배제했다. 그래야 내 목소리를 세상에 내놓을 수 있었기 때문이다.

내가 아는 한 노인 이야기를 들려주고 싶다.

이탈리아에서 온 그는 평생 배관공으로 일했다. 그는 선량하고 유쾌했으며 잘 웃었는데, 웃을 때는 주변에 누가 있든 말든 상대가 이해해주든 말든 큰 소리로 웃어젖혔다. 그는 언제나 분명하게 자신을 표현하며 살았다. 그 자신은 몰랐겠지만 그는 내게 세상을 사랑하는 법을 가르쳐주었다.

13 August
버드락에서

내가 사람들과 그렇게 자주 접촉하고 싶어 하는 이유는
아마도 접촉이 대화의 훌륭한 한 방식이기 때문일 것이다.
- 조지아 오키프 -

몸도 아프고 마음도 약해져 집에서 아주 멀리 떨어져 있는 것 같은 느낌이 드는 순간, 매서운 바닷바람 사이로 거친 파도에 둘러싸인 커다란 바위 하나가 눈에 들어왔다. 바위는 도요새에 갈매기, 가마우지, 해마, 바다표범, 펠리컨, 수달 등 온갖 동물로 뒤덮여 있었다. 모두 내려치는 파도를 피해 바위로 피신한 것이다.

바위로 기어오른 이들은 날개를 파닥거리거나 힘겹게 몸을 움직이고 있었다. 서로 몸을 의지하고 함께 살아가면서 이 바위가 바람과 햇볕의 안식처임을 알아가고 있었다. 이렇게 바위로 올라온 새들은 너무 지쳐서 싸울 생각도 하지 않았다. 모두들 축축한 시간의 난타에 완전히 녹초가 돼 있었다.

상처 입은 사람들도 이렇게 그들의 길을 찾아가리라. 우리도 이렇게 서로를 알아가리라. 무엇이건 이겨내본 자들은 내려치는 파도가 어떤 것인지 안다. 그래서 피신처로 찾은 바위를 공동의 안식처로 만든다. 허우적대느라 너무 지쳐서 영역 따위에 더는 관심도 없고, 간단한 접촉 말고 더는 대화도 할 수 없는 우리는 이렇게 이곳에서 서로를 받아들인다.

매주 참가했던 건강 모임도 이 바위와 같다. 회복을 위한 만남의 방들도 이 바위와 같다. 고요하기 그지없는 수많은 치유의 방도 이 바위와 같다.

고통받는 사람에게 관용은 정치적 입장이나 원칙의 문제가 아니다. 우리처럼 고통받는 사람들에게, 힘겹게 몸을 이끌고 햇살 속으로 걸어 들어가는 사람들에게 우리 옆에 지쳐 쓰러진 존재는 모두 한 가족이다.

14 August
푸에 절벽에서

*나는 지혜로워질 수 있다고 생각했으나 그것은 나를 훨씬 넘어선 일이었다.
모든 지혜는 저 멀리 아주 깊이 있다.
누가 그것을 찾을 수 있겠는가?*
- 전도서 7장 24~25 -

겸허humility는 토양을 의미하는 라틴어 '휴무스humus'에서 파생된 말이다. 겸허는 단순히 머리를 조아리는 것을 넘어 우리보다 오래된 모든 것과 교감하게 만든다. 이로써 우리는 일상의 걱정이나 이해를 뛰어넘어 고요한 시각을 갖게 된다.

나는 뉴멕시코에 사는 친구를 찾아갔던 날 이 사실을 깊이 느꼈다. 친구와 함께 산타페 북쪽으로 한 시간가량 차를 몰고 가자, 1,500명의 푸에블로 족이 12세기 동안 살았던 암벽을 깎아 만든 집들이 나타났다. 꼭대기에 이르자 캐롤이 세상의 끝처럼 보이는 풍경에 숨이 막히는 듯 이렇게 말했다.

"인간은 정말 아름답지만 하찮은 존재야."

우리는 800년 전에 연장자들이 이 지역을 주거지로 선택하는 모습을 상상해봤다. 그들은 아마 이 장엄함이 모든 사람에게 언제나 창조주를 의식하게 하리라 생각했을 것이다.

바람이 원주민 영혼들이 사는 작은 석굴들을 휘저으며 거세게 몰아쳤다. 그러자 원주민 영혼들이 바람 아래에서 노래 부르기 시작했다. 그 소리를 들으니 자신의 삶은 수세기의 시각에서 봐야만 의미를 지닌다던 칼 융의 말이 생각났다. 그 순간 나는 영혼의 진리를 추구하는 사람은 누구나 그렇게 살리라는 것을, 움푹 파인 자신의 어두운 굴 속에서 모든 존재의 장엄함을 내다보리라는 것을 깨달았다.

우리는 이렇게 외적인 삶의 시련들을 통해 겸허의 벼랑으로 올라가 신비의 끝자락에 머문다. 우리는 이렇게 고통을 통해 작은 집 한 채 깎아 만들 자리로 올라가서 자신은 작고 우주는 크다는 깨달음에 현기증을 느낀다.

오, 나도 과거의 그들처럼 암벽 높은 곳으로 올라가서 기다려보았다. 지금처럼 세월에 지친 모습으로, 그곳에 함께 그리고 홀로 섰다. 눈으로 볼 수 없는 것을 보고 알 수 없는 것을 알기 위해 겸허한 생명체들이 모여드는 내면의 벼랑에 서서, 고대의 공기를 음미하는 매처럼 두 팔을 펼쳤다. 가장자리에 뿌리박고 선 나무처럼 마음을 펼쳤다. 햇살처럼 스며드는 궁극의 앎을, 우리를 가르치기보다 따뜻하게 감싸주고 성장하게 도와주는 궁극의 앎을 받아들이기 위해 마음을 펼쳤다.

오, 우리는 그 광활함을 향해 몸을 기울이고 작은 흉곽 속에 들어 있는 가슴을 폈다. 바람의 노래에서 3인치밖에 떨어지지 않은 곳에서, 바람 아래에서 쿵쾅거리는 가슴을 폈다.

15 August
가장 강력한 기도

인간의 언어로 된 기도 중에서 가장 짧고 강력한 것은
아마 '도와주세요'일 것이다.
— 토머스 키팅 신부 —

자신에게 필요한 것을 말로 표현하지 않을수록 우리와 세계 사이에는 눈에 보이지 않는 냉엄함과 엄혹함이 생겨난다. 기도에서 중요한 것은 필요한 것을 얻는 것이 아니다. 자신에게 정말로 필요한 것이 있음을 스스로에게 인정하는 것이다.

필요한 것을 얻든 얻지 못하든, 도움을 구하면 이 냉엄함은 깨져버린다. 누구도 줄 수 없는 것을 구하면 역설적으로 구원과 축복을 받을 수 있다. 자신의 인간적인 면을 인정하면, 고래가 태양을 향해 솟구쳐오르듯 영혼이 수면을 뚫고 올라오기 때문이다.

우리에게 가장 고통스러운 장애물 가운데 하나는 현대사회가 부추기는 고립감이다. 이것은 기꺼이 도움을 받아들이려는 마음과 연약함을 드러내는 고요한 용기가 있어야만 극복할 수 있다. 물이 구멍을 채우고 빛이 어둠을 물리치듯, 자신의 연약함을 드러내면 친절이 이것을 감싸준다.

그러므로 자신에게 필요한 것을 인정하고, 도움을 구하며, 연약함을 드러내는 것은 말 없는 기도나 마찬가지다. 다른 존재의 도움을 받아들이는 것은 자궁 속으로 돌아가는 일과 같다.

16 August
호주머니를 비우다

부디 기억하라.
나를 치유하는 것은 나의 지식이 아니라
나의 존재 자체임을.
- 칼 융 -

이것을 망각하지 않는 것은 어려운 일이다. 나도 잊지 않기 위해 매일 노력하고 있다. 그렇지만 이 가르침을 기억하면서 스펀지처럼 가슴을 열어놓고 있을 때도, 사랑하는 누군가가 고통스럽게 살아가면 도와줄 방법을 찾아 호주머니를 뒤지기 시작한다. 그들이 원하는 것은 내가 스펀지처럼 가슴을 열어두고 그들의 이야기에 귀 기울이며 의지가 되어주는 것뿐인데도 말이다.

이런 사실은 다른 자연물들에서도 아주 쉽게 확인할 수 있다. 별은 빛으로 어둠을 지지해준다. 강물은 촉촉함으로 대지를 살아 있게 하고,

바람은 우리의 머리에서 구름을 걷어간다.

　이것들은 가슴을 열어주는 스승과 같다. 우리가 다시 생명력을 불어 넣어주기만을 기다리면서 우리의 본성 속에서 기다리고 있다. 이런 스승들이 우리 자신과 서로를 치유해준다.

　주머니가 텅 비고 아는 것들도 바닥나면, 나는 멋쩍게 어깨를 으쓱하면서 나도 어떻게 해줘야 할지 모른다는 사실을 받아들인다. 그러면 고맙게도 그 순간 사랑의 진정한 작업이 시작된다.

17 August
살아 있는 플루트

고통은 우리 개개인을 악기로 만든다.
그래서 구멍까지 모든 것을 적나라하게 드러내고 서 있으면,
우리의 소박한 삶을 뚫고 보이지 않는 생명의 소리가 들려온다.

　원하는 것을 얻지 못하면 실망과 고통이 느껴진다. 그렇다고 여기서 멈추면 황폐해지고 만다.

　세상을 번성하게 하는 건 무한한 가능성이다. 그래서 자연은 건강의 보고다. 하지만 가슴이 막혀 있거나 마음이 고통에만 갇혀 있으면, 경이는 실처럼 가늘어진다. 물고기로 자랄 무수한 알이나 상처를 치유해주는 수많은 세포와 달리, 우리는 먹고 싶은 딱 한가지에만 집착한다. 위기와 절망은 여기서부터 시작된다.

　발아하지 않는 씨앗으로 자신을 괴롭히는 것은 어리석은 짓이다. 신비를 거부할수록 우리에게 닥친 모든 일에 더 많은 책임감을 느낀다. 하

지만 실패한 전략들을 분석하는 일에 정신을 팔수록, 생기 있고 충만한 삶으로 가는 길에서 누구나 직면하는 진정한 상실감은 외면하게 된다.

그러나 이것을 받아들여도, 사랑의 갈망에서 비롯되는 고통과 혼란을 빗겨갈 수 있는 사람은 아무도 없다. 타인을 사랑하는 일에 자신을 쏟아 부으면, 상대가 떠나면서 우리의 본질까지 앗아가버릴 것 같기 때문이다. 실제로 상대는 우리 내면의 한 부분을 가져가버리기도 한다. 하지만 내면으로부터 우리를 살찌우는 것은 무수히 많으며, 살아 있는 모든 것은 치유되기 마련이다.

나무의 아름다움은 이 점을 분명하게 확인시켜준다. 둥글게 휘어진 껍질과 줄기의 옹이로 인해 나무들은 현자처럼 보인다. 하지만 놀랍게도 오래된 나무들의 껍질은 그들의 상처를 보여주는 살아 있는 지도다. 베인 자국이 상처로 남으면, 이 상처들은 다시 아름답고 고요한 V자 모양의 새김 눈으로 변해 날짐승들의 보금자리가 되어준다. 어떻게 이럴 수 있을까?

욕망을 비워내면 더욱 깊은 자리가 모습을 드러내고, 그 안에서 신비가 노래를 부른다. 하지만 비움의 고통을 이겨내야만 노래가 우리를 관통하는 기쁨을 맛볼 수 있다.

신비롭고 아름답게도 개개의 영혼은 살아 있는 플루트와 같다. 삶은 이 플루트를 다듬어 더욱 깊은 노래를 연주해낸다.

18 August
기다림

· · ·

삼라만상의 일체성 속에서 고요히 머물라.
그러면 잘못된 견해들은 저절로 사라지리니.
– 승찬 선사 –

이 글을 쓰는 지금, 나는 뉴욕 시의 브라이언트 파크에 앉아 있다. 여름날 커다란 떡갈나무들은 무슨 이유에선지 전부 남쪽을 향하고 있다. 점심을 먹는 직장인들에 독일인 관광객들, 졸고 있는 노인들, 누구도 해독할 수 없는 메시지를 쨱쨱거리며 날아다니는 참새들 마냥 혼자서 중얼거리는 노숙자들. 모두들 한낮의 열기 속에 축 늘어져 있다.

때로는 삶이 종착지 없는 거대한 대기실 같다는 생각이 든다. 그 안에서 어떤 이들은 고통이 끝나기를 기다리며 서성이고, 어떤 이들은 무언가 좋은 일이 일어나기를 꿈꾼다. 또 어떤 이들은 좋지 않은 일이 시작될까 봐 두려워한다. 나도 그런 사람들 가운데 한 명이다.

어디에도 갈 곳이 없음을 깨달을 때까지 이 기다림 속으로, 이 무거움 속으로 깊이 침잠해 들어가는 것은 너무도 큰 싸움이다. 충분한 자각 후에도 고통은 사라지지 않는다. 가장 어려운 것은 반쯤 열린 우리의 중심 속으로 삶이 갖가지 변장을 하고 밀려들 때까지, 심해에서 기다리는 대합조개처럼 모든 갈구를 내려놓고 자신을 열어두는 일일 것이다.

하지만 이렇게 기다리다 보면, 멋진 돌이 호수로 떨어지듯 신이 우리 안으로 들어온다. 과거는 우리 뒤에서, 미래는 우리 앞에서 잔물결을 일으키고, 우리는 영원 속에서 숨 쉰다.

19 August
필요한 특권

• • •
느끼지 않는 것은
심장이 숨을 못 쉬게 막는 것과 같다.

우리는 원치 않는 병원균이라도 되는 양 너무 자주 슬픔과 맞서 싸운다. 약속의 에덴동산이라도 되는 양 애타게 행복을 갈망한다. 한 가지 은밀한 단점을 고쳐서 가치 있는 인간이 되면 이 에덴동산의 문을 열 수 있다고 생각한다.

헌법도 개성화 individuation 의 힘든 여정으로부터 우리 자신을 구제하기 위해 만든 것이다. 그래서 헌법은 어떤 정부도 보장하지 못하는 것, 즉 영혼의 만족을 보장한다. 행복은 양도할 수 없는 권리인 반면, 슬픔을 경험하면 어쨌든 불행해진다고 믿게 만든다. 하지만 고통스러워한다는 것은 확실히 예민하게 느낀다는 의미다. 충분히 의식하면서 깊이 섬세하게 느끼다 보면, 기쁨과 슬픔을 모두 경험하게 되기 때문이다. 그리고 예민하게 느끼는 능력은 경험의 의미를 알게 해준다.

목이 마를 때 얼굴을 시냇물에 들이대고 "나는 수소만 마시고 산소는 마시지 않을 거야."라고 말하면 어떻게 될까? 이렇게 하나를 빼버리면, 물은 이미 물이 아니다. 느끼는 삶도 마찬가지다. 행복이나 슬픔만 마시려고 하면, 삶은 이미 삶이 아니다.

우리가 들이마시는 공기가 폐를 살아 있게 하듯, 우리의 경험이 가슴을 살찌운다. 그러므로 생기를 잃지 않으려면, 느껴야 한다. 이것은 우리의 권리다. 예민하게 느끼는 것은, 고통은 우리에게 필요한 특권이다.

20 August
불필요한 긴장

· · ·

마음과 상처, 과거의 찌꺼기들과 벌이는 내면의 전투가
외적인 전투보다 훨씬 끔찍하다.
— 스와미 시바난다 Swami Sivananda —

해달이 휘어진 바닷가에서 구르는 모습을 보았다. 해달은 게인지 작은 거북인지를 배로 끌어당긴 뒤 누워서 그것을 한 조각 베먹었다. 그러고는 남은 것을 꼭 끌어안고 몸을 뒤집은 다음 다시 헤엄쳐 갔다.

이 모습이 며칠간 머릿속에서 떠나지 않았다. 그러다 문득 나도 이 해달처럼 살고 있음을 깨달았다. 나 또한 다 먹어치우지 못한 나의 껍질들을 끌어안은 채 심해를 유영하고 있었다. 하지만 죽은 껍질들을 단단히 그러쥐고는 당연히 자유롭게 헤엄칠 수 없다.

실제로 앞으로 나아가면서 과거를 곱씹는 행위는 여러 가지 종양의 원인이 된다. 이를 깨닫고 나는 과거를 곱씹는 짓을 그만두었다. 그리고 배에 단단히 그러쥐고 있던 지난 상처들의 슬픔을 직시했다. 나는 또 내면과 외부의 경험을 하나로 통합하는 일도 차례로 하나씩 해야 한다는 것도 깨달았다.

자신을 직시할 때는 어디로도 피하지 않고 직시하며, 달릴 때는 아픈 영혼을 스스로 갉아먹지 말아야 한다.

21 August
모든 곳에 스승이

스승은 나를 초월한 내 안의 어딘가에서 나타난다.
뿌리가 아닌 어두운 토양이 뿌리를 지지하고
꽃에 영양분을 공급해주는 것처럼.

분명 우리에게는 원하는 곳으로 움직일 수 있는 능력이 있다. 이런 이유로 스스로를 독자적으로 서 있을 수 있는 책임 있는 존재로 여긴다. 그러나 풀이나 나무, 꽃처럼 우리도 보이지 않는 흙 속에 뿌리를 내리고 있다. 차이가 있다면 우리의 뿌리는 움직일 수 있다는 것뿐이다.

확실히 우리는 하루에도 수십 번 스스로 결정을 내린다. 이런 결정에 힘이 되어주는 것은 우리가 걸어 다니는 대지와 어디에서나 마주할 수 있는 말없는 스승들이다. 하지만 자만심과 혼란, 자기중심성, 두려움 때문에 이 스승들을 보지 못한다. 그 결과 외로움과 중압감에 시달린다.

이 고요한 스승들의 목소리에 귀 기울일 때면, 위대한 시인 스탠리 쿠니츠Stanley Kunitz의 이야기가 생각난다. 젊은 시절 삶의 방향을 찾지 못해 방황하던 그는 거위들이 밤하늘을 가로지르는 모습을 보고 자신의 소명을 발견했다. 또 내가 아는 한 남자는 심각한 우울증으로 서서히 자신을 파괴시켜가다가 끝도 없는 생각으로 완전히 녹초가 된 순간, 눈 속에서 뜻밖에 작은 새들의 노랫소리를 들었다. 그 순간 자신은 음악가가 돼야 하므로 연주할 악기를 찾아서 배워야 한다는 것을 깨달았다.

우리가 독자적으로 서 있을 수 있는 책임 있는 존재라는 시각에서 보면, 이런 일화는 믿을 수 없는 미친 소리처럼 들린다. 하지만 우리를 성장시키는 삶의 토양은 우리가 학교에서 배운 것과는 다른 언어를 사용한다. 실제로 진리와 사랑, 영원한 영혼은 예측하기 힘들며, 말로는 존재의 명징함에 다가가기 힘들다.

지상에서 보낸 시간은 짧지만, 나도 죽을 것 같던 순간에 영원한 영혼의 빛이 돌연 나를 가득 채우는 것을 느낀 적이 있다. 그 순간 물길이 위로 치솟으면서 가느다란 뿌리에서 빛을 향해 잎사귀가 하나 돋아났다. 온갖 두려움과 의지에도 아랑곳 않고, 내가 상상도 못했던 꿈들의 방향으로 내 안에서 새로운 가능성이 싹튼 것이다.

눈 속의 새든, 어둠 속에서 우는 거위든, 얼굴을 스치는 아름답고 싱그러운 잎사귀든 자신의 가치에 의문을 품는 순간 말없는 스승들이 도처에서 나타난다. 그러나 자신을 독자적으로 책임지는 존재라고 생각하면, 스승들의 가르침은 우연의 일치나 우연한 사건처럼 사라져버리고 만다. 충분히 용기를 내 귀 기울이면, 방 저편으로 흩어지는 유리잔 파편들을 보고도 느낌과 생각의 뿌리 속에서만 알 수 있는 나의 갈 길을 들을 수 있다.

22 August
우연이 인도하는 길

* * *

나는 특정하게 어딘가를 향하고 있을 때만
길을 잃어버린다.
— 메간 스크리브너 Megan Scribner —

한 친구가 기차로 이 도시 저 도시 옮겨 다니면서 유럽 전역을 여행했다. 그러던 중에 애초의 계획과는 달리 전혀 다른 방향으로 관심이 쏠렸고, 덕분에 생각지 못한 의외의 길들을 발견했다. 보이는 않는 어떤 논리가 그녀를 인도해주기라도 하는 것처럼, 각각의 발견은 또 다른 발견으로 이어졌다.

이렇게 여행하는 동안 자신이 어디에 있는지 알 수 없을 때도 간혹 있었다. 하지만 길을 잃었다고 느낀 적은 없었다. 오히려 정해진 시간에 특정한 역에 도착해야 할 때만 궤도에서 이탈하거나 길을 잃거나 원래 있어야 할 자리의 언저리에서 어정거리는 것 같았다.

이런 경험 속에서 그녀는 생각이 좁아진 날일수록 뒤처지거나 늦거나 길을 잃었다는 느낌이 강하게 들었음을 깨달았다. 반대로 생각의 그물망이 넓을수록 발견의 느낌은 더욱 강해졌다. 있어야 할 자리와 상관없이 가능성과 변화에 더 마음을 열수록, 매 순간 속에 발견해야 할 보물들이 들어 있는 것 같았다.

물론 아주 정확하게 길을 찾아내야 할 때도 있다. 하지만 목적지에 대한 생각은 불필요하게 붙들고 있는 출발점에 불과하다. 어떤 장소에 꼭 도착해야 한다는 생각에서 자유로워져야 길을 잃을지도 모른다는 중압감이 줄어든다.

도착에 대한 중압감과 도착하지 못할지도 모른다는 두려움에서 벗어나야, 비로소 진정한 여행이 시작된다.

23 August
하늘의 맛

· · ·

거기 마법의 문이 있으나
그대는 이 문을 지나면서도 그것을 알아차리지 못한다.
- 작자 미상 -

자신이 변화하고 있는데도 이것을 알아차리지 못하는 경우가 흔하다. 한창 물에 떠 있는 동안에는 자신이 흘러들 바다의 모습을 보기 힘들기 때문이다. 변화의 고통과 싸우는 동안에도 새로운 자신의 모습을 그리기는 힘들다. 이처럼 경험이 우리의 손을 비틀어 펴는 것 같을 때는 무엇이 빈손을 채워줄지 상상하기 힘들다. 그러다가 시간 속에서 가슴이 정화되면, 보이지 않는 무언가가 우리를 닦아주고 있음을 느낀다. 다시 새로워졌다는 느낌이 들 때, 우유며 하늘, 웃음이 얼마나 신선하게 다가올지는 아직 상상하기 힘들지만 말이다.

24 August
열정

· · ·

바람처럼 무한한 존재,
구멍들 가득한 집,
우리는 인간.

받아들이기 어렵겠지만 삶에 해답은 없다. 해답 비슷한 것을 갖고 있는 사람도 없다. 더욱 인정하기 어려운 점은 바로 이것이다. 하지만 정말

아무도 없다. 그저 모든 것을 보고 느끼는 전체성을 얼핏 경험할 수 있을 뿐이다. 게다가 명징함이 사라지고 어떤 말도 쓸모가 없어지면, 혼란스러운 후유증에 시달린다.

본질적으로 우리 안의 인간적인 속성은 하루에도 수천 번 눈을 깜빡이는 것처럼 끊임없이 본성을 덮어 가린다. 우리의 한계는 거듭 우리의 재능을 덮어버리거나 없애면서 우리를 겸허하게 만든다. 보이는가 하면 안 보이고, 또 보이는가 하면 안 보인다. 이런 깜빡임을 피할 길은 없다. 눈꺼풀이 닫혀도 태양의 온기를 느끼듯, 어둠 속에서도 신비로운 진리를 볼 수 있게 꼭 붙드는 수밖에 없다.

그렇다면 우리에게 남은 일은 무엇일까? 글쎄, 우리 각자는 끊임없이 자신의 열정을 발견하거나 알아내는 일과 맞닥뜨린다. 열정은 본질적으로 신 혹은 신성한 에너지와의 합일을 의미한다. 열정enthusiasm 이라는 말도 그리스어 'en(~와 하나가 되다)'과 'theos(신적인 존재)'에서 유래됐다.

우리의 한계는 끝이 없지만, 위험을 무릅쓰는 용기와 집중력, 연민은 우리를 전체Whole 의 에너지와 하나가 되게 해준다. 그 결과가 열정, 즉 일체성에 대한 깊은 느낌이다. 요컨대 열정은 의지나 힘으로 어떻게 할 수 있는 기분이 아니다. 그보다는 돌을 던졌을 때 일어나는 파문과 같다. 삶에 대한 완전한 몰입이 열정을 낳는다는 말이다.

새가 보이지 않는 공기의 흐름을 타고 미끄러지듯, 물고기가 보이지 않는 심해의 해류를 따라 헤엄치듯, 우리도 보이지 않는 노래의 한 부분으로서 곡조를 흥얼거릴 줄 알아야 한다. 스스로 세계를 통제할 수 있다고 믿는 자아를 과감히 굶겨 죽여야 한다. 그래야 존재의 보이지 않는 음악이 우리를 실어 나른다. 겸허와 열정과 우주 에너지와의 순간적인 합일을 되풀이해서 경험하다 보면, 신이 우리 영혼의 하프를 연주하는 소리를 들을 수 있다.

걸을 수 있을 때 걷고 그럴 수 없을 때는 고요히 머무는 것, 내면에 쌓인 어둠을 몰아낸 후 언제나 기다리는 빛으로 이 자리를 채우는 것은 간단하지만 힘든 신비로운 수행이다. 하지만 인간이 온갖 한계에도 굴하지 않고 반드시 해야 할 일은 장미처럼 스스로를 피워내는 것이다.

25 August
사랑은 존재 자체에 있다

내가 한때 들여다본 중심이 나를 에워싸고 있다.
지금 나는 그 중심 속에서 살고 있다.
그러므로 나는 더 이상 거짓을 꾸며대지 않을 것이다.
사랑하는 존재들이 저기 탁 트인 곳에 있는 나의 영혼을 알아보지 못해도,
더는 물러나 익숙한 모습을 보여주지 않을 것이다.

사랑받기 위해 그 무엇도 할 필요가 없다. 행위도, 성취도, 공로배지도, 선행을 보여줄 필요도 없다. 이것을 깨닫고 믿기까지 거의 반세기가 걸렸다. 하지만 이것은 여전히 나의 과제다. 정반대의 메시지가 너무도 깊이 박혀 있기 때문이다.

나는 자라면서 아버지에게 이런 말을 수도 없이 들었다.

"네가 얼마나 열심히 노력했는지는 말할 필요 없어. 그냥 네가 성취한 것을 보여주면 돼."

하지만 살아오면서 진실은 정반대임을 깨달았다. 나의 가슴속에 세계의 영혼이 진정으로 살아 있으면, 내가 이룩한 것은 중요하지 않기 때문이다. 중요한 것은 내가 얼마나 절실하게 시도하는가다. 이런 시도에서 진실과 사랑이 피어나기 때문이다.

이런 자각 덕분에 나는 또 다른 사실을 가슴 깊이 깨달았다. 본래의 나로 존재해도 타인들에게 해가 되지 않는다는 점이다. 어른이 돼서는 "다른 사람 생각도 해야지." 하는 말을 많이 들었다. 내 마음 가는 대로 행동하면 타인들이 불쾌해할지도 모르니 조심하라는 말이었다. 확실히 진정한 연민은 타인들을 배려하는 데서 시작된다. 그러나 타인들의 불쾌가 내 사랑을 억눌러야 하는 이유는 될 수 없다.

아무것도 하지 않아도 우리는 사랑받을 수 있다. 본래의 나로 존재해도 타인들에게 해가 되지 않는다. 본래의 나로 존재하면서 내 앞의 것들을 사랑하기만 하면 된다.

26 August
토끼와 정원

발견의 진정한 여정은 새로운 풍경을 찾는 것이 아니라,
새로운 눈을 갖는 데 있다.
— 마르셀 프루스트 Marcel Proust —

영화 〈페노미논 Phenomonon〉에서 존 트라볼타가 연기한 인물은 성가신 토끼를 정원에서 몰아내기 위해 별짓을 다한다. 담을 땅 밑으로 3피트나 박기도 한다. 그래도 토끼는 그가 심은 식물들을 전부 갉아먹는다.

어느 날 밤, 잠에서 깬 그는 자신이 잘못 대처하고 있음을 깨달았다.

그는 달빛이 쏟아지는 정원으로 나가 조용히 문을 열어두었다. 그리고 현관에 앉아서 기다렸다. 그가 조는 순간 놀랍게도 토끼가 급하게 문을 빠져나갔다. 그가 토끼를 내쫓으려 애쓰는 동안, 토끼는 그의 정원에 갇혀 있었던 것이다. 자신도 모르게 토끼를 가둬두고 있었던 셈이다.

고통스러운 것들을 몰아낸다는 생각으로 상처나 상실감에 맞서 삶에 담을 세우거나 보호막을 치는 일이 얼마나 많은가? 상처나 상실감이 이미 우리의 내면에 들어와 뿌리를 갉아먹고 있는데도, 정말로 해야 할 일은 문을 열어 그것들을 내보내는 것인데도 그것도 모른 채 담만 세우는 일이 얼마나 많은가?

27 August
느낌이 주는 선물

*하루가, 세상이 끝나가고 있는지,
비밀 중의 비밀이 다시 내 안에 들어와 있는지
나는 알지 못한다.*
― 안나 아흐마토바 Anna Akhmatova ―

나이 들수록 강렬한 감정들을 구분하기가 어려워진다. 이런 감정들이 그 출발점인 서로의 안으로 흘러들기 때문이다. 하지만 더 깊이 들어가면, 느끼는 상태와 느낌이 없는 상태를 잘 구분할 수 있다. 중요한 것은 이게 전부인 것 같다. 느낌을 모르는 상태는 나를 방관자의 위치에 서게 한다. 그리고 세상을 흑과 백으로, 나를 메마른 회색빛으로 만든다. 나를 삶의 현장에서 생기 있게 살아가도록 해주는 것은 오로지 느낌뿐이다.

며칠 전 나는 아주 생기가 넘쳤다. 식품점에 갔는데, 어느 노인이 멍하니 허공을 응시하며 짐을 꾸리고 있었다. 우울한 은빛 눈을 보니 홀아비임이 분명했다. 그는 나의 무지방 코티지치즈를 집어드는 순간에도 죽은 아내가 그의 앞 어딘가에 떠 있기라도 한 것처럼 앞을 응시했다. 그 바람에 계산대의 검은 벨트가 계속 움직이면서 소다수와 황새치, 잉글리시 머핀 등이 쌓여갔다. 내가 그의 손에서 부드럽게 코티지치즈를 잡아 빼자, 그가 다시 정신을 차리고는 아직 이러고 있다니 바보 같다는 표정으로 나를 쳐다보았다.

나는 신중하게 타인들의 삶 속으로 들어가기 위해 오랫동안 아주 열심히 노력했다. 그러나 내가 깨달은 건 누구나 그런다는 것뿐이었다. 이것은 슬픔 이상의 사실이다.

우리는 누구나 마음이라는 땅에서 만난다. 때로 마음의 살갗이 찢기면, 우리는 더이상 개별적인 존재가 아니다. 말이 소용없는 순간, 서로 사랑의 말 없는 증거가 되어준다. 그날 상점을 나설 때 나는 하나의 마음이 느낄 법한 것 이상을 느꼈다. 내가 괴로움 속에 있는 것인지, 성스러운 땅에 서 있는 것인지 구분이 되지 않았다.

28 August
바람을 맞고 선 나무처럼

바람이 나무를 생기 있게 해도, 나무는 바람이 아니다.
생명이 우리를 생기 있게 해도, 우리는 그 근원이 아니다.

생명을 불어넣는 원소들이 어떻게 우리를 관통하며 활기를 불어넣는지는 도처에서 확인할 수 있다. 물고기가 어떻게 바다를 구성하는지 생각해보라. 사실 물고기는 바다에 의지하며 각자 자기 안에 바다를 품는다. 그렇다고 바다가 한 마리의 물고기에만 담겨 있는 건 아니다. 나무가 바람의 움직임을 통제하지 못하듯 물고기는 바다의 움직임을 통제하지 못한다.

이것은 우리에게 영혼의 광대한 삶을 이해할 방법을 알려준다. 나무와 물고기처럼 인간도 축복을 내리려는 신의 움직임을 통제할 수 없다. 인간도 물고기처럼 영혼의 바다를 구성하고 이것에 의존한다. 인간들 각자에게 축복의 바다가 있기는 하지만, 이 바다는 한 인간에게만 담겨 있지 않다.

이런 사실은 삶의 방식에 많은 영향을 미친다. 내 영혼의 렌즈가 어떤 것이든, 이 신비를 뭐라 부르든, 인간은 신의 세계를 구성하고 그에 의존한다. 하지만 각각의 인간들에게서 신의 세계를 발견할 수는 있어도, 신의 세계를 한 생명에만 담아둘 수는 없다.

이 진리를 부정하면 자기파괴에 빠지기 시작한다. 자만심과 의지로 인해 한 인간에게 허용된 것보다 많이 신의 세계를 담아내고 통제하려 들기 때문이다. 인간과 영혼, 개인의 생명과 생명의 흐름 간의 근본 관계를 인정해야만 역설적이게도 모든 생명의 에너지와 축복을 받아들일 수 있다.

사랑하고 사랑받으려는 시도들을 정직하게 들여다보면, 이 진리가 마음의 문제에도 적용됨을 인정하게 된다. 요컨대 우리의 모든 열정과 갈망도 결국은 사랑의 위대한 바다를 구성하는 작은 물고기에 불과하지 않을까? 우리도 내면에 생기를 불어넣기 위해 우리를 둘러싼 사랑에 의존하는 것이 아닐까? 그러나 각자의 가슴속에서 사랑의 바다를 발견할 수는 있어도, 특정한 누군가의 가슴속에 사랑의 바다를 가둬둘 수는 없다. 실제로 예수가 가르친 것처럼, 사랑의 본질은 사랑을 지녔다고 주장하는 사람들의 마음보다 훨씬 위대하다.

    이 모든 인식은 우리의 삶에 어떤 도움을 줄까? 이따금 내 자신이 바람을 맞고 서 있는 나무처럼 느껴질 때가 있다. 이럴 때 나무 사이로 거대한 바람이 스치는 소리가 들리면, 나는 얼른 경험의 바람 속으로 내 영혼을 기울여 신의 소리를 듣는다.

29 August
걱정에서 빠져나오기

> 아, 걱정을, 걱정을 이겨내라.
> 그러면 우리의 영혼이 열병에서 깨어나
> 수프 같은 다른 먹을거리를 찾을 것이다.

나는 암과 싸우는 동안 치료받고 검사하고 결과를 기다리는 끝없는 시련을 겪으면서 걱정을 이겨내는 훈련을 많이 했다. 덕분에 현재의 순간에서 벗어나, 고통이나 상실, 슬픔 같은 안 좋은 것들이 닥치는 상상을 할 때마다 두려움이 더욱 강해짐을 깨달았다. 그래도 걱정을 쉽게 물리치지는 못했다.

    걱정은 두려움의 정신적 메아리와 같았다. 일어날 수도 그렇지 않을 수도 있는 온갖 부정적인 일을 구체적으로 재생하게 만들었다. 결국 난 녹초가 돼서야 두려움과 걱정을 얼마간 놔버렸다. 그러고는 고통과 기쁨이 비슷하게 박힌, 있는 그대로의 삶에 다시 안착했다.

상황이 어떻건 지금 내가 살고 있는 순간이 유일하게 안전한 자리임을 깨달아야 한다. 그러면 사랑과 애정으로 나를 보살펴준 사람들에게 진심으로 다가갈 수 있다. 이렇게 두려움과 걱정에서 벗어나 타인들에게 손을 내밀기 시작하면, 건강도 유지할 수 있다.

30 August
두려움에서 벗어나기

언제나 두려움이 있겠지만, 나의 두려움이 내가 되지는 않을 것이다.
내 안에는 말하고 행동하는 다른 자리들도 있기 때문이다.
- 파커 J. 파머 -

두려움만큼 삶을 느닷없이 송두리째 점령해버리는 감정은 없다. 두려움은 눈 깜짝할 사이에 혹은 침 한 번 삼킬 사이에 난데없이 나타나서 모든 것에 영향을 미친다.

프랑스의 시각장애인 작가 자크 루세랑Jacques Lusseyran은 왜 두려움이 앞을 못 보게 만드는 유일한 원인인지를 이렇게 설명했다.

"빛이 희미해지다가 거의 사라지는 때가 있었어요. 제가 두려움을 느낄 때마다 그랬습니다. 자신감에 자신을 맡기고 상황에 저를 내던지는 대신 망설이거나 계산하면, 벽이나 반쯤 열린 문이나 자물쇠에 꽂혀 있는 열쇠 등을 떠올리면, 이 모든 것이 적대적으로 변해 제게 일격을 가하거나 상처를 낼 것이라고 생각하면, 여지없이 부딪히거나 상처를 입었어요. 집 안이나 정원, 해변에서 편안하게 돌아다니려면 생각을 하지 않거나 최대한 조금만 해야 했습니다. 그러면 박쥐처럼 장애물들을 피해 다닐 수 있었어요. 그러지 않으면 시력의 상실도 해내지 못한 일을 두려움이 해내곤 했습니다. 요컨대 저를 정말로 눈멀게 만든 건 두려움이었어요."

우리를 눈멀게 하는 것은 무엇보다도 두려움이다. 가까운 미지의 영역으로 주저 없이 발을 들여놓아야, 우리가 원하는 삶을 자신 있게 쌓아갈 수 있다.

31 August
나의 정맥 속에는

깨달음 따위는 잊어버려라.
어디에 있든 고요히 앉아 바람이
내 정맥 속에서 노래 부르는 소리에 귀 기울여라.
— 존 웰우드 John Welwood —

처음부터 난 간절하게 시인을 꿈꿨다. 아래를 내려다볼 수 있는 언덕처럼 시인이라는 목표를 마음에 새겼다. 하지만 꼭대기에 올라도 무언가 부족하다는 느낌에 다시 다음 언덕을 올라야 했다. 그러다 문득 깨달았다. 힘들게 언덕을 오르지 않아도 난 이미 시인이라는 것을.

사랑도 마찬가지였다. 나는 미치도록 사랑을 아는 사람이 되고 싶었다. 하지만 언덕을 오르듯 여러 관계를 경험한 후, 내가 이미 사랑하고 있음을 깨달았다.

이제는 지혜로운 사람이 되고 싶었다. 지혜를 찾아 여러 곳을 여행하고 많은 공부를 했다. 그러다 암으로 병상에 누워 있을 때 불현듯 깨달았다. 내가 이미 지혜로운 사람임을. 단지 내 지혜의 언어를 몰랐을 뿐임을.

 나는 이제 안다. 우리에게 주어지는 날들을 용감하게 살아갈 때, 우리의 정맥 속에서 바람이 노래 부르는 소리에 귀 기울일 때, 이 모든 모습이 우리 안에서 살아날 것임을. 사랑과 지혜의 씨앗들을 간직하고 있으면 세월이 우리를 싹 틔워줄 것임을.

09 September

깨어 있음

01 September
키카코와 바쇼

신의 창조물들을 학대해선 안 되지.
다음의 하이쿠는 이렇게 바꿔야 해.
잠자리
날개를 제거하고 –
고추나무.

고추나무
날개를 보태고 –
잠자리.

– 일본의 시인 바쇼가 키카코의 시에 보낸 화답 –

어느 방향으로 생각을 펼치느냐에 따라 세계는 파괴될 수도 치유될 수도 있다. 분리의 방향으로 생각하느냐 아니면 결합의 방향으로 생각하느냐에 따라 모든 것이 달라진다. 실제로 바쇼의 작은 가르침은 우리에게 인간의 역사가 어떻게 전개됐는지 알려준다. 역사의 흐름 속에서 어떤 순례자들은 모든 것을 분리하고, 또 다른 순례자들은 모든 것을 다시 결합하려 했다.

현대세계의 형성에 영향을 미친 두 명의 상반되는 탐험가, 즉 크리스토퍼 콜럼버스와 칼 융을 살펴보자. 콜럼버스는 정복해서 어떤 보물을 발견하든 모두 가져오겠다는 생각으로 대양을 건넜다. 반면에 융은 무엇을 발견하든 이것들을 결합해서 그에게 이미 있는 것들을 보물로 만들겠다는 생각으로 내면의 바다를 건넜다.

어째서 한 탐험가는 처음 본 대륙에 발을 내딛은 순간 "이곳은 나의 땅이다!"라고 외친 반면, 다른 탐험가는 머리를 조아리고 "저도 여기에 속합니다."라고 겸허히 말했을까? 아마도 콜럼버스는 정복에 대한 선입견을 갖고 외부세계를 탐험하다가 신세계에 도착한 반면, 융은 사랑에 대한 열린 생각을 갖고 내면의 세계를 탐험하다 무의식에 이르렀기 때문일 것이다. 분명 둘 다 탐험에 자신을 바쳤다. 그러나 콜럼버스는 나누고 소유하려는 의도를, 융은 바쇼처럼 통합하고 일부가 되려는 의도를 갖고 있었다.

우리에게는 나누고 소유하려는 욕구와 통합하고 일부가 되려는 욕구가 모두 있다. 그러므로 스스로 경계할 줄 알아야 한다. 눈이 열렸다 닫히기를 반복하는 것처럼, 우리는 나누고 결합하기를 되풀이하면서 무언가를 만들어간다. 하지만 두 눈을 항상 열어둬야 깨어 있을 수 있듯, 치유는 모든 것을 결합하는 데 달려 있다.

그러나 사랑과 우정에서도, 배움과 성장을 추구할 때도, 자신을 이해하려 애쓸 때도 키카코처럼 날개를 통해 자유로워질 기회를 얻기도 전에 날개를 스스로 없애버리는 일이 얼마나 많은가?

02 September
꿈의 원동력

사랑이 깊으면 많은 것을 이룰 수 있다.
— 스즈키 신이치鈴木鎭一 —

우리의 문화는 행위를 지나치게 강조한다. 하지만 일을 하는 데는 적당한 때와 장소가 있다. 사실 우리가 할 수 없는 일은 거의 없다. 대개 꿈을 마음속에 그리는 능력이나 이룰 수 있는 확신이 부족할 뿐이다.

아주 어릴 적부터 할머니가 작은 꿈이라도 내 손으로 직접 실현하는 모습을 그려보라고 용기를 북돋아주던 기억이 난다. 할머니는 내 이마를 가리키면서 "여기서 꿈을 그리는 거야."라고 했다. 내 두 손을 잡고는 "이젠 여기서 꿈을 그리는 거지." 했다. 그러고는 웃는 얼굴로 방 안을 휘 둘러보면서 이렇게 말했다.

"그러면 이곳에서 곧 꿈이 실현될 거야."

인간의 놀라운 점 가운데 하나는 무언가를 마음으로 느끼면 그것을 세상에서 실현할 수 있다는 것이다. 우리에게는 선천적으로 사랑하고 창조하려는 욕구가 있는 것 같다. 가장 깊은 차원에서 보면 이 욕망들은 같아 보인다. 할머니도 사랑으로 나를 창조했다. 그렇지 않은가? 가슴으로 보라고 서로 용기를 북돋워주는 순간, 우리는 서로의 탄생을 돕는다. 마음에 그린 것을 실현할 자신감을 심어주는 순간, 세상의 창조를 돕는다. 그렇지 않은가?

우리는 어떻게든 나무, 흙, 대리석과 같은 대지와 씨름해서 형상들을 창조하고, 선율, 말, 음색 같은 공기를 붙잡아 기호들을 만든다. 이렇게 다른 중요한 문제들을 우리의 것 인양 붙들고 있다가 몸서리치면서 벗어난다. 나도 삶은 살 만한 가치가 있음을 주장하기라도 하려는 듯 계속 씨름한다. 그리고 기쁘게 질문을 던진다. 오늘 밤에는 무엇과 사랑에 빠질까? 어떤 문제에 전념할까? 다음에는 어떤 악기가 될까?

03 September
내가 만들어낸 눈

타인을 기쁘게 하려고 너무나도 열심히 노력한 탓에
누구도 주시하고 있지 않음을 알아차리지 못했다.

다른 학생들이 그렇듯 나도 부모님이 말 없는 의사들처럼 보이지 않는 투명한 거울 뒤에 앉아서 나의 일거수일투족을 주시하고 질책한다고 상상했다. 어른이 된 후에도 이런 버릇은 사라지지 않았다. 내가 한 일이나 하지 않은 일을 타인들이 어떻게 생각할지 끊임없이 신경 쓰며 돌아다녔다. 자의식의 씨앗들을 짊어지고 다닌 것이다.

이렇게 자신을 지나치게 면밀히 관찰하거나 이런저런 행동들이 실수는 아니었을지 생각하면서 초조와 불안에 시달리면, 기쁨을 느낄 수 있는 가능성과 자발성에 문제가 생긴다. 지나치게 비대해진 성취 욕구가 명예욕으로 바뀌는 이유도 타인들이 나를 주시하며 판단하고 있다는 부담감 때문이다. 나도 미래에 사람들이 몰려들어서 내가 얼마나 많은 것을 이뤘는지 확인하고 감탄하리라는 환상에 젖어 살았던 적이 많다. 왜 이런 관심을 받아야 하는지는 중요하지 않았다. 나를 향한 모종의 관심들을 충족시키면 그걸로 충분할 것 같았다.

그러다가 나방 모양의 천사들이 내게 숨결을 불어넣는 가운데 수술 후 피를 흘리면서 깨어난 후에야 그 관객들이 모두 사라졌음을 깨달았다. 나는 속으로 울었다. 갈비뼈를 제거했기 때문도, 암과의 사투 때문도 아니었다. 몸이 열리고, 타인의 시선에 대한 의식에서도 자유로워졌기 때문이다. 드디어 자유로워진 공간으로 공기가 드나들기 시작했다. 설명할 수는 없었지만, 나의 울음은 다름 아닌 안도의 흐느낌이었다. 껍질을 깨고 나온 영혼의 눈물이 대지를 촉촉이 적시는 듯했다.

시간이 지나 지금의 나는 자작나무가 자신의 무게를 이기지 못해 호수 위로 기울어지는 모습을 보기 위해 햇살 속에서 몇 시간을 기다리기도 한다. 그 모습이 마치 신의 몸짓처럼 느껴지기 때문이다. 어떤 말도 필요가 없다. 나를 주시하던 관객들이 사라진 지금, 이제는 삶이 고요하고 생기 있게 흐르는 것을 느낀다. 강아지도 잠들고 부엉이가 누구도 본 적 없는 것을 응시하기 시작하는 밤이 되면, 이따금 갑판 위에서 밤의 꿀이 별에서 떨어지는 것을 느껴본다. 이 꿀이 대지를, 나무를, 반쯤 잠든 아이들의 마음을 감싸는 것을, 고요 속에서 모든 명예욕이 빛을 기다리는 자유의 공간 속으로 사라지는 것을 느껴본다. 이 왜곡 없는 침묵 속에서 신의 존재는 내게 입을 맞춘다. 이 자유의 공간 속에서 평화가 시작된다.

04 September
안과 밖을 이어주는 통로

우리 안에 존재하는 것들과 비교하면
우리의 뒤나 앞에 있는 것들은 사소하기 그지없다.
- 랄프 왈도 에머슨 -

한 임산부가 노래를 부르는 모습을 본 적이 있다. 햇살이 땅속의 뿌리를 더욱 튼튼하게 만들듯 뱃속의 아기가 그녀의 노래를 듣고 이 세상에 모습을 드러낼 순간을 앞당길 것 같았다.

나는 그녀가 노래 부르는 모습을 지켜보다가 그녀가 품은 생명이 노래 속에서 자라고 있음을 깨달았다. 방 안을 둘러보니 — 우리는 노래서클 활동을 하고 있었다 — 모두들 노래 덕분에 영혼의 새로운 탄생에 더욱 가까워지고 있는 것 같았다. 신경이 예민한 남자도 노래 부르는 동안에는 덜 예민해 보였고, 내 옆의 불안정한 여자는 노래를 부르면서 자신이 가치 없는 존재라는 생각을 털어버리고 있었다. 나는 두 눈은 감되 입은 열고서 내 상처를 곱씹는 짓거리에서 벗어나고 있었다. 그때 나는 가사나 멜로디에 상관없이 노래를 부르려는 노력 자체가 우리의 내면과 외면 사이에 통로를 만드는 방식의 하나임을 깨달았다.

나는 아이를 가졌을 때 꿈과 괴로움, 진리와 사랑에 대한 갈망을 담아 노래 부르는 것이 중요하다고 믿는다. 우리 안에서 자라는 미성숙한 생명체처럼 영혼의 작은 씨앗도 애정으로 보살피는 것이 중요하다고. 우리 안에서 자라는 생명의 매개체처럼 우리의 고유한 몸도 매일매일 보살피는 것이 중요하다고.

05 September
첫 걸음

. . .

걷는 자여, 길은 없나니,
너의 걸음이 길을 만들어내리라.
— 안토니오 마차도 Antonio Machado —

그는 딸아이가 첫걸음을 뗀 이야기를 들려주었다. 나는 주의 깊게 그의 이야기를 들었다. 그는 딸아이에게 자신에게서 눈을 떼지 말라고 했단다. 딸아이가 그렇게 하지 않을 때만 비틀거렸기 때문이다. 딸은 초점을 놓쳤을 때, 즉 자신의 걸음을 지나치게 의식하는 순간에만 넘어졌다.

나는 그가 자신의 따뜻한 보살핌이 없으면 딸은 앞으로 나가지도 못할 것이므로 부모가 최고라고 주장하려는 건 아닌지 은근히 걱정이 됐다. 그러나 놀랍게도 그는 딸아이의 첫걸음을 보면서 누구나 참고할 만한 지혜를 깨닫고 있었다.

그는 나를 빤히 쳐다보면서 천천히 말했다.

"딸을 보면서 진리에 대한 탐구를 멈추면 비틀거리고 말리라는 것을 깨달았어. 정말로 중요한 것에 초점을 맞추지 않으면 넘어진다는 것을 말이야."

이 소박한 이야기가 마음에서 떠나질 않았다. 결국 우리도 영원히 첫걸음을 떼고 있는 게 아닐까? 앞을 바라보면서 진리에 대한 깊은 인식에 초점을 맞춰야 힘의 신비를 밝힐 수 있는 게 아닐까? 실제로 두려움보다 큰 것들을 지나치게 생각하지 않고 이 소녀처럼 자연스럽게 걸음을 내딛는 능력이 균형 아닐까?

06 September
행복한 소명을 찾아서

물고기는 물에 빠져 죽지 않는다. 새는 공중에서 떨어지지 않는다.
신의 창조물들은 각기 자신의 참된 본성대로 살아가야 한다.
― 막데부르그의 성녀 메히틸드 Magdeburg ―

중세 독일의 어느 한적한 지방에서 이 내향적인 구도자는 우리의 본성대로 살아가는 것이 건강과 평화, 기쁨의 내적인 풍요를 경험하는 확실한 길임을 깨달았다. 그녀가 제시한 예도 인상적이다. 물고기를 공중에 날리고 새를 물속에 집어넣어 보기만 해도, 본래의 진정한 자기가 아닌 다른 존재가 될 때의 위험성을 알 수 있다는 것이다. 물고기나 새 모두 자신이 어디에 속하는지 아주 분명하고 확실하게 안다. 그러나 우리 인간은 그렇지 않다.

　신이 주신 진정한 본성을 발견해야 함은 인간에게 축복인 동시에 도전이다. 이것은 고상하고 추상적인 추구가 아니라, 우리의 내면에 꼭 필요한 일이다. 자신의 본성대로 살아야 불안감 없이 성장할 수 있기 때문이다. 더욱이 물에 빠지고서도 변함없이 일을 하러 가고, 하늘에서 떨어지고도 세탁물을 정리할 수 있는 종족은 인간뿐이므로 우리를 활기 있게 만드는 결정적인 요소를 발견하는 일은 아주 중요하다.

　청소년 시절, 내가 변호사가 되기를 기대한 어머니 그리고 건축가가 되기를 바란 아버지와 씨름하던 일이 생생하게 기억난다. 왠지 나는 시인이 돼야 할 것 같았다. 아마도 시인의 어떤 면이 나를 생기 있게 만들었기 때문일 것이다. 그러나 나를 이해해주는 사람은 친구 빅뿐이었다.

빅은 의예과에 진학하려고 열심히 준비하다가 플로리스트가 돼야 한다는 것을 깨달았다. 꽃으로 작업하는 일이 그를 생기 있게 만들었기 때문이다.

이것은 시인이나 플로리스트, 의사, 변호사, 건축가가 되는 것과 관련된 이야기가 아니다. 자신이 진정으로 사랑하는 것을 발견하려면, 모든 직업의 바탕에 존재하는 진정한 활력을 느낄 줄 알아야 한다는 뜻이다. 처음으로 삶이 펼쳐지는 것 같은 기분이나 흥분 그리고 에너지를 느낀다면, 신이 준 본성에 가까이 다가가 있기 때문일 것이다. 일의 기쁨은 덤으로 주어지는 특징이 아니다. 근본적으로 건강하다는 신호다.

07 September
일상의 실험

우리는 연구실과 같고 매일의 일상은 실험과 같다.
가서 의외의 새로운 것들을 발견해보라.
- 조엘 엘크스 Joel Elkes -

누군가와 대화를 나누다 보면 언제나 대처 방식을 알려주는 기대 지도가 주어진다. 혼란을 털어놓으면 나아갈 방향이, 고통을 털어놓으면 가르침이, 욕망을 고백하면 계획이 주어진다. 이 무언의 지도들이 지닌 영향력을 간과하면 안 된다. 우리가 짊어졌다가 내려놓는 기대의 한없는 무게가 생각의 대부분을 지배하고, 이 무게에 거부하거나 순응하는 데 많은 에너지를 허비하게 되기 때문이다.

실제로 많은 사람들에게 온갖 계획과 압력, 기대를 받는 상태에서는,

많은 사람들에게 온갖 자극과 섬세한 인도를 받는 상태에서는, 다음의 발걸음을 진정으로 알기 어려우며 제대로 걸음을 내디딘 사람도 없다. 그러므로 뛰어난 탐험가로서 의심을 잃지 않는 것도 우리의 영적인 의무 가운데 하나다.

이런 의심을 중요하게 생각하면서도, 나는 사랑받고 싶은 마음 때문에 타인들이 기대하는 일을 기대 이상으로 해내며 순종적으로 살아왔다. 그러다 반항심이 치밀면서, 타인들이 부드럽게 권유하는 일도 모조리 정반대로 해치웠다. 타인들의 영향력에서 벗어날 준비가 되어 있었던 것이다.

하지만 가장 신선한 발걸음을 내디딘 것은 언제든 가능한 일을 의심하면서 누구에게도 반응하지 않고, 내가 잘 모르는 땅의 가장자리에 용감히 발을 들이밀 때였다. 그러자 새로운 공기와 느낌이 내 안으로 스며들었다.

08 September
안개보다 오래 견디는 법

아름답고 귀한 것을 옆에 두고도 이것을 경험하지 못하는 것이야말로
가장 미묘한 형태의 고문이다.
— 로버트 존슨 Robert Johnson —

누구에게나 이런 순간들이 있다. 장미꽃이 왠지 시들해 보이거나, 음악을 들어도 더는 마음이 흔들리지 않거나, 건너편의 달콤하고 온화한 영혼을 봐도 더는 마음이 부드러워지지 않는 순간들이 있다.

이처럼 의미를 느꼈다가도 느끼지 못하는 것은, 구름이 흩어졌다가 모이면서 햇살이 비쳤다가 사라지는 것만큼이나 자연스러운 일이다. 하지만 장미꽃이 더는 화사하지 않다고 믿거나, 음악에 더는 감동이 없다고 믿거나, 정말로 불행하게도 맞은편의 사람이 더는 온화하지도 달콤하지도 않다고 결론짓는다면, 이것은 그야말로 고문이 된다.

사실 아예 보지 않는 것보다 더욱 불행한 일은 자신이 본 것에 무감각한 것이다. 확실히 사람이든 사물이든 변할 수 있고, 우리의 마음을 끌어당기는 것들도 달라진다. 그러나 자신이 본 것을 때때로 느끼지 못할 수도 있다는 점을 인정하거나 알아차리지 못하면, 진정한 변화나 상실을 인식할 가능성도 사라진다.

삶의 정서적인 비극은 우리 안에서 무감각하게 잠들어버린 의미를 발견하기 위해 배우자나 종교, 직업을 바꾸는 식으로 삶을 재정비할 때 시작된다.

바닷가 절벽에 집을 지은 남자가 있었다. 그는 한 달 내내 안개가 몰려들자 그곳에 저주를 퍼붓고는 이사를 가버렸다. 그가 떠나고 일주일 후 안개가 말끔히 걷혔다. 인간인 이상 우리의 가슴 주변에도 안개가 낄 수 있다. 그러나 때로 우리의 삶은 안개가 걷히기를 말없이 기다릴 수 있는 용기에 따라 달라진다.

09 September
너무 많이 아는 당신

두 명의 과학자가 지구를 거의 반이나 돌아서 힌두교 성자를 찾아갔다.
그들의 이론을 어떻게 생각하는지 물어보기 위해서였다.
힌두교 성자는 그들을 정원으로 데려가 차를 대접했다.
그런데 작은 찻잔 두 개에 찻물이 가득 차도 성자는 계속 차를 부었다.
차가 흘러넘치자 과학자들이 정중하고도 어색하게 물었다.
"스승님, 컵이 이미 가득 찼습니다."
그제야 성자는 따르기를 멈추고 말했다.
"그대들의 머리가 이 컵과 같다네. 그대들은 아는 게 너무 많아.
먼저 머리를 비우고 나서 다시 찾아오게. 그러면 대화를 나눌 수 있을 게야."

— 르로이 리틀 베어 Leroy Little Bear —

누군가의 생일을 아는 것과 탄생의 경이를 느끼는 것은 다르다. 마찬가지로 사랑의 여러 체위에 통달하는 것과 열정적인 사람이 되는 것은 다르다. 캐나다의 위대한 학자인 논스럽 프라이 Northrup Frye 도 공기역학의 원리를 이해하는 것은 비행을 체험하는 것과 전혀 상관이 없다고 했다.

문득 자신이 아는 것의 핵심에서 동떨어져 있거나 무감각한 것 같다면, 아마도 현자의 찻잔처럼 머리가 너무 꽉 차 있기 때문일 것이다. 물고기들로 가득한 어항처럼 가장 깊은 생각이 움직일 여지가 없기 때문일 것이다. 때때로 쓸모없는 것을 비워내야 한다. 그래야만 위대한 바람 같은 신이 텅 빈 그릇 같은 우리의 머리에 테를 둘러줄 수 있다.

정보는 지혜와 다르다. 두뇌는 분명 대체할 수 없는 훌륭한 도구다. 하지만 두뇌는 느끼는 대신 저장하고, 이해하는 대신 분류하며, 비버처럼 귀중한 것들로 댐을 만든다. 미처 씹지 못한 음식들이 입 안에 가득 차면 말을 하기가 힘들다. 마찬가지로 소화되지 않은 정보들이 두뇌에 꽉 들어차 있는데 어떻게 분명하게 사고할 수 있겠는가?

그럼 어떻게 머릿속을 비워야 할까? 지나치게 생각하지 않으면 된다. 저장도 분류도 멈춘다. 두려움이나 꿈, 의심, 칭찬도 되새김질하지 않는다. 수없이 많은 일이 나열된 목록 가운데서 가장 중요한 한 가지만 고르고 목록을 찢어버린다. 그리고 그 한가지 일에만 전념한다.

모든 지혜의 전통에서는 고요하라고 가르친다. 고요가 우리의 쓸모없는 앎에 구멍을 내줄 것이기 때문이다. 어떻게 시작하면 될까? 머릿속으로 삶을 분류하는 자신을 발견할 때마다 그 일을 멈춘다. 체험의 순간에 가장 밝은 빛이 나를 감싸준다는 것을 알아차린다. 이것을 일주일간 한 뒤에는 자신과 약속을 한다. 삶의 방법에 대한 사실을 다섯 가지 익히면, 한 시간 동안 계획 없이 살아보겠다고 말이다. 그리고 나서 차를 마시겠다고.

10 September

자연과 문화

진정한 자기가 됨으로써 이해에 도달하는 것을 자연이라 한다면,
이해를 통해 진정한 자기에 도달하는 것을 문화라 한다.
- 공자 -

누구나 두 가지 방식으로 배우는 것 같다. 자기의 본모습을 찾으면 삶에 대해 더욱 많이 알게 된다. 그리고 우리의 배움은 진정한 자기를 찾는 데 도움을 준다. 이처럼 우리가 하루하루 살아가는 모습은 문화와 자연의 다양한 결합으로 이뤄져 있다.

어린 시절 나는 난로에 손을 대고 열의 위험성을 깨달았다. 이때는 경험이 스승이었으므로 나는 자연의 자식이었다. 한편 청소년 시절에는 다른 사람들의 실연 이야기를 귀담아듣고 사랑을 어떻게 시도해야 하는지 배웠다. 이때는 이해가 스승이었으므로 나는 문화의 자식이었다.

고백컨대, 문화와 자연에 대한 이런 정의를 접한 후 나는 자신을 다른 식으로 바라보게 됐다. 스스로 굉장히 자연적이고 경험주의적인 사람이라 자부하고 있었는데, 사실은 구경꾼에 가까운 상당히 문화적인 사람이었던 것이다. 이후로 나는 경험을 통해 배우는 사람 natural learner 은 경험을 이해로 전환하는 일을 회피할 위험성이 있음을 분명하게 깨달았다. 이런 위험성에 빠지면 무책임한 사람이 되고, 상처와 기쁨을 꿰어 교훈을 얻어낼 줄도 모른다. 모든 일을 어리석게 되풀이하는 사람이 되는 것이다.

반면에 이해를 통해 배우는 사람 cultural learner 은 경험을 통해 이해를 확인하는 과정을 회피할 위험성이 있다. 이런 위험성에 빠지면 생각만 하고 행동은 하지 않는 무거운 사람, 어떤 일에도 참여하지 않는 사람이 된다. 어느 쪽이든 본모습을 우리가 아는 것에 잘 적용하지 못하면, 진실한 존재가 되는 과정에서 샛길로 빠질 수 있다. 나도 이따금 이런 만성적인 병에 걸려든다.

사실 새가 날거나 털을 가는 것처럼, 거미가 실을 뽑아내 거미집을 짓는 것처럼, 뱀이 미끄러지듯 나아가며 허물을 벗는 것처럼, 인간은 관심을 기울이고 알아간다. 그리고 새는 빠진 깃털들로 할 일이 별로 없는 것처럼, 거미가 실을 뽑아 거미집에 붙어사는 것처럼, 이미 벗어버린 허물을 뱀이 무시해버리는 것처럼, 우리에게 남는 것은 지식과 그것이 쓸모 있기를 바라는 마음이다. 하지만 진정한 쓸모는 보살핌 속에 있는 것 같다.

11 September
새로움이 주는 불편함

불안은 자유가 일으키는 현기증이다.
- 키에르케고르 Kierkegaard -

이런 혼란을 처음으로 경험하는 순간은 아마도 걷는 법을 배우다가 벽이나 의자에서 멀어질 때, 나를 인도하는 엄마나 아빠의 팔에서 멀어질 때일 것이다. 하지만 걷는 능력에는 확실히 과도기의 불편을 감수할 만한 가치가 있다.

이후 처음으로 사랑에 빠졌을 때나 익숙한 세계에서 벗어나 처음으로 관심영역을 넓혀갈 때도 다시 불안을 경험한다. 기존의 세계를 뛰어넘어 사랑할 수 있는 능력에도 새로운 발걸음을 내디딜 때의 현기증을 감수할 만한 가치가 있다.

사실 모든 새로운 경험에는 우리가 이겨내야 할 자유의 현기증이 뒤따른다. 익숙한 것 너머로 손을 뻗을 때는 언제나 새로운 것에 대한 순응과정이 필요하다. 이는 모든 배움으로 향하는 관문과 같다. 하지만 이것을 두려워하거나 지나치게 중요시할 필요는 없다. 지금 배우는 것에 계속 관심을 기울이기만 하면 된다.

12 September

독수리의 눈으로

· · ·

독수리도 눈 한 귀퉁이로 이 무한하고 광대한 하늘을 비춘다.
이렇게 우리의 고양된 가슴도 우주를 비춘다.

달이 태양을 등진 것들에 빛을 비추듯 열린 가슴은 어둠을 뚫고 나아가는 존재들에게 사랑을 전한다. 여기서 중요하게 기억해야 할 점은 달이 빛의 근원이 아니라, 빛을 반사시키는 존재라는 것이다. 마찬가지로 가슴이 아무리 위대해도 가슴은 사랑의 근원이 아니다. 우리가 분투 중에 자주 놓치는 힘을 전달하는 존재일 뿐이다.

내가 평생 존경한 사람들, 내가 닮으려 애쓴 사람들은 전부 밤에 나타나는 달 같은 존재였다. 나는 남몰래 이들처럼 되기를 갈망했다. 하지만 내 어둠의 한가운데에 이들이 빛을 던져줄 수 있었던 것은 이들의 열린 가슴 때문이었다. 나는 이런 열림을 모방하거나 부러워할 필요가 없었다. 그냥 내 안에서 발견하기만 하면 됐다.

할머니 생각이 난다. 할머니의 이민자다운 넉넉한 사랑은 보름달이 어둠속에서도 손을 보게 해주듯 내 자신을 제대로 보게 해주었다. 또 금빛 눈을 가진 선생님도 있었다. 그는 혼란에 빠진 우리의 미숙한 자아 앞에 진리를 들어보였다. 덕분에 나는 편안한 마음으로 진정 중요한 것을 찾아갈 수 있었다. 일흔 살의 늙은 목사도 있었다. 우리의 건강모임을 인도한 그는 무척 진실한 사랑을 품고 있어서 우리의 고통과 축복, 두려움과 희망, 혼돈과 확신 등을 한결같이 따뜻한 마음으로 섬세하게 비춰주었다. 이들 모두 방치가 아닌 초월이 사랑임을 가르쳐주었다.

사랑이 있으면 말의 저변에 살아 있는 진리를 받아들일 수 있다. 말로 표현할 수 없는 중요한 것에 대한 느낌이 우리의 가슴을 비춰 주변의 사람들까지 위로하게 된다.

13 September
지혜를 창조해내는 존재들

* * *

그대 자신을 드러내라.
그러면 나 그대를 향해 헤엄쳐갈지니.

몸을 지닌 영혼으로서 우리도 고래나 돌고래처럼 살아간다. 고래나 돌고래들은 언제나 수면 가까이에서 헤엄치면서 알 수 없는 위의 빛에 영원히 이끌린다. 이들이 물속으로 들어갔다 나오기를 반복하면서 앞으로 나아가는 동안, 바닷물은 이들의 두 눈을 닦아준다. 이처럼 하루하루의 날들은 우리의 시각을 키워준다.

우리가 세상에 드러내는 것 저변에서는 언제나 너무도 많은 일이 일어나고 있다. 모든 느낌과 생각, 표현들은 우리가 과거에 표면화시킨 것들 위로 튀기는 물처럼 흩어져내린다. 그러므로 두 눈을 똑바로 들여다보면, 누구나 지혜를 창조해내는 자다. 말로 표현할 수 없는 것들을 가득 품고 있다. 우리 모두 수면을 뚫고 치솟아 사랑과 공기를 들이마시는 물고기(영혼)인 것이다.

흔히 우리는 상대의 진실이 표면 위로 솟아오를 때까지 용기와 시간을 내서 그 앞에 오래 서 있어주지 않는다. 상대가 가장 새로운 모습으로 심연에서 올라와 표면에 이를 때까지 기다려주는 것, 이것은 내게도 필요한 일이다. 온갖 갈등을 극복하고 서로 이해한 후에도 우리는 사랑하는 사람이 지혜롭게 표면을 뚫고 올라오도록 다시 또 다시 기다려줘야 한다.

14 September
아가미의 신비

나는 한 마리 물고기와 같다.
수면 위로 올라오면 바다를 찾고, 바닥에 있을 때는 수면을 찾아 헤맨다.
내가 느끼고 생각하고 말하는 것은 내 아가미를 떼처럼 통과하는 신의 바닷물이다.

심해의 바닥에서 조심스럽게 앞으로 나아가는 단순한 물고기는 그 자체로 심오한 스승이다. 가장 심오한 스승이 그러하듯 물고기도 자신이 가르침을 주고 있음을 모른다. 그러나 그의 작고 효율적인 아가미 속에는 지상의 영혼들이 알아야 할 삶의 신비로운 방식이 담겨 있다.

물고기들은 헤엄을 치면서 물을 들이마신다. 아가미를 통해 이 물을 생명의 공기로 전환한다. 이 과정을 생물학적으로 상세하게 설명하는 말들이 있지만, 본질적으로 이것은 신비다.

우리 안에서는 무엇이 아가미의 역할을 할까? 우리의 가슴? 머리? 영혼? 이 모든 것을 결합한 어떤 것? 우리의 아가미가 무엇이건, 살아가려면 작은 물고기처럼 물을 공기로 전환할 줄 알아야 한다. 우리를 지탱하는 무언가로 경험을 전환해야 한다는 의미다. 몸의 고통을 경이로, 마음의 고통을 기쁨으로 전환할 줄 알아야 한다.

다른 것은 중요하지 않다. 계속 살아 있으려면 물고기처럼 헤엄을 멈추지 말아야 한다. 하루하루 계속 헤엄쳐나가야 한다. 경험의 흐름은, 경험을 들이마시고픈 욕구는 멈출 수 없다. 그러므로 아가미의 신비를, 우리의 경험을 공기로 전환하는 비결을 배우는 데 모든 노력을 기울이는 편이 더 현명하다

당신의 아가미는 과연 무엇인가? 나의 경우에는 가슴이며, 사랑은 내가 남기는 보이지 않는 흔적이다. 더욱 중요한 일은 아가미가 어떻게 작용하는지 이해하는 것보다 하루하루를 헤쳐나가는 아가미를 존중하는 것이다.

15 September

아픈 사람들에게 던지는 질문 3

자신의 이야기를 마지막으로 한 때가 언제인가?
- 아메리카 원주민 주술사가 아픈 사람들에게 던지는 질문 -

이야기는 작은 타임캡슐 같다. 세월을 넘어 진실과 의미의 조각들을 전하기 때문이다. 4,000년 전의 신화든, 아직 말하지 못한 어릴 적 이야기든 그 안에는 의미들이 건조된 배급식량처럼 기다리고 있다. 이 배급식량을 부드럽게 불려서 먹으려면 다시 이야기를 하는 수밖에 없다. 심혈을 기울인 이야기 속에서 의미는 시간이 전혀 흐르지 않은 것처럼 잠에서 깨어난다. 그리고 우리를 치유한다.

흔히 우리는 이야기를 되풀이한다. 잘 잊어버리거나 관대해서가 아니라 소화시켜야 할 의미가 너무 많아서 한 번의 이야기로는 충분치 않기 때문이다. 그래서 모든 것이 이해될 때까지 가슴을 짓누르는 것들을

이야기하고 또 이야기한다.

처음으로 사랑에 빠졌던 때가 기억난다. 너무 깊이 빠져서 헤어나오기가 너무도 고통스러웠다. 사랑이 끝나고 그녀가 다른 연인을 찾아 떠났을 때 나는 비탄에 잠겼다. 대학 시절 내내 이 슬픔은 공기를 쐬어줘야 하는 상처로 남았다. 그래서 모르는 사람들은 신물이 났겠지만, 낯설어진 그녀의 눈과 갑작스러운 헤어짐을 이야기하고 또 이야기하면서 바느질을 하듯 한 땀 한 땀 내 가슴의 상처를 꿰매야만 했다.

장모님이 55년을 함께 한 남편과 사별했을 때도 생각난다. 나는 2주가 지난 뒤 장모님과 자리를 함께했다. 조화와 위로의 인사들이 끝난 뒤, 장모님은 남편의 마지막 순간을 떠올리면서 그의 마지막 숨결이 어땠는지, 의자에 푹 쓰러진 그를 어떻게 발견했는지 이야기하고 또 이야기했다. 처음에 나는 장모님의 정신이 오락가락하고 있다고 생각했다. 그러나 이야기를 통해 그녀의 슬픔이 지닌 의미들을 소화하고 있음을 깨달았다. 그녀는 샤먼이나 승려처럼 진실이 모습을 드러낼 때까지 경험이라는 만트라를 읊조린 것이다.

바울이 그리스도 때문에 말에서 떨어진 이야기를 얼마나 많이 했는지 생각해보라. 이야기할 때마다 그리스도의 현현을 더욱 깊이 새길 수 있었기 때문일 것이다. 모세가 신과 만난 이야기를 얼마나 자주 했는지도 생각해보라. 이야기할 때마다 신을 더욱 분명하게 볼 수 있었기 때문일 것이다. 혹은 라자로가 예수 덕분에 다시 살아난 이야기를 얼마나 많이 했는지도 생각해보라. 이야기할 때마다 확실히 그의 재탄생을 더욱 깊이 새길 수 있었기 때문일 것이다.

우리는 자신이 하려는 이야기를 잘 알고 있다고 생각한다. 하지만 호흡이 언제나 같으면서도 다르듯, 이야기는 신비로운 방식으로 우리에게 말을 걸고 우리를 구원해준다.

16 September
과거의 자리

*나는 또다시 태어나고,
그때마다 사랑할 무언가를 발견한다.*
- 고든 파스 Gordon Parks -

사랑할 무언가를 발견하는 능력과 처음처럼 다시 사랑할 수 있는 능력은, 주로 우리가 과거의 자리를 이해하고 통합하는 방식에 달려 있다. 바다 밑바닥에 사는 절묘한 조개류인 앵무조개가 그 훌륭한 본보기다. 심해 생명체인 앵무조개는 딱딱한 껍질 속의 연약한 사람처럼 자신이 원하는 것을 찾아 조금씩 바닥을 기어간다. 시간이 흐르면서 나선모양의 껍질을 갖지만 언제나 가장 최근에 생긴 방에서 산다.

다른 방들에는 앵무조개가 부력을 통제하게 도와주는 가스나 액체가 들어 있다고 한다. 여기서도 우리는 과거를 활용하는 방법에 대한 무언의 가르침을 얻을 수 있다. 최신의 방에서 살되 다른 방들은 부력을 통제하는 데 활용하는 것이다.

우리도 트라우마를 위한 튼튼한 방을 만들 수 있을까? 트라우마 속에 사는 대신, 과거의 무게에서 자유로워질 때까지 과거를 부셔서 부드럽게 만들 수 있을까? 과거를 충분히 내면화해서 우리가 더는 과거에 살지 않음을 받아들일 수 있을까? 이렇게 된다면, 삶은 훨씬 가볍게 느껴질 것이다.

앵무조개는 바다의 것들을 천천히 소화시켜서 몸을 띄운다. 이것은 결코 우연이 아니다. 이는 과거를 조망할 수 있어야만, 과거를 앞이 아닌 뒤에 놔야만 비로소 자신을 충분히 열고 비울 수 있음을 말해준다. 앞으로 일어날 일도 진정으로 느낄 수 있음을 가르쳐준다.

가장 새로운 마음의 방에 살아야만, 처음인 양 다시 사랑을 시작할 수 있다.

17 September
게으른 수전

우리 안의 신은 반쪽짜리 존재가 아니다.
본래의 자기는 숨길 수 없다.

한동안 나는 타인들이 이해할 수 있는 면만 보여주며 살았다. 식탁 위의 회전판 lazy Susan: 사람들에게 일일이 음식을 날라다 줘야 하는 수고를 덜기 위해 수전이라는 하녀가 고안해낸 식탁 위의 원형 회전판 - 옮긴이 처럼 나의 진정한 자기를 돌리다가 타인들이 원하거나 필요로 하거나 가장 편안하게 느끼는 면만 보여준 것이다.

나는 이런 일에 아주 능숙했다. 사랑하는 사람들 속에서도 회전판을 돌릴 수 있었으며, 한 번에 여러 가지 요구를 충족시켜줄 수도 있었다. 이로 인해 사람들은 나를 사심 없는 사람, 상대의 이야기를 잘 듣고 이해해주는 사람, 남들에게 잘 베푸는 믿을 만한 사람으로 여겼다. 그리고 나는 본래의 나를 지키면서도 타인들을 배려할 수 있는 길을 찾았다고 생각했다.

그러나 본래의 나를 숨길수록, 타인들이 받아들일 수 있는 모습만 보여줄수록 나 자신에게 충실할 수가 없었다. 시간이 흐르면서 나의 가장 깊은 믿음과 느낌들도 알 수 없게 되어버렸다. 그 대가로 결국에는 영혼이 질식당할 것 같은 미묘한 느낌에 시달려야 했다.

나에게 이렇게 하라고 요구한 사람은 아무도 없었다. 내 과거의 상처들 때문에 때때로 자신을 숨기는 게 분명했다. 내 모든 얼굴이 그 자체로 진실이라 해도, 얼굴을 바꾸는 기술을 구사한 것은 세상과 화합하는 방법을 잘못 인식하고 있었다는 증거다.

갈등에 대한 두려움, 거부에 대한 두려움, 사랑받지 못하는 것에 대한 두려움, 누구도 이해하지 못할 것 같은 사실을 드러내는 데 대한 두려움, 내 안의 꽃이 이 세상의 원소들을 이겨내고 피어나리라는 믿음과 신뢰의 부족. 내가 게으르게 회전판을 돌리는 사이, 이 모든 원인은 오랫동안 미해결 상태로 남아 있었다.

우리의 삶이 보여주듯 사생활과 은폐 사이의 경계선은 아주 얇다. 나는 개개인이 하나의 완전한 교향악단과 같다고 생각한다. 우리 안의 모습들이 내는 소리를 모두 들리게 할 수는 없겠지만, 그렇다고 아예 연주를 안 하면 병이 시작된다. 이것을 나는 뼈아프게 통감했다.

18 September
보고도 모르는

· · ·

자아의 기운이 다 빠져버리기 전에는
신뢰 속에 자신을 맡기지 못한다.
— 롭 리먼 Rob Lehman —

홍수를 당한 남자에 대한 오래된 이야기가 있다. 처음에 집에서 나오라는 말을 듣자, 그는 신이 구해줄 것이라며 조용히 거절했다. 물은 빠르게 거리로 몰려들어 집의 기초 부분까지 차올랐다. 거리에 물이 차자 구조팀이 고무뗏목을 타고 와서 그를 불러냈다. 이번에도 그는 신이 구해줄 것이라며 거절했다. 물은 더욱 거세게 몰아쳐 그의 집 창문까지 뚫고 들어왔다. 그는 지붕으로 피신했다. 헬리콥터가 왔지만 그는 여전히 신이 구해줄 것이라며 거절했다.

예상대로 홍수가 났고, 그는 물에 빠져 죽었다. 저승으로 간 그는 화가 나서 신에게 따져 물었다.

"왜 저를 구해주시지 않은 거죠? 끝까지 믿음을 놓지 않았는데?"

그러자 신이 당혹스럽다는 듯 대답했다.

"구해주려고 했느니라. 하지만 불러내고, 뗏목에 헬리콥터까지 보내도 넌 듣지 않았어."

사랑처럼 신도 보이지 않는 모든 것 속에서 작용한다. 우리에게 모습을 드러낼 때는 세상의 일들 속에서 소박한 모습으로 다가온다.

19 September
모든 기도 너머에는

● ● ●

지지를 받아보기도 전에 사랑을 이해하려 들면
결코 연민의 마음을 갖지 못한다.

다정한 말로 타인들을 편안하게 해주는 소년이 있었다. 타인들이 편안함을 느끼면, 그는 여러 가지 질문을 던지곤 했다. 소년은 집에 갈 때는 언제나 혼자였다. 다음 날이 되면 그는 더 많은 이야기를 했다. 얼마 후 그는 사랑에 대한 문제로 돌아가 다채로운 질문을 던졌다. 그러나 이 질문들은 나뭇잎처럼 돋아나서 자라다가 뚝 떨어져버렸다.

여러 해 심오한 질문을 던진 덕에 그의 가슴이 넓어졌다. 그러자 사람들이 그의 가슴이라는 질문의 과수원에 새떼처럼 드나들었다. 하지만 모두들 떠나고 나면 그는 여전히 홀로 남았다. 그가 아는 것들만 그의 곁을 지켰다.

그러던 어느 날 생기 넘치는 한 존재가 나타났다. 그러나 그 존재는 질문의 과수원에 들어오려 하지 않았다. 그가 아무리 다정하게 이야기해도 응하지 않았다. 가까이에서 팔랑거리다 그를 지지하고는 세상 속에서 그를 기다렸다.

소년에게는 꽤 긴 시간이 필요했다. 이제는 그가 인간의 껍질로 뒤덮여버렸기 때문이다. 그래도 그는 지지받고 싶은 마음에 오랫동안 살던 그곳을 떠나 자기 마음의 그늘에서 벗어난 삶을 살기 시작했다.

20 September
무조건적인 사랑

무조건적인 사랑은 서로 받아주고 참아주는 것이 아니다.
그보다는 어떤 상황에서도 자신의 부끄러운 모습을 상대에게 숨기지 않겠다는
진지한 서약과 관련된 것이다.

무조건적인 사랑에 대해 많이들 "다른 쪽 뺨도 갖다 대는" 극단적인 것으로 오해하는 것 같다. 학대의 경험이 있는 사람들에게는 결코 좋은 조언이 아니다. 지나친 수동성은 우리의 진정한 모습을 실어 나르는 사랑의 거침없는 흐름과는 전혀 다르다.

사실 무조건적인 사랑은, 사랑의 이름으로 자행되는 것이라면 무엇이든 소극적으로 받아들이는 태도를 요구하지 않는다. 일상적인 관계가 이뤄지는 실제의 장에서 어떤 상황에 처하든 자신의 본모습을 상대에게 솔직히 드러내겠다는 약속을 지키는 것이다.

어느 날에는 나의 욕구에만 사로잡혀서 상대의 요구를 묵살하거나 간과하고, 이로 인해 상대에게 상처를 줄 수도 있다. 이때 상대가 자신의 상처를 솔직하게 표현하고 드러내면, 나는 미안함을 느낀다. 상대는 내가 때때로 주변 사람들에게 무심하게 구는 경향이 있음을 인정한다. 하지만 둘은 서로 깊이 신뢰하기 때문에 상대는 나의 행위가 아닌 단점을 이해해주고, 나는 자신을 향상시킬 기회를 얻은 것에 고마움을 느낀다. 이렇게 해서 둘은 더욱 가까워진다.

무조건적인 사랑은 단점까지 빨아들이는 구멍이 아니다. 끊임없이 빛을 발산하는 내면의 태양과 같은 것이다.

21 September
말 없는 스승

・・・

증거 모으는 일을 멈춰야
비로소 돌들이 말을 시작한다.

지식이 아닌 앎과 관련해서 아주 중요하고도 분명한 사실을 이야기해주고 싶다. 이것을 제대로 깨닫는 데 나는 평생이 걸렸다.

나는 언제나 책을 읽었다. 모든 시대의 정직한 인물들이 보여준 세계는 나를 혼돈과 외로움에서 거듭 구원해주었다. 나는 49년의 생애 중에서 40년을 스승이나 학생의 신분으로 학교에서 보냈다. 세월이 흐르면서 교실은 자연히 삶 자체로 확장됐다. 또 수업을 통해 정보를 전달하는 일은 갈수록 줄어든 반면, 단순한 존재들에게 그들이 지닌 단순함의 비밀을 묻는 일은 더욱 늘어났다.

하지만 내가 정말로 말하고 싶은 것은 따로 있다. 놀랍게도 이 모든 과정을 거친 후에 내가 진리에 대한 보답으로 얻은 것은 정의나 지식, 전문적인 기술이 아니라 — 물론 이것들을 얻을 수도 있지만 — 기쁨이었다는 점이다. 마찬가지로 친절에 대한 보답도 선이나 좋은 평판, 보상이 아니다. 물론 이것들이 주어질 수도 있지만, 친절에 대한 보답도 역시 기쁨이다.

나는 또 여러 해 힘들게 공부해서 박사학위를 받은 후, 여러 전통의 수많은 성전을 혼자서 공부한 후 일체성의 체험으로 얻는 축복은 힘이나 명징함이 아니라, 분리에서 벗어난 평화처럼 더욱 심오한 것이라는 점도 깨달았다.

병원 침대에 누워 있는데 통증이 멈췄을 때든, 연인의 품에서 눈을 떴는데 그녀의 손가락이 머릿속에서 근심걱정을 거둬줬을 때든, 오래전에 죽은 누군가의 책을 무릎 위에 펼쳐두고 있다가 잠이 들었을 때든, 연민과 진리의 맨 모습은 언제나 똑같다.

이런 맨 모습은 나를 단순하지만 드문 순간으로, 생각과 느낌, 앎과 존재가 하나인 순간으로 돌려보낸다. 발견하기도 붙잡기도 어려운 이 생기 넘치는 순간들이 나의 말 없는 스승이다.

22 September
신성한 순간들과 마주하기

> 영적인 삶의 고차원적인 목표는
> 정보를 풍부하게 축적하는 것이 아니라,
> 신성한 순간들과 마주하는 것이다.
> ― 아브라함 헤셸 Abraham Heschel ―

무엇이든 마주하기보다 축적하기를 더 좋아하는 것이 미국인들의 일면인 것 같다. 그들의 조상들은 땅덩어리가 바닥날 때까지 계속 전진하는 것이 그들 자신의 운명이라고 믿었다. 하지만 더는 갈 곳이 남지 않은 지금은 수세기 동안 잠자던 다른 종류의 탐험심이 우리를 유혹하고 있다.

영적인 삶을 살려면 지금 여기가 아닌 다른 곳으로 가는 길을 닦는 대신, 우리의 앞과 안에서 기다리는 문들을 열어야 한다. 아브라함 헤셸이 말한 "신성한 순간들과 마주한다."는 것은 바로 이런 의미다. 이미 살고 있는 삶으로 들어가는 문을 여는 것이다.

어딘가 다른 곳으로 가는 길을 닦으려는 노력은 물론 칭찬할 만하고 영웅적이기까지 하다. 하지만 이런 노력은 우리의 정신을 흩트려서 주어진 삶에 깃들지 못하게 한다.

외적인 환경들을 개선하는 것은 분명 잘못된 일이 아니다. 그러나 극도의 피로감에 휩싸여 있으면서도 친절한 엄마처럼 기다리는 삶의 맥박을 마주하지 않는다면, 이런 개선은 아무런 의미가 없다.

23 September
반복은 실패가 아니다
...

반복은 실패가 아니다.
파도에게, 나뭇잎에게, 바람에게 물어보라.

내면을 탐구하는 데 정해진 속도는 없다. 나이가 많건 적건, 얼마나 여러 번 다시 시작해야 하건, 똑같은 가르침을 얼마나 여러 번 배워야 하건 우리가 필요로 하면 배워야 할 것들이 다가온다.

넘어지는 것도 필요한 만큼만 넘어진다. 넘어졌다가 일어서는 법을 배워야 하기 때문이다. 사랑도 필요한 만큼만 경험한다. 지지하고 지지받는 법을 배워야 하기 때문이다. 진리의 많은 목소리도 필요한 만큼만 오해한다. 우리를 둘러싼 다양한 존재의 합창을 제대로 들을 줄 알아야 하기 때문이다. 고통도 필요한 만큼만 경험한다. 깨지고 치유하는 법을 배워야 하기 때문이다.

물론 이런 일을 좋아하는 사람은 아무도 없다. 그러나 겸허하게 받아들이는 법을 배울 때까지는 우리가 싫어하는 것들에 똑같은 방식으로 되풀이해서 부딪히게 된다.

24 September
개성화의 길

• • •

저기 먼 바다에서 참치잡이 배들이
참치 떼 위를 헤엄치는 한 무리의 긴부리돌고래들을 에워싼 후 거대한 망으로 포획했다.
작지만 강력한 쾌속정들은 이들의 주위를 돌면서 소리의 벽을 만들었다.
이 소리로 혼란과 공포에 빠진 돌고래들은 조용히 망 속으로 가라앉았다.
움직이는 눈만이 이들이 살아 있음을 보여주었다.
그런데 고래 한 마리가 망 가장자리의 코르크 선을 넘었다.
그 순간 자유임을 깨달은 돌고래는
힘차고 넓게 꼬리를 휘저으며 앞으로 돌진했다……
그런 다음 아래쪽으로 방향을 틀어 전속력으로 헤엄쳤다……
아래로, 어두운 바다 속으로 깊이 들어가다가
나중에는 높이 튀어 오르는 일련의 도약 속에서 수면을 뚫고 솟아오르기도 했다.

— 제프리 무세이프 메이슨 Jeffrey Moussaieff Masson —

긴부리돌고래의 움직임은 인간들이 되풀이하는 연속적인 행위들을 그대로 보여준다. 본의 아니게 또는 가끔은 동의하에 스스로 구속당해서 활기를 잃는 순간, 우리는 탁 트인 공간을 갈망한다. 하지만 답답함과 공포감에 기운도 없어지고, 그물망의 가장자리가 어디인지도 확실하지 않게 된다. 자유를 얻기 전에는 이처럼 우울하고 혼란스러운 몸부림을 경험한다.

그러나 아름다운 돌고래처럼 우리도 자유를 얻는 즉시 그것을 깨닫는다. 그러면 내면의 힘에 압도당하고 기쁨에 겨워 더욱 힘차게 심연을 탐험한다. 이는 우리에게 표면을 뚫고 상상하기도 힘든 일체성 속으로 잠시나마 튀어 오르는 축복을 선사한다.

자연의 한순간 속에서 일어나는 이 과정은 칼 융이 말한 '개성화의 길'을 그대로 보여준다. 분리된 개인이 존재의 전체성을 획득하기 위해 자신의 가장 깊은 한계들을 어떻게 정리하는지 잘 설명해준다.

우리에게 소명이 있다면, 그것은 이 그물망을 통과해 심연 속으로 뛰어든 다음 표면을 뚫고 솟아오르는 일일 것이다.

25 September

양날의 광기

· · ·

뒤쫓거나 숨는 것이 양날의 광기라면
믿음은 위험을 무릅쓰고 받아들이는 용기다.
내가 두 눈을 감으면 빛이 나를 뚫고 들어온다.
— 로버트 메이슨 Robert Mason —

살아가는 동안 우리는 무언가를 찾아 헤매거나 무언가로부터 숨는 데 너무 많은 시간을 허비한다.

사랑받고 싶은 마음에 누군가를 쫓아다니거나 때로는 자신을 미끼로 삼는다. 성공의 꿈을 위해 목표를 향해서 달려가거나 자신과 타인들이 실패라고 여기는 것으로부터 숨어버린다. 하지만 상처를 피하기 위한 은둔도, 직업을 얻기 위한 전략도 우리에게 평화를 가져다주거나 삶으로부터 보호해주지 않는다.

나는 단순히 책을 출판하기 위해서가 아니라, 사람들이 나를 가치 있는 사람으로 보게 만들어줄 출판업자를 찾기 위해 아주 많은 시간을 투자했다. 하지만 성공했을 때, 이런 노력은 처음 글을 쓰면서 느꼈던 삶의 맥박에 조금도 가까워지게 해주지 않았다.

우리는 그곳에 도달하기만 하면 삶이 더 나아질 것이라고 상상하면서 남몰래 환상에 빠진다. 그래서 실제 삶보다 꿈속에서 더욱 열심히 일한다. 더 만족스러운 관계를 원할 때도 마찬가지다. 지금의 삶 바깥 어딘가에서 어떤 남자나 여자가 기다리고 있다가 나타나서 내 모든 고통을 덜어주고 무감각을 깨워줄 것이라고 상상한다. 이렇게 자신이 창조해낸 삶에 대한 불만족을 숨긴 채 진정한 자기의 의미를 알려줄 가상의 치유책을 찾아 헤맨다.

로버트 메이슨이 아주 지혜롭게 암시한 것처럼, 안주나 불행을 이겨내는 방법은 더욱 큰 사냥감을 좇는 것도, 가장 깊은 상처들을 은폐하는 것도 아니다. 내면의 가구를 다른 도시나 침실로 옮기는 것도 아니다. 삶을 바꿀 가장 큰 가능성은 마음의 습관을 버리고 언제나 순결한 가슴을 여는 데 있다.

26 September
내려놓을 시간

돌을 내려놓을 시간이 왔다.
돌을 움켜쥔 손으로는 자유롭게 드럼을 칠 수 없고,
과거를 끌어안은 가슴으로는 자유롭게 노래할 수 없다.

돌이든 난간이든 무기든 움켜쥐고 있으면 손을 펼칠 수도, 다른 것을 잡을 수도 없다. 내려놓는 간단한 행위 속에서 미지의 세계로 들어가는 삶의 드라마, 시간을 초월한 본질적인 드라마가 펼쳐진다. 그러므로 무엇이든 쥐고 있는 것들을 용감하게 내려놔야 한다. 그래야만 어떤 식으로든 세우거나 접촉하거나 음악을 만들어낼 수 있다.

과거를 내려놓을 줄 몰랐던 친구가 생각난다. 그는 과거를 마치 밧줄처럼 움켜쥐고 있었다. 밧줄을 놓으면 떨어질까 봐 두려웠기 때문이다. 이로 인해 그는 사랑을 받아들이지 못했다. 치유를 경험하지 못했다.

　새로운 것을 받아들이려면 먼저 손을 비워야 한다. 이것은 피할 수 없는 진리다. 우리의 가슴도 마찬가지다. 하루하루 피워내는 용기가 필요하다.

27 September
내 삶의 수갑

광폭한 대응으로 개선할 수 있는 상황은 거의 없다.
- 멜로디 베티 Melody Beattle -

　철학자 마이클 짐머만 Michael Zimmerman 이 소년 시절에 겪은 이야기다. 누군가 그에게 중국제 수갑 한 쌍을 주었다. 단순한 고리처럼 보이는 수갑에는 양 끝에 구멍이 있었다. 그는 한 마디 말도 없이 수갑을 건네받고 나서, 호기심에 왼손 검지를 한쪽 끝에 집어넣고 오른손 검지는 다른 쪽 끝에 넣어보았다. 그러자 수갑은 수갑이었던지 손을 빼려고 할수록 더욱 바싹 죄어왔다.

　그는 수갑에 걸렸다는 공포감으로 더욱 거세게 손을 빼내려 했다. 작은 수갑은 더욱 바싹 죄여왔다. 그때 문득 반대로 해봐야겠다는 생각이 들었다. 손가락을 더욱 깊이 집어넣자, 수갑은 찰각 소리를 내면서 열렸다. 그는 부드럽게 천천히 손가락을 빼냈다.

　공포심을 갖고 손가락을 빼내려 할수록 수갑이 더욱 단단하게 옥죄어오는 것 같은 순간들이 우리의 삶에도 아주 많다. 짐머만은 이 일화를 통해 용기를 강조하는 하나의 역설을 가르쳐주고 있다. 우리를 압박하는 것들에 저항하지 않아야 자유롭게 자신의 길을 갈 수 있다는 것이다.

28 September
용서에 대하여

진리를 아는 데는 고통이 필요하다.
하지만 진리를 살아 있게 하기 위해서
고통까지 살아 있게 만들 필요는 없다.

곱씹고 곱씹지 않으면, 내가 당한 일들이 전부 사라져버릴 것 같다. 내게 상처 준 사람들이 잘못을 인정하지 않으면, 내 고통들이 아무런 의미도 없어질 것 같다. 이런 느낌이 용서를 가로막는다. 호수 속에 던져진 돌은 이런 면에서 우리보다 더 현명하다. 돌이 일으킨 잔물결은 곧 사라지기 때문이다.

요컨대 가슴을 깨끗하게 정화해야 한다. 그래야 상처 준 사람들 때문에 진정한 자기를 제한하지 않을 수 있다. 용감하게 자신을 사랑하고, 고통을 포함한 모든 것을 받아들일 수 있다.

억울한 일을 당해본 사람들은 물론 항변할 것이다. 쓰라려도 상처를 영원한 증거처럼 열어두어야 정의의 불꽃이 계속 타오른다고 말이다. 하지만 이러면 치유는 불가능하다. 프로메테우스 같은 존재가 되고 만다. 상처라는 거대한 새에 매일 내장을 갉아먹히고 만다.

어떻게든 상처 준 사람을 용서하면, 그 이상의 보답이 주어진다. 분노를 내면의 자유와 맞바꾸는 순간, 깊은 치유가 일어난다. 사과를 받지 못해도, 상처가 치유되면서 진정한 삶이 다시 시작된다.

용서forgive라는 말은 원래 주는 것과 받아들이는 것을 모두 의미했다. '~의 대가로 주는'이라는 뜻이었다. 이 본래의 의미에 따르면, 용서의 내적인 보답은 삶이며 영혼과 우주 사이의 주고받음이다.

진정한 용서의 신비는 불의와 응징의 장부를 내려놓을 때 시작된다. 그래야 가슴에서 느낌이 되살아난다. 조각난 내면이 사랑으로 다시 결합된다.

29 September

생각만 할 것인가? 발을 담글 것인가?

공기를 호흡하기 전에
이해하려 들면 죽고 말 것이다.

우리는 너무 오래 생각한다. 그래서 곧 갖가지 정보와 선택 사항에 짓눌려버리고 만다. 너무 진지한 눈으로 상황을 파악하고 나면, 할 일과 하지 말아야 할 일을 일러주는 선의의 목소리들도 마치 끊을 수 없는 끈처럼 느껴지기 시작한다.

이것이 가련한 햄릿의 운명이었다. 지나친 생각이 그의 삶을 망쳐버렸다. 어느 쪽으로 갈지 지나치게 고민하다가 결국에는 이러지도 저러지도 못하고 삶 자체에 짓눌려버렸다. 중요한 결정 앞에서 신중하고 사려 깊은 태도를 유지하는 것은 자연스러운 일이다. 하지만 때로는 직접 살아내야만 앞에 무엇이 기다리는지 알 수 있다.

수세기 전 한 힌두교 성자도 이것을 깨닫고 있었다. 한창 아침기도를 올리던 중에 성자가 갑자기 벌떡 일어나더니 제자들에게 승원에서 멀리 떨어진 곳으로 가라고 했다. 작은 오리새끼들을 내몰듯 제자들에게 손을 내저으면서 다시 삶 속으로 들어가라고 소리쳤다.

"삶은 이해하는 게 아니라 경험하는 거야!"

30 September

완벽하지는 않지만 귀한 존재

• • •

우리는 완벽하지는 않지만
귀한 존재다.

손에는 잡다한 물건을 가득 들고, 머릿속은 할 일들로 꽉 채우고, 가슴은 기억들로 꽉 메우고, 꿈에서는 무수히 계획을 세운다. 그러면서도 이것들만 없으면, 목록에 적은 일들을 다 해치우거나 이미 저지른 일들을 원상태로 돌리면 더욱 완전하고 완벽한 삶을 살 것이라고 생각한다. 하지만 인간은 계획과 기억을 먹고 사는 다면적이고 불완전한 존재다.

우리의 내면에서는 뿌리 깊은 역설이 작용하고 있다. 아무리 자제와 마음의 평화를 열망해도, 우리는 오로지 순간 속에서만 온전해질 수 있다. 몸을 지닌 영적인 존재로서 하루하루 마모되다가 불현듯 모든 것을 받아들인다. 깨달음의 순간이다. 오랜 명징함과 연민이 깨어나면, 우리는 순식간에 우리 이상의 존재가 된다. 그러나 다음 순간이면 가장 사랑하는 사람에게 상처가 되는 말을 던지고, 다음 날이면 쓰레기에 걸려 넘어지기도 한다.

이런 추락을 나는 충분히 노력하지 않았다는 증거 혹은 실패로 받아들였다. 당연히 추락은 가늘고 긴 조각처럼 나의 부족함을 아프게 찔러 댔다. 나는 내가 배울 수 없는 근본적인 무언가가 있는 것 같다는 생각에 의기소침해지곤 했다. 한동안은 내게 결함이 있다는 느낌에 시달렸다. 하지만 이것은 인간 조건의 실제일 뿐이었다. 받아들이면 될 뿐, 고치거나 제거하거나 초월해야만 하는 것은 아니었다.

 우리는 빛처럼 시간을 초월한 순수한 순간 속에 있다가도, 다음 순간에는 평생의 보물을 떨어뜨리거나 흠집을 내기도 하는 존재다. 그러므로 타인들을 탓하지 말고 자신을 위로해야 한다.

 우리는 완벽하지는 않지만 귀한 존재다. 순간이지만 모든 것을 깨달았다가 이것을 주물러 양식을 구워내는 것이 우리의 운명인 것 같다.

10 October

깨달음

01 October
창가의 파리
· · ·
믿음은 궁극적인 관심의 상태다.
— 폴 틸리히 Paul Tillich —

당연하게도 우리는 서로 다른 의문들을 통해 똑같은 핵심 문제에 도달한다. 어떻게 하면 충만하게 살 수 있을까? 어떻게 하면 경이로움으로 깨어짐의 고통을 이겨내면서 살 수 있을까? 나도 확실히는 모른다. 그저 노력할 뿐이다.

우리 개개인은 소멸되지 않는 우주의 흐름을 발견해서 이것을 타려는 작은 의지체다. 하지만 믿음이 중요한 것 같다. 깊고 넓은 연민 속에서 살아갈 수 있는 능력, 어두운 고통의 한가운데서도 보이지 않는 어딘가에 기쁨과 경이가 있음을 알 수 있는 능력, 굴러 떨어질 때도 우리의 의도보다 더 큰 어떤 흐름의 일부임을 알 수 있는 능력 말이다. 이것은 우리가 구해야 할 확고한 의식의 한 조각이다. 하지만 이것을 얻지 못해도, 믿음은, 즉 관심을 가지는 삶은 가능하다.

실제로 모든 존재와 사건들의 무한한 결합은 바닥이 없는 거대한 냇물처럼 계속된다. 물고기처럼 우리에게도, 한 번 뿐이지만, 이 흐름을 발견하고 탈 수 있는 선택권이 있다. 이 흐름은 바로 신, 중국의 위대한 현자이자 도가의 시조인 노자가 말한 도道다. 우리의 작은 의지가 존재의 흐름과 어우러졌을 때 우리를 고양시키는 이 힘은, 우리가 축복이라고 느끼는 신성한 빛이다.

이 흐름 속으로 들어가면 분리의 삶도, 방어의 삶도, 개인의 특질들을 판단하는 행위도 끝난다. 두려움 대신 신뢰가 들어서고, 통제는 순응 속으로 사라진다. 그 순간 물고기와 냇물은 하나가 된다. 그리고 이 신성한 순간과 신은 언제나 하나다. 달리 추구해야 할 목적은 없어진다. 맹세도 달라진다. 삶은 더 이상 무언가를 추구하기 위한 것이 아니라, 삶 자체가 목적이기 때문이다. 안과 밖이 언제나 하나를 이루며 열린 상태를 유지하면, 전체Whole가 우리 안으로 흘러 들어온다.

그러므로 믿음은 존재의 흐름 속으로 들어가 이것을 타겠다는 자발적인 의지와 용기에 다름 아니다. 용기를 내서 삶의 순간에 푹 몸을 담그면, 신비롭게도 우리보다 더 큰 모든 것과 하나를 이룬다. 그렇다면 연민은 무엇일까? 자신을 잃지 않으면서도 다른 사람의 흐름 속으로 들어가는 것이 아닐까.

어느 여름날의 일이 떠오른다. 창가에 있는데, 파리 한 마리가 걸쇠 근처에서 몸이 뒤집어졌다. 파리는 다리를 맹렬하게 버둥거리며 맴돌 뿐 어디로도 가지 못했다. 확 때려잡을까 하는 생각도 들었다. 하지만 버둥거리는 꼴이 왠지 내 모습 같았다. 파리는 연신 맴돌다가 지쳐갔다. 나는 거리를 두고 계속 입김을 불어댔다. 내가 만들어낸 돌풍에 본래의 자세를 회복한 파리는 얼굴을 한 번 쓰윽 문지르고 멀리 날아갔다.

언젠가 나도 이해할 수 없는 어떤 입김에 몸을 바로잡고 날아오를 수 있었으면. 이렇게 생각하면서 나는 멍하니 걸쇠를 바라보았다.

02 October
붉은 왕국

나는 축복을 낳지 않는 고통은 느껴본 적이 없다.
- 진 크누드슨 호프만 Gean Knudson Hoffman -

이 말이 진실임을 나는 잘 안다. 이혼을 하고, 암으로 갈비뼈를 잃고, 18년간이나 몸담았던 교수직에서 해고됐지만, 아픔과 두려움과 슬픔이 잦아들면 언제나 축복이 주어졌기 때문이다. 물론 병이나 불의는 엄밀히 말해 축복이 아니다. 암으로 삶이 영원히 달라진 것을 다행으로 여기지만, 누구도 암에 걸리기를 바라지는 않는다.

울음이 침묵 속으로 흡수되는 것처럼, 어둠이 계속될 것 같은 순간에 언제나 태양이 떠오르는 것처럼, 날아다니고 추락하는 모든 것들을 하늘이 지지하는 것처럼 우리 개개인의 중심에는 파괴할 수 없는 어떤 것이 있다. 그래도 살아 있는 동안에는 변화하고 재정립해야 하는 고통이 견디기 힘들 때가 있다.

소년 시절 예리한 공업용 칼에 손가락을 벤 적이 있다. 아직도 그 상처가 남아 있다. 나는 울면서 쿵쾅거리고 돌아다니다가 처음으로 내 안의 붉은 왕국을 발견하고 신기해했다.

03 October
감정 무지

* * *

우리는 감정에 너무 무지해서 깊은 느낌은 슬픔으로,
미지에 대한 인식은 두려움으로, 평화로운 느낌은 권태로 착각한다.

우리는 무의식의 삶을 외면하도록 교육받은 탓에 의식의 표면 아래에 있는 것들은 무엇이든 두려워한다. 하지만 표면 아래를 들여다보고 싶은 욕구는 사라지지 않는다. 영화에 나오는 것 같은 연쇄폭력의 원인도 부분적으로는 여기에 있다.

내면을 들여다보려는 내향적인 욕구가 거부당하면, 쫓고 쫓기다가 결국은 본의 아니게 서로의 몸에 상처를 입히는 끔찍한 일을 저지를 수도 있다. 또 내면을 들여다보려는 욕구를 부정하면, 이 욕구는 다른 방향으로 더욱 강력하게 나타난다. 자신과 같은 사람들이 신체적으로나 심리적으로 폭력을 당하고 있을 때, 똑바로 쳐다보지도 그렇다고 고개를 돌리지도 못하고 어둠 속에 앉아만 있게 된다.

30대에는 나도 낮은 자존감의 원인을 내면 깊은 곳에서 찾으려 하지 않았다. 하지만 뭐라 명명할 수 없는 어떤 뿌리를 찾고 싶어서 절실하게 내 안의 정원을 파헤치기는 했다. 몇 년간은 피가 철철 흐를 때까지 작은 상처들을 쑤셔대고 연한 살갗과 흠들을 후벼 파면서, 자신을 집요하게 괴롭혔다. 그러다가 스스로 의식의 표면 아래를 들여다보지 않아서 엉뚱하게 이런 짓을 되풀이하고 있음을 깨달았다.

가슴을 열려는 나의 몸부림은 오랫동안 계속됐다. 나는 두 번의 결혼을 하고, 암도 이겨내고, 냉정한 엄마도 극복했다. 25년간은 친구들에게 집착했다. 하지만 이제는 이 모든 것에서 자유로워졌다. 고독을 등불 삼아 한 번도 본 적 없는 의식의 구석들을 비춰본다. 물론 그런데도 별 소득이 없으면 어쩌나 하는 두려움이 일 때도 있지만, 계속 내면으로 들어가 발견한 것을 끄집어내면 모든 것이 달라지리라 믿는다.

내면에 억압되어 있던 것들을 끄집어내는 것은 신성한 동시에 두려운 일이다. 그래서 자신이 정말로 내면과 접촉하고 싶은지 아닌지 확신이 안 서기도 한다. 사다리를 타고 올라가 둥지 안의 아기 새를 정말로 만져보고 싶은지 어떤지 확신하지 못한다. 새가 너무 부드러워서 만지면 신성모독이 될 것 같고, 새 둥지는 인간의 손이 닿으면 안 되는 곳처럼 여겨지기 때문이다.

그래도 나는 계속하라고 말하고 싶다. 타인들에게 자신을 정직하게 드러내라고. 그러면 "아무도 이해해주지 않아도 이게 본래의 내 모습이야" 하고 말할 수 있을 것이다. 우리 각자는 충분히 영양분을 섭취하고 나면 언젠가 날아오를 아기 새와 같은 존재다.

04 October
함께이면서도 혼자인 순간
• • •

어떤 개인도 삶의 다른 요소들에서 벗어나 자기만의 본성 속에 존재할 수 없다.
우리 개개인의 바탕에는 우주 전체가 자리하고 있다.
그러므로 모든 개인은 우주 전체를 공통의 토대로 삼고 있으며, 자각을 통해
모든 것을 포용하는 진정한 자기 속으로 들어가는 순간에 이 보편성을 인식한다.

— 라마 고빈다 Lama Govinda —

본래 자기의 바탕에는 온 우주가 들어 있다. 돌고래가 수면으로 돌진하

면서 보는 것들은 인간이 보는 것들의 저변에도 존재한다. 독수리가 날개를 스치고 지나가면서 느끼는 것들은 인간의 모든 의문 밑에도 존재한다. 맨 위의 나뭇잎이 처음으로 자신을 펼치면서 빛에 대해 깨달은 것은 모든 사랑의 시 밑에도 존재한다. 가슴의 살갗 밑에 들어 있는 에너지 속에는 모든 생명의 정수가 잔잔하면서도 강력하게 스며 있다. 라마 고빈다가 아주 감동적으로 설명한 것처럼, 깨달음은 이 모든 본질적인 관계성을 단순히 머리로 이해하는 것이 아니라, 손으로 만지듯 분명하게 느끼는 것이다. 이런 절절한 느낌 속에서 이미 갖고 있던 영혼의 일체성을 생생하게 드러내는 것이다.

모든 불신의 밑에서도 이 일체성이 끊임없이 흐른다고 생각해보라. 이 흐름 속으로 들어가는 길은 불신과 좋지 않은 경험들을 옷처럼 훌훌 벗어던지는 것뿐이다. 꾸밈없이 이 흐름 속에 발을 들이면, 이미 이곳에 다다른 모든 존재들과 하나가 된다.

고백하는데 나도 시간의 틀 아래에 존재하는 이런 순간을 가끔 경험한다. 빛이 빛 이상이면서 동시에 빛에 지나지 않을 때, 연못 위로 떨어지는 노란 낙엽들 사이로 백 년 전처럼 부드럽게 바람이 불어올 때 이런 순간을 경험한다. 그리고 대개는 혼자서 이런 순간들 속으로 들어간다. 이렇게 신에게로 향하는 길을 오른다.

하지만 사랑할 용기가 생길 때, 숨길 것이 아무것도 없을 때는 타인들과 함께 이런 순간들 속으로 들어가기도 한다. 삶과 서로를 완전히 포용하는 이런 순간에는 안팎의 모든 것이 환하게 빛난다. 진실한 연인들은 이런 순간에 만나는 것이 분명하다. 삶을 뚫고 만난, 누구도 이해하지 못할 것 같은 순간, 함께이면서도 혼자인 순간, 살갗을 부비면서 우리 안에서 접촉을 기다리는 신의 자리와 만나는 순간, 모든 진실한 연인들은 이런 순간에 만난다.

이렇게 깨달음은 지혜의 축적을 넘어 모든 생명의 일체성을 체험하고 느끼는 것이다.

05 October
시리도록 아픈 기쁨

나는 온갖 곳에서 삶을 찾다가
타버린 폐 속에서 그것을 발견했다.

나는 거의 반세기 동안이나 자각과 닫힘을 되풀이했다. 도망치다가는 멈추고, 쫓아가다가는 멈추고, 오르다가는 멈추고, 들어올리다가는 멈춰버렸다. 결코 풀 수 없는 의문들을 던지고, 의문의 대상이 아닌 것들에 대해서는 해답을 아는 척했다. 임시로 살 집을 짓는 개미마냥, 내버려둬야 할 것들은 끊임없이 옮기고 옮길 수 없는 것들은 떨어뜨려버렸다. 그 사이 세상과 내 영혼의 살갗 사이에 존재하는 팽팽하게 긴장된 공간 속으로 경험이 밀려들었다.

지금은 깨어 있기만 해도 느낌이 파도처럼 뼈 가까이서 요동친다. 이 끊임없는 요동은 아프도록 깊다. 살아 있음의 아픔이다. 이 아픔을 한때는 슬픔으로 착각하기도 했다. 하지만 이제는 원하는 것을 얻지 못하거나 필요한 것을 잃는 고통보다 이 아픔이 더욱 깊은 것임을 안다. 이 철저한 깨어 있음은 기쁨과 슬픔을 낳는 맥박, 고통과 경이가 만나는 지점이다.

고집스럽게 한기를 밀어내는 가을날, 해 뜨기 전에 눈을 뜨면 세상은 기대감으로 촉촉하게 젖어 있다. 이런 순간이면, 누구도 보지 못하는 지구의 중심핵에서 이뤄지는 힘든 노역을 대지가 느끼듯, 이 아픔을 느낀다. 이 아픔은 지상의 삶이 주는 작은 화인火印과 같다.

06 October
바람을 느끼는 두 가지 방법

*바람을 느끼는 데는 두 가지 방법이 있다.
탁 트인 곳으로 올라가서 가만히 있는 것과 계속 움직이는 것이다.*

모든 살아 있는 존재는 행위와 존재를 구체적으로 드러낸다. 우리가 달리기를 통해 일으키는 바람은 '되어감 becoming'의 에너지고, 가만히 있을 때 불어오는 바람은 '존재 being'의 에너지다.

인간에게는 움직이는 시간 못지않게 가만히 있는 시간도 많이 필요하다. 그러나 현대인들은 자신이 편안하게 느끼는 시간을 다른 것과 맞바꾼다. 여기서 현대인들이 겪는 혼란의 대부분이 생겨난다.

가만히 있는 상태를 견디지 못하는 이들은 자연스러운 바람wind을 이해하지 못한다. 반면에 세상 속의 삶을 불편해하는 이들은 삶의 에너지를 느낄 수 없는 조용한 곳으로 물러난다.

이런 문제는 우리가 이것을 다루는 방식에 비하면 그래도 양호하다. 나의 대자代子 엘리는 여섯 살 되던 해 산책을 하다가 '행위'와 '되어감'의 일체성을 경험했다. 주변에 단풍나무와 버드나무가 있는 너른 들판에 아버지와 함께 서 있는데, 바람이 불어왔다. 엘리는 신이 나서 두 팔을 벌리고 맴돌다가 반짝이는 나무들 사이로 달리기 시작했다. 그러다가 숨을 헐떡이면서도 감동받은 듯한 목소리로 아버지의 소맷자락을 잡아당기며 소리쳤다.

"아빠, 아빠! 정말정말 빨리 달리면 뭐가 진짜고 가짜인지 구분이 안 돼요!"

놀랍게도 아이들은 뛰어난 통찰력에다 천진함까지 갖추고 있다. 아이들은 지혜인지 모르면서도 지혜를 경험하고 전한다. 반면에 어른들은 아이러니컬하게도 존재와 행위가 뗄 수 없이 하나를 이룬 상태에 다시 도달하기 위해 평생을 바친다.

07 October
삶의 퍼즐 조각 맞추기

*우리는 모든 조각을 갖고 태어나지만,
이것을 맞추는 방법은 모른다.*

여행을 시작하기도 전에 답을 알 수 있다면 누구나 솔깃할 것이다. 그만큼 누구나 자신의 길을 알고 싶어 한다. 지도나 인도자를 갖고 싶어 한다. 하지만 인간은 한 자루의 살아 있는 퍼즐 조각과 같다. 그리고 매일 이 조각으로 무엇을 만들고 어디에 어떻게 맞춰야 하는지 한두 가지씩은 깨닫는다. 이렇게 세월이 흐르면, 하나의 퍼즐조각그림이 드러나고, 우리는 이 그림을 통해 세상에서의 우리 자리를 깨닫기 시작한다.

그런데 불행히도 삶의 방향을 일러줄 사람을 찾는 데 많은 시간을 허비하는 이들이 있다. 타인들에게 갈 길을 보여달라고 부탁하면서 자기

안의 용기를 스스로 고갈시킨다. 하지만 이런 정체에서 벗어나면, 용기 있게 앞으로 나가면서 어떤 일이 벌어지는지 지켜봐야 한다.

가르침은 삶 living 속에 있다. 우리가 이것을 좋아한다거나 저것을 싫어한다고 생각했던 시간들 중에서 우리 스스로가 선택했던 적은 한 번도 없다. 지구가 접시 깨지는 것처럼 시작됐다면, 영원은 이 조각들을 서서히 되돌리는 과정이며, 우리와 우리가 이끌리는 것들은 다시 결합되는 신의 조각들일 뿐이기 때문이다.

08 October

항아리 깨트리기

∴

한 남자가 유리 항아리에 백조 새끼 한 마리를 길렀다.
백조는 자라나 항아리 속에서 옴짝달싹 못하게 됐다.
그러자 이제는 남자가 옴짝달싹 못하게 됐다. 백조를 자유롭게 하는 길은
항아리를 깨트려 백조를 죽이는 것뿐이었기 때문이다.

— 선禪 이야기 —

우리는 사랑하는 사람이나 대상이 성장한다는 것은 꿈에도 모르고 그들을 구속하기만 한다. 그러나 두려움이나 오만 혹은 보호하려는 선한 의도로 정해준 행동반경은 우리가 소중하게 여기는 존재들을 질식시킬 수도 있다. 이 이야기는 이런 구속을 분명하게 보여준다.

하지만 우리가 스스로를 괴롭히는 방식은 훨씬 파괴적이고 교묘하다. 백조 새끼를 기르는 남자를 우리의 정신으로 본다면, 백조는 우리의 가슴과 같다. 우리는 상처로부터 자신을 보호하기 위해 부드럽게 자라나는 가슴을 불신이라는 투명 항아리에 가둔다. 백조 새끼처럼 가슴도

계속 자란다는 사실은 꿈에도 모르고 말이다. 이렇게 우리는 너무 자주 우리의 존재방식을 생존방식 속에 가둬버린다.

이런 상태로 세월이 흐르면 가슴은 갇혀버린다. 그러면 가장 겸허하고 조심스러운 사람도 자신의 가슴을, 느끼는 방식을 깨버려야 하는 상황에 직면한다. 그래야만 분명하지만 딱딱하게 굳어버린 결의로부터 자유로워질 수 있기 때문이다. 그러나 사람들은 대체로 그냥 이런 딱딱함 속에서 살아간다. 이런 구속적인 삶을 삶이라 부를 수 있을지 모르겠지만 말이다. 라헬 나오미 레멘Rachel Naomi Remen은 이처럼 가슴이 질식해버린 상태를 염두에 두고 지혜롭게도 이렇게 물었다.

"그렇게 방어적인 삶을 사는 것이라 할 수 있을까?"

이 질문과 위에 소개한 이야기는 생존과 성장, 구속과 삶, 체념과 기쁨의 차이를 분명하게 가르쳐준다. 은이 공기에 노출되면 색깔이 변하듯, 불신은 천진함을 누르고 단단한 결의를 쌓아올린다. 매일 고요히 존재할 수 있는 용기가 있어야만, 공기가 우리의 가슴을 다시 부드럽게 만들어준다.

09 October

타오름

. . .

영혼은 태양처럼 우리 안에 떠 있다.
중심을 벗어나지 않으면서도 자신의 길을 불사른다.
이 불사름을 우리는 열정이라 한다.

열정은 어디에서 오는 것일까? 열정은 배워서 얻을 수 있는 것이 아니다. 받아들이거나 거부할 수 있을 뿐이다. 거부하면 열정은 매일 우리의 가슴을 조각내버린다. 반대로 받아들이면, 부풀어올라서 그 열기로 우리를 거의 삼켜버린다.

모든 노래의 근원, 모든 축복의 리듬은 거부하거나 휩쓸리지 않고 열정의 발산을 꾸준히 보살피는 것, 밀려 들어오는 내면의 빛에 언제나 겸허하고 부드럽게 입술을 열어두는 것, 모든 떨리는 느낌을 열린 입술 사이로 받아들이는 데 있다.

피할 수는 있어도 가둬둘 수는 없는 불타는 열정은 중력에도 아랑곳 않고, 중력에 맞서서, 세상의 무게에 맞서서 사랑과 생각, 갈망과 평화의 형태로 모든 존재의 내면에서 빛을 뿜어낸다. 이런 열정을 허용하면, 모든 인간적 갈망의 바탕에 살아 있는 공통의 가슴이 열리고, 그 고갱이의 불꽃도 타오른다.

나는 이 타오름을 위해 살아간다. 이것이 나를 살아 있게 만든다. 댄서였다면 나는 이 끝없는 타오름을 하늘에 새기고 새겼다가 지워버리기를 되풀이했을 것이다. 오, 돌고래 같은 가슴에게는 수면을 가르는 것 말고 다른 선택이 없다. 그렇지 않으면 죽고 만다. 수면을 가르고 나서도 다시 물속으로 뛰어들어야 한다. 그렇지 않으면 죽고 만다.

내가 줄 수 있는 소중한 한 가지는 책도, 꽃도, 사려 깊은 선물도 아니다. 수면을 가르고 솟아올라 그대 앞에 영혼의 빛을 뿜어내는 것이다. 그래서 나는 가장 진실한 우정을 추구할 때도 촉촉하게 영혼의 빛을 뿜어내면서 수면을 가를 친구를 찾아 심연을 들여다본다.

10 October
재능

밝은 것은 세상이고
우리는 간간이 일어났다가 사라지는 존재다.

라디오처럼 우리는 내면의 잡음을 뚫고 언제나 그곳에서 흐르는 파장을 수신하기 위해 씨름한다. 하지만 인간인 이상 언제나 맑은 상태를 유지하기는 어렵다. 맑음이 있어야 모든 것 속에서 고유의 매력을 발견할 수 있는데 말이다. 이로써 우리는 비범함과 평범함 사이를 끊임없이 오가며 세상을 탓한다.

재능은 언제나 존재하지만, 우리는 간헐적으로만 그것을 느낀다. 놀라운 일도 아니다. 깨달음이 존재의 맑음에서 비롯된다면, 재능은 행위가 명료한 상태, 즉 영혼과 손이 하나를 이룬 체현의 순간과 마찬가지이기 때문이다. 그러므로 재능의 주요한 장애물은 존재의 혼탁함이다. 우리에게 재능이 없는 것이 아니다. 재능이 무엇이고 어떻게 움직이는지를 발견할 수 있는 맑음이 부족할 뿐이다.

재능은 삶 속으로 정직하게 뛰어드는 순간에 발산되는 에너지인 것 같다. 하지만 많은 사람들이 용기와 호기심, 열정, 사랑의 메인 스위치는 꺼놓은 채 자신에게 능력이 있는지만 점검한다. 이런 점을 생각해보면, 아무리 짧은 순간일지라도 행위와 존재가 궁극적으로 일치될 때 느끼는 만족감이 행복인 것 같다. 이 통합의 순간들 속에서 우리의 목적은 삶 자체가 된다. 그리고 접시를 닦든 낙엽을 긁어모으든 아이의 머리를 감기든 이런 행위들을 통해 가장 직접적으로 섬세하게 삶을 살아내는 것이 재능이다.

그래서 목적을 발견할 수 없을 때면, 나는 햇볕 내리쬐는 들판에 앉아 맑은 상태에 이르기를 소망하면서 개미들을 바라보라고 스스로에게 권유한다. 내게 재능이 전혀 없는 것 같을 때는 메인 스위치를 찾아보라고, 눈에 보이지 않는 무언가를 시도해보라고, 멀리서 나를 부르는 소리를 믿어보라고 스스로에게 호소한다. 평범함과 비범함 사이에서 생각이 흐려질 때는 터덜터덜 걸으면서 물고기가 헤엄치는 모습을 보고 새들이 날아가는 소리를 들으려 한다. 그러다 보면 떨리는 믿음 속에서 내가 전혀 애쓰지 않아도 햇살이 구멍을 가득 채우듯 확실하게 그리고 신속하게 모든 것이 회복되리라는 것을 깨닫는다.

11 October
자신이 작아 보일 때

삶의 경험들아 우리 존재의 가장 깊은 곳에서 공명을 일으키는 순간, 살아 있음의 황홀함을 느낀다.
— 조셉 캠벨 Joseph Campbell —

최근에 한 친구가 이런 말을 했다.

"내가 아는 사람들은 전부 강박적으로 일에 매달리면서도 일자리를 잃으면 어쩌나, 구조 조정 대상에 올라서 퇴출당하면 어쩌나 전전긍긍한단 말이야."

솔직히 나도 이런 걱정을 한 때가 있다. 하지만 우리가 통제할 수 없는 고난들은 최소화하기도 힘들다. 보살펴야 할 사람들이 있을 때는 특히 더하다. 그래도 자신을 다 바쳤던 일을 이런 저런 사정으로 포기하고 나서 삶의 진정한 의미를 발견한 사람들의 이야기는 무수히 많다.

이런 이야기는 사실 새로울 것도 없다. 신화 속의 오디세우스는 평생 바다의 전사로 보냈다. 10년간 전쟁에 참여하고 다시 10년간 떠돌아다닌 후에 고향으로 돌아갔다. 그런 그도 결국엔 초라하게 권좌에서 물러났다.

그가 바다에서 보냈던 영광의 시절로 돌아가고 싶어 하자, 예언자가 그의 꿈속에 나타나 이렇게 말했다.

"네가 좋아하는 노를 갖고 네 이야기를 들어본 사람이 아무도 없는 내륙으로 들어가라. 그런 다음 노나 바다 이야기를 들어본 사람이 아무도 없는 곳으로, 더 깊은 내륙으로 멀리 멀리 들어가서 그곳에 노를 꽂고 정원을 일궈라."

살다 보면 우리가 의지하는 것들이나 우리가 생각하는 자신의 모습은 갈수록 작아진다. 하지만 우리의 영혼은 담요 밑에서 노래처럼 기다리고 있다. 이 담요가 아무리 귀해도, 우리의 내면에는 훨씬 고귀한 것이 들어 있다. 이 고귀한 것은 우리가 어서 담요를 들어 올려 노래 부르게 되기를 기다리고 있다.

12 October

집착

．．．

팔을 뻗으면서도 결코 움켜잡지 않는 나무,
나무의 이런 태도가 나는 부럽다.

제아무리 중요한 것들도 왔다가 사라진다. 하지만 감동을 받거나 삶이 계속될 것처럼 느껴지면, 우리는 붙잡고 집착하며 어떤 변화도 받아들이려 하지 않는다. 물론 이런 집착은 실패로 돌아가고, 모든 것은 변한다. 그런데도 우리는 사라져가는 것들을 고집스럽게 쫓아가서 삶의 흐름을 조종하고 통제하려 든다. 물론 이런 노력도 실패로 끝난다.

삶의 흐름은 막을 수 없다. 우리에게 남는 것은 과거와 현재에 대한 느낌이며, 둘 사이의 차이를 흔히 상실이라 부른다. 모든 집착과 움켜쥠은 상실감을 더욱 부채질한다. 새로운 일들이 다가와도 상실을 걱정하면서 전혀 느껴보지도 않고 흘려보내게 만든다.

이런 일은 나도 충분히 경험하고 있다. 하지만 마음이 맑게 열려 있을 때는, 새로운 것들이 들어와 내 마음을 움직이게 둔다. 새로운 일들이 나를 관통할 때도 콕 집어서 무리하게 잡아당기지 않는다. 그렇다고 상실감이 사라지는 것은 아니지만, 이렇게 하면 내 영혼은 하프처럼 바람을 맞이하게 된다.

13 October
바람을 받아내는 깃발처럼

깃발은 자신을 때리는 바람의 모양대로 뼈 없는 존재처럼 휘날린다.
그래서 나는 깃발을 사랑한다.

깃발은 삶의 근본구조에 대한 생각을 되짚어보게 한다. 다가오는 영혼의 바람에 저항하지 말라고 가르친다. 삶의 중요한 힘들은 느닷없이 휘몰아치는 경험들 속에서 얻을 수 있기 때문이다. 저항을 놓아버리고 모든 고통을 겪어낸 후에 우리의 목적이 깃발의 목적만큼이나 단순하고 아름다움을 깨달아야만 진정한 자기를 펼칠 수 있기 때문이다.

위대한 시인 릴케는 이렇게 말했다.

"나는 펼쳐져 있고 싶다. 어디서든 계속 접혀 있고 싶지 않다. 접혀 있다면 거짓되게 살고 있다는 의미일 것이기 때문이다."

다시 말하는데, 우리는 열린 상태로 살아야 한다. 두려움을 넘어 용감하게 자신을 펼쳐야 한다. 그래야 우리보다 더 크고 오래된 생명의 기운에 따라 이리저리 펄럭이면서 충만하게 살아갈 수 있다.

물론 이것은 쉬운 일이 아니다. 온갖 좋지 않은 경험과 과잉보호로 인해 갑작스럽거나 강력한 것은 무엇이든 저항할 태세가 되어 있기 때문이다. 그러나 발이 걸려 넘어질 때도 뻣뻣하게 굳은 팔로 저항하면 팔을 다친다. 이처럼 저항은 상황을 더욱 악화시키기만 한다. 2,500년 전에 중국의 현자 노자도 이렇게 말했다.

"단단하고 뻣뻣한 것은 부러지지만, 부드럽고 유연한 것은 이겨낼 것이다……. 뻣뻣하고 유연하지 못한 사람은 누구나 죽음의 사도인 반면,

부드럽고 양보할 줄 아는 자는 생명의 사도다."

그러므로 생기 있게 살아가려면 때로 저항하지 않는 용기를 발휘해야 한다. 이것은 다른 쪽 뺨을 갖다 대거나 삶의 지배적인 힘에 굴복하는 것과는 다르다. 온갖 고통 속에서도 팔과 다리를 활짝 펴고 세상을 받아들여야 한다는 의미다. 무엇이든 받아들이거나 거부하는 대신, 우리를 풍요롭게 하는 것에 의지해서 나머지 것들을 계속 움직이게 만드는 것이다.

그러면 가슴은 찢어진 깃발처럼 경계를 두지 않고, 세월이 흐르면서 삶의 작은 상처들에 고마워하게 된다. 감당하기에 너무나도 버거운 광풍도 우리를 고통스럽게 하는 작은 상처들 덕분에 뚫고 지나갈 수 있기 때문이다.

우리를 어떤 것에도 집착하지 않게 만드는 것은 아마도 고통이 가져다주는 이런 지혜와 겸허일 것이다. 고통이 가져다주는 이런 지혜가 우리를 계속 나아가게 할 것이다.

14 October
창조의 속도대로

• • •

첫 숨은 언제나 생기를 불어넣는다.

생각하고, 느끼고, 흡수하는 속도를 늦추는 일은 마음의 중심을 잡는 일과 직접적으로 연관되어 있다. 모든 지혜의 전통에는 창조의 속도대로 호흡하는 이 중심 속으로 서서히 들어가게 도와주는 명상법과 기도법이 있다. 영적인 수행법들은 나름의 방식으로 이 중심을 되찾게 도와준다.

중심을 되찾으면, 생명을 끊임없이 새롭고 활기차게 만들어주는 보이지 않는 흐름 속으로 들어갈 수 있기 때문이다.

모든 삼라만상은 창조의 속도대로 똑같이 호흡한다. 그러므로 속도를 늦추고 마음을 열어 중심을 찾으면, 모든 생명과 하나로 호흡하고, 모든 생명으로부터 힘을 얻는다. 속도를 늦춰 천천히 호흡하면, 나무처럼 모든 것을 향해 팔을 뻗는다. 하늘의 구름도 사람들의 꿈과 하나 되어 떠다닌다. 창조의 속도대로 호흡을 늦추면, 우리가 오르는 산을 누비는 새떼들처럼 진리가 우리를 스쳐간다. 창조의 속도로 태초가 우리 안으로 들어와 우리를 새롭게 한다.

충분히 용기를 내 편안히 영혼을 열면, 생각의 속도도 가슴이 느끼는 속도에 맞게 늦춰진다. 그러면 놀랍게도 둘이 하나의 리듬을 펼쳐 보이고, 우리의 눈은 이 리듬에 따라 평범한 것들 속에서 기적을 보게 된다.

15 October
빵과 머리빗

• • •

지혜는 내게 말한다. 나는 아무것도 아니라고.
사랑은 내게 말한다. 나는 모든 것이라고.
이 둘 사이에서 나의 삶은 흘러간다.
— 니사르가닷따 마하라지 Nisargadatta Maharaj —

미리암 엘크스 Miriam Elkes 는 리투아니아에 있던 코브노 게토에서 존경받는 연장자였다. 그녀는 홀로코스트에서 일어난 비인간적 행위들과 남편 엘크하난 엘크스 Elkhanan Elkes 박사의 죽음을 이겨낸 후, 그녀를 지탱해준 두 가지를 아들에게 들려주었다.

"하나는 빵 조각이었고, 다른 하나는 부러진 빗이었어요. 어머니는 자신보다 더 필요한 사람을 위해 빵을 남겨두곤 했지요. 그리고 당신이 인간임을 확인하기 위해 밤이든 낮이든 무슨 일이 벌어지든 빗으로 머리를 빗었답니다."

이 이야기는 인간이 어떻게 평범한 사물을 생존에 필요한 상징물로 바꿀 수 있는지 가르쳐준다. 그녀의 빵 조각과 부러진 빗은 우리에게 사랑의 지혜를 가르쳐주고, 이런 질문을 던지게 한다. 우리보다 더 필요한 사람들을 위해 우리가 줄 수 있는 것은 무엇일까? 우리의 끊임없는 몸짓들 가운데서 우리가 인간임을 확인시켜주는 것은 무엇일까?

이런 의문들만 놓지 않아도 삶을 지탱할 수 있다. 타인들에게 줄 수 있는 빵이나 진리의 조각들을 아주 조금만 지니고 있어도, 중요한 두 가지 사실을 언제나 기억할 수 있기 때문이다. 삶은 혼자서 사는 것이 아니며, 현재의 상황이 아무리 어려워도 타인들에게 줄 수 있는 것은 언제나 있다는 사실이다. 이는 우리의 고통을 무의미하게 만들지 않고, 우리의 가치를 확인시켜준다. 고통 속에 있을 때도 자신의 가치를 지킬 수 있음을 가르쳐준다.

우리는 아무것도 아닌 동시에 모든 것인 존재다. 그리고 이 둘 사이의 어디쯤에서 살아간다. 아주 작은 몸짓으로 자신의 삶을 가치 있게 만드는 일은 신의 작업을 실행하는 것이나 마찬가지다. 자신이 인간임을 확인해야만 비로소 영혼의 줄기가 땅을 비집고 올라와 자유로운 어떤 것으로 성장할 수 있다.

16 October
가슴의 길

* * *

모든 길을 자세하게 찬찬히 살펴본다.
필요하다고 생각되는 만큼 여러 번 이렇게 들여다본다.
그리고 자신에게, 오직 자신에게만 물어본다. 이 길에 가슴이 뛰는가?
그렇다면 이 길은 좋은 길이다. 그렇지 않다면 이 길은 아무런 의미가 없다.

― 카를로스 카스타네다 Carlos Castaneda ―

한 알의 모란 씨앗을 얻는 데 600만 개의 꽃가루가 필요하고, 연어는 고향으로 가는 길을 찾아 평생 헤엄친다. 그러므로 사랑과 삶의 소명을 깨닫는 데 오랜 세월이 걸린다고 불안해하거나 실망하지 말아야 한다.

모든 자연물은 회복탄력성을 지니고 있으며, 이 탄력성 덕분에 자신의 길을 찾는 연습을 할 수 있다. 그래서 그 길을 발견하면 기꺼이 그 순간을 붙잡는다. 인간도 마찬가지다.

상황이 잘 풀리지 않거나 사랑이 뜻하지 않게 끝나버리면 고통과 슬픔이 느껴진다. 그렇다고 더 큰 그림을 부정하면 회복력을 발휘하지 못한다. 그러면 슬픔은 실망으로, 고통은 절망으로 변하고 만다.

수많은 꽃가루가 한 송이의 꽃을 피워내고 수많은 알이 한 마리의 물고기를 탄생시키듯, 우리가 사랑한 사람이나 이루려 했던 꿈들은 삶의 신비로 우리를 더욱 가까이 인도한다. 그러므로 필요한 만큼 여러 번 시도하고 또 시도해야 한다. 여러 번의 사랑이 하나의 사랑을 낳고, 여러 번의 꿈이 하나의 꿈을 낳아, 가슴과 길이 하나로 모아질 때까지.

17 October

방어와 감응

· · ·

나는 무감각한 삶을 위해
살아남은 것이 아니다.

삶의 정서적 양식들은 아주 강력하다. 우리가 이런 양식들을 만들어내는 이유는 흔히 생존 때문이다. 하지만 한때 우리를 구원했던 양식들은 머지않아 우리를 질식시키거나 진정한 삶에서 멀어지게 만든다. 누구나 이런 순간에 직면한다. 보이지 않는 존재처럼 사는 것이 한때는 상처로부터 우리를 보호해줬지만, 이제는 실제로 사라져버린다. 한때는 들어줌으로써 관계를 지속할 수 있었지만, 이제는 아무도 들어주지 않는 절규 속에서 허우적거린다. 한때는 갈등을 피한 덕에 화살을 비껴갈 수 있었지만, 이제는 진실한 접촉에 갈증을 느끼게 된다.

나는 어렸을 때부터 스스로를 보호하는 법을 터득해서 눈치도 아주 빨라졌다. 실제로 포수용 글러브 없이는 어디에도 가지 않았으며, 어떤 공격에도 충격을 받지 않았다. 덕분에 가족의 예측할 수 없는 공격으로부터 스스로를 보호할 수 있었다. 이런 성향은 암을 극복하는 과정에서도 많은 도움이 됐다.

그러나 결국엔 이런 성향이 나름의 위력을 발휘하기 시작했다. 나의 글러브가 새나 여자, 친구, 진리 등 모든 것을 가리지 않고 차단시켜버린 것이다. 이로 인해 어느 것도 내 안으로 스며들지 못했다. 나의 생존을 도왔던 것이 이제는 삶의 감동을 가로막았다. 그 결과 세상의 경이와 부드러움은 나의 삶에서 완전히 사라져버렸다.

내가 살아남으려고 발버둥친 이유는 모든 것과 거리를 두고 살아가기 위해서가 아니었다. 그래서 나는 이제 글로브를 내려놓고, 언제 어떻게 나를 보호할지에 대한 선택권을 되찾는 길고도 지난한 작업을 시작했다. 그리고 삶을 받아들이는 것이야말로 더욱 심오한 생존 방법임을 깨달았다.

이 작업을 하면서 나는 놀랍도록 얇은 호흡의 내층을 경험했다. 나는 이것이 누구에게나 있다고 생각한다. 내층 안에는 가슴의 충동과 우리가 부딪히는 모든 것에 대한 진실하고도 진정한 반응이 살아 있다. 반면에 내층 위에는 정서적 생존을 위한 반사작용과 이것이 만들어내는 즉각적인 격통이 존재한다.

정서적 양식이 만들어내는 이 격통 아래서 우리의 길을 호흡하기 전까지는, 진정하고 자유로운 존재가 될 수 있는 능력에 다가갈 수 없다. 이 능력에 다가가려면 우리에게 닥친 일들을 바로잡거나 파악하려는 욕구에서 비롯되는 불안을 떨쳐버려야 한다. 그래야 우리 존재의 중심으로부터 진정으로 반응할 수 있다. 요컨대 따뜻한 사람이라는 평판이나 사랑을 잃어버릴지도 모른다는 두려움으로 타인을 돕는 것과 가슴의 충동에 따라 타인을 돕는 것에는 차이가 있다.

누구나 오랜 상처들로부터 자신을 보호하는 것과 삶의 예기치 못한 손길에 다시금 천진하게 마음을 여는 것 사이에서 끊임없이 갈등한다.

18 October
달콤한 실패

· · ·

지난밤 잠을 자다 꿈 — 놀라운 착오! — 을 꾸었다.
여기 내 가슴속에 벌통이 들어 있는 꿈.
황금벌들이 나의 지난 실패들로 하얀 벌집과 달콤한 꿀을 만들어내는 꿈.
— 안토니오 마카도 Antonio Machado —

있을 수 없는 일처럼 여겨지겠지만, 모든 겸허한 생명은 그럴 수 있다고 외친다. 우리가 후회하거나 숨기고 싶어 하는 인간적 특질들과 겉으로 드러난 단점들, 부끄러운 비밀들도 세월과 더불어 자연스럽게 독특한 꿀로 익어간다고. 그러면 삶의 달콤함이 주어진다고. 완벽하지 못했던 순간, 부서져 금이 간 순간, 바람이 쌩쌩 지나간 순간들 모두 변환의 재료가 되어준다고 외친다.

다른 사람들도 그렇듯, 내가 되고 싶어 했던 많은 것도 세월과 함께 바스러져 찌꺼기만 남았다. 하지만 이 찌꺼기들은 다음의 꿈을 지펴주었다. 내가 말하지 않으려 했던 아픈 일들은 세월과 함께 나의 혀를 두텁게 해 내게는 결코 가능하지 않을 것 같던 친절을 낳아주었다. 다른 누군가가 필요로 하거나 원하거나 그리던 존재가 되는 데 실패했던 경험들, 내가 필요로 하거나 원하거나 그리던 존재가 되는 데 실패했던 경험들, 이 모든 사랑의 실패들은 뜻하지 않은 배움으로 응결되었다. 사랑의 고통스러운 상처 부스러기들은 다음의 사랑에서 기쁨의 양념이 돼주었다.

큐피드의 화살도 누군가의 심장을 관통하지 못하면, 순진무구한 사람들에게 상처를 입히는 평범한 화살일 뿐이라고 한다. 큐피드처럼 우리도 아주 열심히 화살을 쏘지만, 심장을 정곡으로 맞추기 전에는 목표물을 놓쳐 주변 사람들에게 상처를 입힌다. 그리고 그들만큼 우리도 상처를 입는다.

이런 사실들 가운데 어느 것도 삶의 고통을 덜어주지는 못한다. 하지만 다행히 위안을 주기는 한다. 실패나 예기치 못한 비틀거림 모두 인간을 더욱 달콤한 존재로 익혀주는 가루반죽과 같기 때문이다.

그러니 모든 것이 허물어질 때는 이렇게 생각해보자. 아직 눈에 보이지는 않지만, 시간이 지나면 맛보게 될 농익은 무언가를 위해 토대를 닦는 중이라고.

19 October
순록들의 질주

> 순록들은 해마다 지구의 꼭대기 주변에서 북극권의 가장자리를 따라 똑같은 길을 달려 이동한다. 어떤 천부적인 감각이 그들을 이 길로 부르는 것 같다.
> 그런데 해마다 코요테 무리가 순록들을 잡아먹기 위해 이 길 주변에서 기다린다.
> 순록들은 이런 위험에도 아랑곳 않고 다시 돌아와 이 길을 달린다.

자연은 종종 이해하기 어려운 것들을 아주 분명하게 설명해준다. 혼돈처럼 느껴지는 것들은 흔히 인간이 있는 그대로 보기를 거부하기 때문이다. 천둥 같은 발굽 소리를 내면서 지구의 정수리를 달릴 때 순록들이 인간들에게 외쳐대는 가르침은 무엇일까? 순록들은 모든 생명 속에 어떤 결과든지 뛰어넘게 만드는 내적인 필연성이 있음을 보여주는 증거다. 순록들은 이 필연성을 분명히 알고 있다.

그러나 인간은 자신의 소명을 모를 때도 있다. 이것은 축복이자 저주다. 우리의 이동은 소명을 찾아가는 일이기도 하다. 모든 틀에 박힌 야망 밑에서 우리를 부르는 그것은 과연 무엇일까? 순록들은 우리에게 말한다. 위험과 어려움이 기다리고 있어도 천부적인 재능을 발휘해서 길을 발견하고 닦아가는 것 말고는 달리 선택의 여지가 없다고 말이다.

이 우아한 동물은 용기보다 더 큰 힘의 증거이기도 하다. 물론 순록이 어리석다고 말하는 이들도 있을 것이다. 하지만 이들의 불가사의한 이동은 은둔을 이겨낸 삶의 고요하고 억누를 수 없는 시작을, 생각을 이겨낸 존재의 시작을, 방관을 이겨낸 참여의 시작을, 생존을 이겨낸 성장의 시작을 보여준다.

북극 근방에서는 순록을 단순히 희생을 감수하고 본능에 따라 사는 동물로 보지 않는다. 오히려 장애물에도 아랑곳하지 않고 끊임없이 달리는 이들의 질주 덕분에 지구가 계속 돌아간다고 믿는다.

우리의 온갖 망설임과 절망 밑 어딘가에도 존재에 대한 끊임없는 부름이 있다. 우리 개개인과 모두의 내면에 존재하는 이 부름이 지구의 중심에 있는 불길을 계속 타오르게 한다.

20 October

둘 사이의 길

솟아올랐다 더욱 깊은 무언가로 마모되는 것,
이것은 삶이 우리에게 요구하는 맹세다.

왼편에는 산맥을, 오른편에는 바다를 끼고 있는 캘리포니아 해변을 500마일이나 달렸다. 며칠간 이 산과 바다는 내게 솟구침과 마모에 대해 들려주었다. 물론 내가 달린 길은 이 중간에 인간이 만들어놓은 길이었다. 나흘째 되는 날 이 길은 리본 모양으로 바뀌었다. 길이 가장 아름다워 보인 건 바로 이 지점이었다. 이곳에서 나는 바깥세상의 모든 것을 발견했다.

덕분에 이제는 삶의 흐름이 우리에게 다시 일어서라고 요구한다는 것을 안다. 그러면 기진맥진할 때도 결코 패배하지 않으리라는 것을, 더 깊은 차원을 새로이 만나리라는 것을 안다. 인간은 솟구침과 마모 사이에서 살아가게 되어 있음을 안다.

이렇게 삶은 갈수록 고귀해진다. 솟아올랐다가 꾸밈없이 닳아 없어지는 것. 이것은 중력이나 삼투현상 같은 자연 법칙이다. 이 법칙이 모든 장애물을 얇게 만들어버리면, 우리는 자신이 얼마나 완전하게 살아 있는지 느낀다.

21 October
가장 큰 재산

• • •

상대가 이미 이해하고 있다고 말하면 나는 약간 비관적인 느낌이 든다.
반면에 이해를 못하겠다고 말하면 한층 낙관적인 기분이 든다.
— 틱낫한 —

뛰어난 통찰력으로 널리 알려진 이 베트남 승려는 누구도 자신이 만든 모습에 따라 살 수 없으며, 끝까지 의문을 품고 살아갈 수밖에 없음을 일깨운다.

나는 모든 해답을 가진 듯한 사람들과 온갖 의문을 품은 사람들을 두루 만나보았다. 그러면서 우리가 내린 결론뿐만 아니라 우리의 본모습을 보여주는 증거까지 나눌 수 있어야만 타인들과 진정한 유대관계를 형성할 수 있음을 배웠다. 시간이 오래 걸리기는 했지만 드디어 깨달았다. '진정한 나'에 대해 이야기하고, 모든 고통을 상대에게 쏟아붓는 짓을 멈추고, 모든 실수를 인정하고, 불운을 주변 사람들에게 투사하는 일을 그만둬야만 삶에서 사랑과 진리를 모두 얻을 수 있음을 깨달았다.

알란이라는 친구가 있다. 우리는 18개 주나 떨어져 살면서도 29년이나 알고 지냈다. 아무리 폭풍우가 몰아쳐도 결코 헤어지지 말자고 맹세했다. 결혼이 실패로 끝났을 때도, 사고를 당하고 암에 걸렸을 때도 서로 지지해주었다. 할머니가 돌아가셨을 때도 서로 지지해주었다.

나는 그가 비를 맞는 걸 지켜보았다. 다가갈 수 없었다. 비도 그 혼자서 맞아야 할 것 같았다. 하지만 용기를 내 서로에게 작은 창문을 열어둔 덕분에, 우리가 생각하는 진리의 조각들을 갖고 서로의 앞에서 허물어진 덕분에 처음 만난 것처럼 다시 물을 수 있는 특권이 있었다.

"당신은 누군가요?"

세월이 흘러 나는 아무런 보호막 없이 그에게 말할 수 있게 됐다.

"난 널 알고 싶어. 네가 무엇을 감추든, 내가 들어주지 못한 것이 무엇이든 상관없어. 이제 날아오르기보다 웅크리는 게 더 익숙한 늙은 새들처럼 빈터에 앉아 서로를 이해해보자고."

마음의 주머니를 모두 비운 뒤에도 중요한 존재라는 느낌이 들게 하는 정직한 친구는 일종의 재산과 같다. 이 재산으로 살 수 있는 건 아무것도 없다. 하지만 우리에게 모든 것을 가져다준다. 신비롭고도 당연한 이야기지만, 이런 친구를 가지려면 먼저 그런 친구가 돼야 한다.

22 October
현재에 머물기

• • •

모든 인간이 그렇듯
나도 참을 줄을 모른다.
— 파블로 네루다 Pablo Neruda —

    기다리는 것은 너무나도 어려운 일이다. 하지만 인내심이 부족하면 전체성의 본질에 다가갈 수 없다. 그 부분적인 이유는 삶의 신비를 전체적으로 이해할 수 없기 때문이다. 또 이해할 수 있는 것은 흔히 언어로 표현되는데, 말이 너무 느린 탓에 오래도록 들어줄 수 있는 사람은 거의 없다.

    칠레의 위대한 시인 파블로 네루다의 말처럼, 인내는 인간적인 동요 밑에서 우리를 기다리는 선물과 같다. 하지만 현재에 머물려는 불굴의 노력이 있어야만 삶의 힘듦은 우리에게 일체성을 드러낸다.

    얼마 전 바닷가에서 오래도록 밤 파도 소리를 들은 적이 있다. 다음 날 아침, 물에 잠겼던 절벽이 썰물에 드러난 것을 보고 깜짝 놀랐다. 이제는 절벽을 걸어서 바다로 들어갈 수 있었다. 그런데 주변에서 솟구치는 파도가 보통 때는 보이지 않던 것들을 후려치면서 물보라를 일으키는 광경을 보자, 우리의 고통도 이와 같다는 생각이 들었다. 참을성 있게 어둠을 이겨내야만 아픈 경험도 썰물처럼 물러나고, 아픔 밑에 살아 있던 것들이 제 모습을 드러내기 때문이다. 비극처럼 보이는 것도 멀리 떨어져서 보면 거대한 변화의 한 부분임을 깨닫게 된다.

    숲에서 빈터를 발견했던 기억도 난다. 이 빈터는 풀들이 너무 촘촘하

게 제멋대로 자라 있어서 아주 음산했다. 그 어떤 것도 통과시키지 않을 것 같았다. 하지만 내 안의 어떤 기질과 흡사해서 그런지 나는 여러 차례 그곳을 찾았다.

그러던 어느 겨울 잎사귀들이 다 떨어지고 나자, 드디어 빈터가 웅장한 빛의 침상 같은 자태를 드러냈다. 예상과 달리 그곳은 아름다운 언덕 꼭대기에 있었다. 그 모습에 나는 겨울이 우리를 자유롭게 해줌을 알게 됐다. 나의 내면에서도 기억과 논리, 잡다한 생각이 제멋대로 무성하게 자라나 빛을 차단하고 있음을 겸허히 깨달았다

불안과 조급함 때문에 우리는 짜증과 고통 속에서도 사랑이나 평화를 찾아 성급하게 움직인다. 처음에 봤던 그곳에 지금은 빛이 들거나 진실이 싹트고 있음을 상상도 못하고 말이다. 야생능금이 벌레를 털어내고 열매를 맺는 데는 여러 달이 걸린다. 하물며 인간이 껍질을 벗고 기쁨을 발견하는 데는 더욱 오랜 시간이 걸리지 않을까?

23 October
생존의 지혜

어머니가 헤엄치는 법을 배웠다고 말씀하셨다.
누군가 어머니를 호수로 데려가 보트에서 물속으로 던져버린 것이다.
이렇게 해서 어머니는 헤엄치는 법을 배울 수밖에 없었다.
"어머니, 그들은 어머니한테 헤엄치는 법을 가르치려던 게 아니에요."
– 폴라 파운드스톤 Paula Poundstone –

자신에게 일어난 일을 재구성하는 것은 끔찍한 경험을 이겨내는 건전한 방식이기도 하다. 반면에 성장을 가로막는 거부의 막이 될 수도 있다.

충분히 강해지고 준비가 되면 일어난 일들의 진실을 깨달을 수 있다. 가끔은 그냥 이렇게 믿어버리는 것도 필요하다.

그러나 이미 일어난 일들을 있는 그대로 보지 않으면, 보트에서 내던져줄 누군가가 있거나 어떤 관계에서 벗어나야만 무언가를 배울 수 있다고 믿게 될 위험성이 있다. 우리가 경험하는 잔인성과 고난, 생존을 위한 반사작용 속에서 기다리는 지혜의 차이를 이해하지 못하면, 위기나 고통을 겪어야만 배울 수 있게 된다. 위기나 고통이 많은 가르침을 가져다주는 것은 사실이지만 꼭 필요한 것은 아니다.

무언가 잘못돼야만 변화를 경험할 수 있는 것은 아니다.

24 October
소유와 내면의 성숙

자신이 가진 것에 만족하고 삼라만상의 이치를 기쁘게 받아들인다.
무엇도 부족하지 않음을 깨달으면, 온 세상이 나의 것이 된다.
- 노자 -

생존이나 자기개선에 필요한 것을 뛰어넘는 행위를 우리는 가능한 많이 축적한다는 의미로 받아들인다. 그래서 현대사회에서는 중독증이 생겨나고 있다. 이런 소유욕은 결핍감이나 불안 또는 소유하면 이런 감정을 어떻게든 달랠 수 있다는 생각에서 비롯된다.

그러나 자신의 내면을 향상시키는 것은 다른 문제다. 이것을 가슴 깊이 받아들일수록 태초부터 우리가 간직해온 것들 속에 깃들고 싶어 한다. 이런 바람은 풍요로움에 대한 의식과 이미 존재하는 것의 신비를 발견하고픈 열망에서 비롯된다.

나는 이 차이를 암과 싸우는 동안 분명하게 깨달았다. 상황이 개선되기를 바라는 나의 기도에 응답이 주어졌기 때문이다. 어느 날 아침 눈을 뜨면서 현재의 상황에 상관없이 내 본래의 모습에 만족하게 되었다. 상황이 내가 바라는 대로 호전된 것은 아니지만, 아무것도 부족하지 않은 것 같았다. 간호사들이 아침 일과를 시작할 때, 나는 누구와도 내 처지를 바꾸지 않겠다고 다짐했다. 그러나 내 영혼은 모든 사람과 나누리라 맹세했다.

25 October

핵심 속으로

*자신이 목적하는 곳에 다다를 수 있는 사람은 아무도 없다.
신도 그러지는 못한다.*

우리는 너무나도 빨리 이런저런 것들을 비난하거나 배척한다. 약속을 어기는 이들도 너무 빨리 추방해버린다. 본질적으로 어떤 것도 우리가 상상한 대로 이뤄지지 않는데 말이다.

실제로 의도와 행위 사이의 공간이 너무 넓어서 우리는 끊임없이 시작한다. 느낌과 말 사이의 격차가 너무 커서 계속 시도한다. 경험과 이해의 차이가 너무 깊어서 계속 성장한다.

이것은 우리의 믿음이나 말과 일부러 반대로 살아가는 것과는 확실히 다른 문제다. 이는 기만이고 위선이다. 하지만 초라한 인간들은 과녁에서 빗나간다. 목적도 의도도 좋지만, 시작한 일에 못 미치거나 빗나가거나 욕심이 지나쳐서 도를 넘어서고 만다. 나는 이 모든 것이 내적인 삶을 외면화하는 과정에서 겪는 갈등의 한 부분이라고 여긴다.

초등학생 때 배운 굴절현상을 생각해보라. 물속의 막대는 처음에 우리가 집어넣은 자리에 그대로 있지 않다. 마찬가지로 변화를 갈망하는 바람과 생각, 느낌도 세상 속으로 들어가고 나면 결코 우리가 상상한 곳에 이르지 못한다.

우리의 좌절과는 상관없이 바로 이런 점이 삶을 흥미롭게 하고, 사랑을 단단하게 만든다. 그리고 최대한 자신 있게 "지구는 평평하다."라고 선언할 수 있는 기회들을 되풀이해서 얻어도 결국에는 진실을 겸허히 받아들이게 한다.

내가 평생에 걸쳐 주장했지만 폭풍우 속의 나무들처럼 꺾여버린 믿음들을 생각해보면, 무슨 일이 있어도 지키리라 약속하고도 예수를 모른다고 부정한 베드로처럼 깨트린 맹세들을 생각해보면, 결코 무릎 꿇지 않으리라 자신했지만 결국 고통에 무너져버린 내 자만심을 생각해보면, 삶의 여정에서 드러나는 인간의 나약한 태도를 생각해보면, 이런 것들은 실수라기보다 자연이 움직이는 방식에 더욱 가까움을 이해하게 된다.

우리는 한 번에 한 가지씩 자신의 모습을 알아가면서 진정한 자기로 성장한다. 의문을 품고, 주장하고, 목적을 품고, 놓치고, 다시 의문을 품는다. 과일이 농익을 때까지 껍질에 싸여 있듯 빛이 어둠 속에서 충분한 시간을 감내하면 가슴속에서 진리가 무르익는다. 진리를 깨닫는 유일한 길은 진리의 많은 껍질을 벗기고 들어가는 것이다.

26 October
사랑의 첫 번째 의무

• • •

뭐 그리 중요한 일이 있기에 사랑과 관계에 대한 책들은 전부 찾아 읽으면서
정작 사랑하는 사람의 마음에 귀 기울일 시간은 내지 못하는 것일까?
— 몰리 배스 Molly Vass —

때로는 중요한 무언가를 체험하지 않고 공부만 하려고 애쓰다가 고통에 빠진다. 혹은 들어주거나 의지가 되어주는 대신 충고하거나 고쳐주려고 애쓰다가 고통받기도 한다. 하지만 신학자 폴 틸리히Paul Tillich의 말처럼 "사랑의 첫 번째 의무는 들어주는 것이다."

살아오면서 내가 진정으로 귀 기울여 들었던 때, 이를테면 끊임없이 철썩거리는 파도 소리에 귀 기울였을 때나 근처에 아무도 없는 줄 알고 할머니가 토해낸 한숨 소리를 들었을 때, 나 때문에 타인들이 괴로워하는 소리에 귀 기울였던 때를 떠올려봐도, 이 간단한 진리를 받아들인 덕분에 더 나은 사람으로 성장할 수 있었다는 생각이 든다.

우리는 너무나도 자주 듣기를 거부한다. 다른 존재들의 영혼을 향해 우리의 영혼을 열어주는 대신 우리가 생각하는 모습대로 세상을 고치려 든다.

깊은 차원에서 보면, 우리가 할 일은 자신을 드러내는 것이 아니다. 충분히 고요하게 들어주는 것이다. 아메리카 원주민 연장자 사케지 헨더슨Sa'k'ej Henderson의 말처럼 "진정으로 들으려면 영원히 바뀔지도 모른다는 위험성을 감수해야 한다."

27 October
세계의 몸

무수한 이름으로 불리는 당신, 어머니 지구.
우리가 당신의 몸속에서 함께 춤추는 세포들임을 모두가 기억하길.
— 스타호크 Starhawk —

비행기를 타본 사람이라면 알 것이다. 구름 바로 밑에서 보면 길들은 동맥처럼, 차들은 세포처럼 보인다. 위에서 보면, 모두들 어딘가로 가고 있지만 사실은 거리를 계속 맴돌고 있다는 것이 분명하게 눈에 들어온다. 사람들은 달리다가 쉬고, 멈추었다가 다시 움직인다. 가는 길이 막힐지 삭막할지 아니면 편안할지도 잘 모르면서 말이다.

나는 이틀에 한 번꼴로 깜빡이를 켜고 워싱턴 가를 따라 내려간다. 어떤 날은 차 한 대 안 보인다. 신호등도 전부 초록색이다. 반면에 짜증이 날 만큼 기다려야 하는 날도 있다. 하지만 시간에 늦든 일찍 도착하든, 사건들의 팽창과 수축은 내가 통제할 수 있는 게 아니다.

실제로 작은 세포들처럼 우리는 길을 오르락내리락 질주하면서 모였다간 흩어진다. 혼잡하다고 느끼다가도 외로움에 젖어들곤 한다. 우리의 이런 움직임은 세계라는 몸을 건강하게 유지시킨다. 몸속을 도는 혈액처럼 거리에 생명력을 불어넣는다. 신호등이 바뀌기를 기다리는 것도 어쩌면 생명의 지속을 돕는 일일지 모른다.

28 October
부처와 앙굴리말라

• • •

나는 멈췄는데
너는 멈추지 않았구나.
- 부처 -

살인자 앙굴리말라가 교수형을 당하기 전에 어떻게 부처를 만나서 아라한이 됐는지를 알려주는 이야기가 있다. 앙굴리말라는 그의 삶에 너무 내몰려서 타인들의 목숨을 빼앗은 것 같다. 둘이 만난 것은 아마 때가 맞았기 때문일 것이다. 기꺼이 죽음을 받아들이려는 자세가 흔들림 없는 진정한 영혼을 만나게 한 것이다. 물론 누구도 알 수 없는 일이지만 말이다.

하지만 둘은 서로 바라보며 오래 서 있었다고 한다. 그리고 침묵이 앙굴리말라의 눈에서 사악한 기운을 거둬간 것 같자, 부처가 그에게 말했다.

"나는 멈췄는데, 너는 멈추지 않았구나."

이후 침묵이 전처럼 강력한 효과를 발휘하자, 앙굴리말라의 가슴을 요새처럼 에워싼 잔인성이 사라졌다. 전하는 이야기에 따르면, 앙굴리말라는 그가 죽인 희생자들의 손가락으로 만든 밧줄에 교수형을 당했다고 한다. 하지만 부처의 말을 들은 순간부터 마지막 숨을 거두기 전까지는 진정한 삶을 살았다.

이런 이야기는 완벽한 수수께끼처럼 들린다. 앙굴리말라는 무엇을 멈추지 못해서 살인까지 저지른 것일까? 부처는 무엇을 멈추었기에 깨달은 사람이 된 것일까? 실상은 알 수 없지만 추측은 해볼 수 있다. 앙굴리말라가 멈추지 못한 것은 거부나 은폐, 방어 같은 살아 있음이 주는 고통과 위험으로부터의 도피일 것이다. 자신의 진실로부터 도피하면 무감각한 삶을 살게 되어, 결국 느끼기 위해 폭력적인 존재로 변모하고 말기 때문이다. 도피를 멈추지 못하면 물리적으로 폭력을 행사하거나, 성적으로 상대를 정복하거나, 정서적으로 상대를 지배하고 통제하거나, 직업적으로 권력을 행사하는 식으로 타인들의 생명력을 앗아간다. 이는 자신을 되풀이해서 죽이는 일과 같다.

이 수수께끼를 풀어보면, 우리는 궁극적으로 부처이자 앙굴리말라임을 알 수 있다. 연민의 정을 지닌 진정한 사람으로 살아가려면, 끊임없이 자신에게 물어보아야 한다. 내가 멈추지 못한 것은 무엇일까?

29 October

시도할 수 있는 능력

배우기도 전에 가르치려 들거나
머물기도 전에 떠나려 들면,
시도할 수 있는 능력을 잃어버린다.

우리는 수많은 방식으로 경험과 자신을 분리한다. 젊은 시절 사랑의 상처가 주는 고통을 두려워하면서 사랑으로 고민하는 사람들에게 끊임없이 조언해주던 기억이 난다. 좋아하는 사람과의 갈등에서 비롯될 고통이나 슬픔이 두려워서 직접 그들과 대면하는 대신 쪽지를 남겼던 기억도 난다. 얼굴을 맞대고 문제를 풀어나가는 불편함을 건너뛰기 위해서였다. 끔찍한 항암치료를 앞두고 닥칠지도 모르는 온갖 고통과 두려움의 순간을 끊임없이 상상하며 대비하다가, 아무리 준비해도 이 경험을 피해갈 수 없음을 깨달은 기억도 난다.

배우기도 전에 가르치고, 머무르기도 전에 떠나고, 겪어보기도 전에 짐작하는 이런 분리들은 내게서 가장 깊은 자원을, 생명력이라는 에너지를 고갈시켰다. 고통 탓이었지만 이렇게 뒷걸음질 친 탓에 나는 앞으로 나아갈 수 없는 창백한 사람이 되고 말았다.

바늘이나 손, 비, 햇살이 살갗에 내리꽂힐 때 우리가 할 일은 내면으로부터 이것들의 감촉을 고스란히 느끼는 것뿐이다. 안과 밖이 만나는 이 순간에 영혼의 힘이 생기고, 이 힘이 깨어 있음에 필요한 온기를 선사하기 때문이다.

30 October
직면의 기술

• • •

인간들이 망각한 것을
모든 연어는 알고 있다.
— 로버트 클라크 Robert Clark —

연어는 직면의 기술에 대해 많은 것을 가르쳐준다. 폭포를 거슬러 올라가는 모습을 보면, 이 놀라운 생명체는 중력을 거역하는 것 같다. 더없이 멋진 광경이다. 자세히 들여다보면, 성장을 원하는 존재들은 여기서 한 가지 지혜를 발견할 수 있다.

어떻게 아는지는 모르지만, 연어는 자신을 향해 쏟아지는 강한 물살을 향해 중심부터 꼬리까지 배면을 들이댄다. 물살이 정면으로 때리면, 연어는 그 반동으로 튕겨 나왔다가 폭포 위쪽으로 올라간다. 연어가 다시 강한 물살 속으로 배면을 들이대면, 어김없이 물살이 연어를 정면으로 때린다. 이런 연속적인 힘으로 연어들은 폭포 바깥으로 튕겨 나왔다가 위로 올라간다. 이렇게 자신이 맞닥뜨린 것 속으로 온몸을 들이댄 덕분에 위로 더 위로 튀어 오르면서 이 믿기지 않는 여행을 계속한다.

멀리서 보면 이 광경은 황홀하기 그지없다. 이 강인한 물고기들이 자연을 정복하고 날아다니는 것 같다. 실제로 이들은 자연과 하나가 되어 물을 향해 몸을 들이밀었다가 정면으로 얻어맞는 압도적인 춤에 철저히 몰입한다. 덕분에 물과 공기를 뚫고 본질적인 근원에 다다른다.

영적인 삶에 유용한 관점에서 보면, 연어는 자신을 향해 다가오는 물살을 향해 언제나 충실하게 배면을 들이댄다. 신비롭게도 삶을 정면으로 뚫고 나아가게 만드는 것은 이런 용기의 물리학이다. 더없이 분명한 이 역설에서 우리도 매일 연어처럼 용감하게 다가오는 경험들을 맞이해야만 진정한 존재로 살아갈 수 있음을 배워야 한다. 매일의 삶에 휩쓸려 가지 않으려면, 우리를 정면으로 때리는 힘들에 온몸을 내맡길 수 있는 방법을 찾아야 한다.

연어는 자신을 열고 진실에 직면할 수 있는 길을 가르쳐준다. 경험이 주는 충격이 싫어도 경험에 온몸을 내맡기고 앞으로 나아가는 법을 보여준다. 때로 도망치고 싶은 마음도 들겠지만, 삶의 신비와 축복을 경험하게 하는 것은 내 존재가 발가벗겨지는 것 같은 충격과 상처를 두려워하지 않는 마음이다.

31 October
사랑하는 동안에만 오로지

* * *

슬픈 유년기를 보냈다고? 그래서 뭐가 어쨌단 말이야?
다리가 하나여도 춤출 수 있고, 눈이 하나여도 떨어지는 눈송이를 볼 수 있어!
— 로버트 블라이 Robert Bly —

누구도 관심 갖지 않을 갖가지 고민거리를 특대형 가방처럼 짊어진 채 남아프리카공화국으로 곧장 날아갔다. 햇살이 케이프타운의 그린 스트리트를 환하게 비추고 있었다. 그 햇살 아래서 한 소년이 목발을 짚고 춤추는 모습을 보았다.

나는 내 고민 보따리를 내려놓고 그 모습을 지켜보았다. 춤출 때 소년의 목발은 드럼스틱처럼 가볍게 거리를 튀어 다녔다. 춤이 멈추면 그것은 다시 목발로 돌아갔다. 춤을 추는 동안만 혹은 춤추는 사람을 구경하는 동안에만 이해되는 풍경이었다.

다시 돌아온 지금 나는 모든 일에 다른 식으로 접근하게 됐다. 진리를 말하는 동안에는 진리가 우리를 밝게 비추지만, 진리를 말하는 일을 멈추면 진리가 무겁게 변해버리기 때문이다.

고민 보따리 가운데 일부를 나는 적도 아래에 있는 그린 스트리트의 그 모퉁이에 두고 왔다. 고민 보따리가 줄어든 지금, 나도 내 목발 위에서 춤추려 한다. 고통은 사랑하는 동안에만 가벼워지기 때문이다.

11 November

성장

01 November
사랑의 다음 순간

갈등을 불러일으키는 수많은 걱정거리에 휩쓸려가도록 자신을 방치하는 것은,
지나치게 많은 요구에 굴복하는 것은, 지나치게 많은 일에 자신을 내맡기는 것은,
모든 일에서 모든 사람을 도와주고 싶어 하는 것은 폭력에 굴복하는 것이나 마찬가지다.
사회운동가의 격분은 평화를 위한 그 또는 그녀의 일을 무의미하게 만든다.

– 토머스 머튼 Thomas Merton –

머튼은 삶의 속도를 늦추지만 말고 근본적으로 자신의 한계를 받아들이라고 가르친다. 최선의 경우 신성으로 충만해질 수 있지만, 우리에게는 두 개의 손과 한 개의 가슴밖에 없기 때문이다. 모든 것을 하고 싶어 하는 마음은 모든 것이 되고 싶어 하는 것과 같다. 좋은 일을 하고픈 욕망에서 비롯된 것이어도 이런 마음은 흔히 광포하게 변질되고 만다. 우리의 자아가 선량함을 존경받을 수 있는 기회로 악용하기 때문이다.

나도 여러 번 그런 적이 있다. 거절을 하기도, 기회를 놓치기도, 연민이 부족한 사람으로 보이기도 싫었기 때문이다. 하지만 나의 존재를 온전히 바치지 않으면, 나는 그곳에 있을 수 없다. 이는 사람들을 뚫고 여러 잔의 커피를 한 번에 배달하려는 것과 같다. 나는 도중에 무고한 사람에게 뜨거운 커피를 엎지르곤 했다.

헬렌 루크도 선행의 함정을 이야기하면서 이런 점들을 지적했다.

"성찰 없이 선을 추구하면서 자신에게서 도망치는 사람들은 사회와 타인들을 구제하는 일에 자신의 모든 에너지를 쏟아붓지만, 정작 자신의 개인적인 어둠에는 무지하다."

한 가지 일에 집중하면 그 일을 잘할 수 있다. 이 오래된 격언이 문제를 푸는 출발점인 듯하다. 나는 이 말을 이렇게 바꾸고 싶다. 한 번에 한 가지를 철저하게 하라. 그러면 그 일이 우리를 사랑의 다음 순간으로 인도할 것이다.

02 November
진리 사냥

• • •

> 나는 늑대의 갈비뼈를 집어들고 양 끝을 날카롭게 깎았다.
> 그러고는 이것을 고래 기름 속에 넣고 얼려서 곰들이 다니는 길목에 두었다.
> 이것이 사라진 것을 확인하고, 나는 곰 발자국을 따라 며칠이나 맴돌았다.
> ― 갈웨이 키넬 Galway Kinnell ―

갈웨이 키넬의 시 〈곰〉은 에스키모인이 식량으로 쓸 곰을 사냥하는 방식을 강렬하게 그려내고 있다. 에스키모인이 생존을 위해 식량을 사냥하듯 우리는 진리라는 내면의 식량을 찾는다. 삶의 진정성은 단순히 흥미로운 생각이나 생생한 감정에 있지 않기 때문이다. 진리의 체험이야말로 가장 풍요로운 식량이다. 이것이 없으면 우리는 얼어 죽고 만다.

키넬의 시에 나오는 에스키모인은 받아들이기 어려운 두 가지 가르침에 직면한다. 사냥을 시작하고 사흘째 되는 날, 사냥꾼은 사냥감만큼 굶주림에 시달린다. 그래서 땅거미가 내리자 예상했던 대로 피에 젖은 곰의 배설물을 분노에 젖어 깨문다.

이 이야기는 하거나 하지 않겠다고 말한 것이 무엇이든, 어떤 오만한 기준으로 자신과 세상을 판단하든, 진리에 굶주렸을 때는 어떤 일을 할지 모른다는 점을 가르쳐준다. 살다 보면 이따금 무릎을 꿇게 된다. 덕분에 무엇인가가 우리 내면에 뿌리를 내린다는 것도 알게 된다. 암으로 죽어갈 때, 결코 무릎 꿇지 않으리라 다짐했던 오만한 유대인인 나도 내 머릿속 종양에 손을 얹은 가톨릭 치유가 앞에서 무릎을 꿇었다. 진리를 먹고 살다 보면 원하는 방식대로 자신을 보지 못하기도 한다. 하지만 인간이 상상 이상으로 회복력이 강한 존재임을 확인하기도 한다.

일주일째 되는 날 다시 상황이 절박해졌다. 드디어 곰이 죽으면서 사냥꾼도 반 동사상태에 이른 것이다. 사냥꾼은 추위를 이겨내기 위해 어쩔 수 없이 곰의 내장을 빼내고 그 안으로 들어갔다. 현대의 차가운 길거리에서 진리를 찾아 헤매는 우리도 진리에 도달하는 것만으로는 충분치 않음을 깨닫는다. 우리는 진리를 입고 살아내야 한다. 실제로 진리 안으로 들어가 진리를 뒤집어써야 한다.

어디서부터 시작해야 할까? 에스키모인이 미끼를 놓는 방식에서 진리를 사냥하는 방식을 배울 수 있다. 요컨대 지적인 논쟁이나 비전祕傳에 대한 공부로는 진리를 발견할 수 없다. 스스로 위험을 무릅쓰고 무언가를 공개해야만 가능하다. 상처받기 쉬운 마음을 이겨내고 본질적인 무언가를 진솔하게 드러내면, 적은 노력으로도 더 큰 진리를 불러낼 수 있다. 그러면 진리에 대한 추구가 완벽에 대한 모든 이미지를 넘어 예기치 못했던 삶으로 겸허히 그리고 피할 수 없게 우리를 인도한다.

03 November
보이지 않는 무언가의 보살핌

천재성은 묻혀 있던 자기를
어느 순간 우리의 일상적인 정신과 결합시키는 위기 상태와 같다.
- 윌리엄 버틀러 예이츠 -

흔히들 천재성을 비범하고 탁월한 정신, 엄청나게 많은 정보를 보유하거나 계산하거나 개념화하는 능력으로 생각한다. 하지만 천재의 원래 의미는 따라붙는 영혼 attendant spirit, 보이지 않지만 가까이 있는 무언가의 보살핌을 받는 존재다. 그러므로 천재성은 전체성이나 신의 또 다른 개념이다. 모두가 속해 있는 보이지 않는 흐름이나 도道를 받아들이는 또 다른 방식이다. 예이츠가 우리에게 주는 것은 삶에 대한 통찰이다. 이 위대한 아일랜드 시인은 우리의 길이 예기치 못하게 뒤흔들리는 위기에서 우리를 안내하는 영혼과 접촉하게 된다고 말한다.

또 생각나는 것이 하나 있다. 위험을 나타내는 중국의 표의문자도 기회를 의미한다는 점이다. 일부러 위험을 추구해야 할 필요는 없지만, 삶의 경험들에 부서져서 출구를 찾다 보면, 우리가 보이지 않는 흐름과의 연결성을 다시금 깨닫기도 한다. 그러므로 위기에 목적이 있다면, 우리를 망가뜨리는 것이 아니라 부셔서 여는 일일 것이다.

04 November
타인은 우리의 오아시스

개개의 존재들 모두 한 번만. 더도 말고 딱 한 번만. 그리고 우리도 한 번만.
그리고 결코 다시는 없기를. 하지만 단 한 번뿐일지라도,
이렇게 한 번 완전히 존재해보면, 대지와 하나가 돼보면 파멸을 넘어서는 것 같다.
- 라이너 마리아 릴케 -

한 친구가 내게 이렇게 말했다.

"존경하는 사람을 만나야 할 때는 어떻게 준비하면 되지? 무엇을 물어보고 말해야 할지 어떻게 결정하지?"

난 한 번도 이런 문제를 생각해본 적이 없었다. 하지만 친구의 질문을 듣는 순간, 암에 걸리고부터 타인들을 만날 때마다 항상 이렇게 자문해왔음을 깨달았다.

"이 사람을 지상에서 마지막으로 보는 것이라면, 그를 다시는 못 보게 된다면 나는 무엇을 묻고 싶어 할까? 무엇을 물어야 할까? 내가 말하고 싶거나 말해야 할 것은 무엇일까?"

지금은 타인들을 만날 때마다 그들 각자를 사막을 건너 만난 오아시스 같다고 느낀다. 사실 우리가 만나는 살아 있는 영혼들은 부드럽게 헤엄쳐 들어가야 할 깊은 물속과 같다. 우리의 갈증을 덜어줄 경이로운 존재들이다. 이렇게 타인들을 존중한 덕분에 나는 내 삶의 밑에서 소리 없이 흘러가버렸을지도 모를 지혜들을 발견했다.

05 November
계획과 계획 세우기

계획은 쓸모없지만,
계획을 세우는 것은 중요하다.
― 윈스턴 처칠 Winston Churchill ―

우리는 계획과 계획 세우기, 꿈과 꿈꾸기, 사랑과 사랑하기를 쉽게 혼동한다. 처칠의 말에는 배고픈 어부처럼 살아야 한다는 지혜가 담겨 있다. 어떤 물고기가 잡힐지도 모르고 어망을 갑판 위로 끌어올려야만 먹을 수 있는 물고기인지 아닌지도 알 수 있지만, 어쨌든 먼저 어망을 손질해서 던져야 한다는 의미다.

불교 신자들의 말처럼, 물고기에 대한 꿈과 자신을 분리할 줄 알아야 훌륭한 어부가 될 수 있다. 그래야만 무엇을 발견하거나 잡아 올리든 그것을 보물로 만들 수 있다.

내가 쓴 책들을 생각해봐도 그렇다. 내 책들은 전부 다른 계획들을 향해 가던 중에 썼다. 그래서 책에 실제로 담긴 내용은 처음에 생각했던 내용과 전혀 다르다. 나의 이력도 마찬가지다. 내게 가장 의미 있는 직업은 전혀 예측하지 못한 것이었다. 다른 꿈을 향해 가던 길에서 만난 기회를 온 마음으로 붙잡은 덕분에 의미 있는 경험을 한 것이다. 사랑이나 연인도 그렇다. 연인의 모습을 상상하곤 했지만, 실제로 내가 사랑한 사람들은 모두 상상도 못했던 모습으로 내게 다가왔다.

확실히 다가올 일을 예측해야 할 때도 있고, 즉흥적으로 행동해야 할 때도 있다. 하지만 우리는 둘 중 아무거나 선택하는 식으로 일을 처리하는 경우가 너무 많다. 계획은 모든 불꽃에 불을 지펴주지만 똑같은 불꽃은 없다. 우리에게는 이 불꽃들의 빛과 열기가 꼭 필요하다.

06 November
굳어버린 마음, 비뚤어진 시선

우리는 눈을 옆으로 가늘게 뜨고 보면서
자신이 마치 호랑이처럼 보고 있다고 생각한다.
하지만 진리는 우리의 가늘게 찢어진 눈만 빼고
모든 곳에 태양처럼 빛을 비춘다.

상황이 좋지 않을 때는 꾹 참고 견디라는 조언을 들어봤을 것이다. 이런 조언은 흔히 공격적이고 빈틈없는 태도를 부추겨서 무엇이든 할 태세로 초점과 생각을 날카롭게 벼리도록 만든다. 불행하게도 마음을 단단히 먹고 싸움에 대비하다 보면 시야가 좁아진다. 그래서 두려워하는 것은 물론이고 우리에게 필요한 것까지 잘라버리게 된다.

그렇다고 생각이나 초점 없이 흐느적거리면서 살라는 말은 아니다. 내가 말하고 싶은 것은 경계심의 심오한 의미다. 날카로운 레이저 광선과 들판 위로 쏟아지는 햇살, 위기 상태의 날카로운 정신과 넉넉하고 따뜻하게 열린 가슴은 분명 다르다. 싸울 것처럼 언제나 긴장되어 있는 편협하고 비뚤어진 마음으로는, 따뜻한 시선이 가장 필요한 때도 자신을 연민의 눈으로 바라볼 수 없다.

머리에서 종양이 사라지고 몇 달 후, 식당에서 우연히 친구를 만났다. 그 똑똑한 친구는 내가 암을 이겨내기 위해 했던 일들을 완강하게 부정했다. 나는 내 삶을 지배한 순응에 대해 이야기하고, 사실은 그 기적을 나도 어떻게 설명해야 할지 모르겠다는 말도 덧붙였다. 그녀는 여전히 신비의 빛을 차단하듯 눈을 옆으로 가늘게 뜨고 쳐다보았다. 그러고는 정신이 물질을 이긴 증거가 나라고 했다. 그녀가 눈을 가늘게 뜨는 순간, 나는 그녀의 가슴이 닫혀 있음을 느꼈다. 슬펐다. 이후 우리 사이에서는 할 말이 없어졌다.

이따금 현재의 감정 속에 머물 수 없을 때가 있다. 위기 상태의 긴장된 정신이 잠망경처럼 가슴에서 나를 끄집어내기 때문이다. 그러면 나는 문제를 해결하기 위해 이득과 불리를 점쳐보면서 분석에 몰두한다. 내 친구처럼 눈을 옆으로 가늘게 뜨고 세상에서 강한 존재가 되기 위해 의지만 내세우면서 스스로 신비의 문을 닫아버린다. 이로 인해 나는 슬픔에 빠진다. 나 자신에게 아무런 할 말도 없게 된다.

이런 경험 속에서 나는 자잘한 문제들에 주의를 기울이는 태도를 흔히 신중한 행위로 착각한다는 걸 깨달았다. 경계심을 유지하는 데 필요한 것은 넓은 시야로, 수피들이 말하는 '마음의 눈'으로 바라보는 것인데도 말이다.

충격이나 위기에 처하면 호랑이처럼 눈을 옆으로 뜨고 발톱을 드러낼 수도 있다. 그러나 우리에게 가장 유익한 태도는 시야를 확장하고 열린 마음을 유지하는 것이다.

07 November
우리 안의 바다

물 같은 영혼은 생명의 근원이다.
이 물이 메마르면 살 수 없다.

경험에 닳고 닳을수록 우리는 큰 호수가 되어간다. 갈수록 우리 안에서 많은 생명의 물이 샘솟는다. 살아온 세월이 길수록 눈물이 쉽게 샘솟는 것도 이 때문이다.

지혜도 아마 우리 안에서 샘솟아 바닷물이 대지를 적시듯 눈가를 흐르는 설명할 수 없는 물에 다름 아닐 것이다. 일으키는 데 평생 걸리는 이 필연적인 물살의 증거가 지혜일 것이다.

그러나 우리는 우리 안의 물을 너무 두려워한다. 눈물을 보자마자 긴장하면서 뭐가 문제인지부터 묻는다. 내면의 바다에 이른 사람에게 정말로 물어야 할 질문은 따로 있을 텐데 말이다. "당신은 무엇을 보았나요?" 하고 물어야 할 텐데 말이다.

08 November
슬픔이 기워낸 옷

우리는 누구나 섬세한 사람이 되어간다.
그렇지 않으면 죽고 말 것이다.
이 섬세함이야말로 우리의 슬픔이 기워낸 옷이 아닐까?

단단한 것은 부러지지만, 부드러운 것은 휘어진다. 고집스런 사람은 움직이지 않는 것에도 스스로 부딪히지만, 유연한 사람은 눈앞의 것에 순응한다. 우리는 누구나 단단하면서도 부드럽고, 고집스러우면서도 유연한 존재다. 그래서 휘어지는 법을 배우기 전까지는 부서지고, 눈앞의 것을 받아들이기 전까지는 두들겨 맞는다.

완고하고 엄격한 수메르의 왕 길가메시가 불멸의 존재에게 영생의 비밀을 물었다. 불멸의 존재는 그를 인도하는 길에 비밀의 돌이 있을 거라고 했다. 그러나 조급하고 오만한 길가메시는 길이 막힌 것을 보고 짜증이 났다. 그래서 그에게 도움이 될 돌을 부셔버리고 말았다. 무지한 가슴 때문에 길을 찾는 데 필요한 돌을 스스로 부수고 만 것이다.

우리도 똑같은 혼돈에 빠져 산다. 필요한 것들을 부셔버리고, 사랑하는 것들을 밀쳐내며, 지지가 가장 필요한 때에 스스로를 고립시킨다. 나도 지나친 자존심으로 도움을 구하지 못하거나, 두려움이 너무 커서 지지를 호소하지 못하거나, 길가메시처럼 스스로가 만들어낸 광적인 고립감으로 인해 열고 싶었던 창문을 스스로 박살내거나, 망치질하던 벤치를 스스로 쪼개버리거나, 따뜻하게 대해주고 싶었던 사람에게 상처를 입혀서 상황을 더욱 악화시킨 때가 많다.

살아 있는 가지는 휘어진다. 죽은 가지는 딱 소리를 내며 부러진다. 슬픔은 우리를 겸허하고 부드럽게 해준다. 그렇지 않으면 상처 입기 쉬운 시기에 우리는 또다시 슬픔에 사로잡힌다.

09 November
가마우지의 도전

우리가 바깥에서 찾는 경이들은 바로 우리 안에 있다.
― 토머스 브라운 Thomas Browne ―

가마우지는 반쯤 눈이 먼 상태로 먹이를 찾아 물속으로 뛰어든다. 수면에서 물속으로 뛰어들 때 공기 방울이 깃털에 달라붙어 이들의 몸을 빛나게 한다. 물속으로 뛰어들 때 이들은 은빛으로 반짝인다.

우리도 마찬가지다. 모든 저변의 흐름에 가까이 다가갈수록 우리의 깃털에 붙어 있던 고통의 물방울도 보석처럼 반짝인다. 그렇지 않은가? 이것이야말로 진정한 느낌의 세례다. 깊이 들어갈수록 세상은 더욱 느려지고, 세상이 느려질수록 우리의 길은 더욱 폭신폭신해진다. 그러므로 우리가 아는 심연 속으로 끊임없이 서로를 불러들여야 한다. 수면 아래서는 모두 빛날 것이기 때문이다. 심연으로 뛰어드는 순간 모두 은빛으로 반짝일 것이기 때문이다.

공기만 쐬면, 세상에서 받은 상처는 더욱 따갑게 느껴진다. 용기를 내 심연으로 들어가면, 상처는 부드럽게 빛을 발한다. 실제로 우리의 한계를 인정하고 상처 저변의 심연에 순응할수록, 광대한 심연은 우리를 더욱 잘 지지한다. 하지만 뛰어 들어가보는 것 말고 이것을 깨달을 방법은 없다.

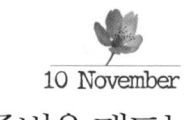

10 November

주변을 맴도는 삶

우리가 추구하는 그것이 바로 우리다.
- 성 프란체스코 -

외로울 때는 네가(혹은 우리 중 모르는 어떤 사람) 내 외로움의 열쇠를 쥐고 있는 것 같은 생각이 가장 먼저 든다. 혼란스러울 때는 네가 더욱 분명하게 아는 것 같은 생각이 가장 먼저 든다. 너에게 다가가 이야기를 들을 수 있으면 좋겠다는 생각도 든다. 존중받고 싶을 때는 어마어마한 성취의 저편에 타인들의 존경이 기다리고 있는 것 같은 생각이 가장 먼저 들고, 성취를 위해 자신을 바쳐야 할 것만 같다. 그래서 내가 원하는 것이나 필요한 것을 바깥에서 찾으려 하고, 저기 어딘가에서 그것들이 나를 기다린다고 믿는다.

이런 추구는 우리를 자기인식의 가장자리로밖에 인도하지 못한다. 내면을 들여다보지 않으면, 가장자리의 삶에 대해서는 전문가가 될지 몰라도 우리의 모든 추구가 의미하는 것은 깨닫지 못한다. 세상의 산들을 오르는 달인은 될 수 있어도, 자기 상처의 중심으로 이어지는 길은 잘라내지 못한다. 어둠 속에서 빠르게 운전하는 일은 잘할지 몰라도, 내면의 어두운 구석들은 통과하지 못한다. 사랑이라는 명목으로 이방인들을 유혹하는 일은 잘할지 몰라도, 자기존재의 불완전하고 연약한 부분은 포용하지 못한다.

세상에서 추구하는 것은 자기 성찰이 필요할 때 자신을 비추는 방식이 돼준다. 그러나 외부의 자극을 추구하는 것은 내면의 진정한 용기를 촉구하는 영혼의 절규를 외면하는 도피의 한 방식이다.

11 November
삶의 경이를 지속하는 능력

하나의 원자에서 지구의 모든 원소를 발견할 수 있다.
마음의 한 가지 움직임에서 존재의 모든 움직임을 발견할 수 있다.
한 방울의 물에서 무한한 대양의 모든 비밀을 발견할 수 있다.
나의 한 가지 모습에서 삶의 모든 양상을 발견할 수 있다.
- 칼릴 지브란 -

인간은 가차 없이 순환 속에 내던져져 있다. 우리의 마음은 거북이 같은 영혼을 보호하기 위해 껍질을 만들어내지만, 이 껍질은 영혼을 억누른다. 결국 우리는 껍질에서 벗어날 때까지 계속해서 껍질을 깨버릴 방법들을 고안해낸다. 껍질을 만들었다가는 부시고, 얇게 다시 만들었다가는 부셔버린다. 이렇게 만들고 부수는 사이에서만 우리의 마음은 완전하게 움직인다. 이렇게 갇혔다 해방되는 사이에서만 사랑이 우리를 관통한다.

그러나 자신을 탓할 필요는 없다. 자연의 모든 것이 이런 순환에 공모하기 때문이다. 나무들은 이끼를 자라게 하고, 은은 변색되며, 개념이 커지면 마음은 무감각해진다. 폭풍우는 이끼를 제거하고, 변색된 부분은 무언가에 긁히면 없어지며, 위기가 닥치면 마음의 표면이 적나라하게 드러난다.

이렇게 시간의 축적과 침식 속에서 우리는 변화한다. 하지만 똑같다. 바람에 모래가 둔덕을 이루면, 조수가 이 둔덕을 무너뜨린다. 마찬가지로 생의 초반기가 우리를 가득 채우면, 후반기에는 소리 없이 부드럽게 침수된다. 우리에게 선택의 여지는 없다. 끊임없이 만들어지는 막과 이후에 필연적으로 다가오는 침식을 견뎌낼 뿐이다.

물론 막과 침식의 춤은 단순히 신체적인 것만은 아니다. 춤은 우리의 생각과 느낌, 이해, 존재에도 영향을 미친다. 우리는 얼마나 쉽게 흐려졌다가 밝아지기를 반복하는가? 얼마나 쉽게 영혼의 만성적인 건망증에 빠져 관찰과 분석 속으로 표류해 들어가 참여하고 경험하기를 멈추는가? 그러다가 어느 날 믿기지 않게 삶의 그림자에만 익숙해진 모습으로 삶의 느낌도 망각하고 있다가 눈 뜨는가?

우리는 삶의 그림자들을 당혹스런 모양과 미묘한 색조까지 하나하나 아주 분명하게 본다. 하지만 삶을 느끼지는 못한다. 대지가 나무들을 키우듯 마음은 이렇게 생각과 말들을 키운다. 나무들이 너무 많으면 더 이상 하늘을 보지 못한다. 그러므로 말과 생각들을 잘라내야 한다. 물론 도끼는 침묵이 될 것이다.

실제로, 생기는 경이를 지속시키는 능력에 달려 있다. 자신을 진정으로 드러내는 순간을 늘리는 것, 즉 대지의 모든 원소와 대양의 모든 비밀이 우리 안에서 기다리는 삶의 모습을 움직일 때까지 고요하게 가만히 있을 수 있는 능력에 달려 있다.

12 November
여러 개의 자아

태초부터 쇄신의 열쇠는 벗겨내는 것,
오래된 허물을 벗는 것이었다.

폴리네시아인들은 창조주 타오라가 눈을 떠 자신이 껍질 안에서 자라고 있음을 깨달았을 때 세계가 시작됐다고 말한다. 타오라는 기지개를 켜고 껍질을 깨트렸다. 그러자 지구가 창조됐다. 타오라는 계속 자랐다. 시간이 흐르면서 자신이 또 다른 껍질 안에 있음을 발견했다. 그는 다시 기지개를 켜고 껍질을 깨트렸다. 이번에는 달이 창조됐다. 타오라는 계속 성장했다. 마찬가지로 또 다른 껍질 안에 갇혀 있는 자신을 발견했다. 네 번째로 껍질을 깨트리자 별이 탄생했다.

폴리네시아인들의 이 오래된 이야기는 우리도 계속 껍질을 깨트려야 성장할 수 있음을 가르쳐준다. 내면에 있는 신의 조각은 공간이 없을 때까지 자라므로 우리가 아는 세계를 깨트려야만 새로 탄생할 수 있다.

껍질이 더는 우리를 지지하지 못할 때까지 본래 모습대로 살아가는 것이 삶이다. 그러다가 타오라처럼 우리를 제한하는 껍질을 깨트려야만 새로운 탄생을 통해 다음의 자아로 나아갈 수 있다. 세계를 바라보던 여러 가지 방식에서도 벗어난다. 이 방식들 가운데 틀린 것은 하나도 없다. 단지 각각의 방식이 우리가 성장할 때까지 그 역할을 다 하고 나면 더는 도움이 되지 않을 뿐이다.

나도 여러 자아를 거쳐왔다. 처음의 나는 위대해지고 싶은 마음과 모든 것을 불태우고픈 마음이 너무나도 강해서 평범한 것들을 기피했다.

유명하고 특별한 존재가 되고 싶었던 것이다. 나이가 들면서 명예욕은 밤에 나만 외로이 남겨두고 떠나버렸다. 아무리 아름다워도 왕좌에는 오직 한 명밖에 앉을 수 없었다.

두 번째의 나는 파도로 몸을 감싸고 별을 들이마시면서 노래처럼 떠다니고 싶었다. 이제는 위대한 음악이 되고 싶었다. 위대한 존재가 된다는 것은 참으로 아름다운 만큼 외로운 일이었다.

세 번째의 나는 위대한 존재가 되려는 욕망을 놓아버렸다. 그렇게 해서 타인들이 내게 더 가까이 다가오게 만들었다. 나는 질문들을 많이 던졌다. 사실 대답에는 흥미가 없었다. 대답하려는 얼굴 이면의 얼굴에 더욱 관심이 갔다.

암을 앓는 동안 또 다른 자아가 찾아왔다. 오후의 햇살이 베개로 쏟아질 때 병원 철제침대 위에 구부정하게 일그러진 내가 있었다. 침대 속에서 나는 죽어 있었지만, 베개 위에서는 살아 있었다. 나는 삶과 죽음 사이에서 이 둘을 동시에 고요히 호흡했다. 이상하게도 두렵지 않았다. 고요한 숨결 속에서 생명의 고동이 느껴졌기 때문이다. 내가 초월해서 도달한 곳이 그곳이었기 때문이다.

그러나 거의 죽을 뻔했던 이 경험도 내가 깨트려야 할 또 다른 껍질이었다. 이를 계기로 나는 중심이 같은 하나의 자궁이 다른 자궁을 향해 가는 것처럼 각각의 자아가 펼쳐지며 과거의 자아를 포함함을 깨달았다. 내가 살아오면서 깨트려온 도착점들이 없다면, 나는 도달을 믿을 것이다.

13 November
밧줄 꼬기

*본모습에 충실하다는 것은
어둠의 한가운데서도 촛불처럼 자신의 영혼을 밝힌다는 의미다.*

진정한 자기의 본질적인 부분을 마비시키거나 침묵하게 하지 않고 살아가려면, 내면의 서약을 떠올리고 지켜야 한다. 결혼식에서 하는 서약도 영혼을 보살피는 일에 전념하겠다는 기도의 하나다.

"죽음이 우리를 갈라놓을 때까지 안 좋을 때나 좋을 때나…… 서로를 지지하고 보호하며…… 아플 때나 건강할 때나 서로를 아끼고 사랑하겠습니다."

이것은 곧 자기 내면의 길에 언제나 충실하겠다는 의미이기도 하다. 상황이 힘들거나 혼란스러울 때도 자신을 멀리하지 않겠다는, 자신의 잘못과 한계들도 인정하고 받아들이겠다는, 타인들이 나를 어떻게 보든 간에 나를 사랑하겠다는 의미다. 살아가는 동안 베이고 까지는 상처들에도 내 안의 변치 않는 빛을 소중히 여기겠다는 의미다. 엄숙한 맹세를 통해 내 영혼의 진실에 충실한 삶을 살겠다는 의미다.

흥미롭게도 선원들이 쓰는 'marry'의 의미는 "두 개의 밧줄을 서로 꼬아서 한 줄로 엮는 것"이다. 마찬가지로 자신의 영혼과 결합한다는 것은 내 영혼의 삶을 내 마음의 삶과 엮고, 내 마음의 삶을 내 정신의 삶과 엮는 것이다. 내 믿음과 진실의 삶을 내 불신과 불안의 삶과 하나로 엮는다는 의미다.

이렇게 두 개의 줄을 꼬아 두 배는 더 튼튼한 밧줄을 만드는 것처럼,

우리의 인간됨을 영혼과 결합시키면 세상에서 두 배는 더 튼튼한 삶을 살아갈 수 있다.

14 November
분리의 대가

아기를 낳으면서 동시에 아기에 대해 생각하는 행위는
광기를 불러일으킨다.
- 초캄 트룽파 -

아무리 노력해도 자신을 분열시키지 않고는 동시에 참여자와 관찰자가 될 수 없다. 광기는 경험의 한가운데서 자신을 분열시킨 대가인 듯하다. 진실을 나누면서 다음의 몸짓이나 대답을 생각하면, 가슴이 느낄 수 있는 능력이 분열되고 만다. 사랑을 나누면서 자신의 몸을 생각하면, 두 가슴이 결합할 수 있는 능력이 분열되고 만다. 친절을 행하면서 보답을 생각하면, 진정성에 틈이 생기고 만다.

사랑하는 사람의 눈을 마주할 때는 다른 누구도 아닌 그 사람의 눈을 들여다봐야 한다. 이것은 인간이 해야 하는 가장 어려운 일 가운데 하나이기도 하다. 마른 나뭇잎을 밟고 있을 때는 파삭파삭한 나뭇잎의 메마름을 딛고 서 있어야 한다. 낯선 사람이 데리고 있는 강아지의 얼굴을 느낄 때는 우리 가슴의 동굴 속에서 다른 곳에 신경 쓰지 말고 그 강아지의 헐떡거림을 느껴야 한다.

15 November
샤워를 하다가

* * *

결국에는 누구나 깨닫는다.
누구도 자신의 소유물을 계속 소유할 수 없다는 것을,
이생은 뼈를 빌려온 것에 불과하다는 것을.

– 파블로 네루다 –

수술을 하고 3년이 지났을 때였다. 샤워를 하다가 머리에 수술 자국을 따라 여드름이 난 것을 발견했다. 30초도 안 돼서 나는 "~면 어쩌지?" 하며 걱정의 폭포 속으로 떨어졌다. 다시 종양이 생긴 거면 어쩌지? 종양이 전이된 거면 어쩌지?

물이 세차게 내려칠수록 두려움은 미친 듯 날뛰었다. 진료실을 찾아간 나, 수술을 위해 옷을 벗는 나, 회복 중에 병원 복도를 서성이는 나, 누워서 항암치료를 받는 나, 더욱 쇠약해진 나, 죽어가는 나의 모습이 눈에 선했다. 다시 그 자리로 돌아간 것이다. 불과 30초 만에.

맨몸으로 물을 맞고 있는데 가슴이 두방망이질 쳤다. 난 너무나 살고 싶었다. 정신을 차리고 다시 평화를 되찾았다. 그런데 그게 아니었다. 이것이 사실이면 어쩌지? 그러면 어떻게 하지? 어디로 가야 하지? 그 순간에도 물은 계속 나를 씻어 내리고, 나는 다시 평온을 되찾았다. 이것이 사실이면, 내가 곧 죽는다면 무엇을 할지 난 알고 있었다……. 상상도 못할 정도로 깊은 한숨을 내쉬었다……. 그리고 생각했다. 샤워를 마쳐야지.

그 순간 우리가 있는 자리에 모든 것이 있다는 깨달음이 일었다. 어떤 고통과 괴로움에 시달리든 삶의 모든 것은 우리가 깨어 있는 그 순간에 존재한다. 죽음에 대한 두려움이 우리를 도망치게 만들지만 어디로도 도망칠 수 없다는 것도 분명하게 느끼고 깨달았다. 다다를 수만 있다면 모든 두려움의 중심에서 신비롭게도 평화를 발견하리라는 것도.

죽음을 먼저 받아들이지 않으면 충만한 삶을 살 수 없다. 지금은 샤워할 때마다 이 사실을 기억하려 애쓴다. 그렇지 않으면 죽음을 향해 혹은 죽음으로부터 도망칠 것이기 때문이다. 자신이 지구에 초대받은 연약한 손님임을 받아들여야만 어느 자리에 있든 평온할 수 있다.

16 November
동이 트는 순간
...
모든 사람의 내면에는 태양이 있다.
바로 그대. 우리는 그를 친구라 부른다.
— 루미 —

누구도 내 삶의 여정을 대신해주지 못한다. 하지만 나는 혼자가 아니다. 이 역설을 깨닫고 받아들이는 것은 아주 중요하다. 누구나 같은 여정에 올라 있기 때문이다. 모두가 같은 고통과 혼란과 두려움을 경험한다. 이런 감정들을 몰아내면 날카로운 모서리들도 사라져서 상처도 줄어들 것이다.

탈무드에 나오는 아주 감동적인 이야기는 이 부드러운 역설을 잘 설명해준다. 사람들이 같은 여정을 어떻게 홀로 헤쳐나가는지 가르쳐준다. 어느 랍비가 제자들에게 물었다.

"여명이 밝은 첫 순간을 어떻게 알 수 있지?"

침묵이 흐른 뒤 제자 하나가 말했다.

"양과 개를 구분할 수 있을 때가 여명이 밝은 첫 순간입니다."

랍비는 틀렸다는 듯 고개를 저었다. 그러자 다른 제자가 답했다.

"무화과나무와 올리브나무를 구분할 수 있을 때입니다."

랍비는 다시 아니라는 듯 고개를 저었다.

다른 대답이 없자, 랍비가 침묵하고 있는 제자들 뒤로 빙 돌다가 그들 사이를 걸으며 이렇게 말했다.

"다른 사람의 눈을 들여다보고 그 안에서 자신의 모습을 발견할 때가 여명의 첫 순간이다."

17 November
내가 정말로 원하는 것

벽의 결은 한 번에 하나씩 닳아 없어지고,
가슴의 느낌은 한 번에 하나씩 열린다.

수전과 아이스크림 가게에 앉아 있는데, 옆 자리에 있던 한 쌍의 연인이 큰 소리로 떠들기 시작했다. 그들은 즐거운 시간을 보내고 있을 뿐이었다. 하지만 나는 약간 움츠러들면서 침해받는 느낌이 들었다. 자리를 뜨는 게 좋을 것 같았다. 나는 수전을 향해 몸을 기울이고 가고 싶지 않느냐고 물었다. 수전은 만족스럽다는 듯 이렇게 말했다.

"아니, 난 여기 좋은데?"

그녀는 내 얼굴에서 실망한 기색을 읽고 다시 물었다.

"가고 싶어?"

이 평범한 순간, 비좁은 아이스크림 가게에서 나는 마흔아홉 생의 대부분을 정직하지 못하게 살아왔음을 깨달았다. 주변 사람들에게 나의 욕구를 간접적으로 투사한 뒤, 마치 그들을 배려하는 것처럼 행동하는 식으로 이 욕구를 충족시켜온 것이다. 아이스크림이 녹는 사이 이런 내 자신을 깨닫자 헛웃음이 터졌다. 나는 고개를 흔들면서 혼자 민망해하다가 깊이 한숨을 토해내고는 당당하고 분명하게 말했다.

"응, 가고 싶어."

나는 내가 원하는 것들을 간접적인 방식으로 얻으려 했다. 나의 느낌들을 돌봐야 할 욕구처럼 주변 사람들에게 심어준 것이다. 이것은 내 여린 마음을 숨기기 위한 방편이었다. 그러면서 나는 타인을 배려하는 친절한 사람처럼 보이기 위해 애썼다. 물론 나만 이런 병을 앓는 것은 아니다. 이런 태도는 아주 교묘해서 건강한 관계 방식과 아주 비슷해 보인다. 그래서 이런 태도의 저변에 숨어 있는 기만과 조작을 잘 깨닫지 못한다.

이런 간접적인 태도를 갖게 된 데는 다 이유가 있다. 삶의 어느 시점에서 필요한 것을 직접적으로 표현하면 상처를 받을 수밖에 없다고 확신하게 됐기 때문이다. 물론 충분하고 분명한 근거를 갖고 말이다.

자신의 본래 마음을 숨기는 태도를 뒤집는 데는 다른 방법이 없다. 이런 상황이 닥칠 때마다 겸허하게 자신을 멈추고 자신만의 은밀한 동굴에서 나와 간접적인 태도를 알아차린 뒤, 재빨리 자신의 감정과 요구를 드러내야 한다.

우리가 원하는 대로 타인들이 행동하도록 만들기 위해 쏟아붓는 에너지는 불안과 소외의 주요한 근원이 된다. 간접적인 태도와 부정직은 우리를 상처로부터 보호하기는커녕 삶의 참다운 활력으로부터 더욱 멀어지게 한다.

이 모든 사실 속에서 우리는 근본적인 진리를 발견할 수 있다. 나뭇잎에 흠이 생기고 갉아 먹히듯 인간의 감정도 삶에 의해 마모된다. 하지만 이런 감정들은 우리의 권리이기도 하다. 인생의 계절을 알려주는 증거이기 때문이다.

18 November
나의 조각들

누구나 자신이 있는 자리에서 사랑할 수 있다.
누구나 방 안을 벗어나지 않고도 자기 몫의 사랑을 보탤 수 있다.
― 헬렌 니어링 Helen Nearing ―

일자리를 얻기 위해 면접을 보러 다니던 친구가 저녁 식사 자리에서 이런 이야기를 했다. 합격하고 싶은 마음이 너무나도 간절해서 가끔은 우리 안에 갇힌 강아지처럼 "날 골라줘! 날 골라줘!" 하고 속으로 외친다는 것이다.

모두들 웃음을 터뜨렸다. 사실 누구나 이렇게 살고 있기 때문이다. 내면이 혼란스러울 때면 마치 모든 재능과 가능성을 박탈당한 고아처럼 느껴지기도 한다. 이런 고통의 시기에는 자신이 줄 수 있는 것이 너무 적다는 생각에 어떻게 해서든 아무 곳에나 들어가고픈 마음이 간절해진다. 설상가상으로, 잠재적인 상사나 파트너 또는 친구들이 우리의 모든 점을 알면 우리를 받아들이지 않을 수도 있다는 생각에 본래의 자기를 부분적으로 숨기기도 한다. 일단 이런 생각에 사로잡히면 회복하기가 힘들다.

하지만 계속 자신을 숨기는 것도 어려운 일이다. 자신의 조각만 남는다면 무슨 의미가 있겠는가? 귀만 드러내고 몸의 다른 부분들은 숨겨야 한다면 무슨 의미가 있단 말인가? 순종적이고 예의 바른 태도만 드러내고 열정 같은 인성의 다른 부분들은 숨긴다면 무슨 의미가 있겠는가?

사실 자신의 조각만 갖고 살 수 있는 사람은 없다. 금으로 된 것이어도 조각으로는 지탱하기가 거의 불가능하기 때문이다.

19 November

내 안의 미로를 통과하는 법

• • •

지나온 길 속에
돌아가야 할 길의 비밀이 들어 있다.

그리스 신화에 나오는 테세우스는 집으로 돌아가기 위해 미로의 어두운 중심으로 들어가 무시무시한 괴물 미노타우로스를 죽이고 다시 빠져나와야 했다. 그가 일상의 밝은 빛 속으로 돌아올 수 있는 방법은 미로로 들어가면서 풀어놓은 실을 따라가는 것뿐이었다. 이 실은 사랑하는 연인 아리아드네가 그에게 준 것이다.

이런 이야기들은 성숙한 인간으로 성장하는 데 필요한 지혜를 가르쳐준다. 우리는 내면의 야수와 맞닥뜨려야만 평화로운 삶을 살 수 있다는 것이다. 테세우스가 그런 것처럼, 다시 빛 속으로 돌아오는 방법은 우리를 어둠으로 이끈 길을 사랑과 연민의 마음으로 되짚어가는 것뿐이다.

나는 학대를 경험한 몇 년 후 마찬가지로 타인들을 학대하는 자신을 발견했다. 그 순간 내가 겸허한 마음을 갖게 된 것은 이런 되짚음의 과정 덕분이다. 사랑받기 위해 자신을 드러내지 않다가 드디어 사랑이 없는 어두운 중심에 이른 것도, 본래의 나를 인정하는 가느다란 실을 따라 처음의 자리로 되돌아와 세상에서 내 자리를 발견하고 눈물 흘리게 된 것도 되짚음의 과정 덕분이다.

20 November
기적의 조건
• • •

자신을 확실하게 내맡기는 순간 신의 섭리도 작용한다.
자신을 내맡기지 않았다면 일어나지 않았을 온갖 일이 일어나 우리를 도와준다.
누구도 짐작 못한 일련의 사건들은 이런 내맡김의 결단에서부터 시작된다.
— 히말라야 탐험가 W. H. 머레이 Murray —

우리는 결정을 내리거나 위험을 무릅쓰기 전에 확신을 갖고 싶어 한다. 아이러니컬하게도 우리의 운명을 여는 것은 위험을 무릅쓰는 태도다. 먼저 확신을 얻고 싶어 하는 것은, 음식을 입에 넣기도 전에 맛을 먼저 알고 싶어 하는 것과 같다. 이런 식으로는 결코 음식의 맛을 알 수 없다.

먼저 자신을 진정으로 내맡겨야만 일이 어디로 흘러갈지 알 수 있다. 가슴의 소리에 귀 기울이라는 것도 결국은 이런 의미다. 횃대에서 뛰어내리지 않으면 새는 날아오를 수 없다. 가슴의 침묵 속에서 뛰쳐나오지 않으면 사랑은 불가능하다. 전체적인 존재가 되기를 갈구하지 않으면,

먹지 않은 빵이 딱딱하게 굳어버리듯 신성한 본질은 모든 것 속에서 기다리기만 한다.

돌아보면, 나도 표현에 자신을 바친 후에야 시인이 될 수 있었다. 무슨 말을 해야 할지 모르는 상태에서도 말이다. 마찬가지로 사랑받는 방법을 모르면서도 사랑받고 싶음을 자유롭게 인정하자, 사랑의 축복이 내 삶 속으로 들어왔다.

진정한 존재가 되려는 노력에 자신을 바치면, 바람이 나뭇잎을 알아채고 파도가 해변을 발견하듯 우주가 온갖 형태로 우리를 발견해줄 것이다.

21 November
멀고도 가까운 그곳

우리가 멈추는 곳이 어디든
그곳이 정상이다.

대륙분수령을 넘을 생각으로 로키산맥을 관통하는 34번 국도에 올랐다. 그때 격렬한 두 감정이 거의 동시에 나를 덮쳤다. 높은 곳에 올라가도 고통을 느낀 적이 없었는데, 1만 2,000피트의 좁은 길을 운전하자 두려움이 몰려들었다. 그리고 내가 있는 곳에 모든 것이 존재한다는 거부할 수 없는 진리가 나를 가득 채웠다. 나는 차를 멈추고 수목한계선의 툰드라 지역을 거닐었다. 그러자 문득 더 멀리 갈 수도, 멀리 갈 필요도 없다는 생각이 들었다.

우리의 삶도 산맥을 통과하는 이 여정과 같지 않을까? 삶의 고통을 겪어내는 과정도 어지럽고 속이 뒤틀려도 이 좁은 길을 따라 오래된 바위들 사이를 통과하는 것과 같지 않을까? 더 갈 수 없을 때까지 가다가 자신이 인간임을 받아들이는 순간, 정상이 우리에게 다가오는 것은 아닐까? 이 얼마나 놀라운 진리인가!

나는 내가 갈 수 있는 만큼 멀리 여행을 떠났다. 그런데 지구의 벌거벗은 산꼭대기에서 더 나아갈 수 없는 지점이 나의 종착지임을 깨달았다. 누구도 피할 수 없는 마음의 피로란 바로 이런 것이다. 부를 얻겠다는 꿈이든 사랑에 대한 꿈이든, 우리가 갈망하던 꼭대기에 이르기 위해 아무리 숭고한 노력을 기울여도 정상은 우리 내면에 존재한다. 그리고 어디에나 존재하는 이 정상을 볼 수 있게 해주는 것은 노력과 피로, 즉 여정 그 자체다. 정상은 도달하는 것이라기보다 피로 속에서 받아들이는 것이다.

나는 나의 인간적 한계가 부여한 지점에 도달했음을 느꼈다. 왜 그런지 충분하다는 생각도 들었다. 허망하게 눈물이 왈칵 쏟아졌다. 우리는 끝없는 바람에 닳고 닳은 바윗덩어리처럼 헐벗은 존재들이다. 아무리 꼼꼼하게 제작된 지도를 물려받았어도 우리가 비축해둔 것들을 전부 써버리고 나서야 우리가 갖고 있던 것에 다다른다. 이렇게 우리는 겸양을 배워나간다.

자신이 연약한 인간임을 인정하고 나면, 살아 있는 존재들이 얼마나 집요할 정도로 연약한지도 이해하게 된다. 산의 갈라진 틈새에서 흘러내린 물을 살짝만 핥아도 뿌리는 튼튼해진다. 돌 같은 가슴을 타고 흐르는 사랑을 맨입으로 살짝만 핥아도 우리의 영혼은 피어난다.

22 November
슬픔

• • •

잡아당기면 슬픔은 실오라기처럼 풀려나와
우리를 맨몸으로 노래 부르게 한다.

친구 한 명이 나를 미국삼나무 숲으로 데려갔다. 나무들이 신과 이야기를 나누는 곳이었다. 500~600년은 된 두꺼운 껍질의 나무들을 보니 할머니가 가까이 계신 것 같았다. 사람들은 이해하지 못하겠지만, 할머니가 돌아가신 지 12년이 지났어도 영혼의 눈인 왼쪽 눈 뒤에 할머니를 모시고 다니기 때문이다. 나는 살며시 이 오래된 나무에 몸을 기댔다. 그러자 잎사귀들이 바스락거렸다. 더 어린 나무들은 나를 따라 삐걱삐걱 소리를 냈다. 할머니가 몹시도 그리웠다. 나는 할머니의 부재로 인한 상실감과 공허감에 저항했었다. 하지만 그 슬픔에 나를 맡기면 언제나 모든 것이 더 생기 있고 생생하게 느껴졌다.

슬픔은 서서히 느껴지는 아픔처럼 계속 일어날 수도 있다. 하지만 슬퍼할수록 우리가 사랑하는 사람들은 신기하게도 우리 존재의 일부분이 된다. 그러므로 슬픔은 모든 존재의 문을 열기 위해 가슴으로 불러야 하는 또 하나의 노래다.

실제로 우리 안에는 작은 존재가 살아 있다. 어둠 속에서 날개를 펼치기 위해 애쓰는 천사 같은 존재. 이 천사가 노래 부르는 법을 배우면 우리는 숨고 싶은 충동에서 벗어날 수 있다. 실제로 하나의 가슴이 말을 하기 시작하면 모든 가슴이 날아오른다. 위대해진다는 것의 의미는 말할 수 없는 것을 말해 우리 안에서 기다리는 것들을 해방시키는 것이다.

23 November
진리와 위험
••••

내게 정직의 힘을 발휘하고
지금의 힘들고 평범한 일상에 몰두할 힘을 주소서.
- 테드 로더 Ted Loder -

옛날에 두 친구가 있었다. 한 친구는 상당히 용감하게 경험들을 받아들였다. 언제나 새로운 일을 시도하고 새로운 길을 개척했다. 다른 친구는 소심하게 세상을 살았다. 하지만 모든 상황의 진실을 직시할 수 있는 힘이 있었다. 두 사람은 서로 도움을 주고받았다.

시간이 흐르면서 둘은 사랑에 빠져 파트너가 됐다. 한쪽은 그들을 새로운 경험으로 인도하고, 다른 쪽은 그들이 다녀온 곳의 진실을 보여주었다. 이런 관계는 몇 년간 효과적으로 유지됐다. 그러나 용감한 친구는 세상 속으로 더 깊이 들어가보고 싶었다. 어떤 상황에서든 진실을 볼 줄 아는 친구는 진리를 더 깊이 느껴보고 싶었다.

두 사람은 각자의 길을 갔다. 매우 슬픈 일이었다. 하지만 용감한 사람은 진리를 볼 줄 아는 능력을 계발해야 했고, 모든 상황을 직시할 줄 아는 사람은 새로운 길을 개척할 줄 아는 능력을 계발해야 했다.

각자 새로운 능력을 계발하는 데 또 한 번의 생이 걸렸다. 이들은 다시 만났다. 연인으로 지내다 각자의 길을 갔던 이들은 상대가 예전만큼 필요하지는 않았지만 더 강렬히 서로를 원하게 됐다.

24 November
시간의 선물

* * *

더 나이든 지금,
그대는 모든 지속되는 것 속에서 성스러움을 발견한다.
- 나오미 시햅 나이 -

이 땅에서 깨어 있는 시간이 길어질수록 고요한 것들은 갈수록 큰 소리로 내게 말을 걸어온다. 살아온 시간과 경험이 많아질수록 모두가 공유하는 평범함 속에서 진리를 발견하게 된다. 고통이 나를 부드럽게 만들수록 기쁨은 깊어진다. 위대한 고요 속에서 살아 있는 존재들이 주는 가르침도 더욱 커진다.

암에 걸리기 전에 나는 불평이 많았다. 온갖 허드렛일을 다시 해야 한다는 것이 화났고, 깎자마자 잔디가 다시 자라는 것도 짜증났다. 지금은 내가 어떻게 하든 잔디가 다시 자라난다는 데 경외감을 느낀다. 내게 얼마나 필요한 인식인가!

병상에서 일어난 지 12년이 흘렀다. 지금 나는 부드러운 빗속에 서 있다. 빗방울 하나하나가 내가 이해하지 못하는 단순한 진리들을 속삭여주는 것 같다. 비를 기다리는 내 가슴의 하늘에는 오로지 공기뿐이다. 지금 나는 더 야위고, 더 흐리고, 더 또렷하다. 말할 수 있는 힘은 더욱 줄어들었다. 그러나 나의 가슴은 이 세상이 내게 가르쳐주려 한 것보다 더 많은 것을 배우고 있다. 이제 나는 껍질을 벗기지 않은 오렌지에 입 맞추고 그 즙을 맛보는 법을 배우고 싶다.

12년 전의 달갑지 않던 성장은 이제 끝났다. 이후로도 나는 내내 껍

질을 벗고 있다. 오 아름다운 삶이여! 이제 남은 것은 진정한 삶을 원하는 두려움 없는 가슴뿐이다.

25 November

연민

∘ ∘ ∘

사랑의 마음으로 자신을 대하면
모든 존재와 화합할 수 있다.
- 노자 -

자신을 사랑의 마음으로 대하는데 어떻게 세상의 모든 존재와 화합할 수 있다는 것일까? 바퀴의 바퀴살들을 떠올려보면 이해할 수 있다. 바퀴에서 각각의 바퀴살은 개개의 삶과 같다. 모든 삶은 이 바퀴살들처럼 공동의 바퀴 중심에서 만난다. 우리의 가장 깊은 중심을 보살펴야 모든 영혼들을 돌볼 수 있는 이유도 여기에 있다.

우리의 상호연결성을 깨닫는 강력한 방식은 또 있다. 강가에서 자라는 사시나무들을 인간 가족과 같다고 상상해보자. 개개의 나무는 다른 나무들에 의존하지 않고 독립적으로 자라는 것처럼 보인다. 하지만 우리 눈에 보이지 않는 땅 밑에서는 나무들의 뿌리가 하나의 거대한 뿌리로 존재하고 있다. 이처럼 우리 영혼의 성장은 독자적으로 보이지만, 사실은 우리를 둘러싼 존재들의 건강과 긴밀하게 연관되어 있다. 눈에 보이지 않는 중심에서는 우리의 영혼들이 서로 엉켜 있기 때문이다.

이 점을 깨달으면 이웃의 건강을 내 것처럼 챙겨야 함을 분명히 알게 된다. 나는 입원했던 여러 병실에서 이것을 절감했다. 낯선 사람들을 차단하면 자신으로부터도 단절될 수밖에 없다. 뿌리가 질식하면 우리의 성장도 멈춘다. 이방인들을 사랑하면 자신도 사랑하게 된다.

이것을 깨닫고 나자, 노자가 말한 세 번째 가르침도 이해가 됐다. 고통을 덜고 싶다는 바람을 안고 자신의 고통을 자각하면 불신을 극복할 수 있다. 모든 살아 있는 존재와 다시 친밀해질 수 있다. 지속적으로 철저하게 자신을 치유하면 세상도 치유할 수 있다. 각각의 세포가 건강한 만큼 몸도 건강해지고, 개개인의 영혼이 건강한 만큼 세상도 건강해지기 때문이다.

우리에게는 시간을 초월한 오랜 약이 있다. 직접적으로 살고 기다릴 줄 알며, 자신의 영혼을 온 세상처럼 돌보라는 것이 그 약이다.

26 November

감사의 혈연관계

*둘을 하나로 만들 때, 안을 밖으로 만들 때,
밖을 안으로 만들 때 비로소 너는 왕국으로 들어갈 것이다.*
- 예수 -

경험의 목적은 완전한 존재가 되지 못하게 가로막는 모든 것을 제거하는 데 있다. 사랑과 고통을 통해 배운 것은 우리의 벽들을 줄여주고, 안과 밖의 삶을 통합하며, 그 사이 삶의 갈등은 남아 있는 모든 장애물을 약화시킨다.

가장 간단하고도 철저하게 우리 본래의 모습과 세상을 하나로 만드는 방법은 감사의 유대감을 갖는 것이다. 영혼과 물질의 세계를 하나로 만드는 데 이보다 더 빠른 방법은 없다.

감사의 마음을 품는다는 것은 우리가 원하는 것은 물론이고, 자만심과 고집을 꺾어버리는 것들에도 고마움을 갖는다는 의미다.

우리가 원하고 얻기 위해 애썼던 것들도 실제로 얻고 나면 우리를 망가뜨릴 수 있다. 때로는 이 이해할 수 없는 일들에 감사하는 마음만 가져도 모든 일과 사람이 더욱 가까워진다. 빨아들이는 힘이 여러 갈래로 나뉘어 흐르는 물을 하나로 모으는 것과 같다. 그러므로 왜 그래야 하는지 확신이 서지 않아도 분명하게 감사의 마음을 전하자. 그리고 살아 있는 모든 존재들의 넉넉함이 나의 가슴을 고양시켜주는 것을 느껴보자.

27 November
아침의 의미

영혼을 고요하게 만드는 광막함이 있다.
그러나 우리는 때로 생명력의 한가운데서도 지나치게 경직돼 있어서
자신이 무엇의 한 부분인지 깨닫지 못한다.

다시 또 다시 뚫고 나아가는 시작의 작은 빛. 이것이 아침의 진정한 모습이다. 이 빛은 아주 크고 분명하며, 고요히 그러나 완벽하게 평생을 우리와 함께한다. 그래서 이것을 잘 알아차리지 못하기도 한다.

경험이 남긴 먼지와 모래들은 매일 우리를 뒤덮는다. 이로 인해 울적해지다가도 우리는 다시 생각하고 계획을 짜고 문제를 해결한다. 그러고는 이 모든 것이 정말로 효과가 있을지, 적절한 방법인지 걱정한다. 이런 걱정들은 우리를 어둡고 어수선하게 만든다.

걱정이 아무리 커도, 우리는 결국 피곤에 젖어 낮에 일어난 일들을 밤의 침상으로 가지고 간다. 이것은 좋은 일이다. 마무리를 못한 것 같아도 잠에 내맡기는 것은 고요한 기적에 다름 아니기 때문이다.

잠에 내맡기는 것은 반성을 위한 본능적인 명상과 같다. 파리가 얼굴을 문지르거나 어미 사슴이 새끼를 핥는 행위와 다르지 않다. 그래서 훈련이나 기도를 하지 않아도, 결심이나 실수와 상관없이 이내 잠에 빠져든다. 이렇게 자신을 내맡겨 모든 의도와 후회를 고요하게 만들면, 시작의 작은 빛이 다시 우리 안에서 일어난다.

이 심오하고 단순한 진리를 피할 길은 없다. 일어나는 일들은 우리를 먼지처럼 뒤덮는다. 우리의 가슴과 정신을 뒤덮는다. 소진의 해변에 이르러 다시 시작하기 위해 세례를 받듯 잠의 물결 속으로 미끄러질 때까지 우리를 뒤덮는다.

그러므로 초조하거나 짓눌리는 느낌이 들 때는, 무언가를 파악하거나 생각할 수 없는 것을 다시 생각해야 할 때는 휴식을 취한다. 어떤 이들이 신의 음성이라고 하는 끝없는 시작의 빛이 이미 일어난 일들을 뚫고 솟아오르도록 휴식을 취한다. 그러면 우리도 새벽의 빛이 된 것 같은 느낌으로 눈 뜰 것이다.

28 November
느낌이 있는 삶

> 성실함은 가장 깊고 진정한 자기에서 흘러나온다.
> 이 성실함이 없으면 정직도 곡해되어 제 역할을 못한다.
> 성실함 없이 정직하기만 한 것은 노 없이 보트를 움직이려는 것과 같다.
> — 모치마사 히키타 Mochimasa Hikita —

정확하게 보는 것과 자신이 본 것을 성실하게 느끼는 것은 다른 문제다. 정직하게 보고 성실하게 느낀 것을 토대로 자신의 행동을 결정하는 것 또한 다른 문제다.

이런 사실을 생각하다 보면, 유럽의 어느 스테인드글라스 장인이 떠오른다. 그녀는 세 가지를 알아야 성스러운 창문을 만들 수 있다고 했다. 첫째는 삶의 어떤 이미지가 창문을 형성하는지 아는 것이다. 둘째는 어떤 색으로 창문을 채워야 하는지를 아는 것이고, 마지막은 창문을 빛 속에 두어 창문의 모든 것이 살아나게 하는 행위, 즉 맹세가 있어야 한다.

우리도 이 스테인드글라스와 같다. 정직은 우리를 만들어낸 삶의 이미지들, 다시 말해 경험을 통해 더럽혀지고 상처받은 우리의 이미지들을 발견하게 한다. 하지만 이 이미지들과 우리를 색으로 가득 채우는 진실한 가슴이 없으면 아무것도 아니다. 진정으로 생기 있는 사람이 되고 싶으면 스스로를 빛 속에 두어야 한다.

스테인드글라스가 얼마나 갑자기 찬란하게 빛나는지는 모두가 알고 있다. 뿌옇게 먼지가 낀 듯해도 햇살이 비치는 순간 숨이 턱 막힐 정도로 아름다운 모습을 드러내면, 우리는 안에서 그것을 바라본다.

우리도 마찬가지다. 우리는 아직 만들어지고 있는 스테인드글라스와 같다. 우리가 배워야 할 가장 중요한 기술은, 빛 속에 자신을 드러내고 서로를 안에서부터 바라보는 것이다. 이것은 기도와 같다. 어렵게 들리겠지만 눈과 손, 입의 협력으로 식사를 하는 것도 이런 기도와 같다. 이것은 기본적이고 필수적인 일이며, 한 번 익히면 생각하지 않아도 매일 이렇게 할 수 있다.

29 November
관계의 천사

우리를 바라보는 천사는 서로의 눈을 통해 주시한다.
— 리키 리 존스 Rickie Lee Jones —

짧은 순간이라도 어떤 예정이나 욕망이 낳은 책략 또는 요구 없이 서로의 눈을 들여다보면, 설명할 수 없는 본질적인 무언가가 우리를 우리 이상의 존재로 만들어준다. 거울을 들여다보는 것과 사랑하는 사람의 눈을 들여다보는 것이 다른 것처럼 말이다.

관계의 천사는 가슴이 부풀어 올라 우리의 눈이 열릴 때만 나타나는 것 같다. 물론 이런 느낌이 너무 강렬하면 많은 일이 잘못 전개될 수도 있다. 하지만 둘 사이에서 활력이 깨어나 상대에게만 있다고 여겼던 활력이 내 안에도 있음을 느낄 수도 있다. 그래서 상대와 있고 싶어 하면서 자신은 내팽개칠 수도 있다. 또 상대의 심연 속에서 아래로 끌려들어가는 느낌을 받고 두려움에 빠질 수도 있다. 그래서 자신을 심연으로 끌어내린 사람이 상대라는 생각 때문에 미래에 경험할 수 있는 가장 아름다운 것에서 스스로 도망칠 수도 있다.

하지만 얼굴에 와 닿는 햇살을 느끼기 위해 내가 바라보는 여름날의 태양처럼, 나는 태양이 아니다. 태양도 나는 아니다. 그렇지만 둘 사이에는 수그러들 줄 모르는 아름다움이 피어난다. 누구도 소유할 수 없는 아름다움. 이 아름다움 없이는 누구도 살아갈 수 없다.

30 November
우리가 아끼는 것

* * *

우리가 소중하게 아끼는 것이
세상을 치유한다.

성지 순례자들에 대한 오래된 이야기가 있다. 순례자들은 여러 날을 걸어 아주 넓은 강둑에 도착했다. 하지만 강이 너무 깊어서 건널 수가 없었다. 다리를 놓을 재료도 없었다. 순례자 한 명이 기도를 올리자, 그들에게 각자 아끼는 것을 내놓으라고 재촉하는 목소리가 들려왔다. 그들이 내놓은 것들로 뗏목을 만들 수 있었다. 순례자들을 강 건너 성지로 안전하게 실어다줄 수 있는 것은 그들이 소중하게 아끼는 것뿐이었다.

한 순례자가 기도를 마치자, 즉시 갈등과 의심이 일어났다. 그 목소리를 들은 사람은 순례자들이 가장 중요하게 여기는 것을 훔치려 한다고 비난받았다. 그러다가 드디어 순례자 네 명이 아끼는 것을 내놓겠다고 했다. 이들은 돌멩이와 깃털, 유목, 누구도 이해하지 못하는 책의 한 페이지를 내놓았다. 다른 사람들의 눈에는 전혀 쓸모없는 것들이었다. 신기하게도 순례자들이 잠을 자는 사이 이 물건들 속에 스며 있던 아끼는 마음이 하나로 모아졌다. 잠에서 깨어난 순례자들의 앞에는 멋진 뗏목이 한 척 놓여 있었다.

강 건너편에 도착하자 깃털을 내놓은 남자가 또 다른 목소리를 들었다. 일행이 도착한 그곳이 성지라는 것이다. 네 명의 순례자들은 먼 강둑에 정착했다. 그곳에서는 강을 건너지 못한 사람들이 보였다. 그날 밤 그들은 뗏목을 태워 요리를 했다. 그러자 그들이 아끼던 것이 그들을 지탱해주고 다시 음식으로 바뀌면, 그곳이 어디든 성지라는 목소리가 들려왔다.

이 오래된 신화가 전하는 지혜는, 우리가 가장 개인적인 것으로 여기고 두려워하는 것을 신기하게도 모두가 공유한다는 것이다. 그러므로 공유하고 나면, 우리가 소중하게 여기는 것들은 치유의 힘을 발휘한다. 그렇다고 한창 애착을 갖고 있으면서도 우리를 치유하는 것을 포기해야 한다는 말은 아니다. 그보다는 다른 사람들도 우리의 성물로 치유 효과를 볼 수 있게 자기만의 성물을 포기할 줄 알아야 한다는 의미다.

내가 아팠을 때 누군가 주었던 성자의 유골이 생각난다. 수세기 전에 종교를 창시한 어느 성자의 뼛조각이었다. 나는 그 종교의 신자는 아니지만 기도를 드리거나 걱정에 시달리거나 땀을 흘리면서 두려움과 싸우는 동안, 그 유골은 내게 소중한 존재가 됐다.

건강을 되찾은 후에도 나는 이 유골을 신성한 부적처럼 간직했다. 어느 날 이 유골을 준 사람이 심각하게 아프니 돌려달라고 했다. 난 유골을 주는 게 두려웠다. 그것이 없으면 무방비 상태에 놓일 것만 같았다. 하지만 그것을 주고 나자, 모든 것이 성스럽게 여겨졌다. 시간이 흐르면서 내 행동이 옳았음을 깨달았다.

이후 나는 수정구며 책 등 오랫동안 아껴오던 나만의 보물 같은 것들을 사람들에게 주었다. 이런 것들은 실제로 사용할 때만 치유 효과를 내고 소중한 것들을 내줘야만 강을 건널 수 있기 때문이었다.

12 December

되짚어봄

01 December
촛불과 고치

꿈은 어둠을 헤치고 나아가게 도와주는 촛불과 같다.
일단 피우고 나면 초는 녹아 없어진다.

흔히들 소망이나 꿈으로 자신을 규정한다. 나는 배우가, 음악가, 대통령이, 할머니가 되고 싶어. 내 꿈은 유명해지고, 역사에 남는 인물이 되고, 영웅이 되는 것이라는 식으로 자신을 규정한다. 그러다가 삶이 우리를 다른 모습으로 만들면 실패했다고 생각한다. 혹은 그리 만족스럽지는 않지만, 원하는 것을 갖거나 꿈꾸던 사람이 될 만큼 훌륭하지 않기 때문에 어쩔 수 없다고 생각한다.

자신의 한계를 절감할 때는 확실히 그렇게 생각하는 게 맞는 것 같다. 하지만 한계가 느껴져도 우리는 실패한 것이 아니다. 애벌레가 나비가 되는 것처럼 진화한 것이다. 엄밀히 말해서 삶의 연속적인 실연은 존재의 질서 속에서 우리의 올바른 자리와 축복을 찾는 데 필요하다.

사실 우리의 바람과 꿈은 언제까지나 계속되는 게 아니다. 우리의 진화과정 속에서 그 역할을 다 한 후에는 멀리 사라지고 적합성도 잃어버린다. 그러므로 이미 죽은 것을 고집스럽게 품는 것은 자신에게 엄청난 손상을 가하는 일이다.

청소년 시절, 나는 직업 농구선수가 되고 싶었다. 한동안은 한계를 드러내지 않을 정도로 재능도 있었다. 덕분에 고등학교와 대학 때는 농구선수로 활약했다. 대학교 2학년 때 농구를 그만두고, 나의 소명이 시인임을 깨달았다. 이후 18년 가까이 시인의 삶을 살다가 암을 계기로 미처 몰랐던 영적인 삶에 눈을 떴다.

나는 농구선수가 되는 데도, 시인으로서도 실패하지 않았다. 더 정확히 말해, 나의 내면성은 삶의 충분한 경험과 함께 진화했다. 공중에서 몸을 움직이던 일은 감정을 갖고 노는 시인의 춤으로 진화하고, 춤은 다시 존재의 영적인 축복으로 진화했다. 고치가 자연스럽게 나비가 되듯 나는 농수선수가 되고 싶다는 욕망을 자연스레 실현했다. 하지만 꿈의 껍질을 벗는 일은 고통스러웠다.

꿈을 좇아 사는 일은 꿈 속으로 들어가 꿈이 가르쳐주는 모든 것을 배우는 것만큼이나 중요하다.

02 December

삶의 시 속으로

우리가 할 일은 그것을 밝히는 것이 아니라 살아내는 것이다.
- 헬렌 루크 -

헬렌 루크는 영적인 삶에 깊이 뿌리를 내린 지혜로운 여인이었다. 나는 그녀가 세상을 떠나기 전 2년간 그녀와 알고 지냈다. 이 시기에 그녀는 나의 스승이 됐다. 위의 말은 우리가 마지막으로 나눈 대화의 일부다. 그녀의 말을 듣고 나는 혼란에 빠졌다. 숨겨진 본질을 드러내는 것이 나의 일이라고 생각하면서 작가가 되기 위해 온 삶을 바치고 있었기 때문이다.

나는 헬렌이 죽은 뒤에야 그녀의 가르침을 권유로 이해하게 됐다. 지금 하는 일에 아무리 헌신해도 거창한 목적을 모두 내려놓을 줄 알아야 한다는 권유로 받아들인 것이다. 물론 그녀의 말은 글쓰기를 그만두라는 것은 아니었다. 중요한 존재가 되기 위해 애쓰지 말라는 의미였다. 삶의 시를 기록하는 일을 멈추고, 직접 삶의 시 속으로 들어가라는 말이었다.

이 가르침은 우리 모두에게 적용된다. 현재의 삶에 자신을 다 바치면, 나머지는 따라오게 되어 있다. 삶에 대한 의지가 강한 사람들을 통해 삶은 스스로를 드러내는 것 같다. 다른 것들은 아무리 아름답게 보여도 과시에 지나지 않는다.

내가 이것을 깨닫고 받아들이는 데는 여러 해가 걸렸다. 너무 순진하게 시작한 탓에 분리가 일어났기 때문이다. 이제는 직접적인 경험을 회복해야 건강할 수 있다는 것을 안다. 이렇게 한 번도 이뤄진 적이 없는 일을 하기 위해 몸부림쳐본 후에야 삶이 본래 예술임을 깨달았다.

03 December
환대

• • •

본질적으로 환대는
문턱을 넘게 도와주는 것이다.
— 이반 일리치 Ivan Illich —

단테의 《신곡》에서 버질은 친절하게도 단테를 부정의 지옥에서 환영의 연옥을 지나 불을 저장한 산으로 인도한다. 단테는 홀로 이곳을 넘어야 진정한 존재가 될 수 있다. 이전에 아론은 형 모세를 시나이 산에서 내려와 세상 속으로 들어가도록 인도했다. 모세는 이 세상에서 신이 일러준 대로 살아야 했다.

우리가 그토록 자주 들은 원죄에 대한 이야기들을 무시하고 보면, 신은 아담과 이브를 에덴동산에서 세상의 문턱으로 인도했다고 할 수 있다. 그리고 그들에게 진정한 경험들로 채워진 삶, 인간다운 사람만이 알 수 있는 상처와 경이의 삶을 선사했다. 이것들은 비슷한 영혼들을 삶 속으로 더욱 깊이 들어가게 인도하는 영적인 환대의 심오한 예다.

사실 우리가 타인들에게 줄 수 있는 최대치는 어떤 의도나 보상에 대한 기대, 강요도 없이 타인들을 인도하고 위로하는 것이다. 세상에서 진정한 자기를 펼칠 수 있게 가족끼리 서로 도와주는 것, 진실의 문턱을 넘게 친구끼리 서로 도와주는 것, 스스로 만든 장애물을 넘어 온전하게 살아 있는 순간 속으로 들어갈 수 있도록 연인끼리 서로 도와주는 것이다. 이런 것이 진정한 환대다. 우리가 무엇을 먹건 상관하지 않고 정직하게 식탁으로 초대하는 것이다. 사랑의 목적도 기대도 간섭도 없이 상대가 다시 시작할 수 있도록 최선을 다해 인도하는 것이다.

몸이 아팠을 때 꾸었던 꿈이 생각난다. 좁고 밝은 공터에 이끌려 숲의 가장자리까지 갔다. 그곳에 서 있자 나이를 초월한 한 여인이 나타나 아주 단호한 어조로 이렇게 말했다.

"난 알아. 넌 시작할 수 없어. 내가 친절하다면 너를 반쯤은 들여보낼 거야. 하지만 난 친절을 초월한 존재지. 넌 혼자 들어와야 해. 건너편에서 널 기다릴게."

그 여인이 신이었는지 아니면 천사나 내 영혼의 평화를 나타내는 존재였는지는 확신할 수 없다. 하지만 그녀의 부드럽고도 강력한 인도는 내가 통과하는 것을 도와주었다. 이후로 다시는 그녀를 보지 못했다. 하지만 나나 타인들이 발을 들여놓을 수도, 그렇지 않을 수도 있는 길들을 닦으면서 사랑을 실천하는 지금은 내 손 안에서 그녀를 느낀다.

이것은 사랑의 가장 깊은 소명들 가운데 하나를 말해준다. 상처받은 사람들을 위한 특별한 환대, 즉 연민의 마음에서 비롯된 강력한 행동으로 고통에 빠진 사람들을 스스로 치유하게 하는 것이 사랑이라고. 혼돈을 제거하고 진정한 위안을 얻으라고 끈질기게 북돋아주는 것이 사랑이라고 가르쳐준다.

고통을 겪어본 사람들은 자신의 차례가 됐을 때 이렇게 낙심한 사람들의 고개를 들어 올리고 축 처진 목을 떠받쳐서 물을 마시게 해준다. 이들을 대신해서 물을 마셔줄 수는 없으므로.

04 December
일과 열정

· · ·

세상이 무엇을 필요로 하는지 묻지 말고,
나를 생기 있게 만드는 일이 무엇인지 묻는다. 그리고 그 일을 한다.
세상이 필요로 하는 것은 생기 있는 사람이기 때문이다.

— 하워드 서먼 Howard Thurman —

    대학 시절 많은 학생이 교직과정에 몰렸던 기억이 난다. 그 분야에 일자리가 많은 것처럼 여겨졌기 때문이다. 대학을 졸업할 즈음에는 교사 자리가 드물었다. 15년 후 내가 대학에서 가르치고 있을 때도 똑같은 현상이 벌어졌다. 많은 학생이 우르르 경영학으로 몰려들었다. 몇 년 후 그 학생들이 졸업한 뒤에는 일자리가 거의 없었다.

    희소성은 이렇게 삶의 방향에 영향을 미치기도 한다. 타인들의 요구는 우리의 관심사에 영향을 미친다. 이로써 우리는 안전하다고 생각하는 것을 위해 행복의 기회를 팔기도 한다. 문서상으로는 수요와 공급이 맞을지 몰라도, 이런 선택은 사랑이 없는 삶을 만들어낸다.

    그러므로 오랜 세월이 걸려도 자신이 사랑하는 것을 발견해야 열정적인 삶을 만들어갈 수 있다. 돈을 많이 받든 적게 받든 활기를 잃지 않게 해주는 일이 우리를 생기 있게 만든다. 그리고 직업 시장의 추세와 상관없는 열정적인 삶은 우리를 세상이라는 몸에서 건강한 세포로 살아가게 해준다.

05 December
장애물을 쫓아가라

장애물을 쫓아가라.
그것이 우리를 자유롭게 할지니.

눈앞에 산이 나타나자 마음이 급해졌다. 산을 돌아가면 시간이 많이 걸릴 것 같았다. 나는 산에 길을 내면서 넘기로 했다. 돌이며 나뭇가지들이 전부 시간을 앗아가는 방해꾼 같았다. 산이 방해를 안 하면 좋았겠지만, 급히 나아가는 통에 팔과 다리에 상처가 났다. 갈수록 숨쉬기도 힘들어지고, 방향감각도 완전히 상실했다. 이제는 높이 올라가 방향을 가늠해보는 수밖에 없었다.

수목한계선을 돌파하자, 내 안의 무언가가 정상을 보고 싶어 했다. 나는 서둘러서 더 위로 올라갔다. 그런데 이상하게 한 걸음 한 걸음 올라가도 어디로도 가고 있는 것 같지 않았다. 드디어 구름을 뚫고 올라갔다. 구름 위에서 태양을 본 적은 한 번도 없었다.

벼랑 위 빈터에 앉자 머리 위로 햇살이 쏟아졌다. 그 순간 갑자기 꼭대기에 오르거나 산을 넘는 일이 더는 중요하지 않게 여겨졌다. 그곳에 있는 게 좋았고, 산 위에서도 살 수 있을 것 같았다. 하지만 난 돌아가야 했다. 먹어야 하고 사랑도 필요했다. 하지만 장애물을 돌파하거나 서두르는 것에 대해 누군가 질문을 던진다면, 나는 이제 주변을 둘러보고 이렇게 말할 것이다.

"장애물을 따라가세요. 장애물이 당신을 자유롭게 해줄 것입니다."

어떤 장애물이든 우주적인 흐름 속에서 정당한 자격을 갖고 흐르는 존재로 보아야 한다. 우리 자신과 장애물은 똑같은 나무에서 뻗어난 서로 다른 나뭇가지들과 같으며, 이 나뭇가지들은 강을 떠다니다가 서로 부딪치기도 하고 서로를 가로막기도 한다.

그러므로 장애물에 대해 반감을 품으면 안 된다. 우리의 의지를 꺾어 버리려는 어떤 것으로 장애물을 이해해서는 안 된다는 말이다. 그러면 이런 저항감은 다시 우리에게로 되돌아온다.

우리가 할 일은 장애물의 생명력에 힘을 보태거나 영속화하지 않는 것이다. 장애물의 에너지에 마음을 열고 되도록 한 발짝 비켜서는 것이다. 합기도에서 상대의 타격에 맞받아치는 대신 상대의 주먹이 그냥 지나가게 하는 것처럼 말이다.

앞에 놓인 것을 무턱대고 장애물이라고 우겨대는 내면의 목소리에는 언제나 의문을 품어야 한다. 그것이 장애물일 수도 있지만, 그렇지 않을 수도 있기 때문이다. 사실은 아주 하찮은 것인데, 지난 투쟁의 역사로 인해 비극이나 불운으로 확대해서 생각하는 것일 수도 있다.

가능하면 우리 옆을 떠다니는 것들이 아닌 흐름 자체와의 관계에 초점을 맞춰야 한다. 그래서 무엇이 장애물과 우리를 움직이는지 파악한다. 우리의 움직임이 여전히 방해를 받으면 가만히 있을 때라는 의미일 것이다.

때가 무르익기도 전에 억지로 움직여서 자신에게 불필요한 손상을 가하지 말아야 한다.

06 December
진실의 색깔

* * *

세상에서 가장 선하고 아름다운 것은 볼 수도 만질 수도 없다…….
하지만 가슴으로 느낄 수는 있다.
- 헬렌 켈러 -

중국에는 도자기에 그림을 그려 넣는 오래된 기술이 있다. 이 기술에는 정밀함을 넘어선 깊은 신뢰와 인내심이 필요하다. 한 번에 하나씩 도자기에 바른 염료가 마르면서 도자기 속으로 스며들게 해야 하기 때문이다. 하지만 마를 때도 염료는 색깔을 드러내지 않는다. 도자기를 가마에 구워야만, 다시 말해 염료가 도자기 속으로 타 들어가야만 색깔이 나타난다.

놀랍게도 이런 과정은 삶에서 일어나는 의문들의 변화 과정과 흡사하다. 우리는 느낌의 붓으로 의문들을 가슴에 칠한다. 하지만 경험의 불꽃으로 이 의문들을 태워야만, 경험으로 이 의문들을 태워 가슴에 새겨야만 진실의 색깔을 볼 수 있다.

요컨대 삶의 깊은 의문들에는 해답이 없다. 경험으로 드러나는 진실의 색깔들이 있을 뿐이다. 이 색깔들을 보려면 신뢰와 인내심으로 의문들을 가슴에 새기고 태워야 한다.

07 December
선택

• • •

가슴은 튼튼한 해변과 같고,
바다는 많은 감정을 품고 있다.

매일 누구나 선택을 한다. 그 가운데 하나가 담을 쌓아 빛을 차단하는 것이다. 그러면 우리의 영혼은 눅눅함에 고통스러워한다. 반면에 자신을 드러내놓고 빛이 흘러들게 할 수도 있다. 그러면 노출된 삶이 만들어내는 침식의 흔적들로 고통스러워한다.

나를 포함해서 많은 사람이 벽 뒤에서 살아간다. 이 벽은 타인들이 세우기 시작해 우리가 완성한 것이다. 우리는 특별한 이유 없이 서로를 두려워한다. 서로가 벽을 쌓는 존재이자 계속 빛을 비춰대는 존재이기 때문이다.

여기서 핵심은 안전하게 그리고 충분하게 빛을 삶 속으로 끌어들이는 것이다. 나는 계속 빛을 비춰대기 위해 애쓰는 사람에게서 이 점을 배웠다. 삶에 영향을 받지 않는 것이 그렇게 안전한 것은 결코 아니기 때문이다. 내가 배운 것은 용감하게 햇살을 쏟아내는 태양처럼 진정한 자기로 존재하기 위해 위험을 무릅쓸수록 내 밖에 세워진 벽이 더욱 얇아진다는 점이다.

소년 시절 엄마가 내게 무언가를 강요했던 고통스러운 순간에 처음으로 이것을 경험했다. 엄마와 단둘이 내 방에 있었는데, 나는 용감하게도 싫다고 대답했다.

엄마가 무엇을 시켰는지 기억나지는 않는다. 다만 엄마의 요구가 모욕적이고 불필요한 것이었다는 점은 기억난다. 난 공격적으로 대들지는 않고 단호하게 입을 꾹 다물고 있었다. 엄마가 화를 내리라는 생각에 두려워서 얼른 방어벽을 친 것이다. 그러나 내가 마음의 준비를 하기도 전에 엄마는 팔을 머리 뒤로 제쳤다가 세차게 나를 후려쳤다. 내가 쌓은 벽은 효과가 없었다. 내 영혼은 공격당했다.

엄마가 다시 나를 때리려 했지만, 이번에는 나의 영혼이 반사적으로 튼튼한 자아의 벽 속으로 피했다. 엄마는 이 벽을 뚫지 못했다. 나는 기쁨으로 얼굴이 붉게 상기됐다. 그러자 엄마는 팔을 휘두르려다 이러지도 저리지도 못하고, 아빠를 불러 자신의 요구를 관철시키려 했다. 아빠는 내가 정당하다는 것을 알았지만, 상황을 개선하려 노력하는 대신 나를 때렸다. 아빠가 나를 때렸을 때, 나는 밝게 빛나고 있었다. 아팠지만 내 영혼은 보호받고 있었기 때문이다.

이렇게 벽이 필요한 때도 있다. 하지만 진정한 자기로 존재해야 자신을 보호할 수 있는 경우가 더 많다. 자신을 숨기는 것도, 자신을 드러내는 것도 우리 몫의 고통을 막아내지는 못한다. 그러나 진정한 자기로 존재하면, 떨어지기를 기다리는 껍질 속의 견과류 같은 존재로 남지 않고 우주적인 흐름의 한 부분이 된다.

08 December
주전자 속의 바다

물이 가득 든 주전자를 물속에 내려놓으면,
주전자의 안과 밖이 모두 물로 가득 차 있게 된다.
어리석은 자들이 이런 상태에 이름을 붙이고,
몸과 영혼에 대해 다시 떠들어대게 하면 안 된다.
- 카비르 -

내가 끝나는 지점과 타인이 시작되는 지점을 우리는 매우 중요하게 생각한다. 어쩔 수 없는 일이다. 적당한 경계를 선포해야만 카비르가 말한 진정한 영혼의 물, 공동의 영혼의 물을 발견하고 경험할 수 있기 때문이다. 물론 혼란이 일어날 수도 있다. 하지만 드러난 것을 웅변하듯이 분명하게 표현하지 못해도, 마음과 정신이 하나가 된 근원의 물처럼 누구나 투명하다.

테야르 드 샤르댕Teilhard de Chardin 의 말처럼 우리는 "영적인 경험을 하는 인간적인 존재가 아니라, 인간적인 경험을 하는 영적인 존재다." 이런 생각으로 하루를 시작하면 큰 차이를 만들어낼 수 있다. 작은 주전자 같은 우리의 삶에 대양을 품을 수 있다.

정체성을 찾기 위한 온갖 투쟁이나 삶의 무게와 상관없이, 우리 개개인의 내면에는 활력 넘치는 영혼이, 우리가 언제나 품고 다니는 샘이 존재한다. 이 샘은 막을 수는 있지만 가둘 수는 없다. 사랑과 평화를 향한 갈망의 형태로 모든 존재에게서 뿜어져 나온다.

갈망과 사랑을 향한 우리의 바람을 정직하게 드러내면, 영혼의 샘물도 열린다. 그러면 카비르가 말한 주전자처럼 우리는 물속의 물, 사랑

속에서 사는 사랑의 존재, 살아 있는 커다란 존재 속에서 살아가는 작은 존재, 바람 속의 숨결 같은 존재가 된다.

09 December
사랑의 작업

...

사랑은 모든 것을 관통한다.
— 파크루딘 이라키 Fakhruddin Iraq —

나는 연필의 최초 형태가 공 모양의 흑연이었음을 최근에야 알았다. 사람들은 흑연을 긁으면 표시가 남는다는 것을 발견하고, 흑연 조각들로 글을 써보기 위해 씨름했다. 여러 번의 시행착오 끝에 드디어 이 조각들로 손에 딱 맞는 사용가능한 형태를 만들어냈다. 이로써 하나의 도구가 탄생했다.

나는 평생의 관계를 통해 사랑도 이와 다르지 않음을 겸허히 깨달았다. 연인이든 친구든 가족이든 삶에서 친밀감을 느끼는 과정은 흑연 덩어리를 발견하는 일과 같다. 이 흑연 덩어리를 갖고 씨름하다 보면 무언가 표시가 남는다. 우리는 이 표시를 통해 서로를 이해한다.

이것은 시작에 불과하다. 사랑은 관계라는 물질로 우리의 손에 딱 들어맞는 도구를 만들어내는 것과 같다. 난관과 환상을 직시하고 간섭을 수용할 때마다 불필요한 조각들이 깎여나가면, 사랑은 드디어 성스러운 도구로 변모한다.

연민의 손에 진실이 쥐어져 있을 때는 사랑의 아픔도 상처를 남기지 않는다.

10 December

아픈 사람들에게 던지는 질문 4

. . .

다른 사람들의 이야기에 마지막으로 귀를 기울인 때가 언제인가?
- 아메리카 원주민 치유사가 아픈 사람들에게 던지는 질문 -

2년 동안 2주에 한 번 사이코드라마 그룹에 참여한 적이 있다. 나는 사이코드라마가 뭔지도 몰랐다. 이 그룹을 인도하는 사람이 내 스승만 아니었다면 아마 참여하지 않았을 것이다. 나는 그에게 더 배울 것이 있다고 생각했다. 그래서 그가 하는 일에는 뭐든 참여하리라 다짐했다.

알고 보니 사이코드라마는 참여자들이 번갈아가면서 자기 내면의 한 부분을 생생하게 드러내는 것이었다. 참여자들은 자신의 꿈이나 현재의 갈등, 해결되지 않은 과거의 문제 등을 실연하는 과정을 통해 삶에 도움이 될 모종의 지혜를 얻고 싶어 했다.

처음에 나는 이런 실연을 거부했다. 몇 주가 지나서야 나의 차례를 받아들일 용기를 냈다. 처음에는 주변에서 거들기만 하면서 이 모든 과정이 어떻게 전개되는지만 관찰할 생각이었다. 그러다 예기치 못하게, 나의 이야기와 아무리 다른 것처럼 보여도 참가자들의 이야기가 사실은 내가 한 번도 표현하지 못한 나의 일부분을 보여주고 있음을 깊이 깨달았다.

다른 사람의 꿈이나 갈등 또는 해결되지 않은 과거에 참여하는 것은 듣기 위한, 현재에 존재하기 위한 훈련과 다름없었다. 이렇게 들어준 보답으로 나는 용기의 살아 있는 모범을 처음으로 목도하는 크나큰 영광을 누리게 됐다. 그리고 우리의 이야기가 사실은 모두 똑같다는 놀라운 사실 속에서 위안과 치유를 경험했다.

위에 나오는 치유가는 타인의 이야기를 들어주면 상대방 덕분에 계속 이야기할 힘을 얻고 쉽게 볼 수 없던 자신의 일면도 이해하게 된다는 점을 알았던 것 같다. 타인들의 주의나 사적인 권유가 아니라 그들의 이야기에 귀 기울이는 시간은 우리의 고립감을 깨트리는 물과 같다. 충분히 주의 깊게 들으면, 우리는 위로 속에서 우리의 공통된 이름도 기억하게 된다.

11 December

중력 안에서

...

중력 안에서는 똑같은 일들이 일어난다.
단지 속도가 더 느릴 뿐.

접시가 깨지면 우리는 사건이 일어났다고 말한다. 그리고 가슴이 찢어지면 슬프다고 말한다. 찢어진 것이 우리의 가슴이면 비극적이라고 한다. 꿈이 부서지면 공평하지 않다고 불평한다. 흙을 떨어뜨린 개미는 다시 힘들게 더 많은 흙을 집어들고, 모이를 떨어뜨린 새는 다시 모이를 쪼아댄다. 그런데 인간은 자신이 필요한 것을 놓치면 온갖 잡설과 불평만 늘어놓는다.

그렇다고 우리가 한탄을 하는 것은 아니다. 자신의 한탄 소리에 귀 기울이기 위해 삶을 멈춘다. 그래도 별들은 여전히 충돌하고, 역사는 시작된다. 우리가 사는 세상에서 어떤 것들은 언제나 놔버리는 반면, 어떤 것들은 대지를 강타한다. 놔버리는 것들은 해방을 통해, 다시 말해 놔야 할 것을 강탈당할 때까지 붙들고 있지 않음으로써 생존한다. 반면에 강타당하는 것들은 부드러움을 통해, 즉 돌들이 진창의 모양을 바꾸듯 자신을 강타하는 것이 일시적으로 자신의 모양을 만들도록 허용함으로써 살아남는다.

우리 인간은 놔버리고 강타당하는 일을 번갈아 경험한다. 사랑은 이 과정을 부드럽게 하고, 평화는 이 속도를 완만하게 만들어준다. 축복의 순간 우리에게 필요한 것을 편안히 나눌 수 있게 되기까지.

12 December
발밑의 보물

*우리 안에서 행복을 발견하는 것은 쉬운 일이 아니다.
하지만 행복을 다른 곳에서 발견하는 것은 불가능하다.*
— 아그네스 레플리어 Agnes Repplier —

굳이 지목해야 한다면, 평화의 가장 큰 장애물은 우리 자신과 세상이다. 내 영혼의 진리를 찾아가는 중에 나는 이따금 자신에게 사로잡히거나 세상에서 길을 잃곤 한다. 혹은 그 반대이기도 하다.

우리 내면에는 언제나 소중한 본성이 존재한다. 그것은 언제나 우리와 함께한다. 아주 멀리 있는 것 같지만 사실은 아주 가까이에 있다. 우리의 흔들리는 마음 밑 말고는 어디에서도 이 보물을 찾을 수 없다. 이 보물은 얕은 호수 바닥의 금덩이처럼 언제나 그 자리에서 우리를 기다린다.

우리는 물속에 서 있으면서도 우리 발치에 놓인 보물을 알아보지 못한다. 우리의 흔들리는 그림자 때문에 보물을 보지 못하는 것이다. 그러므로 움직임을, 생각을, 고치려는 노력을 멈추고 여유 있게 손을 뻗기만 하면, 이 보물을 볼 수 있다.

원한다면 달려가도 좋다. 그러면 보물은 우리를 따라올 것이다. 필요한 만큼 여러 번 생각하고 추론해도 좋다. 그래도 우리의 가슴은 생각이 만들어낸 잔물결들을 이겨낼 것이다. 필요하면 이 세상의 것들을 탓해도 좋다. 우리가 탓하는 그것들도 결국 사라질 것이다.

그리고 나면 우리는 자신과 세계, 발밑의 보물과 더불어 변함없이 고요하게 존재할 것이다.

13 December
진정 말할 수 있을 때

끝을 모르는 무언가가 내 안에 파고들었음을,
이것이 나무처럼 나를 자라게 할 때까지
살며 사랑하는 수밖에 없음을 이제야 깨달았다.

모임에서 한 노인을 만났다. 모두 각자의 길을 가자, 그가 내 쪽으로 몸을 기울인 다음 턱을 긁적거리면서 마치 우리가 나무라도 되는 양 말했다.

"처음에는 가늘고 푸르죠. 그래서 하늘이 어두워지면 부러질지도 모른다고 생각해요. 하지만 폭풍우는 우리를 자라게 합니다. 물론 휘어져서 언제나 빛을 향해 몸을 비틀도록 만들기도 하지만요. 신기하게도 하늘을 향해 솟아오를수록 우리 안의 무언가는 아래로 더욱 깊이 뻗어나

갑니다. 고갱이를 향해 뻗어가는 이 보이지 않는 손가락, 바람에 날아가지 않게 우리를 지켜주는 것은 바로 이 손가락이에요. 그럼 이제 더는 도망칠 일도 흔들릴 일도 없지요. 지금까지 많은 언어가 있었어요. 하지만 들을 수 있는 언어는 하나도 없었습니다. 새벽녘의 삐걱대는 소리나 밤의 신음만 있었을 뿐이에요. 그런데 머지않아 우리는 추락합니다. 그 방식은 중요하지 않아요. 우리가 파멸한다는 것뿐. 하지만 우리가 장작불처럼 타오르면, 우리에게서는 시가 솟아오르고 잿더미 속에는 지혜가 남아요."

이 말을 남기고 그는 자리를 떴다.

무슨 말인지 확실하지는 않았지만, 나는 겸양과 관련된 이야기라고 생각했다. 또 우리가 진정으로 말할 수 있게 되었을 때 모든 경험이 어떻게 우리의 말을 지펴주는가 하는 문제와도 상관이 있다고 여겼다. 어쨌든 우리는 어두워 보이는 온갖 것을 겪어내며 성장한다. 계절이 지날 때마다 더욱 두텁고 깊게 뿌리를 내린다. 이로써 우리는 삶의 무게를 견딘다.

그러면 '추락하고', '파멸한다'는 말은 무슨 의미일까? 아마도 좌절과 상실, 예기치 못한 변화 등 우리를 겸허히 지상으로 가까이 다가가게 만드는 모든 것을 의미할 것이다. 개인적인 계획의 좌절이 다른 생명체들과의 유대감을 더욱 단단하게 해준다는 의미일 것이다.

우리가 장작불처럼 타오른다는 말은 어떤 의미일까? 그것은 우리가 아주 단순해지면, 우리 내면에 살아 있던 것들이 삶에 대한 열정 속에서 솟아오른다는 의미인 것 같다.

나도 결혼을 두 번 하고 가까운 친구들과의 만남과 헤어짐을 경험한 후에 비로소 껍질을 벗고 사랑의 의미에 대해 뜨겁고 분명한 무언가를 토해낼 수 있었다. 갈비뼈를 주는 대신 생명을 얻은 후 현재의 순간 속에서 불타올랐을 때, 비로소 진리에 의지해서 살아간다는 것의 의미를 미미하게나마 토해낼 수 있었다.

경험은 우리를 불태워버리려는 것 같다. 그래서 남는 것이 지적인 것이든 시적인 것이든, 불의 목적은 따뜻하게 밝혀주는 것이다. 겨울을 맞이한 농부가 봄까지 살아남기 위해 장작을 모으듯, 우리도 언제나 건강하고 따뜻한 삶을 위해 경험을 모아 불을 지펴야 한다.

14 December
자기해방

* * *

진실을 말하기는 어렵다.
하지만 일단 말하고 나면
되돌리기도 힘들다.
— 샤론 그린 Sharon Green —

숨겨야만 할 것 같은 진실이 무엇이건, 말하지 않는 것은 영혼의 호흡을 멈추는 것과 같다. 물론 오래도록 숨을 멈추고 있을 수도 있다. 하지만 진실을 숨기는 기간이 길어질수록 그것을 표현하는 일은 더욱 힘들어진다. 압박이 커지면서 공기는 점점 희박해진다. 탁 트인 곳으로 굴러 떨어질 때 침이 튀고 기침이 나오듯, 지독한 고립에서 자유로워져야 가슴이 뛴다.

그 사이 진실을 숨긴 대가로 우리는 삶의 활력에서 멀어진다. 진실의 표현은 신성한 맥박을 다시 뛰게 만든다. 진실을 말하면 존중과 신뢰를 얻는다. 나아가 우리를 은폐와 고립 속에 가둬두었던 끔찍한 압박감에서 해방된다. 이것이 바로 진실의 구체적인 선물이다. 이 선물은 호흡처럼 우리를 언제나 살아 있게 한다.

15 December
고야와 멜빌

태양이 쉼없이 햇살을 비추는 것은
사람들의 눈이 멀었기 때문이다.

타인들의 무관심 앞에서도 항상 자신에게 진실하기는 참으로 어렵다. 거부와 반대도 고통스럽지만, 존재하지 않는 사람처럼 취급당하는 것은 우리를 소리 없이 황폐하게 만들기 때문이다. 이런 상처는 인간만 경험한다. 독수리들은 높이 날아올라 협곡을 몇 시간이고 미끄러지듯 날아다닌다. 봐주는 사람이 없어도 전혀 위축되지 않는다.

인간은 힘들어도 끊임없이 용기를 내야만 진정한 자기로 존재할 수 있다. 오해받거나 평가받거나 무시당할 때는 특히 더하다. 사랑받고 싶은 욕구 때문에 자신도 모르게 타인들의 의견에 엄청난 의미를 부여해서 그들의 기대에 맞게 삶을 바꾸지 않도록 조심해야 한다.

스페인의 화가 고야는 진정한 자기의 목소리에 귀 기울일 줄 알았다. 앙드레 말로 Andre Malraux 의 글에 따르면, 고야는 1792년에 청각을 상실하고 나서 "타인들을 즐겁게 하는 일을 용감하게 포기해야만 자신의 천재성을 스스로 분명하게 확인할 수 있다는 것을 깨달았다." 고야가 주변의 요구에 귀를 닫고 나서야 비로소 신이 준 재능을 실현할 수 있었다는 것은 감동적이고도 교훈적이다.

한편 소설가 허먼 멜빌Herman Melville은 타인들의 무시에 굴복해버린 가장 슬픈 인물 가운데 한 명이다. 멜빌은 그의 의지와 상관없이 여러 해를 바다에서 생활했다. 그 후 베스트셀러가 된 해양모험 소설을 여러 권 발표했다.

그가 자신의 영혼을 열어 《모비 딕Moby Dick》을 쓰고 나자, 두 가지 사건이 발생했다. 한 가지는 미국인이 쓴 소설들 가운데 가장 위대한 작품이 탄생한 것이다. 다른 하나는 미국의 대중이 거대한 흰 고래와 이것을 만든 창조자를 비웃은 것이다. 한마디로 미국인들은 그를 조롱하고 무시했다.

그러자 이 강하고도 예민한 남자는 필력이 가장 왕성한 서른둘에 글쓰기를 그만두었다. 상처 때문이었다. 실제는 그는 거의 40년 동안 창작을 멈췄다. 비극적이게도 주변 사람들이 들어줄 줄 모른다는 이유로 내면의 목소리를 스스로 꺼버린 것이다.

나는 우리 개개인의 재능이 얼마나 소중하고 고유한지를 기억하기 위해 항상 고야와 멜빌을 마음속에 품고 다녔다. 자신 말고는 누구도 우리의 소명과 능력을 제대로 알지 못한다. 이해하거나 알아주는 사람이 없어도 우리는 그 누구도 대신할 수 없는 존재다.

16 December
길을 충분히 안다는 것

갈림길이 나타나면 이것을 받아들여라.
- 요기 베라 Yogi Berra -

야구의 전설이 남긴 이 말은 선승들의 화두 같기도 하고, 셰익스피어 연극의 어릿광대가 하는 재담 같기도 하다. 이 말이 순전한 농담인지 아니면 완벽한 지혜인지 분간이 안 될 수도 있다. 하지만 오래도록 곱씹을수록 많은 가르침을 얻어낼 수 있다.

이 말의 가르침은 삶의 교차로에서 너무 오래 멈춰 있지 말라는 것이다. 삶의 길에서 벗어나 머뭇거리지 말라는 것이다. 우리는 모든 것을 경험할 수는 없다. 하나의 길을 선택하면 다른 길은 버릴 수밖에 없다. 그렇다고 어느 길로 갈지 고민만 하다 보면, 어떤 길도 경험할 수 없다.

하나의 길을 선택하고도 너무 오래 다른 길을 마음속에서 지우지 못하면, 후회가 시작된다. 실제로 후회에 굴복하는 것은 자신의 한계에 저항하는 것이나 마찬가지다. 그러면 이미 선택한 길도 충분히 경험하지 못한다.

우리는 유한한 존재지만 아름다운 창조물과 삶의 충만한 순간들을 경험할 수 있다. 하지만 이런 순간들을 언제나 경험할 수 있는 건 아니다. 역설적이게도 우리가 이끌린 그 작은 길에 겸허한 마음으로 온전히 자신을 바쳐야만 그 길의 모든 것을 경험할 수 있다.

17 December
자기치유

• • •

이 세상에서 증오로는 결코 증오를 물리칠 수 없다.
사랑만이 증오를 물리친다.
이것은 한량없는 오래된 법칙이다.
- 부처 -

타인에게 받은 상처를 치유할 때 가장 힘든 일은 무엇일까? 그것은 상처를 준 사람이 자신이 불러일으킨 고통을 인정하지 않을 때 마음을 가라앉히는 것이다. 나도 이 문제와 싸우면서, 응징하고 싶은 마음과 상처를 인정받고 싶은 욕구를 혼동한 적이 있다.

몸의 상처는 쉽게 드러나지만, 마음의 상처는 잘 보이지 않는다. 그러므로 치유를 원한다면 먼저 마음의 상처를 들여다보고 인정해야 한다. 그런데 우리는 똑같은 일도 본질을 서로 다르게 이해하는 경향이 있다. 이것이 우리의 상처를 더욱 키운다. 서로 상처를 인정하지 않게 만든다. 이로 인해 꼭 받아야만 할 것 같은 사과도 무덤에 이를 때까지 받지 못한다.

삶의 다른 중요한 화해들과 마찬가지로, 여기서 필요한 일은 내면에 살아 있는 존재를 존중하는 것이다. 스스로 자신의 상처를 인정해주어야 한다는 말이다. 우리 내면에 살아 있는 신의 한 부분만큼 포용력 있고 너그러운 존재는 없기 때문이다.

18 December
길 밝히기

. . .

빛의 형상을 상상하는 것으로는 깨달음에 이를 수 없다.
어둠을 의식 위로 끌어올려야만 가능하다.
- 칼 융 -

융의 말이 맞다면, 깨달음도 어둠 속에서 빛이 형성되는 것을 보는 일과 다르지 않을 것이다. 깨어 있다는 것도, 수태의 순간이나 씨앗이 발아하는 순간처럼 우리가 자주 당연시하는 삶의 지속적인 순간들에 집중하는 일과 다르지 않을 것이다.

변덕스러운 날씨에도 아랑곳하지 않고 운전을 계속하다 보면, 전조등에 뿌옇게 김이 서리는 것처럼 경험이 우리의 인식 능력을 흐려버린다. 이 능력을 정화하지 않으면 보는 힘은 갈수록 약해진다. 이런 일은 평생 끝나지 않고, 언제나 새로 시작된다.

그러므로 끊임없이 자신을 뒤돌아보고 점검해야 한다. 이것은 정신과 마음에서 경험의 찌꺼기를 닦아내서 내 본래의 얼굴로 다시 길을 밝히는 것만큼이나 간단하고도 힘든 일이다. 그리고 등 한가운데를 긁을 때처럼 때로는 상대가 있어야 일체감을 회복할 수 있다.

오래된 수피 이야기 중에 목이 마른 한 남자가 흙탕물을 따라 동굴로 들어갔다는 이야기가 있다. 그는 호롱불을 들고 앞길을 비추면서 물을 마실 수 있는 깨끗한 수원지를 찾아갔다.

물이 탁하고 문제가 있는 것 같을 때는 그 물을 먹지 말고 조심스럽게 수원지를 더듬어가야 한다. 근원에서 흘러나오는 물을 마시려면, 우리 영혼의 호롱불로 앞길을 비추면서 우리를 고통스럽게 하는 어둠 속으로 들어가야 한다. 어둠을 의식 위로 끌어올린다는 것은 바로 이런 의미다.

연민은 고통과 혼란에 빠진 타인들이 그들의 길을 볼 수 있도록 우리의 작은 등불을 그들 가까이에서 비춰주는 것이다.

19 December
나무 속의 설탕

나무 밑에 앉아 있는 사람도 나무 위에서 내려다보는 세상을 상상할 수 있는 것처럼, 현실에 시달리는 가슴도 영원을 알 수 있다.

소년 시절에 나는 아버지가 만든 30피트 크기의 쌍돛범선 갑판 위에서 많은 시간을 보냈다. 그러다 파도가 거세지면 심해의 소음과 움직임이 선체를 두드려대는 갑판 아래로 내려갔다. 그곳에서는 모든 흔들림과 비틀림이 급작스럽고 예리하게 느껴졌다.

내가 그곳에 있는 것을 보면, 아버지는 항해사들이 배 멀미가 나면 갑판으로 올라가 수평선을 바라본다는 이야기를 들려주었다. 갑판에 나가 있으면 폭풍우 속에서 파도에 몸이 위로 솟구쳤다 곤두박질치는 걸 피할 수 없다. 하지만 시야를 넓게 확보하면 불안은 얼마간 줄어든다.

나는 폭풍우 속에 내던져지면 언제나 이 지혜를 기억했다. 실제로 암과 직면할 때나 되풀이되는 거부로 애를 먹을 때, 가장 뼈저린 외로움의 순간들을 극복하고자 할 때, 가장 중요한 삶의 의미를 수평선처럼 조망하고 있으면 크나큰 고통과 두려움도 작아지는 게 느껴졌다.

절망과 믿음, 의심이 만들어내는 편협한 시각과 생명력을 불어넣어 주는 가능성들을 잃지 않도록 하는 긴 안목의 차이는 여기에 있다. 밑으로 움츠러들면 더욱 고통스럽다. 영원을 향한 시선이, 모든 시대 모든 생명의 수평선이 우리를 폭풍우로부터 벗어나게 하는 건 아니지만 상황을 견딜 만하게는 해준다.

　가장 힘든 시기에 수평선에서 눈을 떼지 않은 덕분에 나는 갈비뼈를 제거하고 이혼을 하고 좋아하던 일자리를 잃는 시련들을 이겨낼 수 있었다. 신을 만날 수 있는 자리에 언제나 머물러 있으면, 삶의 부침을 어느 정도 예견하게 되고 고통에도 나름의 리듬이 있다는 것도 깨닫기 때문이다.

　넓은 시각을 유지하고 못하고에 따라, 삶이 가혹하다고 한탄할 수도 있고 경험의 세계가 거친 대양과 같음을 깨달을 수도 있다. 그러나 가장 중요한 것은 신은 언제나 수평선에 존재한다는 점이다.

　믿음은 우리를 고통에 굴하지 않고 갑판으로 나아가게 해준다.

20 December
믿는다는 것

아이가 생존을 위해 할 수 있는 일은 믿음뿐이다.
― 커티스 램킨 Kurtis Larmkin ―

　피카소는 변함없이 아이와 같은 눈으로 바라보는 사람이 예술가라고 했다. 여하튼 세상을 살다 보면 갈수록 많은 것이 우리를 방해한다. 그러면 우리는 질문을 멈추고 이것들 속으로 더욱 깊이 들어가거나, 거짓이라고 생각하는 것들에 도전하기 위해서 질문을 던진다.

어린 시절, 나는 머리 위를 날아다니는 새나 밤에 천천히 춤을 추는 나무, 햇살 아래서 몸을 말리는 돌들과 이야기를 나누곤 했다. 그러다가 다른 사람들이 어떻게 생각할지 몰라서 이런 대화를 아예 그만두었다.

지금은 아메리카 원주민들도 언제나 이런 대화를 나눈다는 걸 안다. 많은 창의적인 사람들은 아이 같은 눈으로 믿음을 통해 곧장 사물의 핵심으로 파고든다는 것도 안다.

오십이 가까운 지금, 나는 믿음이 하나의 결말이 아니라 모든 존재들 속에서 생명력을 발견하는 한 가지 방법임을 겸허히 깨닫고 있다.

21 December
갈 곳은 어디에도 없다

애써 해야 할 일도, 애써 가야 할 곳도 없다.
이것을 받아들이면, 무엇이든 할 수 있고 어디로든 갈 수 있다.

도교의 가장 기본적인 사상 가운데 하나는 세상이 수수께끼와 고난투성이지만 그저 경험할 뿐 개선은 힘들다는 것이다. 삶이 복잡하고 이해하기 힘들어도 그 자체로 완벽하다고, 언제나 변화하고 활기차도 결코 완벽해질 수 없다고 생각할 수밖에 없다.

하지만 이런 생각이 삶에 대한 참여를 가로막지는 않는다. 오히려 우리가 없어도 세상은 충분히 완벽함을 받아들이면, 세상을 바로잡는 영웅이 돼야 한다는 짐을 내려놓고 삶의 여정에 몰입할 수 있다.

우리가 해야 할 일은 무언가를 제거하거나 재창조하는 것이 아니다.

그보다는 물고기처럼 우리의 아가미, 즉 가슴으로 삶의 의미를 경험해야 한다. 우리는 강물을 만들어낸 신이 아니라 강물 속을 헤엄치는 작은 생명체일 뿐이기 때문이다. 그래도 우리는 굶주림을 없애지는 못해도 서로에게 먹을 것을 나눠줄 수는 있다. 외로움을 없애지는 못해도 서로를 안아줄 수는 있으며, 고통을 없애지는 못해도 연민의 삶을 살 수는 있다.

이런 사실을 나는 경험으로 체득했다. 죽음에 직면하자 세상을 바꿀 기회는 내게서 사라졌다. 할 수 있는 일은 변화를 통해 살아남는 것뿐이었다. 물론 이로 인해 급격히 우울증에 빠져들기도 했다. 하지만 곧 어떻게 해야 자유로워질 수 있는지를 깨달았다. 큰 뜻과 계획, 성취해야 할 일들을 모두 내려놓고, 내게 필요하고 내가 원하는 일들이 모두 여기에, 이 부족한 풍요 속에 있음을 깨달은 것이다.

이후로 나는 고통을 이겨내기보다는 표현하는 일에, 기쁨을 얻기보다는 발견하는 일에 더 집중했다. 주변의 삶들을 개선하기보다는 어디서든 사랑을 받아들이기 위해 노력했다.

22 December
열림

• • •

가슴이 언제나 열려 있을 때까지
신은 몇 번이고 다시 가슴을 찢어놓는다.
— 하자 이나야 칸 Hazrat Inayat Khan —

젊은 시절 처음으로 사랑에 실패하자, 번개에 나무가 쪼개지듯 가슴이

12 December 되짚어봄

열렸다. 몇 년 후엔 암이 다시금 나를 열어주었다. 홍수에 좁은 개울둑이 파여 나가듯 나는 더욱 넓어졌다. 이후 20년간의 결혼생활에 종지부를 찍고 나자, 바람에 유리창이 산산조각 나듯 나도 깨져버렸다. 그 후 아프리카에 갔을 때 이제 막 삶을 시작하는 한 소년의 얼굴을 보았다. 이 일을 계기로 나는 다시 한 번 부서졌다. 이번에는 뜨거운 물에 비누가 녹아내리는 것 같았다.

매번 나는 열린 것을 다시 봉합하려 했다. 자연스러운 반사작용 같은 것이었다. 그러나 내가 얻은 가르침은 정반대였다. 나는 다시는 자신을 닫아두지 않으리라 다짐했다.

23 December
든든한 뿌리

그대는 집 안으로 들어오지 않았으나,
나는 그대 삶의 한 조각을 떼어낸다.
그대가 떠날 때 나의 무언가를 가져가리.
밤나무나 장미 혹은 든든한 뿌리를.
— 파블로 네루다 —

가장 끈질기게 사랑을 가로막는 것은 아마 불신일 것이다. 세상에는 확실히 조심하고 경계해야 할 이유들이, 상처받거나 이용당하지 않게 자신을 보호해야 할 이유들이 차고 넘치기 때문이다.

하지만 파티장에서 온갖 끔찍한 이야기와 뉴스가 떠다녀도, 용감하게 자신을 열어야만 친절의 문도 열 수 있다. 그래야 친절이 주는 선물들을 받아들 수 있다. 다른 방법은 없다. 이것은 변함없는 사실이다. 그러니 나처럼 당신도 매일 자신에게 질문해보기 바란다. 사랑과 단절된 채 살아가는 것과 사랑의 상처로 고통스러워하는 것 중에서 어느 쪽이 더 나를 피폐하게 만들까?

네루다가 위대한 시인이 될 수 있었던 힘은 그의 넓은 가슴에 있다. 그 넓고 친절한 마음으로 그는 가르쳐주었다. 베풂이 곧 치유의 길이라고, 사람들 속으로 들어가 시도하지 않으면 아무런 일도 일어나지 않는다고, 시도를 하면 베풂과 받음이 하나가 된다고. 그러면 모두가 더욱 강건한 모습으로 함께 그곳에 이를 수 있다고.

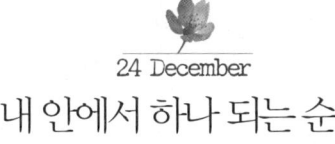

24 December
내 안에서 하나 되는 순간

밀랍과 심지가 가장 활발하게 움직일 때,
빛과 온기가 생겨난다.

초처럼 우리 영혼의 심지는 인간적인 속성들에 감싸여 있다. 영혼이 감동을 받으면, 알고 있던 모든 것이 녹아버릴 때까지 환하게 불을 밝힌다. 그러면 다시 변화들이 일어나 우리의 경험을 불살라버린다. 이렇게 여러 차례 힘들고 고통스럽게 우리의 자의식과 세계를 불살라버려야 신성한 불꽃이 또 다시 피어오른다. 그 영혼의 불꽃으로 우리의 삶을 재편성해주고 우리 주변의 사람들도 따뜻하게 덥혀준다.

이런 순간 우리는 우리가 보는 대상과 하나가 된다. 모든 길의 신봉자들은 이런 갑작스러운 합일의 경험을 사랑이라 한다. 사랑이라는 이 합일의 빛을 경험하면, 남는 것은 재탄생을 향한 의지, 시간을 초월한 어떤 것과 접촉하고픈 갈망뿐이다. 이방인들의 깊은 내면과 접촉하고, 깨어남을 당하기보다 스스로 깨어나고, 불태워지기보다 스스로 타오르고, 사랑받기보다 사랑하고픈 갈망만 남는다. 이렇게 잠시나마 모든 생명체 속에 공통적으로 존재하는 것과 하나가 되면, 그 보답으로 집착과 소유욕을 넘어서게 된다. 그리고 바로 이 순간 가수가 되는 것과 노래가 되는 것의 차이를 경험한다.

우리가 품을 수 있는 최고의 꿈은 타오르는 일체감 속에서 무용수와 연인과 건축가가 하나가 될 때까지, 무용수는 춤 속으로 녹아들고, 연인은 사랑의 행위 속으로, 건축가는 자신이 짓는 건축물 속으로 녹아드는 것이다. 아마도 흐름을 타며 헤엄치다 보면 순간이나마 흐름 자체가 될 수 있을 것이다. 음악에 따라 움직이면 음악이 되고, 상처 입은 사람들과 더불어 흔들리다 보면 고통이 될 것이다. 거짓 없이 생각하다 보면 순수한 생각이 되고, 의심 없이 믿다 보면 스스로 신이 될 수도 있을 것이다.

사랑도 여전히 소집 중인 오케스트라에서 우리가 전력을 다해 연주하는 악기와 같을지 모른다. 사랑과 인식, 존재가 가장 충만한 현존의 순간에 우리가 이름도 시간도 호흡도 초월할 수 있는 것은 아마도 이 때문일 것이다. 모든 것을 소진하며 거듭 타올라 우리의 깜빡이는 빛으로 방 안을 밝힐 수 있는 것도 아마 이 때문일 것이다.

25 December
끊임없는 시작

나를 둘러싼 아름다움은 매일 다시 태어난다.
- 머핏 버전의 크리스마스 캐롤 -

창조는 계속 진행되고 있다. 세계는 매일 새롭게 시작된다. 이것은 모든 것을 변화시키는 소리 없는 기적이다. 이 기적을 느낄 정도로 충분히 고요해져서 이 속으로 뛰어들 수만 있다면, 우리도 매일 새롭게 시작할 수 있다.

태양이 온기로 대지를 씻어줄 때, 구름이 어떻게 흩어지고 풀들이 어떻게 일어서는지 생각해보라. 봐주는 이 하나 없어도 돌들이 어떻게 부드럽고 깊은 얼굴을 드러내기 위해 스스로 바스러지는지 생각해보라. 우리도 마찬가지다. 진실의 순간 마음의 구름은 걷히고 열정이 되살아난다. 보는 이 하나 없어도 우리의 벽은 바스라진다. 우리가 받아들이기만 하면 모든 것이 계속 새로워진다. 모든 것이 미묘하게 새로워진다.

우리는 밤이 세상을 뒤덮어버린다고 생각한다. 그러나 이 신비로운 휴식의 시간에 살아 있는 모든 것은 재창조된다. 눈을 깜빡일 때마다 가슴이 대기와 더불어 두근거리면, 눈을 뜰 때마다 다시 시작할 수 있다. 이것이 재생의 순간이다.

26 December
바람의 품 속에서

자기연민에 빠져 방황할 때도 위대한 바람은
나를 언제나 하늘 저편으로 인도해준다.
- 오지브웨이 족의 속담 -

고통이나 절망에 빠져 있을 때 꼭 해야만 하는 일이 있다. 부정적인 감정이 모든 것 속으로 흘러들어서 세상에 대한 인식까지 오염시키게 방치하지 않는 것이다. 동시에 이런 감정이 곪아터져서 자신에 대한 인식까지 오염시키게 해서도 안 된다. 건강하게 표현하며 사는 삶은, 무엇이든 자기 식대로 해석하지도 않고, 자신의 고통으로 세상을 덧칠하지도 않는 삶은 이 두 극단 사이의 어딘가에 존재한다.

슬픔이나 두려움에 빠져 있을 때도 이렇게 내면의 작업을 해야 한다. 부정적인 감정에 짓눌려서 세상을 형편없는 곳으로, 자신을 하찮은 존재로 비하할 수 있기 때문이다. 그렇게 되면, 진리의 실체를 알아차리지 못한다. 삶의 위대한 바람과도 교감하지 못한다.

우리가 의식하든 못 하든 삶은 언제나 나름의 방식으로 우리를 인도해준다. 강물이 배고픈 물고기든 잠자는 물고기든 모두 하류로 실어 날라주듯, 위대한 바람은 불안정한 사람이나 평화로운 사람 모두 내일로 데려다준다.

그러므로 기도하고 싶은 마음조차 일지 않을 때는 자신과 세상을 과대포장하지도 비하하지도 말고 다시 삶의 강력한 흐름과 만나야 한다.

27 December
그것의 아름다움

• • •

내가 가진 것이 지금뿐이라면,
어디서 기쁨을 구해야 할까?

미래에 대한 꿈도, 모든 것이 달라지리라는 기약도, 잃어버린 것을 되찾으리라는 희망도, 과거를 돌이킬 가능성도 없다면, 스스로 단단함을 깨고 나올 용기밖에 남은 것이 없다면, 나는 무엇을 해야 할까?

처음에는 나도 이런 상황이 두렵거나 슬프게 느껴진다. 하지만 피곤에 찌든 채로 헤엄치던 사람이 해변에 이르러 그의 다리를 쓸어내리는 진주들을 발견하고 놀라는 것처럼, 나는 또다시 내 피곤한 머리를 치켜든다. 그리고 내게 필요한 것들이 이미 여기 이곳에 있음을 발견한다.

그러나 인간인 까닭에 나는 다시 길을 잃고 나와 다른 삶을 꿈꾼다. 무언가 다른 것, 어딘가 다른 곳, 누군가 다른 사람을 갈망하기에 바쁘다. 손이 닿지 않아 열심히 몸부림쳐야만 하는 무언가를 갈망한다.

이런 경험들 속에서 나는 깨달았다. 불행이나 고통에 빠져 있을 때는 어떤 것도 이런 표면적인 감정들을 제거하지 못한다는 것을. 하지만 인정과 단단한 마음으로 이것들을 깨버리고 나면, 언제나 그 자리에 있던 부드러움이 모습을 드러낸다는 것을. 모양을 갖추기만을 기다리던 부드러움이 밝게 타오른다는 것을. 이 부드러움이 바로 모두가 공유하는 하나의 영혼이라는 것을.

28 December
성실

· · ·

상황이 달라져도 결코 변하지 않는
내면의 자리에 귀 기울이는 힘이 바로 성실이다.
— 랍비 조나단 오머-맨Jonathan Omer-Man —

고통과 혼란에 지친 한 남자가 현자를 찾아가 도움을 구했다. 현자는 그를 깊이 들여다보고 나서 측은한 마음에 선택을 하라고 했다.

"지도와 보트 중에서 하나를 고르게나."

혼란에 빠진 남자는 자신처럼 고통 속에서 허우적대는 것 같은 여러 명의 순례자를 둘러보고 나서 이렇게 대답했다.

"보트를 갖겠습니다."

현자는 그의 이마에 입을 맞추고 말했다.

"그럼 이제 가거라. 너는 곧 보트고, 삶은 바다이니라."

우리가 이미 여러 차례 깨달은 것처럼, 우리에게 필요한 것은 이미 우리 안에 있다. 그리고 내면의 자리에 귀 기울이는 힘이 우리의 가장 오래된 노이며, 우리 자신은 곧 보트다.

29 December
그러니 노래하라

노래 부르는 한 세상의 고통은
우리의 삶을 앗아가지 못한다.

암과 싸우면서, 미국에서 자라 어른이 되면서, 다르지만 결국은 같은 자유의 투쟁에 대해 배우면서, 남아프리카공화국의 사람들과 함께하면서 내면을 표현하는 것이 외부를 이겨내는 데 필수적인 일임을 분명하게 깨달았다. 어디에 살든, 누구를 사랑하든, 무엇을 원하든, 가질 수 없는 것이 무엇이든 이 가르침은 아무리 강조해도 아무리 되새겨도 모자라다.

삶의 모든 것이 외부에서 우리를 압박할 때, 우리에게는 선택의 여지가 없다. 불로 추위를 물리치듯 노래로 고통을 멈추는 신성한 아이들처럼 노래할 수밖에 없다. 이것이 모든 영혼의 비밀이다. 노래를 내면에만 묻어두지 말고 세상에 꺼내놔야 하는 이유다. 고통이 우리의 삶을 꺼트리지 못하게 막아주는 것은 내면의 노래뿐이기 때문이다. 끊임없이 솟아오르는 내면의 노래가 세상을 계속 흘러가게 하기 때문이다. 자신을 위해 이 노래를 불러줄 수 있어야만, 아직 태어나지 않은 모든 아이를 위해서도 노래 부를 수 있기 때문이다.

목적지 없이 회전하는 거대한 지구 위에서 밤낮이 교차하는 것처럼, 우리가 마음으로 공유하는 이 노래도 삶의 격변과 더불어 교차한다. 그러나 침묵하면, 시간은, 삶은 어두워질 뿐이다.

그러니 노래하라. 고통이 우리에게 무슨 말을 가르쳐줬든, 그 말로 노래하라. 훈련을 받은 적이 없어도, 학교에 간 적이 없어도 노래하라. 우리가 억눌렸던 모든 곳에서 터져나온 외침이 결국은 추위를 물리치고, 위험을 부드럽게 만들고, 세상을 다시 한 번 더 돌게 할지니.

30 December
언제나 시작되는 여정

본질적인 것을 추구하다 보면
우리 자신이 본질적인 존재가 된다.

사랑과 의심, 믿음, 혼란, 평화, 지혜, 열정 같은 가장 깊은 것들은 왜 손에 잡히지 않는지 나는 언제나 의아했다. 이것들은 어디에 있을까? 과일처럼 손에 쥘 수도, 성스러운 책의 책장처럼 무릎 위에 올려놓고 넘겨볼 수도 없다. 그런데도 이것들은 삶을 형성한다. 모든 신성한 지혜가 전하는 신비도 언제나 말할 가치가 있는 것은 오로지 말할 수 없는 것뿐이라는 점이다.

우리의 삶은 이 지혜를 한 알 한 알 주워 모아, 이해하고 표현하고 나누려 노력하다가 드디어 스스로 지혜의 한 부분이 되어가는 일일지도 모른다. 이렇게 말로 설명할 수 없는 진정한 자신이 되어가는 일일지도 모른다. 이런 깨달음은 우리를 겸허하게 하고, 시간이 흐르면서 성숙을 넘어 고요 자체가 되게 한다. 이 고요는 저항을 접고 온몸을 드러내는 돌처럼 숨 쉰다.

이 아픈 역설은 삶의 신비를 너무 많이 드러내지 않으려는 자연의 보호장치일지도 모른다. 어쨌든 우리는 오랜 삶의 시간들을 통해 말을 거부하는 모든 것으로부터 소중한 몇 마디를 짜내고, 고통을 겪어내며 기쁨으로 반짝인다. 그러면서 앎이 늘어가는 만큼 말을 줄이고 세상과 하나가 된다.

그러다 생이 끝나면, 아이러니컬하게도 중요한 것들을 말할 수 있게 된 순간에 말할 수 있는 힘을 잃고 만다. 그렇다고 우리가 말하려던 것들이 적어지는 것도 아니다. 소리의 끝이 언제나 침묵이라고 해서 음악이 우리의 영혼에 덜 중요한 것은 아닌 것처럼 말이다.

삶을 경험할수록 표면화할 수 있는 것들은 줄어드는 것 같다. 미니 할머니가 아흔 넷이었을 때 찾아갔던 일이 생각난다. 나는 할머니가 소녀였던 1912년 미국으로 올 때 타고 왔던 증기선 승선권을 발견했다. 승선권에는 마에스카라는 기이하고도 아름다운 이름이 찍혀 있었다. 이것은 할머니의 결혼 전 성이었지만 미국에서는 한 번도 쓴 적이 없었다.

나는 이 노란 표를 할머니의 손에 쥐어주었다. 그러자 할머니의 눈이 동그래지면서, 가슴 깊이 살아 있던 크고 오래된 물고기가 표면 근처로 헤엄쳐 올라와 80년 동안이나 잠잠하던 물을 휘젓는 게 느껴졌다. 침묵 속에서 평생의 경험들이 우리 사이를 스쳐지나갔다. 할머니가 몸을 부르르 떨면서 기침하더니 키득거리며 말했다.

"내가 이민자라는 것도 잊고 있었어."

여기에 슬픈 것은 하나도 없다. 우리가 추구하는 것과 하나가 돼야 한다는 사실이 불가피하고 성스러운 일처럼 느껴질 뿐이다. 처음에는 사랑을 알고 싶어 하고 오래 살기를 갈망하지만, 우리는 곧 사랑 그 자체가 된다. 신을 알고 싶어 하고 충분히 오래 고통받다가 드디어 신과 하나가 된다. 시간이 흐르면서 가슴이 내면으로부터 확장되면, 우리의 살갗은 얇아진다. 우리는 다시 근본적인 어떤 것이 되어, 또 다른 한 알의 지혜를 찾아 나선다.

31 December
나 여기 있어!

네가 보여!
나 여기 있어!

수세기 동안 아프리카의 부시맨들은 서로를 이렇게 반겨주었다. 남자나 여자 형제가 덤불 속에서 나오는 모습이 보이면, "네가 보여!" 하고 소리쳤다. 그러면 덤불에서 나오던 형제는 이렇게 화답했다. "나 여기 있어!"

시간을 초월한 이 인사법은 단순하지만 심오하다. 현대인들의 치유 여정도 확실히 자신의 과거와 현재의 모습이 받아들여지는 순간을 향해 힘들게 나아가고 있다. 이 간단하지만 직접적인 받아들임의 순간이 우리의 존재를 분명하게 주장하고 나아가 "나 여기 있어."라고 말할 수 있게 해주기 때문이다.

삶에서 우리를 지켜봐주고 개성을 인정해준 사람들은 자존감의 토대가 된다. 탁 트인 곳으로 나아가려는 나의 노력을 가장 먼저 반겨준 이는 할머니였다. 그녀의 든든한 사랑이 없었다면, 나는 스스로를 표현할 용기를 얻지 못했을 것이다.

예술도 결국엔 "나 여기 있다."고 거듭 외치고픈 인간적인 시도들의 아름다운 족적일지 모른다. 누군가 봐주는 사람이 있으면 우리는 자신의 삶을 주장할 수 있고, 이런 능력을 타인들에게 전할 수도 있다. 이것은 아주 중요한 사실이다. 부시맨들처럼 자신이 본 것을 기쁘게 표현하는 것은 누군가를 봐주는 것 못지않게 중요하다. 이런 것이 첫 만남, 첫 인식의 기쁨, 사랑의 선물이다.

인간성을 지워버리는 문화 속에서, 순수한 마음에서 비롯된 행위를 하찮은 것으로 만들어버리는 문화 속에서, 우리에게 절실히 필요한 것은 기쁘게 서로를 봐주는 사람이다. 이런 사람들이 있으면 우리도 똑같이 놀라워하면서 있을 수도 그렇지 않을 수도 있는 일들의 한가운데서 "나 여기 있다."고 외칠 수 있다.

오래 전 문명의 방해를 받지 않았던 원시 부족들은 지구상에 함께 존재하는 모든 생명들을 기쁜 마음으로 인정해주었다. 우리도 서로를 기쁘게 받아들일 수 있다. 이것은 아주 본질적인 일이다.

별도 탁 트인 허공이 있어야 자신을 보여줄 수 있고, 파도도 해변이 있어야 몰아칠 수 있고, 이슬도 풀잎이 있어야 젖어들 수 있듯, 우리도 이렇게 외치면서 서로를 반겨줘야 생명력을 잃지 않을 수 있다.

"네가 보여!"

"나 여기 있어!"

본문 사진 제공
p. 53, 79, 205, 313, 355, 379, 483, 523
ⓒ허균 http://blog.naver.com/tohur